牧野文化研究 李景旺 —— 著

牧野学术

李景旺 / 主编

李金玉 聂好春 / 副主编

中国社会科学出版社

图书在版编目（CIP）数据

牧野学术 / 李景旺著 . —北京：中国社会科学出版社，
2019.12
　（牧野文化研究）
　ISBN 978 - 7 - 5203 - 5699 - 2

　Ⅰ.①牧…　Ⅱ.①李…　Ⅲ.①学术思想－思想史－
研究－新乡　Ⅳ.①B2

中国版本图书馆 CIP 数据核字（2019）第 275723 号

出　版　人	赵剑英
责任编辑	安　芳
责任校对	张爱华
责任印制	李寡寡

出　　版	中国社会科学出版社
社　　址	北京鼓楼西大街甲 158 号
邮　　编	100720
网　　址	http：//www.csspw.cn
发 行 部	010 - 84083685
门 市 部	010 - 84029450
经　　销	新华书店及其他书店

印　　刷	北京明恒达印务有限公司
装　　订	廊坊市广阳区广增装订厂
版　　次	2019 年 12 月第 1 版
印　　次	2019 年 12 月第 1 次印刷

开　　本	710×1000　1/16
印　　张	19.5
插　　页	2
字　　数	310 千字
定　　价	98.00 元

新 乡 赋

——为《牧野文化研究》代序

王国钦

　　新乡，是中华文明发祥地之一，新石器时期就有先民在此活动。新乡古称鄘国，春秋隶卫，战国属魏，汉为获嘉，自隋文帝开皇六年（586）置县，至今已1400余年。1949年5月7日和平解放，1949年8月至1952年11月曾为平原省省会。其建制、区划屡更，现辖二市、四区、六县。近年来，荣获了全国文明城市、国家卫生城市、国家园林城市、国家森林城市、中国最佳平安城市、中国优秀旅游城市、中国竞争力百强城市、中国十佳和谐可持续发展城市、《福布斯》中国大陆最佳商业城市、中国金融生态城市等光荣称号。2011年，新乡成为中原经济区中原城市群核心城市之一，2016年5月，新乡成为国家自主创新示范区。

　　新乡者，古来兵家必争之乡也。战鸣条而伐无道，终夏桀而起商汤；征牧野而绾恶纣，盟诸侯而成周武——其故事众所皆知也。围魏救赵，孙膑大败庞涓于桂陵；决战官渡，曹操以少巧胜于袁绍。赵匡胤黄袍加身，大宋文化陈桥始；岳鹏举精忠报国，义军抗金十八营……新中国之初，新乡曾为平原省会，当下乃十五项国家荣誉获得者、国家二级交通枢纽、河南之省辖市、豫北经济之重镇也。其北邻安邑而南望郑汴，古都鼎立于外而内获新生。登巍巍太行乎居高而临下，瞰滔滔黄河兮达古而通今。更东鲁西晋壤接两省者，鼓双翼正翩翩奋飞也。

　　新乡者，中华姓氏主要发源之乡也。周武王赐林姓于比干之子；姜太公庇祖荫兮尊享双姓。传黄帝之师建都封父，始为封姓；有周公之子被赐胙地，胙姓见称。辉县原乃共城，姓衍共洪龚恭段；伯儵被封延津，国开曾立南北燕。叔郑封毛，后有毛遂勇于自荐；司寇捐躯，封丘长留牛父英灵。知否季亹食宁，始有宁氏双雄起；且看获嘉城外，长立蒙族五姓碑……史载六十七姓源出新乡，乃海外游子问祖中原之主要热土也。

新乡者，名人荟萃辈出之乡也。英雄治水，共工怒触不周山；剖心尽忠，国神复封忠烈公。直钩垂钓，吕尚得遇文王；名士遁世，孙登长啸苏门。辅国理政，原阳一十六相；同门三宰，人杰更显地灵。张苍精通历算，《九章算术》校正功千载；邵雍发愤苦读，《梅花组诗》预言九百年。解道闲愁，古今一场梅子雨；报国歌头，北宋唯有贺方回。孙奇逢躬耕百泉，位列三大名儒；李敏修宣讲新学，力倡教育救国。嵇文甫堪称学界巨子；徐世昌保持气节暮年……知否杨贵，十春秋奋战悬崖绝壁，创造出人工天河，高扬起一面精神旗帜……古往今来，新乡人能不油然而生自豪之情乎？

新乡者，文化积淀厚重之乡也。青铜器商代铸双璧，国之最圆鼎号子龙。汲冢竹书为纪年之祖；孟庄遗址乃文化之尊。登杏坛则忆圣人风采，品《木瓜》得赏《诗经》名篇。鎏金兽头出土魏王墓；三晋贵族重现车马坑。祖辛提梁卣堪称国宝；战国铸铁窑陶范水平。竹林七贤、李白高适、苏轼岳飞、元好问、郭小川、刘知侠、刘震云等名流隐士、墨客文人，或生于斯或游于斯，皆留下千古佳话矣。成语如天作之合、脱颖而出、歃血为盟、善始善终、运筹帷幄、细柳屯兵，以及没心菜、孟姜女、相思树、香泉寺、柳毅传书、翟母进饭的传说等，亦典出新乡之地或新乡之人也。流连于仰韶文化遗址，吟咏于龙山文化遗存，可观原生之民歌民舞，可玩创新之民间剪纸，复可赏传统之民戏民居……八方来者，亦将因祥符调、二夹弦之美妙乐曲而陶然乐矣哉！

新乡者，文化名胜俊游之乡也。太公庙庇护牧野大地，君子尊崇；比干庙彰表谏臣极则，妈祖归根。武王伐纣盛会同盟山；张良椎秦名噪博浪锥。三善难尽蒲邑之美；奇兽见证潞王奢华。三石坊勒石两代；千佛塔雕佛千尊。魏长城宏伟当年，遗迹已存两千载；中药材百泉大会，海内交易六百秋。太极书院，理学渊薮成风景；关山地貌，雄深险峻叹奇观。彭了凡瓮葬饿夫墓；陈玉成铁骨傲英魂。破司马迷魂兮忆故城络丝，望鸿门夜月兮染五陵晓色；赏李台晚照兮思牧野春耕，观原庄夏景兮漾卫水金波。平原省委旧址，记录辉煌历史；文化步行新街，彰显古贤精神。天苍苍野茫茫，山顶草原跑马岭；林密密水淙淙，避暑胜境白云寺。大河安澜，六十载浩荡东流去；湿地隐秘，万只鸟栖息嬉客来。万仙山、八里沟，壮美太行秀色；七里营、京华园，韵飘人文风光……旅而游之者，能不因之而流连忘返乎？

新乡者，堪谓中原美食之乡也。农博会金奖双获，原阳米无愧第一；原产地认证独颁，金银花绽放中原。封丘芹菜石榴，明清享用宫廷；辉县山楂香稻，今已惠及百姓。黄河鲤鱼跳龙门，双须赤尾；新乡熏枣益健康，色泽鲜明。肥而不腻乎罗锅酱肉；酥香软烂者新乡烧鸡。松酥起层，缠丝烧饼牛忠喜；长垣尚厨，中国烹饪第一乡。他如红焖羊肉、延津菠菜等，均亦远近闻名也……海内愿饱口福之欲者，新乡岂非中州首选乎？

新乡者，创新更新鼎新之乡也。忆当年人民公社，曾领先时代，留几多思辨；看今日城乡统筹，再与时俱进，敢万里弄潮。刘庄群众感念史来贺，问其间几多历史传奇？无私奉献不忘郑永和，慨辉县精神敢为人先。让一段岁月流金，太行公仆碑树吴金印；造几多乡村都市，刘志华好个巾帼英雄……耿瑞先宏图大展领头雁，范海涛变废为宝担责任，裴春亮富而思源惠乡邻。电池回收换来新乡少污染，挂壁公路终使汽车进山来……尽为民服务兮感动中国，数风流人物兮还看新乡。仰先进群体兮群星灿烂，育英雄辈出兮雏凤高鸣。

新乡者，和谐奉献崇文常新之乡也。季候分明兮冬寒夏热，人民勤劳兮春早秋凉。矿藏丰富兮振兴经济，土地肥沃兮图画粮棉。人才战略兮持续强市，机械制造兮海内闻名。战略重组，产业升级，集群发展迈新步；铜管铜业，冰箱冰柜，金龙新飞两夺冠；白鹭化纤，华兰生物，产品崛起赖创新。能源汽车生物医药，数十产品领先同行列前五；神九神十蛟龙航母，核心部件与祖国同行，破茧催生新乡模式；让新乡常新，改革成就新乡精神。机遇和挑战并存兮，路漫漫其修远；牧野兼榴花火红兮，泪盈盈而沾襟。

原载 2009 年 4 月 20 日《光明日报》

2018 年 5 月 28 日修订于中州知时斋

目　录

第一章 比干的忠谏思想

先秦时期，在新乡出现了三位忠谏之士：关龙逄、比干、苌弘。关龙逄，今长垣人，以献黄图进谏夏桀，立而不去，被夏桀囚杀；比干犯颜直谏殷纣，三日不去，被纣王剖心残害；苌弘，今封丘人，忠心耿耿，谋划弱晋强周，被周敬王冤杀，鲜血化为碧玉。庄子评道："昔者龙逄斩，比干剖，苌弘胣，子胥靡，故四子贤，而身不免乎戮。"① 三位牧野士人忠君爱国，舍生取义，开创了忠谏文化，成为后世仁人志士的楷模，尤其是执着、忠烈的比干被后人誉为"谏圣"。

一　生平

比干，姓子名干，沫邑（今淇县）人，商末著名政治家。《路史·国名记四》载，商后有比国，即比水，为比干之封，比是封国，干是其名。《林氏正宗源流族谱》载，比干，纣叔父、帝乙庶弟，有贤德，佐纣为孤卿。据林姓家谱记载，比干终年63岁。

史籍中关于比干事迹的记载较少，且多集中于忠谏一事。《史记》载："西伯归，乃阴修德行善，诸侯多叛纣而往归西伯。西伯滋大，纣由是稍失权重。王子比干谏，弗听。"② "纣愈淫乱不止。微子数谏不听，乃与大师、少师谋，遂去。比干曰：'为人臣者，不得不以死争。'乃强谏纣。纣怒曰：'吾闻圣人心有七窍。'剖比干，观其心。箕子惧，乃佯狂为奴，纣又囚之。殷之大师、少师乃持其祭乐器奔周。"③《宋微子世家》

---

① （清）郭庆藩：《庄子集释》卷4中《胠箧》，中华书局2004年标点本，第346页。
② 《史记》卷3《殷本纪》，中华书局1982年标点本，第107页。
③ 《史记》卷3《殷本纪》，中华书局1982年标点本，第108页。

也载："王子比干者，亦纣之亲戚也。见箕子谏不听而为奴，则曰：'君有过而不以死争，则百姓何辜！'乃直言谏纣。纣怒曰：'吾闻圣人之心有七窍，信有诸乎？'乃遂杀王子比干，刳视其心。"① 张守节《史记正义》引《括地志》："（比干）进谏不去者三日。纣问：'何以自持？'比干曰：'修善行仁，以义自持。'纣怒，曰：'吾闻圣人心有七窍，信诸？'遂杀比干，刳视其心也。"② 牧野大战后，武王"释箕子之囚，封比干之墓，表商容之闾"③。《史记·周本纪》载："命闳夭封比干之墓。"④ 比干墓在今卫辉市顿坊店乡比干庙村。

《林氏正宗源流》载，时正妃妇人陈氏有孕三月，恐祸及之，即将婢四人奔于牧野，避纣之难，逃于长林石室中，故生男名坚，字长恩。至周武王伐纣，夫人乃将坚归周朝，武王因其居长林而生，遂因林而命氏。据传，长林在今卫辉市狮豹头乡龙卧村，比干是林姓的太始祖。

比干以死报国的忠谏精神深受后人赞誉。《论语》："微子去之，箕子为之奴，比干谏而死。孔子曰：'殷有三仁焉。'"⑤《孟子》："纣之去武丁，未久也。其故家遗俗，流风善政，犹有存者。又有微子、微仲、王子比干、箕子、膠鬲，皆贤人也。"⑥ 孔子和孟子都把微子、箕子、比干三人称为仁贤。《汉书·古今人表》把比干列为"上中"，与伯夷、叔齐同列。太和十六年（492），北魏孝文帝率文武大臣到比干墓凭吊祭奠，感念比干忠心，特为其立庙，予以表彰。唐贞观十九年（645），唐太宗亲临比干庙，以少牢之礼祭祀比干，并追赠比干为太师，谥忠烈，元代封比干为仁显忠烈公。比干庙内碑碣林立，共有 64 通，有相传孔子剑刻的墓碑，有北魏孝文帝祭文碑、陈宣帝祭文碑、唐太宗祭文碑、乾隆帝御碑等，历代帝王、名士褒扬比干的忠君爱国精神，比干被誉为"亘古忠臣""谏臣极则"。

在比干文化的传承过程中，比干的形象也不断在演变。唐代之前，人

---

① 《史记》卷 38《宋微子世家》，中华书局 1982 年标点本，第 1610 页。

② 《史记》卷 3《殷本纪》，中华书局 1982 年标点本，第 109 页。

③ 同上书，第 108 页。

④ 同上书，第 126 页。

⑤ （清）刘宝楠：《论语正义》卷 21《微子》，中华书局 1990 年标点本，第 711 页。

⑥ （清）焦循：《孟子正义》卷 6《公孙丑上》，中华书局 1987 年标点本，第 179 页。

们把比干看作一位忠谏之士，唐宋时期，在唐太宗、宋仁宗的推崇下，比干被尊崇美化，成为忠烈的典范，元明清时期，在元仁宗、明孝宗、清高宗的表彰下，比干形象逐渐神圣化，比干成了一位集忠、孝、节、义、信于一身的圣人，在民间则被奉为财神，比干成为中华传统文化中的一个典范。

二　比干的忠谏思想

《说文解字》释"忠"："敬也。从心，中声。"① 意为对人对事，内心肃敬，尽心竭力。《说文解字》释"谏"："证也。从言，柬声。"② 意为用事实来明断是非，以直言来劝正。所谓忠谏，就是尽心竭力地规劝君主或尊长，使其认识和改正过失。

忠君爱国是比干忠谏思想的核心，作为历史上著名的忠谏之士，他站在国家兴亡的高度劝谏纣王。自祖甲以后，殷商各王"生则逸，不知稼穑之艰难，不闻小人之劳，惟耽乐之从"③。纣王更是大肆敛财，"厚赋税，以实鹿台之钱，而盈拒桥之粟"，又大兴土木，建造离宫别馆，还好酒淫乐，"以酒为池，悬肉为林，使男女倮相逐其间，为长夜之饮"④，商王朝出现了"小民方兴，相为敌仇"⑤ "百姓怨望而诸侯有叛者"⑥ 的离心离德局面。纣王采用"炮格之法"镇压反对派，醢九侯，脯鄂侯，囚西伯，以高压来威吓天下，结果，诸侯多叛纣而往归西伯，周族趁机与各地诸侯共谋翦商，商王朝内外交困，岌岌可危。"今殷其沦丧，若涉大水，其无津涯。"⑦ 面对危机，有识之士纷纷劝谏纣王，祖伊曾向纣王进谏，纣王说："我生不有命在天乎！"祖伊认为"纣不可谏矣"⑧。微子启数谏纣王，纣王置之不理，微子与大师、少师相谋而去。箕子也曾进谏，纣王不听。面对大商王朝的危局，比干挺身而出，他说："君有过而不以

---

① （东汉）许慎：《说文解字》卷10下，中华书局1963年标点本，第217页。
② 同上书，第52页。
③ （清）孙星衍：《尚书今古文注疏》卷21《无逸》，中华书局1986年标点本，第440页。
④ 《史记》卷3《殷本纪》，中华书局1982年标点本，第105页。
⑤ （清）孙星衍：《尚书今古文注疏》卷9《微子》，中华书局1986年标点本，第257页。
⑥ 《史记》卷3《殷本纪》，中华书局1982年标点本，第106页。
⑦ （清）孙星衍：《尚书今古文注疏》卷9《微子》，中华书局1986年标点本，第257页。
⑧ 《史记》卷3《殷本纪》，中华书局1982年标点本，第107—108页。

死争，则百姓何辜！"① 他认为："主过不谏，非忠也。畏死不言，非勇也。过则谏，不用则死，忠之至也。"② 比干向纣王进谏的内容，史书无载，但应是针对时弊的，如薄赋税、轻徭役、行善政、远奸人、疏女人等。比干抱着必死的决心，他说："为人臣者，不得不以死争。"③ 他强谏纣王，三日不去，纣王遂剖比干之心。杀身成仁的忠烈精神是儒家学说的重要内容，孔子说："志士仁人，无求生以害仁，有杀身以成仁。"④ 孟子说："生，亦我所欲也。义，亦我所欲也。二者不可得兼，舍生而取义者也。"⑤ 在忠烈精神中，忠是主体所选择的道德信念，烈是主体坚守信念的彻底性，在国家危亡的关头，忠烈精神就表现为强烈的民族主义和坚贞的爱国主义。比干以死相谏、舍生取义、为国尽忠，是忠烈精神的楷模，是一位伟大的爱国主义者。

刚直不屈、犯颜直谏是比干忠谏思想的外在体现。面对昏君的拒谏，当时有三种政治态度，微子去、箕子狂、比干死，为了国家安危，比干不顾身家性命，冒死进谏，最终付出了生命的代价。微子、箕子、比干被孔子称为"三仁"，孟子也认为三人"皆贤人"⑥，后世儒者都高度评价"三仁"的忧世保民的行为，三人行事不一，表现各异，但用心一致，都是忧国忧民，为了社稷安危。"三仁"都曾劝谏过纣王。作为兄长，微子曾几次劝谏纣王，纣王不理，面对着国家将亡、大厦将倾，微子也表示过哀痛，但在危急关头，他选择了出逃，后又主动降周。"周武王伐纣克殷，微子乃持其祭器造于军门，肉袒面缚，左牵羊，右把茅，膝行而前以告。于是武王乃释微子，复其位如故。"⑦ 武王克商后，微子肉袒面缚，膝行降周。西周甲骨文记载："唯殷微子来降。其执，暨厥史，在庙。尔卜曰：'南宫郜其乍。'"⑧ 当微子降周时，周武王命南宫郜备酒食以礼相待。微子的屈膝降周，绝对不是一个仁者所为，战国时期的蔡泽就明确指

① 《史记》卷38《宋微子世家》，中华书局1982年标点本，第1610页。
② 《史记》卷3《殷本纪》，中华书局1982年标点本，第109页。
③ 同上书，第108页。
④ （清）刘宝楠：《论语正义》卷18《卫灵公》，中华书局1990年标点本，第620页。
⑤ （清）焦循：《孟子正义》卷23《告子上》，中华书局1987年标点本，第783页。
⑥ （清）焦循：《孟子正义》卷6《公孙丑上》，中华书局1987年标点本，第179页。
⑦ 《史记》卷38《宋微子世家》，中华书局1982年标点本，第1610页。
⑧ 陕西周原考古队：《岐山凤雏村两次发现周初甲骨文》，《考古与文物》1982年第3期。

出"微子不足仁"①。箕子是纣王的叔叔，他有着强烈的忧患意识。史载，纣始为象箸，箕子感叹："彼为象箸，必为玉桮；为桮，则必思远方珍怪之物而御之矣。舆马宫室之渐自此始，不可振也。"②纣王淫逸，箕子谏，不听。韩非子认为箕子"见微以知萌，见端以知末。故见象箸而怖，知天下不足也"，所以，箕子是一位"圣人"③。作为王叔，箕子对纣的倒行逆施也曾做过劝谏。《史记》载："纣为淫泆，箕子谏，不听。人或曰：'可以去矣。'箕子曰：'为人臣谏不听而去，是彰君之恶而自说于民，吾不忍为也。'乃被发佯狂而为奴。遂隐而鼓琴以自悲，故传之曰《箕子操》。"④箕子采取了既不"彰君之恶"也不"自说于民"的两全自保的态度。《韩非子》载："纣为长夜之饮，惧以失日，问其左右，尽不知也。乃使人问箕子。箕子谓其徒曰：'为天下主而一国皆失日，天下其危矣。一国皆不知而我独知之，吾其危矣。'辞以醉而不知。"⑤箕子早已看到了纣的行为必将导致亡国的结局，但他考虑得更多的是个人的安危，若直言相谏，于己不利，便以"被发佯狂"来逃避现实，被纣王囚禁，最后也归顺了周。商亡后，武王曾亲自访问箕子，求教治国之道，箕子向武王提出了五行、五事、八政、五纪、三德、五福等建议，武王封箕子于朝鲜，其后箕子朝周。在国家危亡的关键时刻，箕子前忧后虑、明哲保身，以"佯狂"来逃避现实，范雎曾评说箕子"被发为狂，无益于主"⑥，大商亡国后他最终归周，从他的行为来看，显然称不上"仁"，更与"圣人"相去甚远。而比干在国家危亡面前，没有像微子、箕子那样心灰意冷，但求自保："比干见微子去，箕子狂，乃叹曰：'主过不谏，非忠也。畏死不言，非勇也。过则谏，不用则死，忠之至也。'进谏不去者三日。"他态度非常鲜明："君有过而不以死争，则百姓何辜！"⑦他把个人生死安危置之度外，直言谏纣，纣不听，他勇往直前，犯颜强谏，三日不去，触怒

①　《史记》卷79《范雎蔡泽列传》，中华书局1982年标点本，第2421页。
②　《史记》卷38《宋微子世家》，中华书局1982年标点本，第1609页。
③　（清）王先慎：《韩非子集解》卷7《说林上》，中华书局1998年标点本，第179—180页。
④　《史记》卷38《宋微子世家》，中华书局1982年标点本，第1609页。
⑤　（清）王先慎：《韩非子集解》卷7《说林上》，中华书局1998年标点本，第180页。
⑥　《史记》卷79《范雎蔡泽列传》，中华书局1982年标点本，第2407页。
⑦　《史记》卷3《殷本纪》，中华书局1982年标点本，第109页。

纣王，比干因直谏而惨死于剖心，为大商王朝献出了生命，这种冒死直谏、舍生取义的爱国情怀才称得上"仁"。相比较而言，"三仁"为了国家社稷，都忠谏过纣王，但其态度不一，手段与结果不同。微子认为："父子有骨肉，而臣主以义属。故父有过，子三谏不听，则随而号之；人臣三谏不听，则其义可以去矣。"① 箕子认为："为人臣谏不听而去，是彰君之恶而自说于民，吾不忍为也。"② 微子出逃，箕子佯狂，这是个人名利高于社稷，个人安危高于国家，而比干则是国家利益高于一切，他以死强谏，惨遭剖杀。《淮南子》评道："王子比干，非不知箕子被发佯狂以免其身也，然而乐直行尽忠以死节，故不为也。"③ 比干没有选择明哲保身，为了国家社稷他甘愿赴死，他是一位忠贞不渝的爱国主义者，做到了至忠。"三仁"中，一出逃、一佯狂、一赴死，对国家社稷的忠诚度高下立判。比"仁"境界更高的是"圣"，"三仁"中，箕子曾被韩非子称作圣人，但这不是共识，而比干被称作圣人，却是当之无愧的。在纣王看来，比干所说的修善行仁、以义自持是圣人的境界，纣王称比干为"圣人"含有讥讽的意味，但后世却是肯定其圣人地位的。张良曾对刘邦说："武王入殷，表商容之间，释箕子之拘，封比干之墓。今陛下能封圣人之墓，表贤者之间，式智者之门乎？"④ 在张良看来，比干就是圣人，在明清时期，比干更是由圣而神，成为民间信仰崇拜的偶像。

三　比干文化与比干精神

比干文化是以比干事迹为基础所形成的思想文化和民俗文化，它是在长期的历史发展过程中积淀而成的，它不仅拥有着丰富的内涵，也形成了完整的体系，如忠谏文化、仁义文化、财神文化、文曲文化、裘祖文化等，它所涵盖的为国之道、为官之道、为人之道，对中华民族的价值观念、行为规范、传统习俗都产生了深远而恒久的影响，并积淀为中华传统文化的底色。

忠谏文化是比干文化的基本内核。在历史上的仁人志士中，武死战，

---

① 《史记》卷38《宋微子世家》，中华书局1982年标点本，第1610页。
② 同上书，第1609页。
③ （清）何宁：《淮南子集释》卷11《齐俗训》，中华书局1998年版，第818页。
④ 《史记》卷55《留侯世家》，中华书局1982年标点本，第2040页。

文死谏，比干是死于忠谏的文臣代表，是忠君爱国、舍生取义的楷模。忠谏文化涵盖有忠君报国、尽职尽责、体恤民众的意义。在古代，忠君与爱国在理念上是混一的，所以人们常合称其为"忠君爱国"。比干的忠君爱国精神表现在爱君爱国、为民请命、逆鳞直谏、以身殉道，它体现了比干的爱国之心、报国之志、殉国之义。据《西河九龙族谱》记载，比干曾说过："观主过不谏非忠也，畏死不言非勇也，即谏不从，且死忠之至也。"① 比干把"忠"作为君臣道义，当君邪国患之时，臣要犯颜直谏，为君尽忠，不惜做到"死忠"，比干就是一位死忠之臣。明人吴达可在《题比干墓》中说："人知比干之谏死，为万世节义之美谭，而不知比干无意于求名也。知有君不知有身，不可无比干之谏；知有国不知有名，不可无比干之心。"② 唐太宗十分崇敬比干的谏诤精神，他在《祭比干文》中指出："叹往哲之不追，磋后贤之未及。然则犯颜色，逆龙鳞，奋不顾身，有死无贰。蹈斯节者，罕有其人。非知之难，行之不易，所以永怀千古。"③ 他主动求谏，纳谏如流，并表示"公等各宜务尽忠说，匡救朕恶，终不以直言忤意，辄相责怒"④。人们从比干故事中还悟出了一条哲理：忠言逆耳利于行，良药苦口利于病，并把它作为为政之道、为人之道。

　　比干的忠谏思想为历代的治国理政提供了借鉴，在中央集权的君主专制制度之下，帝王独断专行，忠正者不言，奸邪者日进，帝王只能蔽其耳目，不知时政得失，造成社稷倾危的困局。人们从历史经验教训中总结出了刻骨铭心的治政经验：国有诤臣，社稷不亡，纳谏从流，国泰民安。中国自古就有求谏纳谤的传统，相传，唐尧曾设谏鼓，立谤木，求取治世之音。舜帝时设有纳言一职，纳言是喉舌之官，听下言纳于上，受上言宣于下，这是谏官的萌芽。商汤设有"司过之士"即谏官，谏官作为制度确立于西周。周文王设有保氏一职，保氏掌谏王恶，这是中国历史上最早的谏官，召公曾担任过保氏。春秋初年，齐桓公设有大谏之职。秦置谏议大夫，职掌议论。汉武帝置谏大夫，光武帝改为谏议大夫。隋朝改侍中为纳言，武则天时增置左右拾遗与左右补阙。宋代改唐代的补阙为司谏，改拾

---

① 参见林宪斋《比干文化研究》，河南人民出版社 2012 年版，第 89 页。

② 参见霍德柱《比干庙古碑刻解析》，中州古籍出版社 2014 年版，第 53 页。

③ 同上书，第 36 页。

④ （唐）吴兢：《贞观政要》卷 2《论求谏》，岳麓书社 2000 年标点本，第 55 页。

遗为正言,并专门设置谏院,设左右谏议大夫。元代不设专职谏官,由御史兼任谏职,明代则由给事中和各道御史兼任谏职,清代言谏之官由都察院御史和六科给事中兼任。谏官的职责是直言极谏,匡正君非,谏诤得失,是协调君臣之间同治乱、共安危的重要机制。谏官的职业道德是宁鸣而死,不默而生。荀子说:"君有过谋过事,将危国家、殒社稷之惧也,大臣父兄有能进言于君,用则可,不用则去,谓之谏;有能进言于君,用则可,不用则死,谓之争。"① 刘向在《说苑·正谏》中深入分析了谏诤,指出:"君有过失者,危亡之萌也。见君之过失而不谏,是轻君之危亡也。夫轻君之危亡者,忠臣不忍为也。三谏而不用则去,不去则身亡,身亡者,仁人所不为也。……夫不谏则危君,固谏则危身,与其危君宁危身。危身而终不用,则谏亦无功矣。"② 刘向还指出了谏诤的五种方式即正谏、降谏、忠谏、戆谏、讽谏。其实,在中国谏诤史上,谏诤的方式多种多样,既有黄图谏、剖心谏、扣马谏,也有尸谏、哭谏、兵谏,还有笔谏、讽谏、顺谏等。谏诤名臣辈出,有关龙逢、比干、苌弘、屈原、伍子胥,还有汲黯、诸葛亮、魏徵、范仲淹等,范文澜在《中国通史简编》绪言中,将比干与关龙逢、屈原、诸葛亮和魏徵并列为敢言直谏、不惜身死、只求君主改善政治的伟大爱国者。

仁义文化。仁是博爱,是人与人之间的相亲相爱,是人的完美的道德,它蕴含着爱人、自爱、亲亲、爱民、爱物的意义。儒家倡导"四维八德",四维是指礼、义、廉、耻,八德是指忠、孝、仁、爱、信、义、和、平。孔子以仁为核心构建了一个完整的伦理体系,把仁作为最高的道德原则、道德标准和道德境界,把天下归仁作为最高的社会理想。义是合宜的道德和行为,大义、正义、公平、公正、公道是人们应该遵循的最高道义。仁和义是儒家的核心思想,儒家提出了仁义道德的学说,如仁至义尽、杀身成仁、舍生取义等。仁义的本意是仁爱与正义,它是儒家的重要伦理范畴,是普遍的道德标准,是中华传统文化的基本理念和核心价值取向。仁义之大,为国为民,仁义精神在比干身上得到了最好的体现。比干

---

① (清)王先谦:《荀子集解》卷9《臣道》,中华书局1988年标点本,第250页。
② 向宗鲁:《说苑校证》卷9《正谏》,中华书局1987年版,第206页。

说："君有过而不以死争,则百姓何幸!"① 比干明知犯颜直谏的后果,但还是坚持"死争",他的冒死强谏,是为了阻止纣王的淫乱不止,为了国家社稷的安危,为了民众的福祉。"三仁"虽然行事各异,但目的一致,都是忧国忧民,是为了社稷安危和民众安宁。"三仁"都曾劝谏过纣王,只有比干是"死争",并为此献出了生命,真正做到了杀身成仁、舍生取义,他是仁义的典范,后人称其为"天下第一仁"。

根亲文化。根亲文化是以姓氏祖根为载体的一种追索族源、血脉相继的文化现象,包含姓氏文化、始祖文化、寻根文化、民俗文化等内涵,具有血缘性、地缘性、情感性、和谐性与稳定性的显著特征,它是一种血浓于水的亲情文化,既是宗亲认同,也是文化认同。林姓历史悠久,据唐代林宝《元和姓纂》载:"林,殷太丁之子比干之后。比干为纣所灭,其子坚逃难长林之山,遂姓林氏。"② 林坚是林姓始祖,比干是太始祖,这是林姓的主脉。林姓的发源地在长林(今卫辉市狮豹头乡龙卧村),周武王赐林坚食邑博陵(今河北安平),博陵成为林氏的世居之地。春秋时期,林姓散居于周、鲁、齐、卫等地。战国时期,赵宰相林皋,始居九门(今河北藁城县西北),生有九子,分别为文、成、宣、化、德、修、明、勉、昭,父子均贤德,被称为"十德之门",后来为避赵王迫害,林姓举家迁至西河。秦汉时期,林雍后人迁到济南郡,称"济南林",汉代,林姓成为当地名门望族。东汉末、三国时期,中原林姓大批南迁至江浙一带。林懋在任下邳郡太守时,迁居下邳郡梓桐乡,称"徐州林"或"下邳林"。林懋次子林禄曾任晋安太守、晋安郡王,为林姓在福建开基始祖,他的墓地九龙岗成为海内林姓拜谒圣地,其苗裔散居侯官、福唐、长乐、惠安、龙溪、漳浦等地,称"闽林晋安世系",是林姓最大、最著名的一支。林姓最早在唐朝时入台,明清之际,闽粤沿海地区的林姓开始分批移居台湾,繁衍发展。林姓在福建、广东、台湾三省分布较多,约占全国林姓的60%。林姓在漫长的繁衍发展过程中,逐渐形成了郡望,据《广韵》所载,主要有南安郡、西河郡、济南郡、下邳郡、晋安郡。各地的林氏祠堂有不同的堂号,如九牧、绍闽、问礼、九龙、忠孝、双阙、青

---

① 《史记》卷38《宋微子世家》,中华书局1982年标点本,第1610页。
② (唐)林宝:《元和姓纂》卷5《二十一侵》,中华书局1994年标点本,第736页。

龙、永泽、林平、十德、崇本、善庆等。根亲文化具有强大的凝聚力，也有优秀的文化传承。《林氏九牧衍派·台湾家谱》："吾林一门，上自始祖比干子坚一世，绵绵一宗，肇宗宏远，立德深厚，忠义凛然，煌煌显跃古今，此乃吾林华荣焉。吾林子孙，果能修身立德，孝顺父母，兄弟团结，夫妻和爱，朋友笃信，勤俭律己，宽大容人，宗族疏远犹亲，历代以德相传，则千年万载而不泯也。"① 林姓把忠孝作为家风，要求族人秉持传家，这是一种宝贵的文化财富。三千多年来，林氏后裔继承先祖比干忠君爱国的精神，承前启后，英杰辈出，创造了不朽的功绩，如春秋时期问礼于孔子的林放，以"九门十德"声震燕赵的林皋，以"唐九牧"而闻名的林禄，虎门销烟的林则徐等。世界各地的林氏后裔在继承和弘扬比干精神的同时，也在不断地丰富和发展着林姓文化，如妈祖文化。妈祖，原名林默，宋初莆田湄洲岛人，林默聪明颖悟、过目成诵、知晓天文、熟习水性、精通医理，她终身不嫁，乐于行善济人、消灾解难，去世后，人们把她尊奉为妈祖，作为世间的守护神，形成了妈祖信俗，并传播到世界各地。相传农历四月初四是比干的祭日，每年的这一天，林姓子孙都要到卫辉比干庙焚香祭祀这位始祖。比干不仅是林姓的祖先，还是比、王、孙、柴、辜、李、陆、邢等姓的始祖，形成了姓氏文化中的多姓共祖现象。比干是林姓根亲文化的品牌，比干庙是林姓的家庙，是寄托亲情和乡情的圣地。

财神文化。财神崇拜承载着人们招财进宝、发财致富的美好愿望，寄托着阖家富贵、求财纳福、人财两旺的良好心愿，也是世人对美满富贵生活的向往，民间信仰的功利性使得财神香火兴旺，财神信仰是我国重要的民俗文化，拥有广泛的社会基础。财神信仰有着悠久的历史，在东晋干宝的《搜神记》中就有钱神的记载，宋代孟元老的《东京梦华录》记载了财门钝驴、回头鹿马，这是最早的财神画像，明清时期，民间财神信仰基本定型。与其他信仰不同，财神是一个群体，有文武之分。武财神有专司人间财富的赵公明和忠诚信义的关羽，文财神有服牛经商的王亥、公正无心的比干和生财有道的范蠡，这四位是正财神。此外，还有四方财神，分别是春秋时期齐国的管仲、鲁国的端木赐，战国时期魏国曲梁县令李诡祖

---

① 参见林宪斋《比干文化研究》，河南人民出版社 2012 年版，第 277 页。

和魏国商人白圭，这是偏财神。诸位财神中，有经商经历的有王亥、管仲、范蠡、端木赐、白圭，李诡祖是县令，负责征收财帛，被奉为财帛星君，赵公明因统领招宝、纳珍、招财、利市四仙，而被奉为财神，比干、关云长被奉为财神，则与经商无关，完全是因为他们的忠义精神。忠义是儒家学说的核心内容，它是建立在正义、大义基础上的精神境界和行为准则，古往今来，仁义、信义、道义、情义等情怀和见义勇为、义无反顾、大义灭亲等义举始终为世人景仰。其实，忠臣与财神之间并无必然联系，比干由忠臣演变为财神，是世人对见利忘义的憎恶和对公平正义的向往。在宋代，商品经济空前繁荣，商人群体出现，他们渴求财富、金钱，并希望有神灵相助，增进财富、守护财宝的财神应运而生。但在追逐利润的过程中，拜金主义和奢华之风也甚嚣尘上，不良商家唯利是图，不择手段，毒化了淳朴的社会风气，造成了人际关系的扭曲，人们强烈呼吁诚信、公平、正义，忠诚信义的价值观成为抵御重利轻义、见利忘义风潮的利器。比干是英烈式的忠义之士，人们崇敬比干的率直无私和心地纯正，便将他的忠信守节人格升华为仁爱公道的神格，比干从一位忠义之士演变成世人崇拜的财神。比干无心，无心则无向，无心则无私，就会办事公道，不偏不倚，公平公正，在他的庇佑下，人们在经商中都诚实守信，公平交易，公道买卖，民间有"财帛无心，有德斯昌"的说法，正与无心的比干相吻合。人们将无心比附为公正，体现了人们对平等与公正的期望和对商业道德的追求。君子爱财，取之有道，无心的比干自然就成了取财之道的守护神，成为公平、公正、公道的化身。还有一种说法，比干升天后，玉皇大帝封他为掌管人间财库之神，为世间财神之首。比干财神崇拜彰显了义以生利的价值观，体现了忠义诚信、公正无私、爱民轻财的财富文化内涵，财神文化也使比干文化成为雅俗共赏的民俗文化。在各地财神庙的神龛上，比干一副文官装扮，头戴乌纱帽，身穿绣蟒袍，手捧玉如意，足登金元宝，五绺长须，面目严肃，既是一位"清官"形象，也是一个"财神"形象，他是一位官神、财神合一的二重神。作为财神，他承担着维护公平正义的职责，保佑着民众以道取财，同时也警醒着那些贪婪之人，勿取不义之财，这是财神向世人所昭示的道德上的价值取向，从这个角度看，公平公正、诚实守信的商业道德才是保佑世人广进财源、日进斗金的真正的财神。在北京白云观财神殿中供奉着三位财神，比干居中，赵公明和关羽分列左右，在山西平遥古城的财神庙中所供奉的这三位财神，是仁、义、财三位一体的道德财神，比干代表着其中的"仁"，可见比干在人们心目中的崇高地位。

文曲文化。我国古代天文学较为发达，对北斗七星的观察早有记载。道教形成后，把北斗视为天神加以崇拜，并对七星作出了神学解释。北斗星中的第四颗星是天权星，位列魁星之中，道家将天权星定名为文曲星，主宰天下文运、科甲功名，文曲与文昌同属于福星。在民俗文化中，晋朝人张亚子被唐玄宗封为文曲星。张亚子居于四川梓潼县七曲山，以教书为业，东晋宁康二年（374）自称蜀王，在抗击前秦苻坚时战死，被奉为梓潼神。唐玄宗入蜀时，途经七曲山，有感于张亚子英烈，遂追封其为左丞相，元仁宗延祐三年（1316），敕封梓潼神为"文昌司禄宏仁帝君"，简称为"文昌帝君"，掌管天部文昌府事务，被奉为文昌星。文曲星与文昌星都主管天下文运，同属吉祥星宿，但文曲星主管文学的同时，也掌管艺术，而文昌星只掌管文学，他们都主管着聪明才智，所以，在科举时代，他们都受到天下学子的虔诚敬仰和尊奉。一般来说，大凡科考中榜位列一甲的，或者文采盖世的才子都被人们称作文曲星下凡，在民间传说中被称为文曲星的有伊尹、比干、包拯、范仲淹、文天祥、许仕林、刘伯温等。比干的文曲形象最晚形成于明代，《封神演义》第九十九回，姜太公归国封神，将比干封为北斗星官文曲星君，掌管天下士人的功名利禄。科举时代，寒窗苦读的士人学子都从科举中求取功名利禄，文曲星君深受学子尊奉。在世俗中，比干的财神形象要远高于他的文曲形象，这体现了世俗文化的功利性。不过，物质财富的增长带不来精神财富的丰裕，随着社会的发展，人们会越来越重视文化素养，寓有重视文化和追求文明之意的比干文曲文化的价值定会得以彰显和弘扬。

裘祖文化。行业先祖崇拜属于民俗文化的范畴，民间有"三百六十行，无祖不立"的说法，各行各业都有自己的先祖。行业先祖名望很高，有的是行业开创者，有的是行业发展者，后人把他们奉为本行业的保护神，比干被裘皮行业奉为始祖。在远古时期，人们穿的都是天然兽皮，兽皮干燥后会发硬，也易断，还易遭虫蛀，还有难闻的气味，人们采用揉搓的方法使其变软。商朝末期，比干一方面鼓励民众打猎食肉，另一方面把生硬的兽皮反复泡制，变成柔软的裘皮，比干发明了熟皮制裘工艺。相传他曾制裘于广郡（今衡水枣强大营），大营镇成为裘皮业的发源地，被誉为"天下裘都"。《封神演义》第二十五回，苏妲己请妖赴宴，比干率黄飞虎火烧轩辕坟狐狸洞，将未烧焦的狐狸皮剥下来，把它硝熟后制成了一件袍袄，献给纣王御寒。所以，裘皮行业就尊奉比干为鼻祖，比干成为裘祖文化的开创者。

比干文化的灵魂是比干精神，比干精神可以概括为忠、爱、仁、勇、公，主要体现为爱国爱民、忠于职守和无私无畏，其核心是忠君爱国的高尚情操、取义成仁的理想境界、舍生忘死的忠烈行为，这是比干文化的精髓，比干把对国家和君主的"忠"做到了彻底的仁至义尽。

"忠"是中国传统文化中的一个核心价值观，它指导着人们行为的规范，是中华民族精神的重要内核。"忠"字在文献中出现的时间较晚，在现有的甲骨文中、《诗经》中甚至在三代的文献中都没有发现"忠"字，但"忠"的思想已经形成，到孔子时，"忠"字才大量出现，并逐渐固化为忠诚于国家和君主，成为世间的第一价值观。在对"忠"的实践中，它和其他价值规范常常融合在一起，如忠孝、忠贞、忠正、忠义、忠信、忠善、忠顺等。"忠"是中国传统文化中最重要的道德规范，人们把"顺"作为衡量"忠"的一个重要标准，"忠"是基本内核，"顺"是表现形式，"顺"不是邀宠佞说的阿谀逢迎，也不是无原则的盲目服从，"争然后善，戾然后功，出死无私，致忠而公，夫是之谓通忠之顺"①。"忠"是衡量君臣关系的基本准则，荀子指出："从命而利君谓之顺，从命而不利君谓之谄；逆命而利君谓之忠，逆命而不利君谓之篡；不恤君之荣辱，不恤国之臧否，偷合苟容，以持禄养交而已耳，谓之国贼。"② 荀子把大臣分为态臣、篡臣、功臣、圣臣四种类型，态臣、篡臣不利于国家，用之则亡，而功臣、圣臣尊君安国，用之大利。面对国君，能够做到谏、争、辅、拂的大臣，是社稷之臣，国君之宝，所以，为臣之道是从道不从君。关于忠的表现，荀子认为："有大忠者，有次忠者，有下忠者，有国贼者。以德覆君而化之，大忠也；以德调君而辅之，次忠也；以是谏

---

① （清）王先谦：《荀子集解》卷9《臣道》，中华书局1988年标点本，第257页。
② 同上书，第249页。

非而怒之，下忠也。"① 荀子把"忠"作为一个人的政治态度和道德境界的最高评判。"忠"并不是单纯的对君主的顺，而是基于最高的国家利益，保家卫国才是真正的大忠大义，否则就是"佞"。从犯颜死谏的比干到犯颜直谏的魏徵，从持节牧羊的苏武到精忠抗金的岳飞，他们把"忠"作为精神价值的支撑，视国家利益为至高无上，从而成为"忠"的典范。历史上，人们崇敬忠义之士，史学家们以忠君爱国为标准，特辟"忠义传"，为忠义之士立传。在《旧唐书·忠义传》中收录人物 56 位，《新唐书·忠义传》收录人物 59 位，《宋史·忠义传》中收录人物近 300 位，《明史·忠义传》收录了 340 多位忠义之士，《清史稿·忠义传》收录了444 位忠义之士，史学家们对这些忠义之士树碑立传，予以表彰。在民间，人们则把忠烈之士推上神坛，使其在最高的精神价值层面予以弘扬。正是"忠"的这种价值观，推动了人们的道德理性自觉，引导了人们的生活实践，凝结成了流芳万代的珍贵的精神财富。

比干的忠义精神备受后人推崇，为万世景仰。周武王封比干之墓，北魏孝文帝因墓立庙，南朝陈宣帝撰《祭比干文》，唐太宗颁《赠殷太师比干诏》，宋仁宗为比干立碑塑像，明孝宗重建比干庙，乾隆帝御书《过殷太师墓有作》，道光帝修葺比干庙正殿，历代统治者推崇比干，把他由"仁者"塑造成了"国神"，奉为神灵予以崇拜。汉人刘向在《说苑·立节》中赞道："王子比干杀身以成其忠，伯夷、叔齐杀身以成其廉，尾生杀身一成其信，此三子者，皆天下之通士也，岂不爱其身哉……三者在乎身，名传于后世，与日月并而不息，虽无道之世，不能污焉。"② 汉人桓宽在《盐铁论·非鞅》中评道："比干剖心，子胥鸱夷，非轻犯君以危身，强谏以干名也。慇愃之忠诚，心动于内，忘祸患之发于外，志在匡君救民，故身死而不怨。"③ 南朝陈宣帝在《祭比干文》中也高度评价比干："自独夫肆虐，天下崩离。观窍剖心，固守臣节。忠喻白日，义概秋天。羲皇以来，一人而已。"④ 乾隆帝作《过殷比干墓》称赞比干："天地之经，君臣之义。贵戚异姓，同归一致。与社稷共，逝将焉避？披沥以陈，

---

① （清）王先谦：《荀子集解》卷 9《臣道》，中华书局 1988 年标点本，第 254 页。
② 向宗鲁：《说苑校证》卷 4《立节》，中华书局 1987 年版，第 78 页。
③ （清）王利器：《盐铁论校注》上册卷 2《非鞅》，中华书局 1992 年版，第 96 页。
④ 参见林宪斋《比干文化研究》，河南人民出版社 2012 年版，第 28 页。

甘于殒弃。五亩佳城，千秋弗坠。夫子适周，载经柏隧。早许三仁，讵惟四字。"① 但是，历史上也有人在质疑、非难比干的"死诤"。《庄子》说："世之所谓忠臣者，莫若王子比干、伍子胥。子胥沈江，比干剖心，此二子者，世谓忠臣也，然卒为天下笑。自上观之，至于子胥、比干，皆不足贵也。"② 建安七子徐干认为志行之士不如明哲之士，在《中论》中对"三仁"作了排序："君子以微子为上，箕子次之，比干为下。"③ 敬重比干的北魏孝文帝在《吊殷比干文》中也说："何其轻生，一致斯欤？何其爱义，勇若归欤？遗体既灰，不其惜欤？永矣无返，不其痛欤？……曷不相时以卷舒兮，徒委质而颠亡。虽虚名空传于千载，讵何勋之可扬。……而乃自受兹毙，视窍殷亲。剖心无补，迷肌丧身。脱非武发，封墓谁因？"④ 甚至纳谏如流的唐太宗在《祭比干文》中也责备比干："三谏不入，奉身而退，圣人之道也。何必殉形于国，以速商殷之亡；剖心于朝，以深独夫之罪！"⑤ 非难者都认为比干没有审时度势的明智，处理不好出处进退问题，以致落得个身丧君辱的结局。面对人们对比干的责难和不解，元代理学家王恽直斥："世道有沦丧，一忠千万谀。"⑥ 在国家危难之时，人的品质就会凸显出来，时穷节乃见，板荡识忠臣，仁人志士不会选择逃避，而是铁肩担道义，忠心赴国难。明人萧良有在《重修殷太师比干庙记》中指出："故夫比干之心所以异于人者，非七窍之异，异乎偷生，异乎惜死，异乎为人臣而怀二心者也。"⑦ 清人林侑《诗一首》："七庙全凭一人扶，任他微去与箕奴。誓将碧血埋殷土，拼把丹心奉独夫。"⑧ 在君主专制时代，忠臣的结局无外乎两种，辅佐圣明之君可使国治民安，如遇昏聩之君，他们只有舍生取义，这具有浓烈的悲剧色彩，比干就是忠君爱国、杀身成仁的悲剧性人物。《史记》载，李斯居囹圄中，仰天而

① 参见霍德柱《比干庙古碑刻解析》，中州古籍出版社 2014 年版，第 57 页。
② （清）郭庆藩：《庄子集释》卷 9 下《盗跖》，中华书局 2004 年标点本，第 999 页。
③ （东汉）徐干：《中论》卷上《智行》，辽宁教育出版社 2001 年标点本，第 22 页。
④ 参见霍德柱《比干庙古碑刻解析》，中州古籍出版社 2014 年版，第 15—16 页。
⑤ 同上书，第 36 页。
⑥ （元）王恽：《陪总筦陈公肇祀商少师比干庙》，转引自林宪斋《比干文化研究》，河南人民出版社 2012 年版，第 26 页。
⑦ 参见霍德柱《比干庙古碑刻解析》，中州古籍出版社 2014 年版，第 96 页。
⑧ 同上书，第 251 页。

叹:"嗟乎,悲夫!不道之君,何可为计哉!昔者桀杀关龙逄,纣杀王子比干,吴王夫差杀伍子胥,此三臣者,岂不忠哉,然而不免于死,身死而所忠者非也。"[1] 谏诤必有龙逄、比干之祸,这是忠臣的无可奈何的命运。

作为著名的谏臣,魏徵对比干的"忠"颇有认知。《旧唐书》载:"徵再拜曰:'愿陛下使臣为良臣,勿使臣为忠臣。'帝曰:'忠、良有异乎?'徵曰:'良臣,稷、契、咎陶是也。忠臣,龙逄、比干是也。良臣使身获美名君受显号,子孙传世,福禄无疆。忠臣身受诛夷,君陷大恶,家国并丧,空有其名。以此而言,相去远矣。'"[2] 在魏徵看来,比干之忠不值得效法,因为它不仅使自己身受诛夷,也使君主陷于大恶,最终落得个家国并丧、空有其名的结局,这与他所向往的良臣是相悖的,所以,魏徵贬忠褒良。但是,魏徵的从政实践却表明,他所谓的忠、良名异而实同。魏徵以直言敢谏而闻名,据《贞观政要》记载,魏徵向唐太宗面陈谏议 50 次,呈送奏疏 11 件,谏诤多达数十万言,频率很高,言辞激烈,观点明确,态度坚定,可谓主过则谏。魏徵经常犯颜直谏,被称作纳谏如流的明君唐太宗也不免恼羞成怒。"上尝罢朝,怒曰:'会须杀此田舍翁。'后问为谁,上曰:'魏徵每廷辱我。'后退,具朝服立于庭,上惊问其故。后曰:'妾闻主明臣直;今魏徵直,由陛下之明故也,妾敢不贺?'上乃悦。"[3] 可见,魏徵的"良臣"言行颇有比干之风,与比干的"忠臣"行为是一致的。在君臣关系中,大臣的忠良与君主的昏明密切相关,良臣多出盛世,忠臣多见乱世。比干若遇明主则无须死谏,自与魏徵同列良臣,魏徵逆鳞直谏,谠言屡发,幸赖太宗之明,如遇纣王,便难做良臣,只能做一个忠臣。比干与魏徵同为主过则谏的直臣,虽然命运一哀一荣,但其精神都是忠君爱国,在魏徵的政治生涯中所彰显和弘扬的正是比干精神。

比干的忠君爱国、舍生取义的精神具有强大的感召力,数千年来,他的人格魅力召唤了无数志士仁人铁肩担道义,造就了一批天下有道以道殉身、天下无道以身殉道的忠烈之士。可以说,比干的一颗忠心,孕育了千

---

[1]　《史记》卷 87《李斯列传》,中华书局 1982 年标点本,第 2560 页。
[2]　《旧唐书》卷 71《魏徵传》,中华书局 1975 年标点本,第 2547—2548 页。
[3]　(宋)司马光:《资治通鉴》卷 194《唐纪十》,岳麓书社 1990 年标点本,第三册第 533 页。

百万颗忠心。比干是历代正直之士效法的楷模，比干精神也被历代仁人志士所传承和弘扬。屈原在《楚辞·九章·涉江》中说："伍子逢殃兮，比干菹醢。与前世而皆然兮，吾又何怨乎今之人。余将董道而不豫兮，固将重昏而终身！"① 他忧国忧民，直谏怀王，却被两次流放，面对着楚国的危亡，他报国无门，最终满怀一腔忧愤投江而死，与比干一样，舍生取义，为国殉身，践行了比干精神。唐中宗时，武当丞周憬与驸马都尉王同皎召集壮士，密谋劫杀武三思。"事既泄，遁于比干庙中，自刎而死。临终，谓左右曰：'比干，古之忠臣也。倘神道聪明，应知周憬忠而死也。'"② 周憬以比干为楷模，为忠君爱国而死，这是对比干精神的执着践行。

三千年的历史长河，积淀了深厚的比干文化，凝练了高尚的比干精神。比干文化已深植于人民大众之中，比干精神也成为中华民族精神的重要组成部分，成为仁人志士的精神信仰和道德楷模，激励了一代又一代的仁人志士，也成为千百年来人们讴歌的永恒主题。

---

① 王筱云：《中国古典文学名著分类集成》，第 2 卷，《诗歌卷》（二），百花文艺出版社 1996 年版，第 122 页。

② 《旧唐书》卷 187《忠义传》，中华书局 1975 年标点本，第 4878—4879 页。

第二章　姜尚的文韬武略思想

一　生平与著作

姜尚，字子牙，世称太公，河内汲（今卫辉市太公泉）人，其祖曾协助大禹治水，因功而封于吕，故又称吕尚。姜太公是我国古代杰出的军事家、谋略家、政治家，被尊为百家宗师，有"谋圣""武圣"之称。

史载，姜尚早年曾在朝歌屠牛，后又在孟津酤酒。"太公博闻，事纣，纣无道，去之。尝游说诸侯，无所遇，而卒西归周西伯。"① 怀才不遇的姜尚西行入周，来到渭水之滨，垂钓于兹泉，等待时机。恰遇周文王访贤，文王与语大悦："自吾先君太公曰'当有圣人适周，周以兴'。子真是邪？吾太公望子久矣。"② 故尊称其为"太公望"，立为师。姜太公积极辅佐周文王，"阴谋修德以倾商政，其事多兵权与奇计……天下三分，其二归周者，太公之谋计居多"③。周武王即位后，以太公望为师，尊为"师尚父"，继承文王未竟的灭商大业。在姜太公的精心策划下，武王九年，东观兵于孟津，诸侯不期而会者八百，作《太誓》。公元前1046年一月二十日，姜太公辅佐周武王挥师东进伐商。在姜太公的统一指挥下，"十一年正月甲子，誓于牧野，伐商纣。纣师败绩。纣反走，登鹿台，遂追斩纣"④，取得了牧野之战的完胜。商亡后，武王"散鹿台之钱，发钜桥之粟，以振贫民。封比干墓，释箕子囚。迁九鼎，修周政，与天下更始。师尚父谋居多"⑤。同年四月，武王凯旋，定都镐京（今西安），周王

① 《史记》卷32《齐太公世家》，中华书局1982年标点本，第1478页。
② 同上。
③ 同上。
④ 同上书，第1480页。
⑤ 同上书，第1478页。

朝建立。这场决定商周鼎革的牧野大战，体现了姜太公卓越的军事才能和政治谋略。商周更替是继"成汤革命"之后的又一次社会大变动，姜太公顺应时代潮流，辅佐文王、武王，开创了一个历史新时代。

周灭商后，武王采取了"封邦建国"的政策，分封宗室贵族和功臣为诸侯，建立邦国，作为王室的屏藩。姜太公封齐国，建都营丘（今山东淄博），享有"东至海，西至河，南至穆陵，北至无棣，五侯九伯，实得征之"① 的监天下的地位。姜太公尊贤尚功，因俗简礼，因地制宜，为齐国的发展奠定了雄厚的基础，使它在以后独领春秋五霸之首的风骚，并跻身于战国七雄之列，岿然屹立于东方。

关于姜太公的著作，见于史籍记载的有《周书》和《六韬》。《银雀山汉墓竹简》载，太公之书古称《周书》。《六韬》，又称《太公六韬》《太公兵法》，是先秦时期著名的黄老道家典籍，也是先秦时期军事思想的集大成者。《庄子·则阳》篇载有仲尼问于太史六韬，《史记·留侯世家》载有黄石公授张良《太公兵法》之事，《汉书·艺文志》道家类著录："《太公》二百三十七篇。吕望为周师尚父，本有道者。《谋》八十一篇，《言》七十一篇，《兵》八十五篇。"② 《艺文志》儒家类载有"周史《六韬》六篇"③，唐人成玄英释《庄子·徐无鬼》："《金版六韬》，《周书》篇名也，或言秘谶也。云是《太公兵法》，谓文、武、虎、豹、龙、犬六韬也。"④ 《隋书·经籍志》兵家类录有《太公六韬》五卷，《旧唐书·经籍志》和《唐书·艺文志》兵家类均有《太公六韬》六卷。1972年，在临沂银雀山出土了一批竹简，其中有《六韬》中的《文韬》《武韬》《龙韬》，与传世本基本相同。1973年，在河北定县汉墓出土的竹简中也载有《六韬》的内容。

关于《六韬》的真伪，历来多有争议。有学者依据今本《六韬》所记载的骑、步、车协同作战的战术和铁制兵器等，推断它成书于战国时期，并据此否认姜太公曾著《六韬》，属兵家托古之作。从文献记载看，《六韬》至少在春秋时期就已传世。应该说，战国时期的兵家以《太公兵

---

① 《史记》卷 32《齐太公世家》，中华书局 1982 年标点本，第 1480—1481 页。

② 《汉书》卷 30《艺文志》，中华书局 1962 年标点本，第 1729 页。

③ 同上书，第 1724 页。

④ （清）郭庆藩：《庄子集释》卷 8 中《徐无鬼》，中华书局 2004 年标点本，第 821 页。

法》为蓝本，在体裁上仍保留了太公与周文王、周武王对话的形式，在内容上则添加了战国时期新的军事斗争经验，在不断完善的基础上形成今之《六韬》，这是战国时期兵家对姜太公军事思想的继承和发展。

与《六韬》相并称的是《三略》。《隋书·经籍志》著录有《黄石公三略》三卷，题下邳神人撰。《三略》是我国古代第一部专讲战略的兵书，以论述政治战略为主，兼及军事战略，分为上略、中略、下略，上略设礼赏、别奸雄、著成败，中略差德行、审权变，下略陈道德、察安危、明贼贤之咎。该书问世以来，受到历代政治家、兵家和学者的重视。《六韬》与《黄石公三略》构建了古代的韬略学，是我国古代军事学、谋略学的基础，六韬三略后泛指兵书战策。

二　姜尚的文韬武略思想

（一）殷鉴与西周制度创新

姜太公生活在殷商末年，各种社会矛盾趋于尖锐化，统治集团分崩离析，贵族阶层腐朽没落，姜太公辅佐武王趁机举兵，牧野大战一举击败纣王，顺利实现了商周更替。在构建周王朝的统治体系时，开国政治家们非常重视探讨商纣速亡的原因，总结商亡的深刻教训，并达成了共识，即"殷鉴不远"。在文献中，记载有许多文王、武王、姜太公、周公等开国君臣们对殷鉴的探讨。"武王即位，太公望为师，周公为辅，召公、毕公之徒左右王，师修文王绪业。"[1] "周西伯昌之脱羑里归，与吕尚阴谋修德以倾商政，其事多兵权与奇计……天下三分，其二归周者，太公之谋计居多。""迁九鼎，修周政，与天下更始。师尚父谋居多。"[2] 作为国师的姜太公，他的谋计是在洞悉殷商失政的教训基础上筹划的。孟津会盟时，武王发布《泰誓》，指出了殷纣的过失："今殷王纣乃用其妇人之言，自绝于天，毁坏其三正，离逷其王父母弟，乃断弃其先祖之乐，乃为淫声，用变乱正声，怡说妇人。"[3] 牧野大战时，武王发布《牧誓》，再次总结了殷纣的罪过："今殷王纣维妇人言是用，自弃其先祖肆祀不答，昏弃其家

---

①　《史记》卷4《周本纪》，中华书局1982年标点本，第120页。

②　《史记》卷32《齐太公世家》，中华书局1982年标点本，第1478、1480页。

③　同上书，第121页。

国，遗其王父母弟不用，乃维四方之多罪逋逃是崇是长，是信是使，俾暴虐于百姓，以奸轨于商国。"① 牧野大战后，"武王至于周，自夜不寐"，"武王已克殷，后二年，问箕子殷所以亡"。② 周公辅政，在他所作的《大诰》《微子之命》《归禾》《嘉禾》《康诰》《酒诰》《梓材》中，随处可见他对殷亡教训的总结，并以此来提醒君臣们不要重蹈覆辙。开国君臣们是在殷鉴基础上构建西周制度的，殷鉴对西周的思想创新、制度创新、文化创新产生了重要影响。

　　思想创新上，周王朝以人为本取代了殷商的以天命为本。商人重天命轻生命，如人殉、人祭就是对生灵的残酷摧残，这是殷鉴之一。牧野之战，一个偏隅西土的"小邦周"以区区不到 5 万人的兵力，竟战胜了拥兵 70 万之众的"大邦商"，周人从商周更替中感到了天命靡常、天不可信，单靠受命于天的君权神授观念不能保障自己统治的稳固，开始认识到"民"的力量，民之所欲，天必从之，天听自我民听，从而把保民和敬天结合起来，顺乎天而应乎民，并强调明德，以德配天，由此周人确立了敬天保民明德的思想，这是后来儒家思想的基本内核。遵天道、重生命、顺人事成为华夏文明的基本准则，中国历史以此为指导，开始了循环往复的朝代更替，在几千年的发展进程中从未迷失。四大文明古国中，唯独华夏文明从不间断地持续了数千年，其根源正在于此。姜太公遵循着这一思想，赞襄文王兴周，辅佐武王伐纣。"武王将伐纣，卜，龟兆不吉，风雨暴至。群公尽惧，唯太公强之劝武王，武王于是遂行。"③《武经总要·后集》卷十三也记载了此事，当天降风雨、占卜不吉的困境下，武王君臣意欲撤军，只有姜太公力排众议、锐意进兵，最终取得了灭商的胜利。姜太公重人事、轻鬼神，表现了一个杰出军事家、政治家的大无畏的精神，树立了一个人定胜天的典范。孙子肯定了姜尚的重人轻神思想："先知者不可取于鬼神，不可象于事，不可验于度，必取于人，知敌之情者也。"④在中国思想史上，周王朝引导了中国开始从有神论向无神论的转变，这是中华文明的巨大进步。

---

① 《史记》卷 32《齐太公世家》，中华书局 1982 年标点本，第 122 页。

② 同上书，第 128、130 页。

③ 《史记》卷 4《齐太公世家》，中华书局 1982 年标点本，第 1479—1480 页。

④ 房立中：《兵家智谋全书》上《孙子兵法》，学苑出版社 1996 年版，第 220 页。

制度创新上，商周更替后，西周废除了联盟制，创建了分封制和宗法制。兵之胜败在于政，是西周开国君臣总结的又一个殷鉴。商人实行方国联盟制度，诸侯大多是地方臣服的部族酋长，中央和地方只是松散的联盟关系。由于没有地方上的藩卫，一旦中央遇到危机，便只能处于孤立无援的困境。所以周武王实行了分封制，即分土封侯，封藩建卫，以蕃屏周。分封制下，周天子居于至高无上的绝对支配地位，"溥天之下，莫非王土，率土之滨，莫非王臣"①。周天子把土地和人口分封给王室成员和异姓勋戚作为各地诸侯，诸侯在自己的封疆内，又对卿大夫实行再分封，卿大夫再将土地和人口分赐给士。中央向各诸侯国派出监察官吏，对其进行监督。这样，从中央到地方层层分封，构建了天子—诸侯—卿大夫—士的金字塔式的统治体系，其本质是森严的等级制度。各个等级之间既是大小宗的血缘关系，也是上下级的隶属关系，诸侯必须完全地、无条件地服从周天子，还要承担朝觐述职、交纳贡赋、镇守疆土、随从作战的义务。中央对封国有绝对控制权，诸侯国如群星捧月般地环绕拱卫着王畿。周初先后分封了 71 个诸侯国，其中 53 个是姬姓之国，重要的诸侯国有鲁、齐、燕、卫、宋、晋等。分封制度达到了封建亲戚、以蕃屏周的目的，对于边远地区的开发、民族的融合、统一文化的形成起到了积极作用。秦朝统一后，加强中央集权，以郡县制取代了分封制，在两汉、西晋、明代还实行过分封制，作为郡县制的补充。

周朝开国君臣总结的又一个殷鉴是，商朝实行部族制，没有建立一个自上而下的、亲疏有别的严密的社会统治体系，中央和地方的关系仅仅以利益来维系，极其不牢固，在生死存亡之时无人相助，牧野大战时，纣王就是众叛亲离，孤军奋战，奴隶临阵倒戈。周人借鉴了殷商教训，实行宗法制度，按照血统远近来区别亲疏，包括以血缘为基础的嫡长子继承制和别子分封制。在宗法制度下，嫡长子继承财产和权位，别子获得封地，姬姓王族和异姓诸侯结成婚姻关系，纳入宗法体系，以此形成了一个上下有别、亲疏相连、有法可依的社会组织体系。有效实施宗法制的一个重要基础是继承制度，周王室严明嫡庶之辨，确立嫡长子继承制，一是避免了嫡庶在财产、权位继承权上的纷争；二是确保了封国的力量不被削弱；三是

---

① 陈成国：《四书五经》上册《诗经·小雅·北山》，岳麓书社 2002 年版，第 373 页。

加强了王室与封国的关系，将政权与族权有机结合起来，其目的在于稳固贵族阶级的内部秩序。宗法制度确立了王臣公、公臣大夫、大夫臣士的等级名分制度，十分森严，不可逾越，以此强化了中央的核心地位和最高权力。

文化创新上，创建礼乐制度。三代文化，夏尊天命，商信鬼神，周作礼乐。商代礼乐只用于祭天、祭神，没有成为人们统一遵守的社会行为规范，就难以构建起维系商朝统治的统一的文化，一盘散沙之下极易走向离心离德，这也是一个殷鉴。中国文化绵延五千年，体系庞大，内涵深厚，与西方文化有着本质的不同，西方文化的核心是宗教，以神为本；中国文化的核心是礼乐，以人为本。礼乐是按照道德理性的要求制定的典章制度和行为规范。牧野之战后，武王实行分封制、宗法制，意在维护宗周统治，结果还是引发了武庚叛乱，作为周王宗亲的三监即周公的兄弟管叔鲜、蔡叔度、霍叔处甚至也起兵叛周，周公东征三年，才平定了三监之乱。三监之乱说明单靠分封制、宗法制还不能确保宗周的安全，为了统一宗族思想，树立周天子的权威，周公全面革新意识形态，在改造殷商礼乐的基础上，创建了一整套繁密的礼乐制度，把祭祀、丧葬、婚配、饮食、起居、交往等社会生活的方方面面，都纳入"礼"的范畴，使其成为社会成员必须遵守的典章制度和行为规范，从而形成了西周的礼乐制度和礼乐文化，礼乐自上而下渗透到整个统治体系中，成为西周制度的灵魂。《周本纪》载："既绌殷命，袭淮夷，归在丰，作《周官》。兴正礼乐，度制于是改，而民和睦，颂声兴。"[1]《周官》即《周礼》。周礼的目的是以周人的标准来规范礼乐内容。周人推崇"雅乐"——宗周丰镐京畿之乐，便把它作为乐制确定下来，作为在各种典礼上所使用的规范音乐。雅乐的意义在于确立周文化的认同意识，熏陶周人宗族的同心同德，维护宗法等级秩序，雅乐的本质就是"经国家，定社稷，序民人，利后嗣"[2]。礼的主要内容是"亲亲尊尊"，强调君臣之义、父子之亲。礼名目繁多，有吉、凶、宾、军、嘉五大类，行礼有仪式，并配有相应的乐章。礼规定得十分细致，也极其严格，长幼有别，富贵轻重，不可僭越，人们在遵守统

---

① 《史记》卷 4《周本纪》，中华书局 1982 年标点本，第 133 页。
② 陈戍国：《四书五经》上册《春秋左传》，岳麓书社 2002 年版，第 698 页。

一的社会规范的基础上，服从周王朝的统治。孔子非常推崇西周的这套礼乐制度，盛赞其"郁郁乎文哉，吾从周"①。礼乐制度通过维系等级名分的方法，达到巩固统治阶级内部的秩序和团结，反映了西周时代的文明，对后世产生了深远的影响。

西周的思想创新、制度创新和文化创新都汲取了商亡的教训，顺应了当时社会发展的要求，促使西周走向强盛。"故成康之际，天下安宁，刑错四十余年不用。"② 这些制度创新，对中国历史走向也具有重大影响。第一，它构建了稳固的社会体系和统治机构，一方面促使了中央集权意识的形成，是绝对的中央集权的君主专制制度的源头；另一方面建立了等级秩序的金字塔式的社会体系。第二，确立了大一统的意识形态，并成为主流意识形态和主流价值观，决定了中国历史的走向最终为大一统。第三，创建了华夏文明的行为模式和行为规范，并以风俗、习惯和传统的方式固定下来，其基本原则包括敬人原则、自律原则、适度原则、真诚原则等，守礼既是个人素质的体现，也是社会公德的体现。周以前，礼是习惯法，《周礼》成为成文法，与《礼记》《仪礼》一起构成了礼乐文化的规范，并成为中国传统文化最鲜明的特色。

在四大文明古国中，古代埃及、古代印度、古代巴比伦三大文明都迷失在外来文化中，只有华夏文明具有异常强大的持续发展能力、自我矫正能力、包容同化能力，这与殷鉴基础上的西周制度创新密不可分。

（二）军事谋略思想与实践

在世人的印象中，姜太公首先是一位军事家，《六韬》是他的军事思想和军事实践经验的总结。

《六韬》提出了文伐思想。文伐就是以文事伐人，不用交兵接刃而伐之。姜太公认为，用兵作战，单靠武力是不行的，必须以仁义道德赢得民心，天下归心，才能同舟共济，无往而不胜。他指出："天下非一人之天下，乃天下之天下也。"③ 仁之所在，天下归之；德之所在，天下归之；义之所在，天下赴之；道之所在，天下归之。"故善战者，不待张军；善

---

①　（清）刘宝楠：《论语正义》卷3《八佾》，中华书局1990年标点本，第103页。

②　《史记》卷4《周本纪》，中华书局1982年标点本，第134页。

③　房立中：《兵家智谋全书》上《六韬》，学苑出版社1996年版，第12页。

除患者，理于未生；善胜敌者，胜于无形；上战无与战。"① 在这里，姜太公提出了在富国强兵的基础上，通过非战争手段获得全胜的战略。《六韬·武韬·三疑》载，武王问："欲立功，有三疑，恐力不能攻强、离亲、散众，为之奈何？"太公答："因之，慎谋，用财。"② 因势利导，慎用谋略，收买敌人，就可以胜敌，这三策其实就是以谋制胜，即文伐。他在《六韬·武韬·文伐》中提出了12种文伐方法，利用敌人的内部矛盾，通过骄敌、贿赂、淫乐、收买、离间等谋攻方式，转化敌我情势，造成我强敌弱的态势，"十二节备，乃成武事。所谓上察天，下察地，征已见，乃伐之"③。天时、地利、人和具备，即可不战而胜，这就是"不战而屈人之兵"思想的渊薮。姜太公在《六韬》中把《文韬》列在首位，先论《文韬》，后讲《武韬》，可见，他尚文韬，重武略，强调先文后武，文武兼备。姜太公"文伐"的本质是谋胜之略，这是智者之谋。孙武发挥了姜太公的"文伐"思想，指出："故上兵伐谋，其次伐交，其次伐兵，其下攻城。攻城之法为不得已。"④

《六韬》提出了审知敌情、全知全胜的主张。姜太公认为，两军交兵，必须知其心、知其意、知其情、知其势，全知才能全胜。《六韬·武韬·发启》指出："天道无殃，不可先倡。人道无灾，不可先谋。必见天殃，又见人灾，乃可先谋；必见其阳，又见其阴，乃知其心；必见其外，又见其内，乃知其意；必见其疏，又见其亲，乃知其情。"⑤ 《六韬·龙韬·奇兵》指出："古之善战者，非能战于天上，非能战于地下，其成与败，皆由神势，得之者易，失之者亡。"⑥ 将帅必须熟知天道、地利、人事，知己知彼，才能进行战争。《六韬·虎韬·垒虚》载，武王问太公："何以知敌垒之虚实，自来自去？"太公答："将必上知天道，下知地理，中知人事。登高下望，以观敌之变动。望其垒，即知其虚实；望其士卒，则知其去来。"太公进一步说："听其鼓无音，铎无声，望其垒上多

① 房立中：《兵家智谋全书》上《六韬》，学苑出版社1996年版，第74页。
② 同上书，第54页。
③ 同上书，第50页。
④ 同上书，第187页。
⑤ 同上书，第42页。
⑥ 同上书，第77页。

飞鸟而不惊，上无氛气，必知敌诈而为偶人也。敌人卒去不远，未定而复返者，彼用其士卒太疾也。太疾则前后不相次，不相次则行陈必乱。如此者，急出兵击之，以少击众，则必胜矣。"① 将帅审知敌方，从天道、地理、人事全面掌握敌情，周密谋划，急速出击，获取胜利。《六韬·龙韬·兵征》载，武王问："吾欲未战先知敌人之强弱，预见胜负之征，为之奈何?"太公说："胜负之征，精神先见，明将察之，其败在人。谨候敌人出入进退，察其动静，言语妖祥，士卒所告。凡三军说怿，士卒畏法，敬其将命，相喜以破敌，相陈以勇猛，相贤以威武，此强征也。三军数惊，士卒不齐，相恐以敌强，相语以不利，耳目相属，妖言不止，众口相惑，不畏法令，不重其将，此弱征也。三军齐整，陈势已固，深沟高垒，又有大风甚雨之利，三军无故，旌旗前指，金铎之声扬以清，鼙鼓之声宛以鸣，此得神之助，大胜之征也。行陈不固，旌旗乱而相绕，逆大风甚雨之利，士卒恐惧，气绝而不属，戎马惊奔，兵车折轴，金铎之声下以浊，鼙鼓之声湿如沐，此大败之征也。"② 从察知敌军士气、军纪严弛、行动迟速等因素来判断敌人的"强征""弱征""大胜之征""大败之征"，采取相应对策。临阵料敌，察之，知之；然后战之，胜之，这是科学预见战争的价值。

《六韬》主张兵不厌诈，出奇制胜。战争是敌我双方的实力较量，它具有对抗性、诡诈性、多变性和无常性的特点。姜太公认为，用兵之法必有奇正、分合之变，要想克敌制胜，就要以奇制胜。《六韬·龙韬·军势》指出："势因于敌家之动，变生于两陈之间，奇正发于无穷之源。故至事不语，用兵不言。且事之至者，其言不足听也；兵之用者，其状不足见也。倏而往，忽而来，能独专而不制者兵也。"③ 战争的态势随着敌人行动的变化而变化，奇正的战术、战法也随之无穷。在《六韬·龙韬·奇兵》中，姜太公专门论述了出奇制胜的战略战术问题，如制造假象声东击西，击其不意攻其不备，做好准备疾战突战，妄张诈诱荧惑敌将，施行诈术瓦解敌军，运用奇兵出奇制胜等。《六韬》还论述了攻防战略，强

---

① 房立中：《兵家智谋全书》上《六韬》，学苑出版社 1996 年版，第 115—116 页。
② 同上书，第 83 页。
③ 同上书，第 73—74 页。

调以战略伪装和战略佯动迷惑敌人，巧妙地捕捉战机。《六韬》对以少击众、以弱击强和击其不意、攻其无备的作战谋略，以及不拘常法、灵活用兵、速战速决的战术多有论述，这种出奇制胜的用兵之道充满着智谋。

《六韬》还有《论将》《选将》《立将》《将威》等篇，专论将帅所必须具备的勇、智、仁、信、忠等素质要求，以及挑选、任命将帅和树立将帅威信的方法。

姜太公不仅系统提出了他的军事谋略思想，还积极践行了他的用兵之道。他亲自谋划和指挥的牧野大战是历史上以少胜多的著名战例，充分体现了其高超的组织才能和军事指挥艺术。第一，充分的战前准备。文王"与吕尚阴谋修德以倾商政，其事多兵权与奇计"①，至文王末年，"天下三分，其二归周者，太公谋计居多"②。大战前，发布《牧誓》，这是一篇战斗檄文，统一了思想、鼓舞了士气、严明了军纪。第二，成功地组建军事联盟。姜太公不断地展开外交攻势，使大国畏其力，小国怀其德，诸侯皆向之，在孟津观兵时，"八百诸侯不召自来，不期同时，不谋同辞"③，毛泽东在《别了，司徒雷登》一文中称赞牧野大战是"当时的人民解放战争"④。第三，准确地把握战机。纣王暴虐滋甚，众叛亲离，而商军主力正在讨伐东夷，朝歌兵力空虚，姜太公敏锐地发现了这一有利战机，力劝周武王抓住机遇，兴兵伐商。行军到宁（今获嘉、修武一带）时，先后遇到了天雨三日不休、循折为三、龟兆不吉的困境，武王心惧，意欲撤军，姜太公力排众议，劝说周武王率军前行，充分表现出他轻天命、重人事的过人胆识。第四，伐谋的巧妙运用。一方面，他巧妙地利用舆论，制造假象以迷惑敌人；另一方面，积极"用间"，招徕殷民，瓦解商军，"纣师虽众，皆无战之心，心欲武王亟入。纣师皆倒兵以战，以开武王"⑤，十几万大军皆崩叛纣。第五，严明的军纪。孟津观兵时，姜太公左杖黄，右把白旄，誓曰："苍兕，苍兕，总尔众庶，与尔舟楫，后至者

---

① 《史记》卷32《齐太公世家》，中华书局1982年标点本，第1478页。
② 同上书，第1479页。
③ （清）孙星衍：《尚书今古文注疏》卷10《泰誓》，中华书局2004年标点本，第275页。
④ 《毛泽东选集》第四卷，人民出版社1991年版，第1495页。
⑤ 《史记》卷4《周本纪》，中华书局1982年标点本，第124页。

斩!"① 牧野决战时，周军在姜太公指挥下，听从号令，整齐队形，相互配合，一举击溃了商军。第六，灵活的战略战术。牧野大战中，姜太公采用了战略奔袭、避实击虚的战略战术，他以耄耋之年，身先士卒，亲率百余名勇士冲击商纣军队，打乱了其阵形，鼓舞了全军的士气，武王随后以大卒驰纣师，发起全线总攻，一举获得胜利。第七，重视人心向背。殷商末年，奴隶主贵族"不知稼穑之艰难，不闻小人之劳，惟耽乐之从"②，纣王更是荒淫无度，恣意享乐，致使百姓怨望，诸侯反叛。姜太公看到了百姓与纣王离心离德，便替民行道，举兵伐商，商军前徒倒戈，纣王自焚；攻占朝歌后，武王"命南宫括散鹿台之财，发钜桥之粟，以振贫弱萌隶"③，释箕子之囚、百姓之囚，封比干之墓，封武庚于殷，使殷民大悦，很快稳定了局面，这充分体现了牧野大战是一场吊民伐罪、推翻暴政的正义战争。

无论是姜太公为文王、武王所筹划的各种谋略，还是他戎马倥偬、亲自征战的军事实践，无不彰显着兵家智慧。太史公评道："天下三分，其二归周者，太公之谋计居多"，"其事多兵权与奇计，故后世之言兵皆宗太公为本谋"。④ 太公韬略成为中国古代谋略的典范。

（三）民本思想

姜太公本起于寒微，深切了解民众的疾苦。他认为治国之道，务在爱民，爱民之道就是仁义之道，国君应修德惠民，使民悦服，这样才能主尊民安。他在《六韬·文韬·守土》中指出："敬其众，合其亲。敬其众则合，合其亲则喜，是谓仁义之纪。……无使人夺汝威，因其明，顺其常。顺者任之以德，逆者绝之以力。敬之无疑，天下和服。"⑤ 他在回答文王提出的"为国之大务"时指出："爱民而已。……利而勿害，成而勿败，生而勿杀，与而勿夺，反而勿苦，喜而勿怒。"⑥ 治国安民，就要信守仁道，施行仁政，敬爱民众，顺从民心，就会天下和服，这充分体现了姜太公治政的宗旨是民本思想。在渭水之滨文王初访太公时，两人曾探讨了治

---

① 《史记》卷32《齐太公世家》，中华书局1982年标点本，第1479页。
② （清）孙星衍：《尚书今古文注疏》卷21《无逸》，中华书局2004年标点本，第440页。
③ 《史记》卷4《周本纪》，中华书局1982年标点本，第126页。
④ 同上书，第1478—1479页。
⑤ 房立中：《兵家智谋全书》上《六韬》，学苑出版社1996年版，第27页。
⑥ 同上书，第18页。

国之道："太公曰：天下非一人之天下，乃天下人之天下也。同天下之利者，则得天下；擅天下之利者，则失天下。天有时，地有财，能与人共之者，仁也；仁之所在，天下归之。免人之死，解人之难，救人之患，济人之急者，德也；德之所在，天下归之。与人同忧同乐，同好同恶，义也；义之所在，天下赴之。凡人恶死而乐生，好德而归利，能生利者，道也，道之所在，天下归之。"① 在《武韬》中的《发启》《顺启》篇中，姜太公一再强调了天下非一人之天下、乃天下人之天下、唯有道者处之的观点，并在此基础上阐述了自己的民本思想。他强调，以民为本是仁之所在、德之所在、义之所在、道之所在，国君要行仁修德，泽被百姓，只有这样，民众才能与国君同舟共济。《大戴礼记》记载，太公对武王说："且臣闻之，以仁得之，以仁守之，其量百世；以不仁得之，以仁守之，其量十世；以不仁得之，以不仁守之，必及其世。"② 《说苑·政理》载："武王问于太公曰：'治国之道若何？'太公对曰：'治国之道，爱民而已。'曰：'爱民若何？'曰：'利之而勿害，成之勿败，生之勿杀，与之勿夺，乐之勿苦，喜之勿怒，此治国之道，使民之谊也，爱之而已矣。民失其所务，则害之也；农失其时，则败之也；有罪者重其罚，则杀之也；重赋敛者，则夺之也；多徭役以罢民力，则苦之也；劳而扰之，则怒之也。故善为国者，遇民如父母之爱子，兄之爱弟，闻其饥寒为之哀，见其劳苦为之悲。"③ 姜太公在这里所论述的利民、成民、与民、乐民、喜民的治国之道正是爱民、惠民的德政，体现了他的民本思想。

在理政实践中，姜太公始终信守着民本思想。纣王残暴，民不聊生，他以年迈之躯，辅佐文王、武王，顺应民心，推翻了暴虐的殷商王朝，解百姓于倒悬。灭商之后，马上释箕子之禁、放百姓之囚、表商容之闾、封比干之墓、散鹿台之财、发钜桥之粟，赈济穷苦百姓，安定天下。在治齐时，他因地制宜，制定了一系列利民、惠民政策，迅速稳定了社会秩序，繁荣了齐国经济。《史记》载："太公至国修政，因其俗，简其礼，通商工之业，便鱼盐之利，而人民多归齐，齐为大国。"④ 《鲁周公世家》载：

---

① 房立中：《兵家智谋全书》上《六韬》，学苑出版社 1996 年版，第 12 页。
② （清）王聘珍：《大戴礼记解诂》卷 6《武王践阼》，中华书局 1983 年版，第 104 页。
③ 向宗鲁：《说苑校证》卷 7《政理》，中华书局 1987 年版，第 151 页。
④ 《史记》卷 32《齐太公世家》，中华书局 1982 年标点本，第 1480 页。

"太公治齐,五月报政周公。周公问:何疾也? 太公答:吾简其君臣之礼,从其俗也。伯禽治鲁,三年报政周公,周公问:何迟也? 伯禽答:变其俗,革其礼。周公感慨道:呜呼,鲁后世其北面事齐矣! 夫政不简不易,民不有近,平易近民,民必归之。"① 姜太公治齐、伯禽治鲁是周初诸侯封国发展的两种模式。姜太公因俗简礼,政简易行,而伯禽变俗革礼,政烦令苛。在周公看来,只有政简易行,民众才易于接受;只有平易近民,民众才能归心。

齐地属于东夷文化,姜太公的封地营丘正位于东夷腹地。建国之初,姜太公面临的最大问题是如何对待齐地土著文化、如何处理周文化同东夷文化的关系。姜太公权衡利弊,在遵守周礼的基础上,采取了切合实际的因地制宜的政策,因其俗,简其礼。所谓因其俗,就是尊重齐地的风俗习惯;简其礼,就是简化烦冗礼节,适应当地民情。对于周礼,他既不像鲁国那样固执于宗法制,也不像秦楚那样以夷狄自居,而是因地制宜,因其俗,简其礼,既保持了周礼的正统性和权威性,又简化了烦琐程序,创建了符合齐地文化而又不悖于周礼的新制度,从而赢得了民心,使齐国得以迅速发展,为以后齐国称霸奠定了雄厚的基础。而伯禽治鲁,用三年时间变其俗、革其礼,只是收到了周礼尽在鲁的效果,历史的发展验证了周公的"鲁后世其北面事齐"的预言。

姜太公的民本思想具有深远的历史影响。在齐国,管仲以姜太公民本思想为指导进行改革,顺民心而大治,使齐国九合诸侯,一匡天下。晏婴治齐,贯彻了姜太公的民本思想,采取以礼治国的政策,省刑薄赋,尚俭倡廉,齐国大治。孟子继承了姜太公的民本思想,提出了民为贵、社稷次之、君为轻的主张,进一步发展了民本思想。姜太公的治国方略为历代政治家、思想家所重视。

（四）举贤尚功思想

牧野大战后,周王朝统治者面临的一个重大课题是探讨商何以忽亡、周何以勃兴的原因,这是周初政治家在治国安邦时必须要解决的治乱安危的问题。姜太公是商周鼎革的推手,他深知民心向背和人才得失是天下治乱安危的决定性作用。《汉书·地理志》载:"昔太公始封,周公问:'何

---

① 《史记》卷33《鲁周公世家》,中华书局1982年标点本,第1524页。

以治齐？'太公曰：'举贤而上功。'"① 《吕氏春秋·长见》载："吕太公望封于齐，周公旦封于鲁，二君者甚相善也，相谓曰：'何以治国？'太公望曰：'尊贤上功。'周公旦曰：'亲亲上恩。'太公望曰：'鲁自此削矣。'"② 齐国和鲁国采取了不同的用人方略，得到的只能是不同的结果，齐国尊贤尚功，重视人才，所以"其后齐日以大，至于霸"③，而鲁国尊尊亲亲，轻视人才，所以鲁日益削。

　　姜太公的人才观集中体现在《文韬》中的《上贤》篇和《举贤》篇，在文中，他阐明了尊贤和任贤的人才观。关于尊贤，姜太公提出了"三常"论："一曰君以举贤为常，二曰官以任贤为常，三曰士以敬贤为常。"④ 姜太公认为，统治者要实现国治民安，就必须尊贤、崇贤、任贤，重用德才兼备的贤人，去除奸诈虚伪的佞人。在《文韬·上贤》中，他列举出了"六贼七害"，提醒君王勿使为将、勿与谋、勿近、勿宠、勿使、禁之、止之，只有这样，才能避免奸人危国家、害民众的祸患。关于举贤的标准，姜太公认为贤才应具备"六守"："富之而不犯者仁也，贵之而不骄者义也，付之而不专者忠也，使之而不隐者信也，危之而不恐者勇也，事之而不穷者谋也。"⑤ 具备六守者则为贤人。姜太公还认为，国君尚贤、举贤，旨在任贤、用贤，有举贤之名而无用贤之实，就难以获其功。他还提醒文王举贤要避免世俗的干扰："君以世俗之所誉者为贤，以世俗之所毁者为不肖，则多党者进，少党者退。若是，则群邪比周而蔽贤，忠臣死于无罪，奸臣以虚誉取爵位，是以世乱愈甚，则国不免于危亡。"⑥ 姜太公十分强调举贤而能用，要根据各级官职的责任要求来选贤任能，并以此考核其才智、能力、政绩，名副其实则得举贤之道。他指出："将相分职，而各以官名举人，按名督实。选才考能，令实当其名，名当其实，则得举贤之道矣。"⑦ 对任贤的考核，姜太公提出了"尚功"

① 《汉书》卷28下《地理志》，中华书局1962年标点本，第1661页。
② 许维遹：《吕氏春秋集释》卷11《长见》，中华书局2009年标点本，第255页。
③ 同上。
④ （宋）李昉：《太平御览》卷402《人事部四三》引《周书》，中华书局1960年影印本，第3册，第1859页上栏。
⑤ 房立中：《兵家智谋全书》上《六韬》，学苑出版社1996年版，第24页。
⑥ 同上书，第36—37页。
⑦ 同上书，第37页。

的标准，即注重事功实绩，奖赏有功，处罚无功、害功。

姜太公的举贤尚功思想，突破了周王朝尊尊亲亲的正统思想束缚，在治国理念上具有鲜明的进取性、开放性和务实性，既体现了姜太公的远见卓识，也显示了他的政治胆略。作为周王朝的开国元勋，姜太公既是蒙受知遇的贤者，也是求贤若渴的明君。他出任周朝太师后，选贤举能，吸引了大批贤良赴周，形成了人才济济的盛况，封齐后，又把举贤尚功确定为国策，实现了富国强兵，为齐国霸业奠定了基础。姜太公的尊贤尚功，先兴周朝，又兴齐国，可见，姜太公的举贤尚功思想及其实践已然超越了那个时代。

（五）经济思想

《六韬》载，太公说："大农、大工、大商谓之三宝。"[1] 在这里，姜太公明确提出了"三宝并重"的理财富国的经济思想。他指出："农一其乡，则谷足；工一其乡，则器足；商一其乡，则货足。三宝各安其处，民乃不虑。无乱其乡，无乱其族，臣无富于君，都无大于国。六守长，则群昌；三宝定，则国安。"[2] 姜太公强调三宝并重，本末并利，上下俱足，广开财源，以确保财货正常流通，赋税正常缴纳。姜太公指出，无农则无食，国不稳；无工则无器，国不富；无商则无货，国不活，所以，国君应农工商并重，协调发展，这样，民众有业可从、生活富裕、衣食饱暖、器具足用，国家财政充裕，社会秩序稳定。姜太公提出的"三宝并重"思想是周王朝经济发展的基本方针，也是他治齐的指导思想。

齐国地处沿海，遍地盐碱，人烟稀少，不适宜农耕。"齐地负海地卤，少五谷而人民寡。"[3] 在齐国，靠发展农业难以富国强兵，但是，齐国紧靠大海，有充足的鱼盐资源，还有传统的制陶、冶炼、桑蚕等手工业，有着优越的工商业发展的条件。姜太公从齐国国情出发，因地制宜，制定了工商立国的方针，采取了便鱼盐之利、通商工之业的政策，齐国最终发展成为一个冠绝诸侯的富强之国。

历史上，一地的经济发展模式与其所处的地理环境紧密相关。齐都营

---

① 房立中：《兵家智谋全书》上《六韬》，学苑出版社 1996 年版，第 24 页。

② 同上书，第 24—25 页。

③ 《汉书》卷 28 下《地理志》，中华书局 1962 年标点本，第 1660 页。

丘一带有着丰富的鱼盐资源，当地民众擅长渔猎和海盐生产，极有利于发展渔业和盐业。食盐是人们日常生活的必需品，通过发展渔盐之业，既能满足本国民众的生活所需，也可以外销缺盐的中原地区各诸侯国，以换取本国所需要的各种农产品，还可以增收赋税。姜太公把握了齐地鱼盐之利的国情，把发展渔业、盐业生产确立为基本国策，选择了与中原各国农耕经济模式所不同的独特的发展之路，探索并确立了滨海之国的经济发展模式，这是姜太公的明智抉择，体现了他的政治智慧。

早在姜齐立国之前，东夷人的手工业就很发达，尤其是纺织业和冶炼业。姜太公利用齐地的经济优势，促进各行各业的发展。姜太公把"劝其女工，极技巧"① 作为强齐的重大措施，促进了纺织业的快速发展。齐国的纺织业水平很高，享有"冠带衣履天下"的美誉。在姜齐开国之初，农业发展的基础薄弱，只有优先发展商品经济，扩大对外贸易，才能满足人们的生产和生活需要。姜太公高度重视商业的发展，对内大力发展鱼盐业和手工业，对外大力开拓中原市场，鼓励同各诸侯国之间的贸易，互通有无。姜太公的通商工之业的政策使齐国的经济迅速发展。

姜太公治齐，成效显著。太公"通商工之业，便鱼盐之利，而人民多归齐，齐为大国"②。"故太公望封于营丘，地卤，人民寡，于是太公劝其女工，极技巧，通鱼盐，则人物归之，强至而辐辏。故齐冠带衣履天下，海岱之间敛袂而往朝焉。"③ 姜太公的经济思想及其实践，为齐国的民富国强奠定了基础。齐桓公和管仲继承了姜太公"便鱼盐之利"的经济政策，国家进一步强盛，最终确立了"九合诸侯，一匡天下"④ 的霸业。

三　姜尚韬略的历史地位

姜太公是一位杰出的韬略家、军事家与政治家，是百家宗师、周朝开国元勋、齐国始祖，经史文论多有盛赞。《诗经》："牧野洋洋，檀车煌

---

①　《史记》卷69《货殖列传》，中华书局1982年标点本，第3255页。

②　《史记》卷32《齐太公世家》，中华书局1982年标点本，第1480页。

③　《史记》卷69《货殖列传》，中华书局1982年标点本，第3255页。

④　《史记》卷32《齐太公世家》，中华书局1982年标点本，第1491页。

煌。驷骥彭彭，维师尚父。时维鹰扬，凉彼武王。肆伐大商，会朝清明。"① 《史记》："周西伯昌之脱羑里，与吕尚阴谋修德以倾商政，其事多兵权与奇计，故后世之言兵及周之阴权皆宗太公为本谋。"② 把姜太公称作韬略理论的开山之祖，有"谋圣"之称。

中国古代的军事理论，就其最早发端、形成体系、构成学说来看，应源自姜太公。在《六韬》中，姜太公不是单纯的以军事论军事，而是以开阔的视野，将军事与政治、治军与治国融为一体，论述了治国理论、军事韬略、战争谋略、战法战术、军队建设等思想，这使他的军事韬略具有全面性、深刻性、精辟性，因而为历代的思想家、政治家、军事家所推重，姜太公的文韬武略也广泛应用于当代政治、经济、军事、科技、管理等领域。

《六韬》对历代兵家产生了巨大影响。齐国具有悠久的军事学传统，这一传统源于开国之君姜太公。春秋时期的孙武、战国时期的孙膑都是这一传统的承继者，秦末的黄石公曾授张良《太公兵法》，汉代及三国名将都熟读该书，唐人论兵也多加引用。历代文人墨客、哲人智士、兵家武将，或游太公遗迹而抒发志向，或凭太公事迹而引申己论，或鉴太公国策而治国安邦。唐太宗在磻溪建立太公庙，重用贤臣良将，实现了"贞观之治"。唐玄宗于开元十九年（731）敕令天下诸州皆建太公庙，按时祭祀，每当出师前，都要先去拜谒太公庙。宋代元丰年间，《六韬》作为武学教材被列入《武经七书》，宋神宗在熙宁五年（1072）下令，要求武将们必读《太公兵法》。自古至今，人们不断校勘、阐释《六韬》，探讨其思想内涵，吸取其理论精华，经久不衰，充分体现了其历史价值。自唐代以来，关于《六韬》的注释、集释、汇解等著作有 100 多部，《六韬》自 16 世纪传入日本，至今有关译、注、解、评等著作有 30 多部，《六韬》还有朝鲜、越南文译本。

姜太公是中国传统文化中的一个重要文化现象。姜太公的品德和功勋为后人所推崇，人们赞颂他的著作和功业，称颂他对正义、对文明的孜孜追求，赞赏他的高尚人格和奋斗精神。面对穷困，他不理会；面对艰难，

---

① 陈戌国：《四书五经》上册《诗经·大雅·大明》，岳麓书社 2002 年版，第 388 页。
② 《史记》卷 32《齐太公世家》，中华书局 1982 年标点本，第 1478—1479 页。

他不退却；面对挫折，他不屈服；面对年迈，他不服老，是历史上愈挫愈奋、大器晚成的典范。立德、立功、立言是历代仁人志士终生追求的崇高目标，是永恒不朽的人生业绩，姜太公是实现"三立"追求的代表。开元二十七年（739），唐玄宗封姜太公为武成王，宋真宗封其为昭烈武成王。姜太公不仅是"武圣"，还是"武神"，《太平御览》和《封神记》等书都把他推上神坛，明代许仲琳的《封神演义》更是把他列为神仙之首。人们神化姜太公的神奇和威严，把他打造成驱邪扶正的偶像，虽然超出了历史的真实，却体现了姜太公在人们心目中的崇高地位。以平安、长寿、智慧、尚贤为内涵的太公文化，在民间有着深远的影响，已内涵于中国传统文化之中。

第三章 早期儒学在牧野的发展与实践

　　孔子周游列国，形成了一大批人文景观，其范围广、类型多，具有鲜明的孔子文化的特征，它们生动、具体地展现了孔子周游列国期间所发生的重大事件和活动内容，是研究孔子文化的实物资料。孔子居卫，在新乡地区留下了丰富而珍贵的文化遗迹。孔子周游时曾在蒲邑讲学，《大清一统志》载，学堂岗在县北十里，平广突兀，近岗上皆赤色，相传孔子尝过此讲学，今有庙，明天顺建，其前有小岗，形势连亘。昔孔子聘列国，与弟子弦诵于此，故称学堂岗。《名胜志》记载，孔子聘列国，与子路、曾晰、冉有、公西华弦诵于此，故称学堂岗。孔子率徒周游，到此遇雨，停留 7 天，子路、曾点、冉有、公西华侍坐，子曰："各言其志。"三子以富强、傧相对，只有曾点有春风沂水之趣，夫子喟然叹曰："吾与点也。"[1]《孔子圣迹图》第 38《四子侍坐》即是此事。学堂岗位于长垣县城北 5 公里的满村乡学堂岗村东，原有学堂岗圣庙、夫子勒马听琴处等遗址，学堂岗古为"长垣四致八景"之一。长垣县芦岗乡有习礼王村，《长垣县地名志》载，相传此地原有大树，孔子带弟子过此，于树下共同演习周礼。明初山西洪洞县移民王氏迁此建村，以孔子带弟子于此演习礼仪之事，故名习礼王村。恼里镇有参木村，相传，春秋时此地为一片树林，孔子过此，赞曰：有木参天，后人依林建村，以参木为村名。定公十四年（公元前 496）冬，孔子率徒前往陈国，路过卫国匡邑（今长垣县），被匡人围困 5 天，孔子使从者为宁武子臣于卫，然后得去。哀公元年（公元前 494），再过蒲邑（今长垣县），公孙戌据蒲反叛，蒲人阻止孔子，后双方和谈盟誓，蒲人礼送孔子，孔子返回帝丘，受到灵公郊迎。《孔子圣

---

　① 孔祥林：《孔子圣迹图》，山东友谊出版社 1997 年版，第 38 页。

迹图》第 70《五乘从游》即是此事。公元前 487 年，子路为蒲宰，治蒲三年，政绩显著，孔子三称其善，《孔子圣迹图》第 66《过蒲赞政》即是此事。今长垣县岳庄有子路墓，县城北有文明渠，为子路率民所修。《论语·宪问》载，孔子击磬于卫，《孔子圣迹图》第 58《适卫击磬》即是此事。卫辉比干墓前有一通墓碑，碑文为"殷比干墓"，相传为孔子以剑刻写，孔子剑刻碑是比干庙"三绝"之一，乾隆帝认为是真圣迹。孔子逝后，其高足获嘉人子夏授学西河，创立西河学派，发展了早期儒学，开启了百家争鸣的新时代。西晋时，在汲郡魏王墓中出土了大批文化典籍，后整理成《竹书纪年》《易经》《礼记》《尔雅》《论语》《图诗》《国语》等，被称为"汲冢书"，由此可证儒学在中原地区得到了广泛传播。可见，牧野地区是早期儒学传播和发展的重要地区，早期儒学的践行在这里最早取得了成功，孔子赞其为"三善之地"。

第一节　孔子居卫与儒学的发展和传播

作为一位继往开来的思想家，孔子在对远古文化和殷周文化进行系统总结的基础上，开创了儒家学说。公元前 497—前 484 年，孔子率徒周游列国，矢志不移地传播和实践儒学。由于他的主张不得实行，于是后世有论者认为，孔子周游列国只是栖栖惶惶，四处碰壁，乏善可陈。诚然，孔子儒学未能得到各诸侯国的接纳，但在十几年的游历与实践中，他一方面收集整理古典文献；一方面培养身通六艺的弟子；一方面通过讲学、游说来推行教化，把儒学拓展到中原地区，具有巨大而深远的影响。卫国是孔子游历的第一个国家，也是他停留时间最长的国家。孔子居卫六年有余，他把儒学和卫国社会实际相结合，提出了一系列新的理论，进一步丰富和发展了儒学思想体系，并成为儒学中富有价值的学说。

一　文化视野的拓展与开阔

孔子率徒周游列国，是为了传播和实践儒学。孔子周游虽是被动的，但绝不是消极的。在周游期间，孔子所到之处，都全面深入地考察当地的社会实际。孔子居卫期间，他了解、分析和研究中原文化，广纳博采，并一以贯之地做出自己的判断，使孔子开阔了视野，丰富了经验，充实了知识，儒学思想体系日臻完善和成熟，终成承前启后、继往开来的文化集大成者。

孔子居卫，了解和学习了社会，传播和交流了文化。孔子历来重视社会调查和实地考察，在周游期间，更注重广泛接触庶民百姓，全面考察当地的社会实际。《礼记》载，孔子师徒在卫国观看葬礼，他以丧葬从质教导学生。卫司徒敬子卒后，孔子曾去吊丧，主人不哀，于是便哭不尽声而退。孔子弟子明白了丧事从其质的道理，蘧伯玉恳请孔子作襄礼，以扭转卫国上层的不良风气。孔子周游，也传播了儒学。孔子师徒行至宋卫交界的仪邑时，仪封人慕名求见。与孔子交谈后，他对孔子弟子说："二三子，何患于丧乎？天下无道也久矣，天将以夫子为木铎。"① 这说明孔子思想业已广泛流传，并得到人们的理解和肯定。可见，孔子周游列国，不仅多方面地观察和研究了社会，吸收了中原文化的营养，丰富了儒学，而且传播了儒学，扩大了儒学的影响，客观上促进了文化的传播和交流。

孔子居卫，充实了儒学的内涵。孔子敏而好学，且不存成见，所以他能不断吸收新鲜营养，冲破旧的局限，提出新的主张。如举直、荐贤、重才、任能等，打破了宗法等级制度的旧规。他在周游中遇到许多隐者和逸民，如卫之荷蒉者、长沮、桀溺、楚狂接舆等人。他们悲观厌世，消极避乱，在隐居中独善其身，放弃了社会责任。卫国的荷蒉者是他周游期间遇到的第一个隐士。《论语·宪问》载："子击磬于卫，有荷蒉而过孔氏之门者，曰：有心哉，击磬乎！鄙哉，硁硁乎！莫己知也，斯已而已矣！深则厉，浅则揭。"② 他对孔子加以规劝，认为孔子孜孜不息、辛勤奔波是不明智的举动，孔子深感"末之难"，没有办法与之沟通。面对避世而耕的长沮、桀溺的质疑，孔子叹息道："鸟兽不可与同群，吾非斯人之徒与，而谁与？天下有道，丘不与易也。"③ 孔子虽然不赞成隐退避世行为，但也从中受到不少启发和教益，了解并体验了人情世故，扩大了视野、开阔了思路、增长了见识。在周游过程中，孔子既接受了前期法家的进步思想，如郑子产的天道远、人道迩和为政宽猛相济之说，又汲取了无为而治

---

① （清）刘宝楠：《论语正义》卷 4《八佾》，中华书局 1990 年标点本，第 133 页。

② （清）刘宝楠：《论语正义》卷 17《宪问》，中华书局 1990 年标点本，第 598 页。

③ （清）刘宝楠：《论语正义》卷 21《微子》，中华书局 1990 年标点本，第 723 页。

等道家思想，从而形成其完整的政治思想体系。

孔子居卫，进一步充实、完善了仁的学说。孔子周游之前多谈礼，弟子也主要学礼，在夹谷之会上，孔子以礼胜齐，"堕三都"的理论根据也是礼。但是，纷乱动荡的社会现实，使孔子意识到，治国安邦仅仅依靠礼是远远不够的："吾始知诗书礼乐无救于治乱。"① 还必须大力倡导仁，以补礼之不足。"人而不仁，如礼何？人而不仁，如乐何？"② 周游之前，孔子虽已创立了仁的学说，但尚不够丰满和成熟，而周游列国则使孔子见多识广，拓宽了思路，提高了精神境界，逐步完善了仁的思想体系，包括仁的道德、政治、哲学等学说。孔子把仁爱作为最高的政治原则，"如有王者，必世而后仁"，"善人为邦百年，亦可以胜残去杀"。③ 要实行仁政，世人安居乐业、和睦相处，没有残暴和虐杀，这就需要有贤明国君。卫灵公珍爱智慧诚信的公子渠牟，尊敬荐贤的林国、容贤的庆足、尊贤的史鱼、史鱼尸谏而能认错改过，进用贤才蘧伯玉而退不肖弥子瑕，所以卫国无游放之士而多君子，孔子称赞卫灵公能尊贤任能，堪称贤君。孔子还把孝悌作为仁之本，但孝要合乎情理，反对愚孝。在忠孝爱民和尊贤任能等方面，孔子充实了仁的内涵。孔子和弟子们关于山水的讨论，则说明其仁学思想已达到了哲学高度。孔子观于东流之水，对子贡说："以其不息，且遍于诸生而不为也。夫水似乎德，其流也，则卑下；倨拘必循，其理似义；浩浩乎无屈尽之期，此似道；流行赴百仞之溪而不惧，此似勇；至量必平之，此似法；盛而不求概，此似正；绰约微大，此似察；发源必东，此似志；以出以入，万物就以化洁，此似善化也。水之德有若此，是故君子见必观焉。"④ 对于此条文献，虽然各家注疏多有差异，但都承认孔子全面揭示了水所蕴含的德、义、道、勇、法、正、察、志、善化等哲理。《韩诗外传》则记载了孔子答学生问水："夫水者缘理而行，不遗小间，似有智者。动而之下，似有礼者。蹈深不疑，似有勇者。障防而清，似知命者。历险致远，卒成不毁，似有德者。天地以成，群物以生，国家以

① 杨伯峻：《列子集释》卷4《仲尼篇》，中华书局1979年版，第116页。
② （清）刘宝楠：《论语正义》卷3《八佾》，中华书局1990年标点本，第81页。
③ （清）刘宝楠：《论语正义》卷16《子路》，中华书局1990年标点本，第531、530页。
④ 王盛元：《孔子家语通解》卷2《三恕》，北京联合出版公司2015年版，第117—118页。

平，品物以正。此智者所以乐于水也。"① 孔子答子张问仁者何以乐山的问题时说："夫山者万民之所瞻仰也。草木生焉，万物植焉，飞鸟集焉，走兽休焉，四方益取与焉。出云道风耸乎天地之间。天地以成，国家以宁，此仁者所以乐于山也。"② 他还说："知者乐水，仁者乐山。智者动，仁者静，智者乐，仁者寿。"③ 孔子历数山水的可贵品质，实则对人自身理想人格的赞美，将山水人格化、气质化、道德化，正是希望人具备这些高尚品德，成为有益于国家和社会的人，这也是衡量仁人君子的原则，以激励人们为达到至德的境界而不断在实践中净化心灵，提高修养，逐步成为完善之人。孔子深刻研究了人和社会，精细观察了山水自然，才具有如此博大胸怀，高瞻远瞩，以"比德说"将人与自然联系在一起，用一个"仁"字概括了人与人、人与自然的密切关系，把"仁"的思想推向哲学的高度。

孔子居卫，拓展了教学内容和方法。孔子的教学内容，本有高下之分，难易之别。初级教育是士人必备的传统的"六艺"——礼、乐、射、御、书、数，高级的则为《诗》《书》《礼》《乐》《易》《春秋》，另有因材施教、发挥弟子特长的专题研究：德行、言语、政事和文学。教学方法则灵活多样，不拘一格，如集体讲解、分散辅导、个别问答、师生切磋等。周游列国可以说是孔子的游历践行教学，其内容和方法更为丰富多彩，生动活泼，整个社会都是他们的课堂和教材。在周游途中，孔子师徒所谈多结合实际，初入卫国时，他结合卫国实际情况，谈庶、富、教的问题，游历宋国，谈论司马桓雕造石椁不如早朽的事情。有时孔子还特意考验弟子，看他们是否能够学以致用、灵活运用或随机应变，如使子路问津、颜回采风、子贡办外交等。孔子以社会无比丰富的内容为教材，采取灵活多样的方法，对弟子进行多方锻炼，随时指点，边教边学，教学相长，既培养了弟子们的思维能力，又提高了实际本领；既游览了壮丽河山，又搜集了大量社会资料，孔子的游历践行教学，培养了众多的奇才异能。

---

① 许维遹：《韩诗外传集释》卷3第25章，中华书局1980年版，第110页。
② 同上书，第111页。
③ （清）刘宝楠：《论语正义》卷7《雍也》，中华书局1990年标点本，第237页。

　　孔子居卫，搜集了大量文献资料，为归鲁后整理古代典籍做了充分准备。孔子年轻时曾向郯子请教鸟官制度问题，深信天子失官，学在四夷，一直重视社会调查，积累古代文化遗产。在周游列国中，他更注意实地考察，搜集各方面的第一手材料。孔子好古，敏以求之，他接触了各式各样的人物，上至君相大夫，下至隐者、逸民、商贾、渔夫、妇孺等，从他们那里了解到许多奇闻轶事，从炎黄尧舜三代，直至春秋时期的零散简策、神话传说、童谣民谚、官书文献、礼仪设施、诗歌音乐、卜筮工具、医药历法等，无所不有，这大大增长了孔子师徒的见识，收集了大量的第一手资料，为整理古代典籍做了充分准备。

二　儒学思想的丰富与发展

　　居卫期间，孔子通过讲学、游说来推行教化，把儒学拓展到中原地区，同时，他把儒学和卫国社会实际相结合，进一步丰富和发展了儒学思想体系，并成为儒学中富有价值的学说。

　　求仁得仁思想。卫灵公死后，卫庄公和卫出公争位，冉有、子贡询问孔子对卫内乱的态度，孔子提出了"求仁得仁"的思想。孔子贵仁，在《论语》中，仁字出现次数最多，计有58章109处，仁是孔子思想体系的理论核心，是孔子社会政治、伦理道德的最高理想和标准。由于孔子处于礼坏乐崩、天下无道的动荡时代，周游许多地方，所以他深刻体察到民间疾苦，因而把仁爱的范围作了极大的扩展。不仅要爱亲，还要爱人，博施济众，即爱民众。孔子把仁归纳为爱人、克己复礼和能行恭、宽、信、敏、惠于天下者，其中爱人为仁的核心，余者为其扩展和引申。孔子的爱人观具有普遍性，包括逸民、野人、小人，非专指贵族，但爱人也有差异亲疏之别，即以宗法等级制度之礼来节制。仁体现在政治上就是仁政、德治。"为政以德，譬如北辰，居其所而众星拱之"，"道之以政，齐之以刑，民免而无耻；道之以德，齐之以礼，有耻且格"。[①] 仁政、德治体现在反对聚敛、反对不均、反对为富不仁，主张富民、博施济众、节用爱人、使民以时，让民众得到更多的利益。如何才能达到仁的境界呢？孔子指出，求仁而得仁。实现仁的主要途径是忠恕之道，即己欲立而立人，己

欲达而达人，己所不欲，勿施于人。推己为忠，自己要竭心尽力，及人为恕，即不念旧恶，以直报怨，以德报德，要做到推己，就要修己、克己，提高伦理道德修养，及人就要博爱众人。把人我兼顾、推己及人作为处理人际关系的原则，这是仁学的新发展。

正名思想。《论语》载，孔子在回答子路"卫君待子为政，子将奚先"的问题时，指出："必也正名乎！""名不正，则言不顺；言不顺，则事不成；事不成，则礼乐不兴；礼乐不兴，则刑罚不中；刑罚不中，则民无所措手足矣。故君子名之必可言也，言之必可行也。君子于其言，无所苟而已矣。"① 孔子认为，为政必先正名，因为名不正终将导致事不成、礼乐不兴和刑罚不中，它对政治、伦理、刑罚起有重要作用和影响。春秋战国时期是社会大变动的时代，正如孔子所说的天下无道、礼坏乐崩、陪臣执国命，臣弑君，子弑父，兄弟相残之事，时有发生。鲁昭公与鲁三桓争权夺利的结果，迫使鲁昭公逃亡他国；卫出公与其父蒯聩为争夺君位而兵戎相见，这均为孔子所目睹。究其原因，孔子以为都是由于统治者无视社会道德，只顾争权夺利以满足私欲而造成的，所以，要想使社会安定有序，就应从"正名"这个根本之处做起。只要把世人特别是君臣执权者们的言行举动，通过正百事之名、正乱世之名、正亲疏之名而使之各安其分，各守其职，各尽其责，自然就会出现国治民安的太平景象。正名，就是把已经错乱的名称概念纠正过来。名还含有名分之义，即人的身份、地位等，人们的身份、地位不同，不仅车服器用有别，而且所负的道德义务也有差别。在社会生活中，不同名分的人的思想、言论、行动等也不一样。正名，社会秩序井然，错名，便会造成社会动荡不安。可见，正名与政治是密切相关的。正名也是为了振兴礼乐和适中刑罚的，所以孔子说名不正便会导致礼乐不兴。礼制中，乐主和，礼乐并兴，则上下有序而和谐融洽。礼乐不兴，社会就会陷入混乱，人们的行为就会丧失根本原则和道德规范。礼乐不兴也将导致刑罚不中，可知礼乐为刑罚所本，是刑罚的根据。因此，礼乐制度废弃，刑罚就不会适中得当，这就会导致民众手足无措。虽然孔子没有谈及如何正名的问题，但他提出了正名以正实的正名原则，即通过正名来达到正实的目的，即实现周礼的君臣、父子的名分等级

---

① （清）刘宝楠：《论语正义》卷16《子路》，中华书局1990年标点本，第517—522页。

制度。在编修《春秋》时，孔子把他的正名思想贯穿始终，他通过对历史事件的分析、评判，鞭笞了当时错乱的社会关系，上明三王之道，下辨人事之记，惩恶劝善，从而实现拨乱反正、天下归仁的目的。孔子作《春秋》，乱臣贼子惧，就充分体现了他实践正名思想的效果。孔子提出"正名"问题，表面上是针对子路所问及的卫国现实，可又超越了子路所问的内容范围，它具有更为深广的社会意义，这表明孔子思想达到了前所未有的新高度。孔子"正名"说的提出，启发了人们的思维，引起了"名实之辨"的大讨论，正名逻辑思想得以形成和发展。

先富后教思想。《论语·子路》载，子适卫，冉有仆。子曰："庶矣哉！"冉有曰："既庶矣，又何加焉？"曰："富之。"曰："既富矣，又何加焉？"曰："教之。"① 在孔子的经济思想中，他首先肯定了人类的基本生活需要，认为"饮食男女，人之大欲存焉；死亡贫苦，人之大恶存焉"，但富贵要以其道得之，"富与贵，是人之所欲也；不以其道得之，不处也。贫与贱，是人之所恶也；不以其道得之，不去也"。② 他反对强者挟弱，众者暴寡，知者诈愚，勇者苦怯，提倡君子安贫乐道，他赞美颜回："一箪食，一瓢饮，在陋巷，人不堪其忧，回也不改其乐。"③ 孔子认为，君子喻于义，小人喻于利，如果统治者和被统治者都以利为利，必将出现上下交征利的局面，从而导致国家危亡的后果。如何实现义利平衡呢？"有国有家者，不患寡而患不均，不患贫而患不安。盖均无贫，和无寡，安无倾。"④ 这里，孔子并非主张绝对平均主义，而是要求各人都按照其地位享有与其身份相称的权利，分得的多寡并不相同。所以，孔子提出为政之道在于安百姓、富百姓、教百姓，在孔子看来，人口增加不是为了军事目的，不是为了强迫他们奉献徭役和赋税，国家应使他们富足，富足不应仅仅是物质上的满足，还应该提高他们的文化教养，一个拥有富足、礼仪、品行高尚的国民群体的国家，才是一个名副其实的强大国家。孔子在鲁国从政的经验，使他深知民众教化的重要性，提高民众的文化修养，既可增加智慧和才能，又可增强自尊心和自信心，这就会促进人类的

---

① （清）刘宝楠：《论语正义》卷16《子路》，中华书局1990年标点本，第528页。
② （清）刘宝楠：《论语正义》卷5《里仁》，中华书局1990年标点本，第142页。
③ （清）刘宝楠：《论语正义》卷7《雍也》，中华书局1990年标点本，第226页。
④ （清）刘宝楠：《论语正义》卷16《子路》，中华书局1990年标点本，第649页。

进步和发展。实施教化，首先必须满足民众的物质生活需求，仓廪实则知礼节，衣食足则知荣辱，如果时局动荡不已，战乱不止，苛捐杂税，有增无减，民众终岁饥寒交迫，生死尚且不保，便谈不上去遵守礼义道德，甚至还会不顾法纪，铤而走险。在重视民生方面，孔子是同于管子的，在重视精神方面，提高民众的素质，孔子比管子高出一筹。"富而后教"无疑是非常务实的，当然，富教同步进行也未尝不可，现实社会中，为富不仁、寡廉鲜耻之徒多是富家子弟，这和其道德素养有关，富教同步，互相促进又互相制约，应是更为可行的。在两千五百年前，孔夫子第一次提出"庶富教"的治国方案，应当说是难能可贵的。

以礼治军思想。孔子军事思想的特点是以礼治军，有礼无败。卫灵公问兵阵，孔子说："俎豆之事则尝闻之，军旅之事未之学也。"① 卫孔文子将攻太叔疾，问策于孔子，孔子说："胡簋之事则尝学之矣，甲兵之事未之闻也。"② 历来不少的儒学研究者都以此为据而得出儒者不言兵的结论，实在是一种误解。孔子并非不懂军事，他曾很自信地说过"我战则克"③，在齐鲁夹谷之会时，他提出了"有文事者必有武备，有武事者必有文备"④ 的正确方针，取得了重大胜利。他不但研究过军事知识，也形成了自己的军事思想，而且军事还是他向弟子传授的"六艺"中的基本课程，并培养了像冉有这样的著名将帅。"冉有为季氏将师，与齐战于郎，克之。季氏曰：子之于军旅，学之乎？性之乎？冉有曰：学之于孔子。"⑤ 孔子说自己未学军旅之事、不知战策，只是表明了他对卫灵公和孔文子的一种不合作态度。孔子认为，统治者要从治国爱民的政治高度去考虑军事，要合乎礼节、讲究信义。他说："君子义以为上，君子有勇而无义为乱，小人有勇而无义为盗。"⑥ 卫灵公欲伐蒲，遭到臣僚的反对，孔子则主张可伐，并给他分析了必定获胜的理由，孔子在卫听到鲁国抗御齐军侵凌的消息，对冉求带领长矛左师战败齐人的壮举，高兴地赞其义也，相

---

① （清）刘宝楠：《论语正义》卷18《卫灵公》，中华书局1990年标点本，第609页。

② 陈戍国：《四书五经》下册《左传·哀公十一年》，岳麓书社2002年版，第1222页。

③ 陈戍国：《四书五经》上册《礼记·礼器》，岳麓书社2002年版，第521页。

④ 《史记》卷47《孔子世家》，中华书局1982年标点本，第1915页。

⑤ 同上书，第1934页。

⑥ （清）刘宝楠：《论语正义》卷20《阳货》，中华书局1990年标点本，第706页。

反，冉求和子路帮季氏伐颛臾，孔子则予以严厉批评。鲁哀公之子公叔务人和他的小僮汪锜，一起英勇战死于沙场，依古礼，葬未成年人只能用简单的殇礼，而鲁国破格按成人丧葬之礼，和公叔务人一样安葬汪锜，孔子说："能执干戈以卫社稷，可无殇也。"① 可见，礼义是孔子衡量战争性质的唯一标准，他支持正义战争，反对穷兵黩武和侵略扩张。孔子认为足兵是治国的重要方针，在回答子贡如何治政的提问时指出："足食、足兵、民信之矣。"② "远人不服，则修文德以来之。"③ 以仁德为政，则天下之民归心。孔子对战争持严肃谨慎的态度："子之所慎：齐，战，疾。"④ 当子路问他"子行三军，则谁与"时，他回答："必也临事而惧，好谋而成者也。"⑤ 孔子重视战备，防患于未然，主张在平时要教民习战训武，"善人教民七年，亦可以即戎矣"，"以不教民战，是谓弃之"⑥。可见，孔子军事思想是反对非正义战争，以积极防御为主，谴责攻伐的侵略战争，主张普及军事训练，取信于民，战时持慎重态度，周密谋划，争取最后胜利。

丧葬从质思想。虽然"子不语怪、力、乱、神"⑦，但他非常重视丧葬之礼。孔子居卫期间，遇见一家正在送葬，孔子便带着弟子去参观。葬礼结束后，孔子说："善哉，为丧乎！足以为法矣。小子识之！"子贡问："夫子何善尔也？"孔子说："其往也如慕，其反也如疑。"⑧ 孝子号啕痛哭护送灵柩，好像孩童哭叫着追赶远去的父母，埋葬之后返回时，他们又担心死者灵魂是否跟着回家，而迟迟疑疑地行走。子贡只知礼之常，未察情之至，而孔子则从其形式所体现的人情、道德方面引导弟子去了解，所以，子夏、子游之徒后来能独自从事襄礼活动，应是得益于他们追随孔子在卫国所受的这种教育。

乐以载道思想。孔子是造诣颇深的音乐家，厄于陈、蔡，他以弦歌激

① 陈戍国：《四书五经》下册《左传·哀公十一年》，岳麓书社2002年版，第1220页。
② （清）刘宝楠：《论语正义》卷15《颜渊》，中华书局1990年标点本，第491页。
③ （清）刘宝楠：《论语正义》卷19《季氏》，中华书局1990年标点本，第648页。
④ （清）刘宝楠：《论语正义》卷8《述而》，中华书局1990年标点本，第263页。
⑤ 同上书，第261页。
⑥ （清）刘宝楠：《论语正义》卷16《子路》，中华书局1990年标点本，第550页。
⑦ （清）刘宝楠：《论语正义》卷8《述而》，中华书局1990年标点本，第272页。
⑧ 陈戍国：《四书五经》上册《礼记·檀弓上》，岳麓书社2002年版，第452页。

励弟子，击磬于卫，表达思念故乡之情和政治抱负不得施展的苦闷，围困于匡，他弹琴以解甲，"子在齐闻《韶》，三月不知肉味"①。孔子热爱音乐、研究音乐、传授音乐，是因为他充分认识到音乐的社会功能，他指出："乐云，乐云，钟鼓之乎哉？"② 音乐不仅仅是钟鼓琴瑟，它还有更重要的社会内容，作为君子，应"兴于诗，立于礼，成于乐"③，音乐是君子必备的基本素质。史载，孔子学鼓琴于师襄子，深感"未得其数""未得其志""未得其为人"，等到得其为人时，他"有所穆然深思焉，有所怡然高望而远志焉"④，可见孔子对乐理领悟之深。因此，孔子把乐定为"六艺"之一。他认为，音乐应该是人性化的，人而不仁，如乐何？一个人没有仁爱之心，音乐就对他没有任何用处。在谈到为邦时，他把音乐作为国家建设的一个重要方面，"颜渊问为邦。子曰：行夏之时，成殷之辂，服周之冕，乐则韶舞"⑤。夏时、殷辂、周冕、韶乐集中了华夏历史文化的精华，是为邦的理想境界。他对不合雅乐的郑卫之音深恶痛绝，斥为乱世亡国之音，认为举国荡漾靡靡之音，将使真正的高雅音乐无人问津，就会导致人们丧失进取心，丧失廉耻心，在列国纷争中亡国。为了弘扬雅乐，《诗》"三百五篇孔子皆弦歌之，以求合《韶》《武》《雅》《颂》之音。礼乐自此可得而述，以备王道，成六艺"⑥。

三　古典文献的搜集与整理

关于孔子删改整理《诗经》，"孔子之时，周室微而礼乐废，《诗》、《书》缺"⑦。"古者《诗》三千余篇，及至孔子，去其重，取可施于礼义，上采契后稷，中述殷周之盛，至幽厉之缺，始于衽席，故曰：'关雎之乱以为风始，鹿鸣为小雅始，文王为大雅始，清庙为颂始'。"⑧ 关于孔

---

① （清）刘宝楠：《论语正义》卷 8《述而》，中华书局 1990 年标点本，第 264 页。
② （清）刘宝楠：《论语正义》卷 20《阳货》，中华书局 1990 年标点本，第 690 页。
③ （清）刘宝楠：《论语正义》卷 9《泰伯》，中华书局 1990 年标点本，第 298 页。
④ 《史记》卷 47《孔子世家》，中华书局 1982 年标点本，第 1925 页。
⑤ （清）刘宝楠：《论语正义》卷 15《卫灵公》，中华书局 1990 年标点本，第 621—623 页。
⑥ 《史记》卷 47《孔子世家》，中华书局 1982 年标点本，第 1936—1937 页。
⑦ 同上书，第 1935 页。
⑧ 同上书，第 1936 页。

子删订《诗经》的时间，孔子曾说："吾自卫反鲁，然后乐正，《雅》《颂》各得其所。"①《雅》《颂》是在返鲁后各得其所的，而对于《风》，史籍却无明确记载。《风》是十五国的地方诗歌，共 160 篇，其数量占《诗经》总篇一半还多，《论语》中关于《诗经》的评述有 18 处，也多是有关《风》的内容，可见孔子喜爱和重视《风》的程度，如果孔子自卫返鲁编订《诗经》，是不应该只说《雅》《颂》而不提《风》的。此外，孔子在《论语》中两次提到"诗三百"这个具体数目，说明他把《诗经》看作是一个整体，并把它分为风、雅、颂三部分，而他只称"雅、颂各得其所"，是否间接地表示《风》已经得其所了呢？如果《风》是在孔子返鲁前所编订，那么他删订《风》的时间、地点，最合乎情理的是居卫时期。孔子周游列国，广泛收集了各国资料，公元前 489 年回到卫国后，再未出游，直至公元前 484 年返回鲁国，这次居卫长达 5 年，对于废寝忘食、孜孜不倦的孔子来说，他不可能闲居 5 年，他应该是利用这段时间整理《风》的。

四　孔门弟子中的卫国士人

"孔子以诗书礼乐教，弟子盖三千焉，身通六艺者七十有二人。"② 在孔子的七十二贤徒中，有不少属于卫国籍或仕卫、居卫的弟子。

端木赐，字子贡，卫人，以言语著称。少孔子 31 岁，曾为信阳宰。十哲之一。

卜商，字子夏，卫人，少孔子 44 岁，以文学著称。孔子卒后，教于西河之上，卫人以子夏为圣，魏文侯师事之而谘国政。十哲之一。

仲由，字子路，卞人，少孔子 9 岁，卒于公元前 480 年，享年 63 岁。有勇力才艺，以政事著名。曾仕卫，任蒲宰。为十哲之一。

原宪，字子思，宋人，少孔子 36 岁。清静守节，安贫乐道。孔子为鲁司寇时，原宪为孔子宰。孔子卒后，原宪退隐，居于卫。

公西赤，字子华，鲁人，少孔子 42 岁，孔子居卫时投师孔门，长于礼仪。

① 《史记》卷 47《孔子世家》，中华书局 1982 年标点本，第 1936 页。
② 同上书，第 1938 页。

高柴：字子羔，也称子高、子皋、季皋，卫国人。孙奇逢在《苏门三考》中说："共城人物，载在诗书者，男则高子子羔，女则共姜。此一乡领袖，天下后世所瞻望者也。"① 子羔少孔子 40 岁。长不过 6 尺，状貌甚恶，但为人笃孝而有法正，待人忠厚、办事稳重，曾任武城宰，仕卫，为政礼贤下士、爱民如子，后定居阳夏梁乡（今太康高贤乡），设馆授徒。

陈亢：陈国人，18 岁入孔门，孔子逝后，他居于卫国的河阳，公元前 430 年，陈亢病逝，家人将他的灵柩南迁，葬于今太康县城北 10 余公里的来风岗。为了纪念他，他居于卫国的村庄改名为亢村（今获嘉县亢村）。

颜浊邹，卫人，孔子居卫时投师，随孔子游学。

琴牢，字子开、子张，卫人。

公孙龙，字子石，卫人，少孔子 53 岁。

他们都是孔子的得意门生。《论语》共有 20 篇 510 节，其中有关子路的言论有 47 节，子贡的 44 节，子夏的 23 节，仅 3 人的言论就占《论语》总篇目的 1/5，可见卫国籍弟子与恩师的密切关系。他们长期居于河内之地，或仕于卫国，或教于西河，或隐于卫地，自觉传播并实践着儒学，河内和洙泗成为当时儒学研究和传播的两大中心。

第二节　子夏与西河学派

卜商，字子夏，春秋时期卫国南阳城（今获嘉县南阳屯村）人，获嘉县邓商陵村西北有子夏墓，一说子夏为温（今温县）人，春秋战国之际著名的思想家、教育家。子夏家贫，徒有四壁，与颜回、曾参等人的出身相近，都是从社会底层奋斗出来的士人。子夏 15 岁入孔门，是孔子的高足，曾追随孔子周游列国，其间，曾任卫行人和莒父宰。

子夏勤奋好学，深得孔子器重。据学者统计，《论语》中关于子夏的记载有 23 处，仅次于子路的 47 次和子贡的 44 次，比颜回多 6 次。孔子

---

① 张显清：《孙奇逢集》中册，《夏峰先生文集》卷之十一，中州古籍出版社 2003 年版，第 874 页。

曾说："起予者，商也。"① 《论语》中有多处孔子称赞学生的记载，但孔子夸赞学生对自己大有启发的仅限子夏一人，可见孔子对他的器重。《论语》中不仅收录了孔子的言语，还收录了子夏、曾参等门徒的语录，这些都被孔门后学当作孔子思想，子夏是参与创立儒学的一位卓越思想家。孔子逝后，他居于魏之西河。西河，古地名，春秋时属卫地，战国时属魏地。《史记·孔子世家》载，孔子过蒲（今长垣县）适卫，卫灵公问："蒲可伐乎？"孔子对曰："其男子有死之志，妇人有保西河之志。"② 《仲尼弟子列传》："子夏居西河教授，为魏文侯师。"③ 《辞海》中的《子夏》条释："孔子死后，到魏国西河（济水、黄河间）讲学。"④ 钱穆先生作《子夏居西河在东土河济之间不在西土龙门汾州辨》，专门辨析西河地望，认为蒲地位于河济之间，西河应指今新乡东部一带。子夏在西河广收门徒，传播儒家学说，成为一代儒学大师。子夏在西河讲学声势很大，《后汉书·徐防传》注引《史记》："子夏居西河，教弟子三百人，为魏文侯师。"⑤ 他的弟子中，有魏文侯、李悝等杰出的政治家，也有公羊高、谷梁赤等大学者，形成了西河学派。作为孔子思想的直接继承人，子夏毕生致力于传播儒学，并把儒学与战国社会实际紧密结合，创立了西河学派，使儒学更适合社会发展的需要，他整理六经，发明章句，促进了儒学传播，并奠定了汉代经学的基础。

一　对儒学的发展和改造

　　孔子创立儒学，周游列国推行教化，力图改造当时中国社会状况，他致力于"为东周"的政治目标，并为之奋斗了一生，但在他有生之年，并未看到儒学的实施。孔子逝后，战国纵横，井田制瓦解，礼崩乐坏，建立在宗法制度基础上的政治大厦坍塌。社会向何处去？这是每一个关注时事的志士仁人不得不思考并解答的一个重大问题。由孔子亲手培养的一批才俊之士，沿着乃师所开辟的道路继续思考与探索着救时济世之道。春秋

① （清）刘宝楠：《论语正义》卷 3《八佾》，中华书局 1990 年标点本，第 90 页。

② 《史记》卷 47《孔子世家》，中华书局 1982 年标点本，第 1924 页。

③ 《史记》卷 67《仲尼弟子列传》，中华书局 1982 年标点本，第 2203 页。

④ 《辞海》，上海辞书出版社 2000 年版，第 1350 页。

⑤ 《后汉书》卷 44《邓张徐张胡列传》，中华书局 1965 年标点本，第 1501 页。

战国之际，孔门儒学已分化为多个学派，影响最大的是居于鲁的以曾参为代表的洙泗之学与居于魏的以子夏为代表的西河之学，他们从不同角度承续并发展了儒学。作为孔子的得意门生，子夏博学、笃志、切问、近思，他把儒学思想和魏国社会实际紧密结合，提出了一系列社会政治改革的思想，并积极投身于改造社会的现实运动之中。

小道可观思想。道家之"道"是宇宙本体，属哲学层面，儒家之道是社会本体，属政治层面，如先王之道、天下有道、文武之道等。子夏在对"道"的思索中提出了"小道可观"的主张，他指出："虽小道，必有可观者焉；致远恐泥，是以君子不为也。"① 综观孔子的政治思想，他侧重于社会政治秩序理论的构建，对当时可行性对策缺乏研讨，因而略嫌空疏的儒家也就难免常被排斥于实际政治斗争之外，尽管孔子孜孜以求，但终难实现。子夏总结了早期儒家社会实践的经验教训，提出了小道可观的主张。其实，早在孔子在世时，子夏的"小道"思想已初见端倪。《论语·子路》载："子夏为莒父宰，问政。子曰'无欲速，无见小利；欲速则不达，见小利则大事不成'。"② 这里的"欲速""见小利"当是孔子针对子夏为莒父宰的施政方针而言，这实际上体现了子夏的"小道"思想。子夏十分重视躬行实践，他经常教育弟子要不厌从"洒扫应对进退"这些末节做起。虽然他不主张人们拘泥于"小道"的探索，但对儒学实践的反思和重新认识而总结出的"小道可观"思想，将儒家的修身齐家治国平天下的政治理想建立在"小道可观"思想基础之上，建立在更贴近社会现实的基础之上，这是子夏对儒学的重要发展。

子夏在同魏文侯讨论音乐问题时指出："圣人作，为父子君臣，以为纪纲。纪纲既正，天下大定。"③ 他认为父子君臣之义是礼乐之本，是治国纪纲，纪纲立，秩序稳，人心定。对于纪纲的强调，具有以法治国的政治色彩。子夏还指出："为人君者，谨其所好恶而已矣。君好之，则臣为之；上行之，则民从之。"④ 子夏强调了君主应当明智，严于律己，善于行政，这里显露出了鲜明的法家意识。无怪乎郭沫若认定："前期法家，

① （清）刘宝楠：《论语正义》卷 22《子张》，中华书局 1990 年标点本，第 738—739 页。
② （清）刘宝楠：《论语正义》卷 16《子路》，中华书局 1990 年标点本，第 535 页。
③ 陈戍国：《四书五经》上册《礼记·乐记》，岳麓书社 2002 年版，第 572 页。
④ 同上。

在我看来是渊源于子夏氏。"① 钱穆先生也指出,西河之学"舍礼而折入于法……法家渊源,断可识矣"②。子夏的儒中有法思想,把儒家偏重于个人素养的修为和社会纪纲的规范有机地结合起来,为以后儒学成为主流学说奠定了理论基石,这是董仲舒外儒内法、儒法合一思想的渊薮。

仕而优则学,学而优则仕。孔子认为,学习的目的在于完善自己,提高道德修养,成为一个持身严谨、好学不厌、雍容祥和的君子,他虽然不反对弟子们投身政治,但他更欣赏虽清贫仍坚守学术阵地的弟子,他把颜回看作是真正的学者的典范。子夏引申了孔子的教育思想,主张从政者有余力就去学习,学习者有余力就去从政,从政不忘学习,学习可以从政,通过学习来完善自己。学习不能仅仅是明理,应把学习和事业连在一起,进身仕途,报效国家。为仕并不是目的,要肩负起责任、义务、道义,不能放弃学习,做到仕、学兼得。春秋时期,世族子弟凭借家族门荫,少年即入仕,没有经过系统学习,文化根基较浅,所以他们从政以后,行有余力,应该学习文化知识,提高素质修养,对于从政很有帮助。而普通知识分子,通过学习获得知识才能,但无施展之地,学有余力可以出仕,像子张、子路、冉有等。这也是孔子的一贯主张,学而优则仕,行仁政于天下。但不管先从政而后学,还是先学后从政,子夏都强调了学,勉励学生要孜孜不倦地一心向学。子夏对仕与学关系的辨析,使学人从此名正言顺地走上了读书为仕的道路,为儒学的广泛传播开辟了一条道路。

以乐治国思想。儒家重乐,孔子指出:"兴于诗,立于礼,成于乐。"③ 儒家用习礼、习乐的方式陶冶性情,并达到伦理化人生的目的。子夏把这一思想向前推进了一大步,即在乐的伦理化功能的基础上,进一步赋予乐的政治功能。子夏指出:"钟声铿,铿以立号,号以立横,横以立武,君子听钟声则思武臣。石声硁,硁以立别,别以致死,君子听磬声则思死封疆之臣。丝声哀,哀以立廉,廉以立志,君子听琴瑟之声则思志义之臣。竹声滥,滥以立会,会以聚众,君子听竽笙箫管之声则思畜聚之臣。鼓鼙之声讙,讙以立动,动以进众,君子听鼓鼙之声则思将帅之臣。

---

① 《郭沫若全集》历史编第 2 卷,人民出版社 1982 年版,第 341 页。
② 钱穆:《先秦诸子系年》卷 2《吴起去魏相楚考》,商务印书馆 2001 年版,第 220 页。
③ (清)刘宝楠:《论语正义》卷 9《泰伯》,中华书局 1990 年标点本,第 298 页。

君子之听音,非听其铿锵而已也,彼亦有所合之也。"① 他提醒魏文侯,要时刻以国家社稷为重,将音乐与治国安邦紧密结合起来。

博学、笃志、切问、近思。子夏说:"博学而笃志,切问而近思,仁在其中矣。"②《注解》:"切问者,切问于己所学未悟之事。近思者,近思己所能及之事。凡问所未学,远思未所达,则于所学者不精,所思者不解。"③ 广泛学习,坚守志向,以切己之事问于人,善于思考现实的问题,仁德就在其中了,这是子夏教导学生为学求仁之道。子夏提出了四个方面为学求仁之道,第一要博学,广泛地学习,积累深厚的知识。第二要笃志,要有坚定的意志,永恒的信心。第三要切问,以切己之事问于人,多听多问,解疑释惑。第四要近思,要思考自己所不知道的事,这种思索,不要驰心高远,就其近者而思之。朱熹就写过一本《近思录》,即取这句话的意思。子夏是博学的典范,尤其重视向良师益友学习,他喜欢与贤能之士相处,从中受益。孔子很赞赏子夏的交友原则,并预言以后子夏会越来越有长进。

知过必改思想。子夏说:"小人之过也必文。"④ 小人对于错误,一定要加以掩饰。子夏告诫学生要知过必改,不要文饰错误。对待错误,君子和小人有不同的态度。君子有错就承认,勇于改过。子贡也曾指出:"君子之过也,如日月之食焉,过也,人皆见之,更也,人皆仰之。"⑤ 日、月蚀时虽有一点黑影遮住日、月,但不久依然射出原有的光明,过而能改,是谓无过,并不会影响君子的伟大和尊严。而小人对于自己的过错,总要想方设法说出一堆理由,把错误掩盖起来,成语"文过饰非"就源于子夏的这句话。

诚信之道。子夏说:"君子信而后劳其民,未信,则以为厉己也。信而后谏,未信,则以为谤己也。"⑥ 君子要使用民众,就要先取得民众的信任,否则,民众就会以为受到虐待。君子要在取得君主的信任后再去进

---

① 《史记》卷24《乐书》,中华书局1982年标点本,第1225页。
② (清)刘宝楠:《论语正义》卷22《子张》,中华书局1990年标点本,第740页。
③ 同上。
④ 同上书,第741页。
⑤ 同上书,第749页。
⑥ 同上书,第741页。

谏，否则，君主就会以为你在诽谤他。子夏认为君主要役使民众，臣属要进谏君主，都要以取得信任为基础，缺乏信任，就可能会产生"厉己""谤己"的反作用，这是为人处世的经验总结。

学以致道思想。子夏是孔门弟子中论学最多的学生，他曾指出："日知其所亡，月无忘其所能，可谓好学也已矣。"① 《论语正义》阐释："皇疏云：'日知其所亡，是知新也；月无忘其所能，是温故也。'刘氏宗周《学案》：君子之于道也，日进而无疆，其所亡者，既日有知之，则拳拳服膺而弗失之，至积月之久而终不忘，所谓'学如不及，犹恐失之'者矣。"② 在《正义》看来，子夏的"好学"论继承了孔子的"温故而知新""学如不及，犹恐失之"的思想，并有所发展。子夏认为，"好学"的最终目的是要"致道"。他说："百工居肆以成其事，君子学以致其道。"③ 他以百工居肆成事为例，来勉励学生在学习、实践中取得仁道。子夏认为，百工居肆，从早到晚，从事生产劳动，其志勤奋，其习专精，故能完成制造任务。君子学道也是一样，从早到晚，从始到终，致力于学业，从学习、实践中领悟正道。在子夏看来，学以致道，内要修炼个人修养，外要建功立业。子夏所主张的"好学"，并不仅仅是指书本知识的学习，他更看重践履于时，也就是把理论知识与社会实际相结合，他认为君子博学多识，是为了更好地实践儒学，建功立业。子夏曾和哀公探讨了必学然后可以安国保民的问题，他认为，君子没有博学多识，就不能安国保民，他还以五帝、大禹、商汤、周文王和孔子等 11 位先贤学以致道为例，来说明学习对于安国保民的重要性。正是基于此，子夏提出了学而优则仕、仕而优则学的主张。

关于为学之道，子夏主张持之以恒："日知其所亡，月无忘其所能，可谓好学也已矣。"④ 梁皇侃释："日知其所亡，是新知也；月无亡其所能，是温故也。"⑤ 这是子夏告诉学生做学问的道理，持之以恒，日积月累，才是好学之人。他还主张由浅入深。子游曾批评子夏："子夏之门人

---

① （清）刘宝楠：《论语正义》卷 22《子张》，中华书局 1990 年标点本，第 739 页。

② 同上。

③ 同上书，第 740 页。

④ 同上书，第 739 页。

⑤ 同上。

小子，当洒扫应对进退，则可矣，抑末也。本之则无，如之何？"子夏回
应道："噫！言游过矣！君子之道，孰先传焉？孰后倦焉？譬诸草木，区
以别矣。君子之道，焉可诬也？有始有卒者，其惟圣人乎？"① 子游认为
子夏的学生只知洒扫、应对、进退这些细枝末节的生活琐事，不知做人的
根本大道，子夏在反批评子游时，指出教学应由浅入深、循序渐进，学生
在懂得了洒扫、应对、进退的道理以后，就慢慢会达到内心，由生活教育
到精神教育，然后悟出君子之道的真谛。

　　作为孔子思想的直接继承者，西河学派与洙泗学派走出了两条截然不
同的道路。洙泗学派从大力提倡孝道入手，构建了孝的人生观、伦理观和
政治观，力图维持日趋松弛的宗法关系，它偏重于伦理情感，而西河学派
则从强化国家机器入手，以积极的事功服务于时代，服务于政治，相比于
孔子的复礼主张，这更贴近社会实际，更适合时代需要，更易被当政者所
接纳。可见，儒学经过西河学派的改造，已扬弃了它博而寡要的主张和劳
而少功的实践方式，向适应时代、投身变革的新儒学转轨，后经董仲舒的
再改造，儒学终成历史上的主流学说。

二　兴学授教，创立西河学派

　　子夏是孔子晚年最器重的弟子，他完全继承了孔子的教育事业和教育
思想，并注重于直接为社会政治服务。"孔子既没，子夏居西河教授，为
魏文侯师。"② 子夏居魏后，兴学授教，创立西河学派，培养了大批人才，
"如田子方、段干木、吴起、禽滑厘之属，皆受业于子夏之伦，为王者
师"③。魏文侯经常向他讨教国政，并以师礼相待，子夏师徒也鼎力相助
魏文侯，使魏国在战国七雄中率先强盛。

　　西河学派以治国平天下为己任，积极实践西河儒学。经济上，他们作
尽地力之教，实践了子夏"小道可观"的思想，经济的发展保障了变法
的成功和国家的富强；文化上，他们传授、整理古文献典籍；政治上，废
除世卿世禄制度，推行食有劳而禄有功，并为士阶层参政开辟了道路，子

---

①　（清）刘宝楠：《论语正义》卷 22《子张》，中华书局 1990 年标点本，第 742—743 页。
②　《史记》卷 67《仲尼弟子列传》，中华书局 1982 年标点本，第 2203 页。
③　《史记》卷 121《儒林传》，中华书局 1982 年标点本，第 3116 页。

夏的弟子及再传弟子如上卿翟璜、国相李悝、邺令西门豹、酸枣令北门可、西河守吴起等士人，都是一时涌现出的布衣卿相，他们积极从政，践行了子夏的"学而优则仕"的思想。

面对战国纷争的形势，子夏门人选择了不同的发展道路。公羊高、谷梁赤专事学术研究，公羊高作《春秋公羊传》，创立了公羊学，谷梁赤作《春秋谷梁传》，创立了谷梁学。李悝、吴起则致力于实际的政治活动，李悝作《法经》，是我国古代第一部完整的封建法典，也是秦汉以后历代法律的范本，他确立了封建法制，被列为战国时期法家的始祖，他主持魏国变法，使魏国成为战国首强。吴起主持楚国变法，沉重打击了奴隶主贵族势力，促进了楚国的富强，所作《吴子》是兵家的代表作。西门豹治邺，破除河伯娶妇陋习，兴修水利，发展生产，邺地大治。西河之学经他们的实践和发展，最终"流衍为兵农刑法诸家"①。西河之学的分离流衍，揭开了百家争鸣时代的序幕。

经历了礼崩乐坏、大国争霸的春秋时代，战国初期便迎来了社会大变革时代。魏国地处中原腹地，是连接各诸侯国的交通枢纽，地域的开放性、文化的交融性使其受到旧文化的束缚较少，具有一定的思想自由度，有利于新思想的产生。在魏国四周，秦、楚、齐诸强环伺，危机四伏，要想生存和发展，就只有积极改革，广揽贤才，发展经济，富国强兵。作为新兴地主阶级利益的杰出代表，魏文侯率先变革，魏国成为战国时代第一个确立封建制度的国家。在这种新的历史条件下，西河学派顺应时代要求，主动改造孔子儒学，使儒学与时俱进。在西河，子夏设学授徒，注重现实政治之学，而不仅是修身之学，他紧密结合社会现实，向弟子们传道授业，走出了一条和纯理论探讨的洙泗学派不一样的发展道路。西河学派注重社会功用，志在变法改革，因而促使了儒家向法家和兵家的过渡、转变、蜕化。郭沫若在《十批判书·前期法家的批判》中指出："李悝、吴起、商鞅都出自儒家子夏，是所谓子夏氏之儒，慎到虽属黄老学派而后于子夏，可知他的主张是受了子夏氏之儒的影响，因此，前期法家渊源于子夏氏，子夏氏之儒在儒学中是注重礼制的一派，礼制与法制只是时代演进

---

①　钱穆：《先秦诸子系年·通表第二》，商务印书馆 2001 年版，第 605 页。

上的新旧名词而已。"① 钱穆先生也指出："孔子以正名复礼绳切当时之贵族，既不得如意，后之言治者，乃不得不舍礼而折入于法。是亦形势所驱，不获已也。且礼之与法，其本皆出于纠正当时贵族之奢靡，李克、吴起亲受业于子夏、曾子，法家渊源，断可识矣。"② 子夏开创、发展了孔门弟子中的事功一派，对魏国的强盛产生了极大的积极影响。"魏自文侯以迄战国，儒家影响流风不绝，此实为子夏的遗教余绪所致。"③ 在魏文侯当政的 50 年中，他重用西河学派，在政治、经济、法制、军事上实行改革。魏国改革的主持人是魏文侯，改革派有翟璜、翟角、魏成子、李悝、西门豹、吴起、北门可、屈侯鲋、乐羊子、魏挚等，这些人大多来自西河学派，西河地区成为战国初期主变的思想家、政治家、战略家、外交家的诞生地和策源地。谈天说地、不治而议是稷下学派的学风，即使是在稷下三为祭酒的荀子，也在相当程度上固守孔子学说而变通不大，而西河学派的新儒家们则志在变革，顺应时代潮流，是一批勇猛的斗士，甚至为改革变法不惜献身。李悝相魏、吴起奔楚、商鞅入秦，他们出将入相，推行变法，富国强兵，西河学派掀起了战国时代的改革浪潮，推动了历史的前进。

三　注疏六经，创立章句之学

在孔门弟子中，有众多出类拔萃者，孔子曾如此评价弟子："德行：颜渊、闵子骞、冉伯牛、仲弓。言语：宰我、子贡。政事：冉有、季路。文学：子游、子夏。"④ 在孔子看来，子夏是以"文学"而著称。孔子所说的"文学"，杨伯峻先生认为是关于古代文献的学问，即"六经"——易、诗、书、礼、乐、春秋。孔子曾派子夏到周室去观书，求周史记，并亲传他诗、书、礼。颜回去世后，子夏成为孔子学术事业的传人，担负起了整理和传播儒家经典的使命，并取得了突出成就。子夏在治经中尤其强调了六经的教化功能，他指出："六艺于治一也。《礼》以节人，《乐》以

---

① 《郭沫若全集》历史编第 2 卷，人民出版社 1982 年版，第 341 页。

② 钱穆：《先秦诸子系年》卷 2《吴起去魏相楚考》，商务印书馆 2001 年版，第 220 页。

③ 葛志毅、张惟明：《先秦两汉的制度与文化》，黑龙江教育出版社 1998 年版，第 183 页。

④ （清）刘宝楠：《论语正义》卷 14《先进》，中华书局 1990 年标点本，第 441 页。

发和，《书》以道事，《诗》以达意，《易》以神化，《春秋》以义。"① 钱穆先生曾评说孔门弟子对儒学的传承，指出："前辈则致力于事功，后辈则研精于礼乐。"② 作为孔子的得意门生，子夏研究和传承"六经"的成就最大，影响也最久远。

孔门弟子中，传承儒经而又可考师承关系的有子夏传经、商瞿传经、子思传经和左丘明传经四派。清人皮锡瑞认为："（六经）诸儒学者皆不传，无从考其家法，可考者，惟卜氏子夏。"③ 由于子夏西河学派对儒经的传承成就最大，所以被学者称为"传经派"。到战国末期，荀子先传子弓之学，又承子夏之学，在两家经学的基础上，形成了自己的学术体系，成为经学大家，对后世经学的发展影响极大。李学勤先生指出："子夏在孔子身后，教经艺于西河，为魏文侯师，对六经的流传贡献甚大。即以现存子史记载而论，子夏问学孔子，或其本人论述，涉及《诗》《书》《礼》《乐》《易》《春秋》的，都有若干条。在经学历史上，子夏是非常重要的人物。"④

据考证，《诗》《书》《礼》《易》《乐》和《春秋》等儒家经典的传授都与子夏有关。东汉徐防指出："《诗》《书》《礼》《乐》定自孔子，发明章句，始于子夏。"⑤ 南宋洪迈在《容斋随笔》中对子夏传经之学进行了细致的考证，指出："孔子弟子惟子夏于诸经独有书。"⑥ 他考证，子夏治《易》作有《传》，治《诗》作有《序》，而《毛诗》之学则宗于子夏，子夏授《诗经》于高行子，四传而至小毛公，子夏传《诗经》于曾申，五传而至大毛公。在六经中，子夏最擅长《诗》，据学者研究，"四家诗"中，韩诗和毛诗都传自子夏。子夏治《礼》，作有《仪礼·丧服》，马融、王肃诸儒多为之训说。子夏对《易》颇有研究，《说苑·敬慎》曾记载，一次，孔子在读易时叹息不已，子夏避席而问，请老师解惑，可见

---

① 《史记》卷126《滑稽列传》，中华书局1982年标点本，第3197页。

② 参见杨伯峻《论语译注》，中华书局1980年版，第110页。

③ （清）皮锡瑞：《经学历史》，中华书局1959年版，第48页。

④ 李学勤：《〈诗论〉的体裁和作者》，《上博馆藏战国楚竹书研究》，上海书店出版社2002年版，第56页。

⑤ 《后汉书》卷44《邓张徐张胡列传》，中华书局1965年标点本，第1500页。

⑥ （南宋）洪迈：《容斋随笔·续笔》卷14《子夏经学》，中华书局2005年标点本，第397页。

子夏曾受教了《易》，并学有心得。子夏通晓乐律，在治《乐》中形成了自己精辟的乐论，子夏与魏文侯论乐，体现了他高深的乐学思想。子夏治《春秋》，太史公说："至于为《春秋》，笔则笔，削则削，子夏之徒不能赞一辞。"①《春秋》有三传——左丘明的《左传》、公羊高的《公羊传》和谷梁赤的《谷梁传》，其中公羊高和谷梁赤都出自子夏之门。子夏还是《论语》的主要编纂者。关于《论语》的作者，班固在《汉书·艺文志》中指出："《论语》者，孔子应答弟子、时人及弟子相与言而接闻于夫子之语也。当时弟子各有所记，夫子既卒，门人相与辑而论纂，故谓之《论语》。"②郑玄更明确指出《论语》为仲弓、子夏等所撰，唐人陆德明在《经典释文》中转引郑玄注说，《论语》是仲弓、子游、子夏等所撰定，周予同先生也认为子夏曾受《春秋》、编《论语》，大约都是事实。

传统经学包括经书和章句。经书定自孔子，孔子从古代文献中选定了六部著作，作为传授儒学的载体，史称"六经"，发明章句始于子夏，他对孔子所定经书都分出章节，判明句读，阐释文义。经书和章句一经确定，经学就产生了。作为经学章句的创始人，子夏对儒家经典的分析细致入微，阐明了其蕴含的微言大义，开辟了传、注、疏等解经途径。"子夏的经学研究成就，从文献学的视角来看，既有训释元典的具体成果，更有研究方法上的发凡起例。"③子夏无愧于传统经学奠基人的赞誉。子夏对传播儒学的贡献远远高于同门弟子，李启谦先生称赞子夏"对后世的实际思想影响，超过了孔门弟子中任何人，就是颜回、子贡等人也要比他差一等"④。"当孔子既修六经之后，发明章句，传授经学，必得其人方可。考诸史籍，孔门诸子中，唯子夏学行最为近之。要之，子夏实以传授经学弘扬孔子之道。"⑤考古发掘也可以佐证孔学确曾兴盛于牧野地区。西晋时，在汲郡魏王墓中出土了大批文化典籍，后整理成《竹书纪年》《易经》《礼记》《尔雅》《论语》《图诗》《国语》等，被称为"汲冢书"，由此足见孔学在魏国的昌盛，这应是子夏及其门人传播儒学的丰硕成果。

---

① 《史记》卷47《孔子世家》，中华书局1982年标点本，第1944页。

② 《汉书》卷30《艺文志》，中华书局1962年标点本，第1717页。

③ 裴传永：《论子夏在中国经学史上的地位》，《中国哲学史》2005年第1期。

④ 李启谦：《孔门弟子研究》，齐鲁书社1987年版，第121页。

⑤ 葛志毅、张惟明：《先秦两汉的制度与文化》，黑龙江教育出版社1998年版，第184页。

从历代学者的研究及大批儒书出于河内的史实可以推断，子夏及其所创西河之学对整理、保存、研究儒学立下了汗马功劳，也对汉代经学的发展起了导向作用，尤其是他注疏六经，创立章句之学，奠定了汉代经学的基础，西河之学是经学发展史上的重要一环。

子夏还是中国传统史学的奠基人。《春秋》是鲁国官修的史书，是我国历史上第一部编年体史书，是我国传统史学的奠基之作，把《春秋》作为教材进行传授的是子夏。《韩非子》说："患之可除，在子夏之说《春秋》也。"①"子夏曰：'《春秋》之记臣杀君、子杀父者以十数矣，皆非一日之积也，有渐而以至矣。'"②韩非子明确指出了子夏曾经传授《春秋》，太史公也曾指出，子夏之徒对孔子删订的《春秋》不能赞一辞，这也说明了子夏是熟知《春秋》的，《孝经说》也有孔子以《春秋》传授子夏的记载。从这些资料来看，子夏传《春秋》应该是属实的，《春秋》被奉为儒家经典，子夏居功至伟。《左传》是一部学术价值极高的史书，是另一部中国传统史学的奠基之作，它与子夏关系密切。史载，子夏精通《春秋》。据《吕氏春秋》记载，子夏途径卫国，有读史记者说："晋师三豕涉河。"子夏说："非也，是己亥也。夫'己'与'三'相近，'豕'与'亥'相似。"③卫人将"己亥"误读为"三豕"，子夏当即辨正，可见他对《春秋》的熟知程度。关于《左传》的作者，徐中舒先生认为，《左传》是在子夏门下编成的，作者应是子夏的门徒，姚鼐在《左氏补注序》中更明确指出，《左传》为吴起之徒所作，郭沫若、钱穆、童书业等都赞同这一观点。在子夏门人中，吴起是一位杰出的改革家、军事家，也是一位学识渊博的学问家，《说苑·建本》记载，魏武侯曾问元年于吴起，吴起以《春秋》对之，可见吴起是精通《春秋》的，童书业先生认为："本上书盖吴起及其先师后学陆续写定，惟吴起之功为多耳。"④当然，关于《左传》的作者，目前尚未定论，但子夏及其门人对《左传》的成书及其传承无疑是有一定影响的。

关于子夏对于儒学的创立和传播做出的重要贡献，清人陈玉澍在

---

① 王先慎：《韩非子集解》卷13《外储说右上》，中华书局1998年标点本，第309页。

② 同上书，第314页。

③ 许维遹：《吕氏春秋集释》卷22《察传》，中华书局2009年标点本，第619页。

④ 童书业：《春秋左传研究》，上海人民出版社1980年版，第351页。

《卜子年谱·自序》中说，无曾子则无宋儒之道学，无卜子则无汉儒之经学，他高度评价了曾参和子夏在中国古代思想史上的地位。孔子逝世后，曾参、子夏及其学派执学术思想界之牛耳，成为喧嚣奔腾的思想浪潮的主角和先导者。子夏在生前即获得了很高的声誉，魏文侯以师礼待之，卫人以子夏为圣，西河之民疑为夫子。① 子夏去世后也受到了历代统治者的尊崇，唐玄宗定子夏为十哲之一，赠魏侯，明世宗称其为先圣先贤卜子，乾隆帝亲定其后裔与孔、孟、颜、曾家族世序相同，子夏开启了卜氏圣门。

第三节　子路对儒学的践行

子路，姓仲名由，又名季路，春秋末年卞人。从文献记载看，子路出身微贱，生活贫寒，常食莽藟之实，但他在困苦中坚守着孝道，为孝亲他不入仕，还到百里之外负米，是古代二十四孝之一。父母去世后，他南游于楚，从车百乘，积粟万钟，累茵而坐，列鼎而食，生活水平明显改善。

子路性情粗野，"子路性鄙，好勇力，志伉直，冠雄鸡，佩豭豚，陵暴孔子"②，孔子说子路是"勇人也，丘弗如也"③。子路拜师孔子，成为最早的孔门弟子之一。在孔子的教导下，子路很快就善于政事，成为季氏宰。公元前498年鲁国"堕三都"时，子路坚定地支持孔子。他追随孔子周游列国，因为子路勇武，在很大程度上起着安保作用，孔子曾说："自吾得由，恶言不闻于耳。"④

子路是孔子的得意门生，少孔子9岁，可能是年龄相近的原因，或者是子路性格的原因，或是他追随孔子时间最长，他常常犯颜顶撞孔子，而孔子不以为怪。从史籍上看，子路有很多优点，如"子路，人告之以有过则喜"⑤"片言可以折狱者，其由也与""子路无宿诺"⑥。子路为人直率、侠义、诚恳、守信，人服其德。子路非常重视知识与实践的结合，

---

① 陈成国：《四书五经》上册《礼记·檀弓上》，岳麓书社2002年版，第451页。
② 《史记》卷67《仲尼弟子列传》，中华书局1982年标点本，第2191页。
③ （清）何宁：《淮南子集释》卷18《人间训》，中华书局1998年标点本，第1287页。
④ 《史记》卷67《仲尼弟子列传》，中华书局1982年标点本，第2194页。
⑤ 陈成国：《四书五经》上册《孟子·公孙丑章句上》，岳麓书社2002年版，第79页。
⑥ （清）刘宝楠：《论语正义》卷15《颜渊》，中华书局1990年标点本，第501、502页。

"子路有闻，未之能行，惟恐有闻"①。应该说，子路不是一个理论家，而是一个积极的、执着的儒学践行者。

农山言志时，子路说："由愿得白羽若月，赤羽若日，钟鼓之音上震于天，旌旗缤纷下蟠于地。由当一队而敌之，必也攘地千里，擎旗执职。唯由能之，使二子者从我焉。"夫子曰："勇哉!"② "子路率尔而对曰：千乘之国，摄乎大国之间，加之以师旅，因之以饥馑，由也为之，比及三年，可使有勇，且知方也。夫子哂之。"③ 子路勇于任事，要在三年之内把一个外部强敌环伺、内部灾害频仍的贫弱国家，治理成一个具有自信心和勇气的新国家，虽然孔子不以为然，但它充分体现了子路的雄心和气概。

子路曾任蒲（今长垣）宰，赴任前特去请教恩师。孔子说："蒲多壮士，又难治。然吾语汝：恭以敬，可以执勇；宽以正，可以比众；恭正以静，可以报上。"④ 子路赴任后，恭敬谨慎，克己奉公，为官清正，勤于政事。《孔子家语·致思》载，为了防备水患，子路率领民众修沟渠，以民众劳苦，每人与之一箪食、一壶浆，孔子派子贡前去制止他。子路愤然不悦，往见孔子："由也以暴雨将至，恐有水灾，故与民修沟洫以备之，而民多匮饿者，是以箪食壶浆而与之。夫子使赐止之，是夫子止由之行仁也。夫子以仁教而禁其行，由不受也。"孔子说："汝以民为饿也，何不白于君，发仓廪以赈之？而私以尔食馈之，是汝明君之无惠，而见己之德美矣。汝速已则可，不则汝之见罪必矣。"⑤

《荀子》载："晋人欲伐卫，畏子路，不敢过蒲。"⑥ 可见，子路治蒲，政绩卓著，蒲地邑强民富。《孔子家语》载，子路治蒲三年，孔子师徒赴蒲地考察，入其境，孔子赞："善哉由也! 恭敬以信矣。"入其邑，孔子赞："善哉由也! 忠信以宽矣。"至庭，孔子赞："善哉由也! 明察以断矣。"子贡执辔而问："夫子未见由之政，而三称其善，其善可得闻

① （清）刘宝楠：《论语正义》卷6《公冶长》，中华书局1990年标点本，第187页。
② 王盛元：《孔子家语通解》，北京出版联合公司2015年版，第83页。
③ （清）刘宝楠：《论语正义》卷14《先进》，中华书局1990年标点本，第466页。
④ 《史记》卷67《仲尼弟子列传》，中华书局1982年标点本，第2193页。
⑤ 王盛元：《孔子家语通解》，北京出版联合公司2015年版，第94—95页。
⑥ （清）王先谦：《荀子集解》卷19《大略篇》，中华书局1988年标点本，第504页。

乎?"孔子说:"吾见其政矣。入其境,田畴尽易,草莱甚辟,沟洫深治,此其恭敬以信,故其民尽力也;入其邑,墙屋完固,树木甚茂,此其忠信以宽,故其民不偷也;至其庭,庭甚清闲,诸下用命,此其言明察以断,故其政不扰也。以此观之,虽三称其善,庸尽其美矣。"① 子路做到了恭、信、忠、宽、明察,政绩显著,所以孔子三称其善。其实,子路就是以仁治政,实行惠民政策,有效地实践了儒学。

孔子返鲁后,卫国执政大夫孔悝派使者召子路,子路将行,辞于孔子。孔子问:"赠汝以车乎?赠汝以言乎?"子路说:"请以言。"孔子说:"不强不达,不劳无功,不忠无亲,不信无复,不恭失礼。慎此五者而已。"子路问:"由请终身奉之,敢问亲交取亲若何?言寡可行若何?长为善士而无犯若何?"孔子说:"汝所问苞在五者中矣。亲交取亲,其忠也;言寡可行,其信乎;长为善士而无犯,其礼也。"②

在卫国内乱中,子路为救顾主孔悝被杀。子路是出于道义,为救顾主而奋不顾身,但他因结缨而死,又过于迂腐。孔子闻听极为伤心:"孔子哭子路于中庭。有人吊者,而夫子拜之。既哭,进使者而问故。使者曰:'醢之矣。'遂命覆醢。"③

---

① 《孔子家语》卷3《辨政》,中信出版社2014年标点本,第116页。
② 同上书,第147页。
③ 陈戍国:《四书五经》上册《礼记·檀弓上》,岳麓书社2002年版,第446页。

第四章　郑卫之音与民间音乐的勃兴

郑卫之音是春秋战国时期流传在郑国和卫国的地方民间音乐，孔子最早提出了这个概念。

春秋时期，牧野大地位于郑国北部和卫国南部，是郑卫两国的交界区域，当是郑卫之音的流行区域。郑卫之音也称作濮上之音、桑间濮上之音，它与濮水密切相关。濮水，也叫濮渠，流经春秋时期的郑卫之地，也就是现在的豫北平原。《水经注》载，濮水"上承济水于封丘县，即《地理志》所谓濮渠水首受济者。……濮水又东迳匡城北。……又东北，左会别濮，水受河于酸枣县。故杜预云：濮水出酸枣县，首受河。……濮水又东迳濮阳县故城南。故《地理志》曰：濮水自濮阳南入巨野"[①]。匡城在今长垣县境内，酸枣县即今延津县。从这段记载看，濮水发源地有两个，一个源于流经今封丘县的济水，从济水受水，流向东北，一个源于流经今延津县的黄河，从黄河受水向东流，两条河流在今长垣县西汇合，经滑县东南、浚县、濮阳县南，流向山东巨野。在王莽时济水干涸，唐高宗时通而复枯，濮水流量较小，明清之际，濮水余流残存于长垣、东明一带，后来，黄河决口改道，濮水渐渐湮没。在豫北平原上，今延津县、封丘县、长垣县、滑县、浚县、濮阳县都属于濮水流域。春秋之时，在牧野大地上的濮水两岸，土地肥沃，气候温和，桑林遍野，春暖花开之时，草长莺飞，生机无限，绿意葱茏的优美环境给人带来了勃然的欣悦。在桑间濮上，青年男女边劳动边歌舞，对唱情歌，谈情说爱，他们吟唱着当时流行的郑卫之音，表达男欢女爱之情。起源于牧野大地的《鄘风·桑中》就是一首热烈活泼、男欢女爱的桑间情歌："期

---

① 陈桥驿：《水经注校证》，中华书局 2007 年版，第 202—203、205 页。

我乎桑中，要我乎上宫，送我乎淇之上矣。"① 到了东汉时期，才女班昭随儿子曹成就任长垣令，曾途经今天的原阳县、封丘县、长垣县，她在《东征赋》中歌咏了牧野大地上的桑间濮上的风情："既免脱于峻崄兮，历荥阳而过卷。食原武之息足，宿阳武之桑间。涉封丘而践路，慕京师而窃叹。"② 班昭在卷县（今原阳县）路过，在原武县（今原阳县）食息，在阳武县（今原阳县）留宿，在封丘县践路，在经历了峻崄的跋涉后，行走在牧野大地上，濮水两岸的桑间美景给她留下了深刻的印象。

一　雅乐与郑卫之音

西周的雅乐制度是与礼制同时确立的。相传周公制礼作乐，建立起一整套体现森严社会等级的礼乐制度，以维护西周的宗法等级制。西周的雅乐制度与周的礼制一样有着严格的等级规定，各种礼仪所用的音乐，就是雅乐。周初推行雅乐，统一了思想意识，规范了周人的行为，巩固了周室的统治，维护了国家的统一和发展。雅乐本属于音乐范畴，当它和社会等级结合在一起时，就具有了政治性，等级不变，雅乐不变，缺少了变化，也就难以发展，以至于在春秋时雅乐就已被称为"古乐"，雅乐越来越流于形式，难以适应社会发展的需要。

郑卫之音属于民间音乐，民间音乐体现的是民众生活。《白虎通·礼乐》载，孔子说："郑国土地民人，山居谷浴，男女错杂，为郑声以相诱悦怿。"③《郑风》《卫风》的基调健康乐观，感情真挚而强烈，真实地反映了郑卫音乐的风貌。从歌词内容看，它们在表现方法上细腻、委婉，在表达能力上细致、深刻，这体现了郑卫之音的艺术水平。

春秋时期，公室衰微，卿大夫崛起，社会急剧变动，西周礼乐制度趋于崩溃，各地方的民间音乐也就纷纷兴起。当时社会经济繁荣，工商业有了很大发展，大都邑逐渐兴起。经济的兴盛促进了文化的发展，与思想上的百家争鸣相适应，在音乐文化上出现了百花齐放的局

①　陈戌国：《四书五经》上册《诗经·鄘风》，岳麓书社 2002 年版，第 303 页。

②　费振刚：《全汉赋》，北京大学出版社 1993 年版，第 366 页。

③　（清）陈立：《白虎通疏证》卷 3《礼乐》，中华书局 2007 年版，第 97 页。

面，这是中国音乐史上的第一个繁荣时期。《汉书》载："制度遂坏，陵夷而不反。桑间濮上，郑、卫、宋、赵之声并出。"① 《乐记·魏文侯》载，子夏在论新乐时曾提到了郑音、卫音、齐音、宋音，可见，在当时郑、卫、宋、赵、齐都流行着新乐。在这一片百花园中，独放异彩、影响最大的是郑卫之音，东临海、西至秦、北到赵、南及楚，都能听到郑卫之音。

从音乐发展的规律来看，以郑卫之音为代表的新乐取代西周雅乐是历史的必然。西周雅乐发展到春秋时，已越来越背离音乐的本质，不过是礼的附庸。作为意识形态，音乐既有宣传教化的功能，也要给人以美的享受和娱乐。雅乐只是固守单一的政治目的，因此也就窒息了音乐，从而显得僵化呆滞、死气沉沉。《礼记·郊特牲》："《武》，壮而不可乐也。"② 难怪魏文侯听了雅乐会唯恐卧，齐宣王也不喜欢它。而郑卫之音来自民间，能自由、直接地反映生活，它不受礼制束缚，活泼而清新。新乐的本质是艺术，彰显了音乐的娱乐价值，因此，活泼清新的新乐取代呆板僵死的雅乐，既是历史必然，也是社会进步。

郑卫之音因新兴势力而登堂入室，它也必然为新兴势力服务。《吕氏春秋·本生》篇说："靡曼皓齿，郑卫之音，务以自乐，命之曰伐性之斧!"③ 郑卫之音成为新兴势力务以自乐的方式，他们自然要以自己的价值观去影响郑卫之音，使它符合新兴势力的趣味和爱好，郑卫之音便由原本的民间世俗性转向了靡丽婉转的庙堂贵族性。从屈原的《招魂》可知，到战国末期，郑卫之音规模之庞大、装饰之华丽、场面之纷乱，达到了惊人的程度。新兴势力一味追求音乐的娱乐性，并把音乐的娱乐性变成了享乐性，郑卫之音必然走向奢靡腐化。

二　郑卫之音的特征

郑卫之音优美抒情。郑卫之音是一种热烈奔放、生动活泼的民间音乐，抒情优美，色彩华丽，富于浪漫气息，具有极高的艺术水平。"听郑

---

①　《汉书》卷 22《礼乐志》，中华书局 1962 年标点本，第 1042 页。

②　陈戍国：《四书五经》上册《礼记》，岳麓书社 2002 年标点本，第 529 页。

③　许维遹：《吕氏春秋集释》，中华书局 2009 年版，第 18 页。

卫之音则不知倦"①，"好音生于郑卫，而人皆乐之于耳"②，"若夫郑声，是音声之至妙"③。清人汪烜认为，郑声中诗与声本末一致，诗淫声亦淫，其声淫在于不合律、不成声、不淡和，不受中和准则的节制，所以它不是不好听，而是忒好听，忒好听而无分际，这一解释与孔子"郑声淫"的意思相合。郑声之所以称为新声，一是它在音阶上有新的突破，商乐是五声音阶，周乐是四声音阶，据春秋新郑钟的测音结果，郑声是七声音阶。二是它具有较高的艺术技巧，陆贾在《新语》中评道："后世淫邪，增之以郑卫之音，民弃本趋末，技巧横出，用意各殊，以穷耳口之好。"④郑卫之音的艺术创新，能更好地体现生活情感，满足人们的审美欲望，韩娥到齐国鬻歌假食，既去，余音绕梁，三日不绝，秦青抚节悲歌，声振林木，响遏行云，郑声无论是声乐还是器乐，其艺术技巧都远高于雅乐。

　　郑卫之音高亢激越。雅乐主张乐而不淫，哀而不伤，它使用五音系统即宫、商、角、徵、羽，其旋律徘徊在中音区，大不逾宫，细不过羽，而郑卫之音使用了变宫、变徵这些不稳定的音符，所以它显得激越悲楚。《吕氏春秋·淫辞》指出："今举大木者，前呼舆謣，后亦应之，此于举大木者善矣。岂无郑卫之音哉，然而不若此其宜也。"⑤它在《侈乐》中还指出："乱世之乐，为木革之声则若雷，为金石之声则若霆，为丝竹歌舞之声则若噪。"⑥《乐记》说："乱世之音怨以怒"，"奸声感人，而逆气应之；逆气成象，而淫乐兴焉"⑦。郑卫之音多慷慨悲歌，《列子》载："薛谭学讴于秦青，未穷青之技，自谓尽之，遂辞归。秦青弗止，饯于郊衢，抚节悲歌，声振林木，响遏行云，薛谭乃谢，求反，终身不敢言归。"⑧郑卫之音之所以"激楚"，正是体现了对黑暗社会的怨怒之气，对残暴统治的叛逆之情，其形式和内容是和谐一致的。

---

① 陈戍国：《四书五经》上册《礼记·乐记》，岳麓书社 2002 年标点本，第 572 页。
② （清）王利器：《盐铁论校注》上册卷五《相刺第二十》，天津古籍出版社 1983 年版，第 251 页。
③ 戴明扬：《嵇康集校注》下册卷 5《声无哀乐论》，中华书局 2014 年版，第 358 页。
④ （清）王利器：《新语校注》卷上《道基》，中华书局 1986 年版，第 21 页。
⑤ 许维遹：《吕氏春秋集释》，中华书局 2009 年版，第 493 页。
⑥ 同上书，第 112 页。
⑦ 陈戍国：《四书五经》上册《礼记》，岳麓书社 2002 年标点本，第 566、570 页。
⑧ 杨伯峻：《列子集释》卷 5《汤问篇》，中华书局 1979 年版，第 177 页。

　　郑卫之音清越柔媚。雅乐强调庄重舒缓、中正平和，而郑卫之音则是轻歌曼舞、清新活泼。《左传·襄公二十九年》记载，季札观乐时，曾评论郑卫之音："美哉！其细已甚，民弗堪也，是其先亡乎？"① 他所评说的"细"就是清越，宫音浊重，羽音清越。郑卫之音清越哀怨，郑卫之舞轻盈美妙，郑卫之女靓丽多情，歌、舞、人相融，珠联璧合。郑卫之音具有极强的艺术感染力，《列子》载："昔韩娥东之齐，匮粮，过雍门，鬻歌假食。既去而余音绕梁，三日不绝，左右以其人弗去。过逆旅，逆旅人辱之。韩娥因曼声哀哭，一里老幼悲愁，垂涕相对，三日不食。遽而追之。娥还，复为曼声长歌。一里老幼喜跃抃舞，弗能自禁，忘向之悲也。乃厚赂发之。故雍门之人，至今善歌哭，仿娥之遗声也。"② 郑卫之音在表演形式上无拘无束。屈原在《招魂》中描述新声的表演形式非常自由随意，士女杂坐，乱而不分，子夏评价新乐的表演是"进俯退俯，奸声以滥，溺而不止；及优侏儒，糅杂子女，不知父子"③，司马迁在《孔子世家》中说匹夫之乐是优倡侏儒为戏而前，《说苑》也说新乐是"妇女优倡，钟鼓管弦，流漫不禁"④。俳优侏儒同台，男女混杂，这就是后人认为"郑声淫"的原因，也是后人把郑声等同于郑风的依据。"郑国有溱、洧之水，男女聚会，讴歌相感。故郑诗二十一篇，说妇人者十九，故郑声淫也。"⑤ 这些都说明郑声能突破礼制规范，不受陈规约束，自由地进行表演。

三　郑卫之音的价值

　　上古至先秦的音乐主流是雅正之乐，是祀神敬天、昭功立德、化民勤民之乐，这种雅乐保证了天下的太平、民生的愉悦，一旦违背这个乐道，就会导致国亡民戮。春秋战国是中国社会发生剧烈变革的时代，随着新兴势力的崛起，郑卫之音畅行于世，这是对雅乐的叛逆，郑卫之音自然就被儒家视为礼崩乐坏的重要标志之一，并极力予以排斥。孔子最早将郑声和

① 陈戍国：《四书五经》下册《春秋左传》，岳麓书社2002年标点本，第1031页。
② 杨伯峻：《列子集释》卷5《汤问篇》，中华书局1979年版，第177页。
③ 陈戍国：《四书五经》上册《礼记·乐记》，岳麓书社2002年标点本，第572页。
④ 向宗鲁：《说苑校证》卷16《谈丛》，中华书局1987年版，第516页。
⑤ （唐）徐坚：《初学记》，中华书局1962年标点本，第373页。

雅乐相对立，并将其定性为"淫"。孔子"恶紫之夺朱也，恶郑声之乱雅乐也，恶利口之覆邦家者"①，他明确主张："放郑声，远佞人。郑声淫，佞人殆。"② 为正乐风，"三百五篇孔子皆弦歌之，以求合《韶》《武》《雅》《颂》之音"③。子夏也指出："郑音好滥淫志，宋音燕女溺志，卫音趣数烦志，齐音骜辟骄志，四者皆淫于色而害于德，是以祭祀不用也。"④ 荀子的雅正观念与孔子一脉相承："妖冶之容、郑卫之音使人之心淫。"⑤ 他主张废止所有非雅声者，这种鲜明的雅正观给后世造成了深远影响。《礼记》系统阐发了音乐的政治功能："是故治世之音安以乐，其政和；乱世之音怨以怒，其政乖；亡国之音哀以思，其民困。声音之道，与政通矣。"⑥ 所以，《礼记》强烈抨击郑卫之音："郑卫之音，乱世之音也，比于慢矣。桑间濮上之音，亡国之音也，其政散，其民流，诬上行私而不可止也。"⑦ 太史公在《史记·乐书》中指出，雅颂之音理而民正，郑卫之曲动而心淫，他指出："郑卫之音，乱世之音也，比于慢矣。凡奸声感人而逆气应之，逆气成象而淫乐兴焉。正声感人而顺气应之，顺气成象而和乐兴焉。"⑧ 宋代儒士们也以"淫乐""淫荡""淫奔"而排斥郑卫之音。

把郑卫之音称为"亡国之音"，源于《韩非子·十过》：昔者卫灵公将之晋，至濮水之上，夜分而闻鼓新声者而悦之，召师涓曰："有鼓新声者，使人问左右，尽报弗闻，其状似鬼神，子为我听而写之。"师涓静坐抚琴而写之。明日，已习之，遂去之晋。晋平公觞之于施夷之台，酒酣，灵公曰："有新声，愿请以示。"乃召师涓，令坐师旷之旁，援琴鼓之。未终，师旷抚止之，曰："此亡国之音，不可遂也！"平公曰："此道奚出？"师旷曰："此师延之所作，与纣为靡靡之乐也。及武王伐纣，师延东走，至于濮水而自投，故闻此声者必于濮水之上。先闻此声者其国必

---

① （清）刘宝楠：《论语正义》卷 20《阳货》，中华书局 1990 年标点本，第 697 页。
② 同上书，第 624 页。
③ 《史记》卷 47《孔子世家》，中华书局 1982 年标点本，第 1936 页。
④ 《史记》卷 24《乐书》，中华书局 1982 年标点本，第 1224 页。
⑤ （清）王先谦：《荀子集解》卷 14《乐论篇》，中华书局 1988 年标点本，第 381 页。
⑥ 陈戍国：《四书五经》上册《礼记·乐记》，岳麓书社 2002 年版，第 566 页。
⑦ 同上。
⑧ 《史记》卷 24《乐书》，中华书局 1982 年标点本，第 1210 页。

削，不可遂。"①《史记·乐书》也记载了此事。《史记》载，帝纣好酒淫乐，"于是使师延作新淫声，北里之舞，靡靡之乐"②。这样，濮上之音、桑间濮上便成了郑卫之音的代称，"靡靡之乐""亡国之音""淫声"便成了郑卫之音的恶谥。卫道士们还分析了郑卫之音特点形成的原因，《汉书·地理志》分析了地理环境对郑卫之音的影响，指出郑国"土狭而险，山居谷汲，男女亟聚会，故其俗淫"，而卫国则"有桑间濮上之阻，男女亦亟聚会，声色生焉"③。理学家张载也认为："郑卫之地滨大河，沙地土不厚，其间人自然心轻浮；其地土苦，不费耕耨，物亦能生，故其人偷脱怠惰，弛慢颓靡，其人情如此，其声音同之，故闻其乐使人如此懈慢。"④

虽然历代儒家极力排斥郑卫之音，却未能阻挡它的流行，洋溢着清新气息的郑卫之音为社会各阶层所喜好。魏文侯"端冕而听古乐，则唯恐卧；听郑卫之音，则不知倦"⑤。赵烈侯好音，非常喜爱郑国歌者枪、石，"吾赐之田，人万亩"⑥，相国公仲连不与，烈侯竟称疾不朝。从《楚辞·招魂》中可以看出，在楚国宫廷歌舞中就有妩媚的郑国歌手。秦始皇曾在咸阳复制了六国宫殿，把各国的歌舞女子置于其中，郑卫之音随之进入秦宫。汉武帝也很喜爱郑卫之音，"内有掖庭材人，外有上林乐府，皆以郑声施于朝廷"，到成帝时，"郑声尤甚"⑦。在新密打虎亭二号汉墓的墙壁上，绘有巨幅的乐舞壁画，表现的内容是汉代郑卫之地歌舞的繁盛，从庙堂到乡野，郑卫之音广泛传播。嵇康主张声无哀乐，认为郑声有失和谐，虽然他不赞成郑声，但也承认郑声为"至妙"之音，他反对以音乐的哀乐为标准给郑卫之音加上"乱世之音""亡国之音"的罪名而予以排斥。白居易在《复乐古器古曲》中也指出："乐者本于声，声者发于情，情者系于政。盖政和则情和，情和则声和，安乐之音由是作焉。政失则情失，情失则声失，哀淫之音由是作焉。"⑧ 他充分肯定了郑卫之音的价值：

①　（清）王先慎：《韩非子集解》卷 3《十过》，中华书局 1998 年版，第 62—63 页。

②　《史记》卷 3《殷本纪》，中华书局 1982 年标点本，第 105 页。

③　《汉书》卷 28 下《地理志》，中华书局 1962 年标点本，第 1652、1665 页。

④　《张载集·经学理窟·礼乐》，中华书局 1978 年标点本，第 263 页。

⑤　陈戍国：《四书五经》上册《礼记·乐记》，岳麓书社 2002 年版，第 571—572 页。

⑥　《史记》卷 43《赵世家第十三》，中华书局 1982 年标点本，第 1797 页。

⑦　《汉书》卷 22《礼乐志》，中华书局 1962 年标点本，第 1071、1072 页。

⑧　《白居易全集》卷 65《策林四》，珠海出版社 1966 年版，第 1057—1058 页。

"是故和平之代，虽闻桑间濮上之音，人情不淫也，不伤也，乱亡之代，虽闻《咸》《濩》《韶》《武》之音，人情不和也，不乐也。"① 白居易认为郑卫之音本身并不能表现哀乐，这与嵇康的《声无哀乐论》有相似之处。冯梦龙在《山歌·叙》中指出："虽然，桑间濮上，国风刺之，尼父录焉，以是为情真而不可废也。"② 他鲜明地揭示了郑卫之音的情真品格。清人徐养源在《律吕臆说》中指出，雅乐可兴，郑声不可废，雅乐与郑声各有特点，不应将之对立起来，而应相互取长补短，他辩证地看到了雅乐与郑声的关系，从特点与功能上肯定了郑卫之音的价值。

郑卫之音是社会制度巨变、平民力量蓬勃兴起背景下的新兴民间音乐，它起于民间，所受礼制的束缚较小，它以喜闻乐见的形式表现了民众的生活与追求、痛苦与欢乐。郑卫之音是世俗音乐，重在表达愉悦之情，雅乐是庙堂音乐，重在表达庄严肃穆之情，从内容和形式上来看，郑卫之音以人们在生产生活劳动中的情感为表达对象，摆脱了雅乐审美的束缚，使人们的心灵获得了自由，个性得到了解放，真实的自我得到了彰显，音乐审美和现实生活实现了统一，这体现了音乐的本质。所以，郑卫之音必然摧垮西周雅乐的一统天下，变万马齐喑为万籁齐鸣，尽管郑卫之音屡遭压抑，却始终能保持旺盛的生命力。

在音乐发展史上，郑卫之音作为礼崩乐坏背景下的新声，它一出现就引发了针锋相对的雅俗之争，在源远流长的论争中，形成了众多的音乐美学思想。雅和俗的争辩一直伴随着中国音乐史的发展，成为争讼不已的焦点问题。

---

① 《白居易全集》卷65《策林四》，珠海出版社1966年版，第1058页。
② 《冯梦龙全集》之《山歌》，远方出版社2005年版，第1页。

第五章　毛遂与纵横学派

战国时期，以合纵连横为标志的兼并与反兼并的斗争是时代的主题，纵横学派是这个时代的主角，他们积极参加了战国七雄的兼并与反兼并斗争。他们所秉持的纵横之术呈现出以韬略智谋为万事之本、重视人才不拘一格、以说为谋自我实现、奇谋异策层出不穷的特点。他们的游说谋划以实践为主，充满强烈的主体意识和突出的实用理性精神，这些特质在中国传统文化中发挥着巨大作用。毛遂是战国时期的一位纵横家。

第一节　纵横学派

纵横学派是战国诸子百家之一，其创始人是鬼谷子，他在所著的《鬼谷子》一书中创立了纵横家的理论体系。与其他学派相比较，纵横家具有鲜明的实践性，在长期的社会实践中，形成了长短纵横之术。

第一，韬略智谋，万事之本。鬼谷子主张揣测和谋略，不管是君主统治百姓，量材用人，还是军事家领兵打仗，外交家游说诸侯，在开始行动之前，都要进行揣测，在揣测的基础上，进行有分析的、有目的的谋划，最后有针对性地实施。《鬼谷子·揣篇》指出："古之善用天下者，必量天下之权，而揣诸侯之情。量权不审，不知强弱轻重之称；揣情不审，不知隐匿变化之动静"，所以，政治家要"度于大小，谋于众寡；称货财有无之数，料人民多少、饶乏，有余不足几何？辨地形之险易，孰利孰害？谋虑孰长孰短？揆君臣之亲疏，孰贤孰不肖？观天时之祸福，孰吉孰凶？诸侯之交，孰用孰不用？百姓之心，孰安孰危？孰好孰憎？反侧孰便？"① 在鬼

---

① 李霞光：《六韬·鬼谷子译注》，上海三联书店 2014 年版，第 231 页。

谷子看来，只有通过揣情知情，才能对其全面了解，也只有在全面了解的基础上才能进行谋略。"故虽有先王之道，圣智之谋，非揣情隐匿，无所索之。此谋之本也，而说之法也。"① 因为"天地之化，在高与深；圣人之道，在隐与匿"，所以，"为人凡谋有道，必得其所因，以求其情"。② 圣人谋略要在暗中进行，"圣人谋于阴，故曰神；成之于阳，故曰明"③。圣人筹划谋略、能成其事的方法，"有以阳德之者，有以阴贼之者，有以信诚之者，有以蔽匿之者，有以平素之者"④。《摩篇》也指出："其摩者，有以平，有以正，有以喜，有以怒，有以名，有以行，有以廉，有以信，有以利，有以卑。"⑤《鬼谷子》将老子"物极必反""势强必弱"的思想引入纵横学说，提出了"钓"的游说之术。《反应篇》说："欲闻其声反默，欲张反敛，欲高反下，欲取反与。"⑥ "欲取反与"就是对"钓"术的说明。在钓鱼时，为了得到鱼，必须先投饵料，以引其上钩。在游说时，为了了解对方，必须施以"钓语"，以无形求有声，这样才能得其实。纵横家十分推崇韬略智谋，苏秦指出："攻战之道非师者，虽有百万之军，北之堂上；虽有阖闾、吴起之将，禽之户内；千丈之城，拔之尊俎之间；百尺之冲，折之衽席之上。故钟鼓竽瑟之音不绝，地可广而欲可成；和乐倡优侏儒之笑不乏，诸侯可同日而致也。"⑦ 在他看来，计谋重于攻战。

第二，以说为谋，重视施术。《捭阖篇》研究的是游说的各种变化，它指出："捭阖者，道之大化，说之变也。"⑧《鬼谷子》认为游说之术源于"道"，把游说之术视为道术，并受"道"的左右，这意味着关于"游说"的基本理论都可依托老子"道"的理论体系来作解释，这样，纵横学说具有了理论化、系统化的特征。归纳起来，鬼谷子的游说术可分为捭阖术、反应术、飞钳术、雄辩术等。游说之术既可以达到自我推荐、自我实现的目的，也可以有效施展胸中韬略，在具体实践中，外交斡旋、权力

① 李霞光：《六韬·鬼谷子译注》，上海三联书店 2014 年版，第 233 页。
② 同上书，第 250、246 页。
③ 同上书，第 236 页。
④ 同上书，第 253 页。
⑤ 同上书，第 237 页。
⑥ 同上书，第 210 页。
⑦ 《战国策·齐策五》，中华书局 2006 年标点本，第 169 页。
⑧ 李霞光：《六韬·鬼谷子译注》，上海三联书店 2014 年版，第 205 页。

争斗、进言献谋等都是在游说中完成的，可见，游说术是纵横家为谋的关键。能言善辩、得情钓机、因情进说、把握时势等是纵横家的游说之术。对游说者来说，一方面必须具备广博的知识、机智的应对、犀利的言辞和足以令人心悦诚服的道德修养；另一方面要精心研究并善于灵活运用各种说服技巧以达到预期目标。

第三，奇谋异策，内涵丰厚。《鬼谷子》谋略的特征是推崇阴谋，阴道而阳取。"圣人之道阴，愚人之道阳；智者事易，不智者事难。"[①] 圣人之谋略在于隐与匿。所以，"阴"就是谋略的本质，只有谋之于阴，才能够"制于人"，这是运用谋略的基本规律。鬼谷子认为，谋就是权术，是政治活动的技巧。他指出："故计国事者，则当审权量；说人主，则当审揣情；谋虑情欲，必出于此。乃可贵，乃可贱；乃可重，乃可轻；乃可利，乃可害；乃可成，乃可败；其数一也。故虽有先王之道，圣智之谋，非揣情隐匿，无所索之。此谋之大本也，而说之法也。"[②]《鬼谷子》运用老子崇阴尚柔的思想来思考谋略的理论问题，指出了"阴道而阳取"的谋略本质，这是对谋略学的巨大贡献。

《鬼谷子》还阐述了谋略的具体运用问题。捭阖术是说服他人之术，纵横家或先使对方"捭之"即开启，或先使对方"阖之"即闭藏，让对方开启可以掌握对方的情况，让对方闭藏可以坚定对方的诚意，开合之间就暴露了对方的实力和计谋，然后再实施针对性的说服之术，直至成功。在实际应用中，用捭还是用阖，用阳还是用阴，以及如何交叉运用，要因人制宜、因事制宜、因时制宜、因地制宜，灵活处置。捭阖术是纵横家们在斗智斗勇、论辩争锋中行之有效的方法，在中国传统智慧中是独有的。反应术是窥探他人之术，"因其言，听其辞。言有不合者，反而求之，其应必出"[③]，从对方的角度出发来进行游说，以换位思考的方式引导对方采纳自己的计谋。飞钳术是控制他人之术，"引钩箝之辞，飞而箝之"[④]，以溢美之词迷惑对方，使对方放松戒备，暴露弱点，然后加以控制。忤合术是选择君主之法，要选择成于事而合于计谋的明君而归依。揣情术是揣

---

① 李霞光：《六韬·鬼谷子译注》，上海三联书店 2014 年版，第 205 页。

② 同上书，第 233 页。

③ 同上书，第 208 页。

④ 同上书，第 222 页。

测人心之术，通过洞察人的内心隐情来施策："必以其甚喜之时，往而极其欲也，其有欲也，不能隐其情。必以其甚惧之时，往而极其恶也，其有恶也，不能隐其情。情欲必出其变。"[①] 摩术是推销计谋之法，巧妙地与对方切磋，根据对方意愿提出自己的计谋。

先秦时期，纵横家被称为辩士、智士、游士、权变之士，这是一个庞大的社会群体，名见经传的纵横家有 200 多人，苏秦、张仪、公孙衍等人是这个群体的杰出代表。战国时期的纵横家多是士人，他们凭着三寸之舌和权谋策略走上政治舞台，参与国家大政，冲击了贵族世袭制度，作为战国时代的显学，纵横学派主导了历史的风云变幻。秦朝建立了大一统的中央集权制度，纵横学派没有了立身之地，在秦始皇焚书坑儒的浩劫中，显赫一时的纵横家被迫退隐江湖。秦末汉初的动荡局势为纵横家提供了再展雄风的机遇，游说之风东山再起，出现了新一代的纵横家，如张良、陈平、蒯通、郦食其、主父偃等，他们或相助刘邦反秦灭楚，或为封王出谋划策，或辅佐中央政府消除割据隐患。随着大汉政局的稳固，统治者开始由攻取之谋转向守治之谋，汉武帝确立了罢黜百家、独尊儒术的国策，纵横学派最终退出了历史舞台。但是，纵横学说并未销声匿迹，它作为一种文化现象，早已融入了中国传统文化之中，并通过多种途径流传并发挥着作用。

纵横学派具有强烈的主体意识和突出的实用精神，他们以主体姿态审视一切，以主体姿态投身政治，主体精神、进取精神、实用精神彰显了纵横学派的精神底蕴。纵横家的独创性品格和超常规精神，必然遭到正统卫道之士的抨击和歧视，对鬼谷子纵横学说的争议性是先秦其他诸子难以相比的，这正说明了《鬼谷子》的非凡之处。后人以不同的心态、从不同的角度来看待它，自然会有不同的领悟，同时也会作出云泥之别的评判。其实，纵横之术只是一种方法，关键是如何掌握并有效运用它，这正是《鬼谷子》一书传承不绝的根本原因。

第二节　毛遂对纵横学的实践

毛遂，战国时期魏国（今原阳县师寨）人，相传他曾师从鬼谷子，

---

① 李霞光：《六韬·鬼谷子译注》，上海三联书店 2014 年版，第 232 页。

此说不可考，确信的是，在合纵连横的斗争风云中，他主导了赵楚的合纵联盟。《史记·平原君虞卿列传》记载了"毛遂自荐"的事迹，虽文字不多，却留下了毛遂自荐、左右称颂、锥处囊中、脱颖而出、挺身而出、两言可决、据势奋威、百世之怨、谨奉社稷、歃血为盟、因人成事、碌碌无为、一言九鼎、九鼎大吕、三寸之舌胜百万之师等十几个成语。

毛遂是平原君赵胜的门客，居处三年未能施展才华。《史记》载，公元前257年，秦军围攻邯郸，赵孝成王派平原君合纵于楚，抗击暴秦。平原君欲选门客20人随行，只得19人。这时，毛遂挺身而出，主动自荐："今少一人，愿君即以遂备员而行矣。"平原君说："夫贤士之处世也，譬若锥之处囊中，其末立见。今先生处胜之门下三年矣，左右未有所称颂，胜未有所闻，是先生无所有也。先生不能，先生留。"毛遂答："臣乃今日请处囊中耳。使遂早得处囊中，乃颖脱而出，非特其末见而已。"这颇有楚庄王"虽无飞，飞必冲天；虽无鸣，鸣必惊人"①的意味，引得19人相视而笑。至楚，平原君与楚考烈王商议合纵之事，日出而言，日中不决。这19人对毛遂说："先生上。"毛遂按剑而上，对平原君说："从之利害，两言而决耳。今日出而言从，日中不决，何也？"楚王呵斥道："胡不下！吾乃与而君言，汝何为者也！"毛遂紧握宝剑，逼近楚王，高声说道："王之所以叱遂者，以楚国之众也。今十步之内，王不得恃楚国之众也，王之命县于遂手。吾君在前，叱者何也？且遂闻汤以七十里之地王天下，文王以百里之壤而臣诸侯，岂其士卒众多哉，诚能据其势而奋其威。今楚地方五千里，持戟百万，此霸王之资也。以楚之彊，天下弗能当。白起，小竖子耳，率数万之众，兴师以与楚战，一战而举鄢郢，再战而烧夷陵，三战而辱王之先人，此百世之怨而赵之所羞，而王弗知恶焉。合从者为楚，非为赵也。吾君在前，叱者何也？"楚王说："唯唯，诚若先生之言，谨奉社稷而以从。"毛遂问："从定乎？"楚王答："定矣。"在毛遂主持下，楚王与平原君歃血为盟，楚赵合纵抗秦。平原君定纵而归，非常感慨："胜不敢复相士。胜相士多者千人，寡者百数，自以为不失天下之士，今乃于毛先生而失之也。毛先生一至楚，而使赵重于九鼎大吕。毛先

---

① （清）王先慎：《韩非子集解》卷7《喻老》，中华书局2016年版，第168页。

生以三寸之舌，彊于百万之师。胜不敢复相士。"于是拜毛遂为上客。①

　　毛遂深得纵横家的精髓。毛遂自荐先是以低姿态、谦虚状，意在让对方了解自己、审视自己，接着以率直、诚恳的态度自我举荐，语言简洁有力，具有强烈的逻辑性、感染力和说服力，最后，挺身而出化解定纵僵局。毛遂的成功是道义的彰显，是勇气的体现，是策略的成功，毛遂自荐实现了匡扶天下、救民水火的人生价值追求，他身上所体现出来的爱国主义情操、拼搏进取精神和英雄主义气概，彰显了中华民族精神。毛遂自荐不仅在于自荐所表现出来的勇气和责任心，也在于其自荐时所选择的策略，前者可歌可嘉，后者不能缺失。

　　有学者把毛遂归于说客，有的把他归于纵横家，其实，在毛遂身上，我们还可以看到执匕首劫齐桓公的曹沫的影子，也可以看到引璧睨柱、渑池进缻的蔺相如的影子，在毛遂身上洋溢着浓浓的侠义之气。毛遂的侠义体现在他的道义感、责任感以及担当精神。面对秦军压境，赵国孤立无援，国破家亡的危险迫在眉睫，毛遂满怀一腔报国热忱，主动地挺身而出，自告奋勇，铁肩担道义，为国尽义，为君分忧，建功立业。面对复杂棘手的困局，19人碌碌无为，一筹莫展，只得寄希望于"先生上"，毛遂不负众望，以非凡的勇气完成了定纵的使命。毛遂的义无反顾促成了赵楚合纵，化解了秦赵交战，以三寸之舌使赵国避免了战争的蹂躏。

　　毛遂在平原君门下，三年默默无闻，面对危局，他自告奋勇，脱颖而出，足见古人所云"十步之泽，必有香草，十室之邑，必有忠士"②的高见，也理解了古人所叹息的"何世无奇才，弃之在草野"③的遗憾。所以，虽说天生我材必有用，但如果条件不具备，也只能是空负才华难施展。毛遂自荐的遗风流传千古，后世效仿毛遂自荐者，有人如愿以偿，得到重用，施展了自己的抱负，发挥了自己的才华，实现了人生价值；有的却屡屡碰壁，终生庸碌，无所作为。探寻毛遂自荐的成功原因，自荐者至少应具备四大素质：一是道义原则、责任意识与担当精神；二是临危不惧，胆大心细，善抓机遇；三是聪敏睿智，真才实学；四是策略得当，方

　　①　《史记》卷76《平原君虞卿列传》，中华书局1982年标点本，第2366—2368页。

　　②　向宗鲁：《说苑校证》卷16《谈丛》，中华书局1987年版，第389页。

　　③　（南朝梁）萧统：《昭明文选》卷21《左思咏史八首》其七，华夏出版社2000年标点本，第728页。

法巧妙。道义是基础，勇气是前提，能力是保证，技巧是关键，四者缺一不可，这是毛遂自荐的历史启迪。

相传，毛遂自荐后的第二年，燕国趁赵国虚弱，派兵攻赵，平原君力荐毛遂为帅，赵王便任命毛遂挂帅，统兵御敌。毛遂闻听，向赵王竭力请辞，赵王不许。毛遂无奈，只好领兵出征，昌都一战，赵军一败涂地，毛遂羞愧难当，自刎而亡。从毛遂自荐的辉煌到毛遂自刎的悲惨，短短一年，毛遂从人生的顶峰坠落低谷，乃至殒命，这不能不让人嗟叹和深思。三国魏人刘劭在《人物志》中，以才德为标准，将人物分为兼德、兼才、偏才三类，依其才能担任合适的官职。做到中和境界的圣人是君王之才，德高望重的是大雅之才，偏于一才的是小雅之才。小雅之才最多，依其偏向，刘劭把它分为清节家、法家、术家、雄杰、国体、器能、文章、儒学、臧否、智意、伎俩、口辩"十二才"，善于论道者可以做帝王之师，善于处理事务者可以为相，善于治兵者可以为帅，善于临阵作战者可以为将。毛遂属于小雅之才中的口辩之才，他有舌战群士的外交之才，却无统兵拒敌的将帅之能，赵王舍长用短，强以为帅，必然失败。以毛遂的睿智，他应该能说服平原君和赵王，做到毛遂自辞，但他没有做到，最终落得一个自刎的结局，这不能不说是一个历史的悲剧。"毛遂自刎"的历史启示是，为人之道在于自知之明，摆正位置，人尽其才，有所作为，而用人之道在于识才以明，容才以度，量才而用，才尽其力。"毛遂自荐"激励着人们积极进取，而"毛遂自刎"则警示着人们要有自知之明，也要有用人之明。

第六章 牧野士人与黄老之学

一 黄老之学

刚刚经历了秦末战火的西汉初年，百业凋敝，民众流离。"汉兴，接秦之弊，诸侯并起，民失作业，而大饥馑。凡米石五千，人相食，死者过半。天下既定，民亡盖藏，自天子不能具醇驷，而将相或乘牛车。"[①] 汉初的布衣君臣们都亲历了秦末战火，深切感受到了草芥布衣所蕴含的磅礴气势，为了使大汉王朝避免秦短命的厄运，汉高祖必须在治国理念上改弦易辙。

秦末汉初，禁网宽松，被暴秦所抑制的诸子百家又活跃起来，如道家有盖公、曹参、陈平、田叔、王生、汲黯等，阴阳家有张苍、夏侯始昌、夏侯胜等，法家有张恢先、晁错、张汤、杜周等，纵横家有蒯通、邹阳、主父偃等，儒家有伏生、叔孙通、申公、辕固、董仲舒等。这些诸子百家的后学者，在继承先秦时期本学思想基础上，根据形势的需要进行自我改造，各家之间在互相攻讦的同时又互相吸收，力求博得新王朝的青睐，汉初统治者选中了黄老之学作为治国思想。

黄老之学，黄是指黄帝学说，老是指老子学说，它与道家有着渊源关系，所以被称为新道家。黄老学派的经典有《黄帝四经》即《经法》《十大经》《称》《道原》和《老子》，被《汉书·艺文志》列为道家的《管子》中的《心术》《白心》《内业》《枢言》《宙合》等篇，列为儒家的陆贾《新语》，列为杂家的刘安《淮南子》，都包含有黄老之学的思想。

黄老之学继承了老子的道学，并赋予其新的内涵。老子之"道"是一种远离物外的绝对精神，它不可言说，而黄老之"道"则是一种由万

物构成的物质实体。虽然他们都主张"道法自然""无为",但老子的"无为"是消极的,而黄老的"无为"则是积极的;老子的"道"是逃避现实的,而黄老之"道"则是经世济民的,黄老之学是老庄道家在秦末汉初新形势下的重大发展。《老子》说:"我无为,人自化;我好静,人自正;我无事,人自富;我无欲,人自朴。"① 这种无为思想在《淮南子》中具体化为治国理政方略:"若吾所谓无为者,私志不得入公道,嗜欲不得枉心术,循理而举事,因资而立权,自然之势,而曲故不得容者,事成而身弗伐,功立而名弗有,非谓其感而不应,攻而不动者。"② 这是一种有为而示以无为的积极思想。陆贾在《新语·无为》篇中指出:"道莫大于无为,行莫大于谨敬。何以言之?昔舜治天下也,弹五弦之琴,歌南风之诗,寂若无治国之意,漠若无忧天下之心,然而天下大治。故无为者乃有为也。"③ 他把道家的无为而治、儒家的道德仁义、法家的赏善罚恶作为治国之道,并描绘出一幅无为社会的理想蓝图:"是以君子之为治也,块然若无事,寂然若无声,官府若无吏,亭落若无民,闾里不讼于巷,老幼不愁于庭,近者无所议,远者无所听,邮无夜行之卒,乡无夜召之征,犬不夜吠,鸟不夜鸣,耆老甘味于堂,丁男耕耘于野,下壮者耕耘于田,在朝者忠于君,在家者孝于亲。"④ 这种"无为"的社会理想,为汉初轻徭薄赋、节俭省刑的与民休息政策提供了理论指导。

　　黄老之学不仅继承和发展了老子的学说,而且还吸收、融会各家思想,来建立一个以道家为主体的兼有百家色彩的思想体系。黄老帛书中,既有法家的法治学说、墨家的兼爱学说,也有阴阳家的阴阳大义,还有儒家的先德后刑学说。在秦末汉初,黄老学派已发展成为一个以老子道家为主体、兼采百家之长、并能适应新时代需要的新学派。

　　赫赫不可一世的大秦帝国转瞬间灰飞烟灭,刘邦从一个泗上亭长数年间成为一代君主,强秦何以速亡,大汉如何长治,这是起于布衣的汉初君臣们时常思考的问题。汉高祖崇尚武力,以为马上得天下也能马上治天下,无需诗书礼乐,陆贾问:"马上得之,宁可以马上治之乎?……乡使

---

① 朱谦之:《老子校释》,中华书局 1984 年版,第 232 页。
② (清)何宁:《淮南子集释》卷 19《修务训》,中华书局 1998 年版,第 1322—1323 页。
③ (清)王利器:《新语校注》,中华书局 1986 年版,第 59 页。
④ 同上书,第 118 页。

秦已并天下，行仁义，法先圣，陛下安得而有之？"高祖无言以对，便让陆贾"试为我著秦所以失天下，吾所以得之者何，及古成败之国"①。陆贾遂呈《新语》十二篇，指出秦之灭亡在于举众暴措，刑罚严酷，徭役繁重，致使民不堪命，起而亡之，当今之急要实行无为而治，与民休息。无为而治的思想是符合当时社会要求、适应民众愿望的，也深得高祖赞赏，汉高祖以此为治国思想，确立了黄老政治。陆贾是汉初弘扬黄老学说的第一人。

　　在高祖的影响下，庙堂之中出现了一批信奉黄老之人。刘邦以马上得天下，跟从其左右的多是武将，所以汉初公卿中皆武将功臣，像周勃、樊哙、申屠嘉那样无学术、不好文学者居多，这批人信奉简便易用的黄老之术，即便如文武双全的曹参、大谋士张良、陈平等人也是黄老之学的忠实信徒。汉初朝政主要由跟随刘邦打天下的功臣集团把持，因此，他们的信仰好恶对汉初政治的影响至关重要，黄老所倡导的无为政治之所以能够在汉初确立并延续半个多世纪，得益于大汉开国君臣们的鼎力支持和身体力行。高帝迁都长安，萧何兴建未央宫，高帝责备萧何治宫室过度。曹参任齐相，向齐地长者询问治政方略，治黄老之术的盖公向曹参建议："治道贵清静而民自定。"② 曹参以黄老之术治齐，九年而大治。惠帝高后时，曹参任相，萧规曹随，"举事无所变更，一遵萧何约束"③。太史公赞道："参为汉相国，清静极言合道。然百姓离秦之酷后，参与休息无为，故天下俱称其美矣。"④ "萧何为法，讲若画一；曹参代之，守而勿失。载其清靖，民以宁一。"⑤ 高后临朝，"君臣俱欲无为，故惠帝拱己，高后女主制政不出房闼，而天下晏然，刑罚罕用，民务稼穑，衣食滋殖"⑥。文帝奖励耕织，减轻徭役，倡导节俭。"窦太后好黄帝老子言，景帝及诸窦不得不读老子书，尊其术。"⑦ 直不疑、汲黯、郑当时好黄老，景帝时均受到

---

① 《汉书》卷43《郦陆朱刘叔孙列传》，中华书局1962年标点本，第2113页。
② 《史记》卷54《曹相国世家》，中华书局1982年标点本，第2029页。
③ 同上。
④ 同上书，第2031页。
⑤ 《汉书》卷39《萧何曹参传》，中华书局1962年标点本，第2021页。
⑥ 《汉书》卷3《高后纪》，中华书局1962年标点本，第104页。
⑦ 《汉书》卷97上《外戚传》，中华书局1962年标点本，第3945页。

重用。

汉初君臣奉行黄老之学，清静无为，政治清平，经济发展，社会稳定，形成了封建时代第一个盛世——文景之治。《史记》载："汉兴七十余年之间，国家亡事，非遇水旱之灾，民则人给家足，都鄙廪庾皆满，而府库余货财，京师之钱累巨万，贯朽而不可校。太仓之粟陈陈相因，充溢露积于外，至腐败不可食。众庶街巷有马，阡陌之间成群。"①经过汉初数十年的休养生息，社会生产不仅得以恢复而且有了很大发展，这就为汉武帝的文治武功以及汉王朝鼎盛局面的形成奠定了坚实的基础。

但是，黄老政治也具有明显的局限性。政治上的无为，使诸侯王国割据势力迅速发展，严重威胁了中央政权，也使地方豪强势力急剧膨胀，激化了社会矛盾，还使统治阶层日益骄奢腐化。在社会矛盾日益尖锐化的形势下，当政者必然会抛弃自由放任的清静无为政策，不断强化中央集权，于是，盛行于汉初的黄老之学到武帝时也就随着国家由弱到强的变化，走上了由盛而衰的道路。汉武帝继位时，大汉王朝的政治、经济和军事力量走向强盛，但同时，中央政府与地方诸侯王国之间的矛盾、统治集团与地方豪强之间的矛盾、汉匈的民族矛盾也日益激化，黄老的无为政治无力解决这些矛盾，随着汉武帝"罢黜百家，独尊儒术"政策的确立，黄老之学的统治地位最终被董仲舒的新儒学所取代。

二　牧野士人对黄老之学的践行

陈平、周勃、张苍是黄老学派的代表人物，在史籍中尚未发现他们有黄老之学的著作，也没有发现他们在理论上的创新，但他们确是黄老之学的忠实尊崇者、积极推动者和执着践行者。

陈平，阳武户牖乡（今原阳县阳阿乡）人，"陈丞相平少时，本好黄帝、老子之术"，他也承认自己是一个道家："我多阴谋，是道家之所禁。"②在楚汉战争中，他六出奇计，辅佐刘邦建立了大汉王朝。汉立国后，陈平受到重用，惠帝、吕后、文帝时为相，奉行无为而治的国策，致

---

① 《史记》卷30《平准书》，中华书局1982年标点本，第1420页。
② 《史记》卷26《陈丞相世家》，中华书局1982年标点本，第2062页。

力于经济的恢复和发展。吕氏专权，陈平韬光养晦，吕后逝后，陈平与周勃合谋，诛诸吕，平叛乱，拥文帝即位，安定刘氏天下。作为丞相，陈平对黄老无为思想有着准确地、清醒地认识和把握。《史记》载，汉文帝问右丞相周勃："天下一岁决狱几何？"勃谢曰："不知。"问："天下一岁钱谷出入几何？"勃又谢不知，汗出沾背，愧不能对。文帝问左丞相陈平。陈平答："陛下即问决狱，责廷尉；问钱谷，责治粟内史。"文帝问："苟各有主者，而君所主者何事也？"陈平答："主臣！陛下不知其驽下，使待罪宰相。宰相者，上佐天子理阴阳，顺四时，下育万物之宜，外镇抚四夷诸侯，内亲附百姓，使卿大夫各得任其职焉。"① 文帝称善。在陈平看来，丞相是最高行政长官，辅佐皇帝统领百官，无需事必躬亲，丞相的职责是镇抚四夷诸侯、亲附百姓、监督考察百官，至于钱谷收入、司法决狱等具体事务，自有专职机构的主管官员负责。陈平在黄老思想的指导下，深入分析了百官职守问题，形成了他的行政管理思想，即明确职责、分级管理、各尽其责、互不干扰。理阴阳、顺四时、育万物、抚四夷，镇诸侯，亲百姓，这就是无为而无不为，陈平深明此理，而周勃则只做到了无为，缺失了它的精髓——无不为。由此我们可以看出，汉初运用黄老思想的根本点是要在中央，事在四方，中央执要，四方来效，它不是一种放任的无政府状态，具体事务由"有主者"来处理，各司其职，各尽其责，互不干扰，这就是汉初无为政治的内涵。

陈平为相十余年，吕后当政时期，他韬光养晦，积蓄力量，伺机剪除诸吕，匡扶刘氏天下。文帝当政后，陈平尊奉黄老之术，协助天子亲附百姓、镇抚诸侯、监督考察百官，无为而治，与民休息，这是陈平在朝政管理中对黄老之学的践行，司马迁誉其为"贤相"②。

张苍（前256—前152），阳武（今原阳县）人，汉文帝时丞相。他曾师从荀子，与李斯、韩非是同门学子。张苍曾任秦朝柱下史，"明习天下图书计籍"，"苍本好书，无所不观，无所不通，而尤善律历"③，从史籍记载看，他应当是熟知黄老之学的。秦末农民大起义中，张苍追随刘

---

① 《史记》卷26《陈丞相世家》，中华书局1982年标点本，第2061—2062页。
② 同上书，第2063页。
③ 《史记》卷96《张丞相列传》，中华书局1982年标点本，第2681页。

邦参加了起义军。大汉王朝建立后，他先后担任过代相、赵相。他追随高祖平定燕王臧荼叛乱，因功晋封为北平侯。张苍曾担任过秦朝的御史，主管各种文书、簿籍和档案，他又精通计算、乐律和历法，因此丞相萧何就任用他为计相，不久又以列侯爵位改任主计。汉高祖封刘长为淮南王，任张苍为相国来辅佐他，后又调任御史大夫。诛灭诸吕集团后，张苍和周勃、陈平等人尊立代王刘恒为帝。文帝前元四年（前176），张苍出任丞相，任相15年。洛阳人贾谊是他的门生。作为科学家，张苍校正了《九章算术》，制定了历法，订正了音律，还制定了各种器物的度量衡标准，以作为天下百工的规范，汉代研究音律历法的学者，都师承张苍。

作为一代相国，张苍顺应时势，遵奉无为而治的治国之道，最为人称道的是他在文帝的支持下所主持的刑制改革。汉初刑制改革缘于缇萦救父。齐国太仓令淳于意医术精湛，远近闻名。前元十三年（前167）五月，有人告发他借医欺人，草菅人命，地方官吏判他有罪，赴长安受肉刑。15岁的缇萦随父进京，营救父亲。到长安后，缇萦上书汉文帝："妾父为吏，齐中称其廉平，今坐法当刑。妾切痛死者不可复生，而刑者不可复续，虽欲改过自新，其道莫由，终不可得。妾愿入身为官婢，以赎父刑罪，使得改行自新也。"① 文帝怜悲其意，免除了淳于意的刑罚，并令张苍主持刑制改革。张苍奏请定律："诸当髡者为城旦、舂；当黥髡者钳为城旦、舂；当劓者笞三百；当斩左止者笞五百；当斩右止及杀人先自告及吏坐受赇、枉法、守县官财物而即盗之、已论而复有笞罪者皆弃市。罪人狱已决为城旦、舂者，各有岁数以免。"②

肉刑，指黥（刺面并着墨）、劓（割鼻）、刖（斩足）、宫（割势）、大辟（即死刑）等五种刑罚。《汉书·刑法志》："禹承尧舜之后，自以德衰而制肉刑，汤武顺而行之者，以俗薄于唐虞故也。"③ 肉刑始于夏，是夏商周时期的常刑，有三典五刑之说。《唐律·名例》载，三王始用肉刑，有墨、劓、剕、宫、大辟。春秋战国时期，肉刑的适用更为广泛，晏

---

① 《史记》卷15《扁鹊仓公列传》，中华书局1982年标点本，第2795页。
② 《资治通鉴》卷15《汉纪七》，岳麓书社1990年标点本，第163—164页。
③ 《汉书》卷23《刑法志》，中华书局1962年标点本，第1112页。

婴就曾当着齐景公的面说:"国之诸市,屦贱踊贵,民人痛疾。"① 说明当时受刖刑的人很多。随着社会文明程度的提高,肉刑便成为野蛮残忍的行为而遭到民众的强烈反对。秦末农民起义的一个重要原因就是秦法苛刻,天下苦秦。高祖刘邦和他的布衣将相大都来自平民和下层官吏,清楚肉刑的危害。因此,刘邦入关中后,与百姓"约法三章"。刘邦称帝后,即命萧何参照秦法"取其宜于时者,作律九章"②。从汉初刑法实施的情况看,当时秦的酷法一部分被废除了,一部分仍保留着,如汉初仍实行夷三族之令:"当三族者,皆先黥劓,斩左右趾,笞杀之,枭其首,菹其骨肉于市,其诽谤詈诅者,又先断舌。"③ 随着社会的发展,残酷的肉刑开始逐步被废除。惠帝四年(前191),废除《挟书令》,高后元年(前187)废除夷三族刑。

汉文帝十三年(前167),因淳于意一案,张苍主持刑制改革,废除了肉刑中的墨、劓、刖三刑,被后世誉为千古之仁政。不过,在最初执行的时候,因为笞刑数量很多,有的300,有的500,结果有的受刑后还是丧了命。景帝即位后,继续进行刑制改革,他两次颁布诏书,大幅度减少了肉刑数量,最多的由500减少到了200,同时,还规定了刑具的长短薄厚、受刑的部位、行刑中间不许换人等。在中国古代法制史上,汉代刑制改革具有重要的意义,它促使了中国古代刑制从野蛮走向了文明,到隋唐时期,封建的五刑制度最终确立。

文景时期刑制改革,正体现了汉初黄老学说的法制思想。黄老主张"德刑相济",既强调无为的"道",又重视有为的"法",同时也反复强调"德",把道、法、德相结合,构建了汉代的法律体制。黄老反对法令繁苛,刑罚暴虐,妄诛轻杀,苦民伤众,主张约法省禁,尊主安民,刑不厌轻,罚不患薄,一切求其合乎人情而后为之。刘邦"约法三章"和文景"轻刑改革"都反映了当时黄老学说对于刑罚具体运用的影响,汉初在黄老学说指导下的刑罚思想在当时起到了调整社会秩序的积极作用。

从史籍记载上看,牧野士人并不注重于黄老理论的探讨,而是专注于

---

① 陈成国:《四书五经》下册《春秋左传·昭公三年》,岳麓书社2002年版,第1059页。
② 《汉书》卷23《刑法志》,中华书局1962年标点本,第1096页。
③ 同上书,第1104页。

实践。从他们对黄老之学的践行上看，他们对黄老之学的精髓是深有感悟的，以无为来实现无不为，以此行政，治国安民，稳定了社会秩序，促进了经济的恢复和发展，文景之治就是他们践行黄老之学的辉煌业绩。

第七章　牧野名士与魏晋玄学

"玄"最早见于《老子》："同谓之玄，玄之又玄，众妙之门。"[1] 玄义为幽远，玄学是对"三玄"——《老子》《庄子》和《周易》的研究和解说所形成的理论体系，它以立言玄妙雅远、行事玄远旷达为特点，是魏晋南北朝时期道家和儒家融合而形成的一种哲学思想和文化思潮。玄学的出现是魏晋士人个性觉醒的理性思索，是时代发展的产物。在魏晋玄学发展中，牧野地区是竹林名士重要的寓居地和游历地，是竹林文化的诞生地，孙登是汲郡共（今辉县）人，牧野地区可谓玄学圣地，对玄学的发展和传播起了巨大的推动作用。

第一节　竹林名士的玄学实践

"竹林七贤"是魏晋之际七位名士的合称。裴松之注《三国志》引《魏氏春秋》，嵇康寓居河内之山阳县（今辉县、修武一带），"与陈留阮籍、河内山涛、河南向秀、籍兄子咸、琅邪王戎、沛人刘伶相与友善，游于竹林，号为七贤"[2]。《晋书·嵇康传》载，与嵇康相善者，"惟陈留阮籍、河内山涛，豫其流者河内向秀、沛国刘伶、籍兄子咸、琅邪王戎，遂为竹林之游，世所谓竹林七贤也"[3]。《世说新语·任诞》载："陈留阮籍、谯国嵇康、河内山涛三人年皆相比，康年少亚之。预此契者，沛国刘伶、陈留阮咸、河内向秀、琅邪王戎。七人常集于竹林之下，肆意酣畅，

---

① 朱谦之：《老子校注》，中华书局 1984 年版，第 7 页。
② 《三国志》卷 21《魏书·王卫二刘传》，中华书局 1982 年标点本，第 606 页。
③ 《晋书》卷 49《嵇康传》，中华书局 1974 年标点本，第 1370 页。

故世谓'竹林七贤'。"① 志趣相投的七位贤士徜徉于竹林之境，钟情于山水之间，执着于玄学之践行。孔子提出了仁者乐山、智者乐水的观点，构建了儒家的山水哲学，赋予了大自然的道德内涵，玄学主张道法自然，崇尚自然，秀山丽水也蕴含着无所不在的道，游山玩水便是以有形之行去感悟无形之道。在哲人们看来，山水既是道的体现，也是德的体现，所以，秀山丽水成为文人学士尤为钟情的对象，他们在自然山水之间怡情悦性，探寻哲理。竹林名士以玄学思想为精神寄托，笑傲竹林，优游于山间泉畔，纵酒谈玄，特立独行，是继正始名士之后又一批独特的文人群体。

竹林名士对玄学的践行，依据其玄学主张、政治态度和行为方式，可以分为游世派、逆世派、默世派、玩世派和顺世派。阮籍属于游世派，徘徊于名教与自然之间，依违于现实与理想之间，结局是苦闷；嵇康是逆世派，他高洁自傲，清峻率真，非汤武而薄周孔，不为世俗所容，结局是悲剧；向秀是默世派，当他难以调和名教与自然后，便默然处世，虽居庙堂，仅容身而已；刘伶、阮咸、王戎是玩世派，偏重于任情纵欲，游戏人生；山涛则是顺世派，妥善地把握了名教与自然的关系，谨慎处世，俭约自守，成为一个把理论和实践、出世与入世结合得最为成功的玄学家。

一　阮籍的苦闷追寻

阮籍（210—265），字嗣宗，陈留（今尉氏）人，建安七子阮瑀之子，曾任步兵校尉，世称阮步兵。与嵇康的孤傲不同，阮籍的一生，始终徘徊于高洁与世俗之间，依违于朝堂与江湖之际，在矛盾中寻路，在苦闷中度日。

阮籍三岁丧父，家境清苦，他天赋异禀，好学不倦，八岁能文，终日弹琴长啸，酷爱儒家诗书，阮籍在习文的同时还兼习武，文武兼备的阮籍早年颇有壮志。《咏怀》之六十一："少年学击剑，妙技过曲城。英风截云霓，超世发奇声。挥剑临沙漠，饮马九野坰。"② 《咏怀》之十五："昔年十四五，志尚好诗书。被褐怀珠玉，颜闵相与期。"③ 《咏怀》之三十

---

① （南朝宋）刘义庆：《世说新语》，河南大学出版社 2010 年标点本，第 446 页。
② 韩格平：《竹林七贤诗文全集译注》，吉林文史出版社 1997 年版，第 260 页。
③ 同上书，第 207 页。

九："壮士何慷慨，志欲威八荒。驱车远行役，受命念自忘。良弓挟乌号，明甲有精光。临难不顾生，身死魂飞扬。岂为全躯士，效命争疆场。忠为百世荣，义使令名彰。垂声谢后世，气节故有常。"① 阮籍笔下的这个慷慨的壮士，洋溢着儒家的忠义气节，体现了诗人渴望建功立业的政治追求。《晋书》载，阮籍"尝登广武，观楚汉战处，叹曰：'时无英雄，使竖子成名！'登武牢山，望京邑而叹，于是赋《豪杰诗》"②。阮籍以英雄自命，慨然有济世之志。阮籍也有治政之才，任东平相时，"籍乘驴到郡，坏府舍屏障，使内外相望，法令清简，旬日而还"③。他营造了一个高透明度的行政氛围，一下子拉近了官府与百姓的距离，民众心悦诚服。李白在《赠闾丘宿松》诗中赞道："阮籍为太守，乘驴上东平。剖竹十余日，一朝化风清。"④ 高平陵之变，司马氏杀戮异己，株连者众，阮籍在政治上倾向曹魏，不满司马，但大势难违，他只能不涉是非，明哲保身，或登山临水，或闭门读书，或缄口不言，或酣醉不醒。避世行为与入世抱负的背离，是因为他清醒地看到了自己的济世理想与社会现实的矛盾，强烈地感受到了时局的多舛，在这样的政治氛围中难以施展自己的抱负。

阮籍对人生的感慨是极为深沉的。他在诗文中时常感慨人生的无常，感慨时光的流逝，感慨人生的短促，感慨世俗的污秽，抨击礼法的丑陋，这种感慨也表现在他的日常行为里。平时，阮籍嗜酒荒放，露头散发，裸袒箕踞。《世说新语·任诞》记载，阮籍的邻家有一位才女，未出嫁而亡，阮籍与她本不相识，却径往哭悼，哀尽乃去。又载："阮公邻家妇有美色，当垆酤酒。阮与王安丰常从妇饮酒，阮醉，便眠其妇侧。夫始殊疑之，伺察，终无他意。"⑤ 还载："阮籍嫂尝还家，籍见与别，或讥之。籍曰：'礼岂为我辈设也。'"⑥ 史书还记载了他母逝而不辍奕棋、居丧而嗜酒食肉、纵情啸咏等违礼的行为。阮籍任性不羁、傲然自得，从来不把权

---

①　韩格平：《竹林七贤诗文全集译注》，吉林文史出版社1997年版，第236页。

②　《晋书》卷49《阮籍传》，中华书局1972年标点本，第1361页。

③　同上书，第1360页。

④　詹锳：《李白全集校注汇释集评》卷10《诗歌二十九首》，百花文艺出版社1996年版，第1635页。

⑤　（南朝宋）刘义庆：《世说新语》，河南大学出版社2010年标点本，第449页。

⑥　同上。

势放在眼里，他曾主动向司马昭求任步兵校尉，动机是厨中有美酒三百斛。"籍又能为青白眼，见礼俗之士，以白眼对之。……由是礼法之士疾之若仇。"① 魏晋风度在他身上体现得淋漓尽致。

阮籍所追求的精神境界是一个虚幻的、仙境的逍遥世界。他在《清思赋》中写道："夫清虚寥廓，则神物来集；飘飘恍忽，则洞幽贯冥；冰心玉质，则激洁思存；恬澹无欲，则泰志适情。伊衷虑之乃好兮，又焉处而靡逞？"② 阮籍在文中写到的清虚寥廓、飘摇恍惚、冰心玉质、恬淡无欲，正是他所追求的人生境界，其实这是一个超脱尘寰、远离人间、美仑美奂而又虚无缥缈的神仙境界。在《大人先生传》中，他描述了一位不知姓字、居于苏门、莫知生年的大人先生，他养性延寿，与自然齐光，"飘飘于天地之外，与造化为友，朝餐汤谷，夕饮西海，将变化迁易，与道周始"③，他的人生境界是"与造物同体，天地并生，逍遥浮世，与道俱成，变化散聚，不常其形。天地制域于内，而浮明开达于外。天地之永，固非世俗之所及也"④。这个境界与嵇康不同，嵇康也追求超尘脱俗，摆脱名教的束缚，但嵇康追求的是一个人间实有的境界，而阮籍追求的是庄子式的精神境界，毕生追求却无法实现。

高平陵之变，司马氏杀曹爽，杀夏侯玄，杀何晏、邓飏、丁谧、毕轨、李胜、桓范等，天下名士去其半，这极大地震撼了士林，从此擅长青白眼的阮籍只得放弃爱憎，不再白眼，他口谈玄远，不论时事，慎之又慎。《晋书·阮籍传》载："属魏晋之际，天下多故，名士少有全者，籍由是不与世事，遂酣饮为常。"⑤《世说新语·德行》载司马昭评阮籍："阮嗣宗至慎，每与之言，言皆玄远，未尝臧否人物。"⑥ 阮籍被司马昭赞评为"至慎"，是因为他远离政治是非，既不评论时人，也不评论时事。杀嵇康，是以暴力警示士人不要与朝政为敌，赞阮籍，则是以榜样昭示士人不要妄议朝政。

---

① 《晋书》卷 49《阮籍传》，中华书局 1974 年标点本，第 1361 页。

② 韩格平：《竹林七贤诗文全集译注》，吉林文史出版社 1997 年版，第 26 页。

③ 同上书，第 139 页。

④ 同上书，第 138 页。

⑤ 《晋书》卷 49《阮籍传》，中华书局 1974 年标点本，第 1360 页。

⑥ （南朝宋）刘义庆：《世说新语》，河南大学出版社 2010 年标点本，第 64 页。

　　阮籍在当时受到了非常特殊的待遇。司马昭不仅保护阮籍，而且还主动与阮籍联姻，为其子司马炎求婚阮籍之女，而阮籍心不情愿，又不能明拒，为此他一醉六十日，以醺醉婉拒之，司马昭不仅没有怪罪，还对其极为宽容。《世说新语·简傲》："晋文王功德盛大，坐席严敬，拟于王者。唯阮籍在座，箕踞啸歌，酣放自若。"① 阮籍之所以获得如此之特殊待遇，是司马氏要通过阮籍去影响名士群体，使他们安分守己，阮籍完全明白司马氏的用意，所以，他在生活上任诞不羁，但在政治上却极为谨慎。《晋书》本传："钟会数以时事问之，欲因其可否而致之罪，皆以酣醉获免。"② 在血雨腥风的局势中，唯一的自全途径便是"酣醉"。他游走于不拘礼法和谨小慎微之间，这必然造成他内心的矛盾和痛苦。他在《五言咏怀诗八十二首》开篇就写道："夜中不能寐，起坐弹鸣琴。薄帷鉴明月，清风吹我襟。孤鸿号外野，翔鸟鸣北林。徘徊将何见？忧思独伤心。"③ 夜不能寐，对月鸣琴，人如孤鸿，忧思伤心。《咏怀》之十七："独坐空堂上，谁可与欢者！出门临永路，不见行车马。登高望九州，悠悠分旷野。孤鸟西北飞，离兽东南下。日暮思亲友，晤言用自写。"④ 不合于时的阮籍独坐空堂，寂寞孤独，出门，寂寞孤独，登高，寂寞孤独，旷野之中所见唯有孤鸟与离兽，在这个俗世中，高傲的阮籍游离世外，他孤独着、痛苦着。《咏怀》之三十三："一日复一夕，一夕复一朝。颜色改平常，精神自损消。……终身履薄冰，谁知我心焦！"⑤ "徘徊""煎熬""蹉跎""忧思""伤心""憔悴""凄怆""独""悲"等词频繁出现在他的诗文中，可见他终生处于压抑的、苦闷不堪的、临渊履冰的境地，他在磨难中挣扎，在挣扎中磨难。同是纵酒，嵇康是潇洒一杯，风流纵逸，阮籍却是排遣郁闷，以酒浇愁。罗宗强先生指出，阮籍"仕不愿同流合污，多所回避，隐又不能敛迹韬光，了却尘念。与其说他是耽于仕禄，毋宁说他是惧祸"⑥。在处事态度上，嵇康厌弃世俗又厌弃仕途，入

---

① （南朝宋）刘义庆：《世说新语》，河南大学出版社 2010 年标点本，第 471 页。
② 《晋书》卷 49《阮籍传》，中华书局 1974 年标点本，第 1360 页。
③ 韩格平：《竹林七贤诗文全集译注》，吉林文史出版社 1997 年版，第 190 页。
④ 同上书，第 210 页。
⑤ 同上书，第 230 页。
⑥ 罗宗强：《玄学与魏晋士人心态》，浙江人民出版社 1991 年版，第 146 页。

于自然享受超脱，而阮籍是厌弃世俗却不弃绝仕途，他入于仕途寻求超脱，在险恶政局的夹缝中寻找生存的空间。入仕为官，必然会卷入政治纷争，容易招致杀身之祸，弃官避仕，不与当政者合作，也容易引来杀身之祸。阮籍入仕，是为了避祸，所以他在政治上极为谨慎。太尉蒋济辟他为吏，他先是顺从，后又托病辞退。曹爽任他为参军，他早已看出曹氏败亡之局，便托病未从。司马氏当政，他采取合作态度，任散骑常侍，但又极力远离政争中心，自请东平吏、步兵校尉，司马昭欲和他联姻，他不敢拒绝，心又不愿，便酣醉六十日，拖黄了婚事。事涉政治原则问题，如果危及自全，他便不得不违心去做，54 岁时，郑冲请他代写劝进表，他先是醉酒避写，实在躲不过，便一挥而就。为了在险恶的政局中避祸自全，他只有不问是非，不论荣辱，只有在这种压抑、矛盾、苦闷的痛苦中煎熬。《晋书》载："时率意独驾，不由径路，车迹所穷，辄恸哭而返。"[1] 阮籍的思想徘徊在儒学与玄学之间，其精神游走于甜美的理想与麻辣的现实之间，其足迹周游于庙堂与自然之间，其情怀表达游离于言不尽意与箕踞啸歌之间，正如此，阮籍才未能像嵇康那样采取一种彻底的越名教任自然的态度，为了自全，他只有在矛盾、彷徨、苦闷中却一生。正如罗宗强先生所说："他主要不是真放，而是佯狂，不是抗志高洁，而是玩世，而一切都是为了自全。"[2] 曹立波在《阮籍现象的文化意蕴》一文中指出："当全身与全节出现取舍矛盾之时，嵇康舍生取义，山涛苟且求全，而阮籍则与众不同——酒使他保全了血肉之躯，诗使他平衡了精神世界；他把儒道兼综的玄学思想化作狷狂醉态，恋世与厌世的矛盾靠朦胧诗境来调和。"[3] 阮籍的狂态与醉态充满了玄意，他为传统士人开启了一条全身与全节合一的不死不屈的人生之路，但是，在这条路上布满了荆棘，弥漫着苦闷。

在魏晋名士中，阮籍以善啸而闻名于世。"阮籍，字嗣宗，性乐酒善啸，声闻百步，箕踞啸歌，酣放自若。"[4] 阮籍之啸，音色响亮，传播广

---

① 《晋书》卷 49《阮籍传》，中华书局 1974 年标点本，第 1361 页。

② 罗宗强：《玄学与魏晋士人心态》，浙江人民出版社 1991 年版，第 148 页。

③ 曹立波：《阮籍现象的文化意蕴》，《求是学刊》1996 年第 3 期。

④ （宋）李昉：《太平御览》卷 392《人事部三三》，中华书局 1960 年影印本，第 3 册，第 1813 页下栏。

远，是后世追捧的音乐题材，人们把阮籍的啸谱成了啸曲，《啸旨》之十三即《阮氏遗韵》，为阮籍所作。阮籍之啸，性情自然，仪态恣肆洒脱，他甚至在朝堂上以"箕踞"之态狂放吟啸，在正襟危坐的晋文王面前，百官战战兢兢，而阮籍却放浪形骸。吟啸是阮籍的人生方式，善啸与嗜酒、咏怀是阮籍人生最显著的特点。

阮籍之啸具有深刻的文化内涵。从魏晋名士风度的视角看，阮籍吟啸时的箕踞姿态是粗俗无礼的，如同士人们的扪虱而谈，阮籍箕踞啸歌与他嗜酒狂放一样，是以低俗蔑视名教、以张扬个性反叛礼法的方式，也是他塑造名士风格和人格魅力的方式，他的极俗后来变成了极雅，"箕踞啸歌"成为魏晋风度的重要标志。苏轼《阮籍啸台》："阮生古狂达，遁世默无言。犹余胸中气，长啸独轩轩。高情遗万物，不与世俗论。登临偶自写，激越荡乾坤。醒为啸所发，饮为醉所昏。谁能与之较，乱世足自存。"[1] 魏晋风度的特征是洒脱、才艺和醉酒，其内涵是淡泊名利的精神气质、多才多艺的文化素养、优雅超凡的风姿仪态，其行为是旷达通脱、诗文琴啸、不拘礼法、扪虱而谈、箕踞啸歌。在南京西善桥太岗寺南朝刘宋大墓中出土的大型砖刻壁画《竹林七贤》上，阮籍屈右腿伸左腿席地斜坐树下，一边饮酒，一边啸吟，神态怡然。这幅壁画表现出了士大夫飘然啸咏的风采，说明了时人把吟啸作为彼岸世界的文化装饰和精神寄托，体现了人们对竹林名士和善啸名士的崇拜。

二　嵇康的执着践行

嵇康（224—263），字叔夜，魏国谯郡人，娶曹操的孙女长乐亭主为妻，拜中散大夫，世称嵇中散。嵇康的代表作有《声无哀乐论》《太师箴》《难自然好学论》《管蔡论》《明胆论》《释私论》《养生论》。嵇康是一位从理论到实践都执着追求理想人生的玄学家，他毕生追求的是一种恬静寡欲、超然自适的生活。

嵇康崇信老庄，他说："老子、庄周，吾之师也。"[2] 庄子追求的人生境界是与道为一，物我一体，他以这样的精神境界来摆脱人间的一切痛

---

① 《苏东坡全集》续集卷 1《古诗一百六十五首》，中国书店 1986 年标点本，第 24 页。
② 《晋书》卷 49《嵇康传》，中华书局 1974 年标点本，第 1371 页。

苦，这是对现实的回避，在现实生活中很难实现，而嵇康则把庄子的这种理想境界变成了现实人生，从道家哲理变成人间实有。在《卜疑》中，嵇康提出了 27 种生活方式，一类是入世，或建功立业，或安享富贵淫乐，或卑懦委随，或进趋世利，或为任侠；一类是游戏人间，傲倪滑稽，挟智任术；一类是出世，或不食人间烟火，山居谷饮，倚岩而息，或隐于人间，或避世而隐，或抱玄修仙，或物我一体，放逸旷达。嵇康提出的这 27 种处世方式，涵盖了士人可以选择的处世之道，而他自己的选择是"文明在中，见素抱朴，内不愧心，外不负俗，交不为利，仕不谋禄，鉴乎古今，涤情荡欲"①。嵇康选择了一种虽处人间而又超脱世俗的自由闲适的生活。罗宗强先生指出："嵇康是第一位把庄子的返归自然的精神境界变为人间境界的人，把它从哲理境界变成了实有境界，从道的境界变成了诗的境界。他返归自然，但又不是不食人间烟火，不是虚无缥缈，而是优游适意，自足怀抱。这正是玄学思想在人生理想上的一种典型反映。"②

嵇康容止优雅，天质自然。《世说新语·容止》载："嵇康身长七尺八寸，风姿特秀。见者叹曰：'萧萧肃肃，爽朗清举。'或云：'肃肃如松下风，高而徐引。'山公曰：'嵇叔夜之为人也，岩岩若孤松之独立；其醉也，傀俄若玉山之将崩。'"③ 有人在王戎面前夸赞嵇康的儿子嵇绍："嵇延祖卓卓如野鹤之在鸡群。"王戎说："君未见其父耳！"④ 返归自然的嵇康，虽然素面朝天，不加修饰，却是名士风姿，完全脱开了庄子式的枯槁困顿。嵇康把庄子的坐忘境界变成了优游生活："目送归鸿，手挥五弦。俯仰自得，游心太玄。嘉彼钓叟，得鱼忘筌。"⑤ 随情所至、怡然自得的生活，不是富贵逸乐，不是任情纵欲，而是自处人间，优游闲适，"目送归鸿，手挥五弦"，既是对玄远之道的领悟、对大自然的审美，也是对宁静美的体验和享受，无怪乎"画圣"顾恺之感叹："手挥五弦易，目送归鸿难。"⑥ 难就难在它妙在象外，充满了玄远的神韵。

① 戴明扬：《嵇康集校注》卷 3《卜疑》，中华书局 2014 年版，第 237 页。
② 罗宗强：《玄学与魏晋士人心态》，浙江人民出版社 1991 年版，第 100 页。
③ （南朝宋）刘义庆：《世说新语》，河南大学出版社 2010 年标点本，第 376 页。
④ 同上书，第 378 页。
⑤ 戴明扬：《嵇康集校注》卷 1《兄秀才公穆入军赠诗》，中华书局 2014 年版，第 24 页。
⑥ 《晋书》卷 92《顾恺之传》，中华书局 1974 年标点本，第 2405 页。

嵇康的个性是隐而傲世，但他的隐世生活并不枯燥。嵇康多才多艺，素有艺术气质，他通上古之书，握绝代琴艺，擅金铁之功，加上他的那些仙师道友，志朋神交，隐逸山林则知己相随，出入市井则万人景仰。嵇康精于琴艺，时有"嵇琴阮啸"之称，向秀在《思旧赋》中也赞道："嵇博综技艺，于丝竹特妙。"①宋人朱长文《琴史》有《嵇康》篇。他善琴能曲，精弹《广陵散》，还著有《琴赋》《声无哀乐论》，创作了琴曲"嵇氏四弄"，嵇康还能书善画。浊酒一杯，弹琴一曲，书画一幅，充满着艺术生活的情趣，嵇康把庄子的哲理境界变成了真实的人间生活，把庄子的枯蒿人生变成了艺术人生。

嵇康的玄学思想是越名教而任自然，非汤武而薄周孔。他厌恶仕禄政争，他与山涛的断然绝交，其根源正在于他对名教的仇视。在《与山巨源绝交书》中，他在抨击出仕的"七不堪"之后，又指出了两个"甚不可"："又每非汤武而薄周孔，在人间不止，此事会显，世教所不容，此甚不可一也；刚肠嫉恶，轻肆直言，遇事便发，此甚不可二也。"②他在《述志诗》其二中写道："晨登箕山巅，日夕不知饥。玄居养营魄，千载长自绥。"③《幽愤诗》："庶勖将来，无馨无臭，采薇山阿，散发岩岫。永啸长吟，颐性养寿。"④这表明了他对随性自然生活的向往，只有超脱于礼法制约的世俗之外，才能随情适意："今但愿守陋巷，教养子孙，时时与亲旧叙离阔，陈说平生，浊酒一杯，弹琴一曲，志愿毕矣。"⑤这就是他所追求的自由自在、闲适自得的生活。

嵇康是一个是非清晰、爱憎分明、愤世嫉俗、疾恶如仇的人，对于知音，他友爱有加，对于非原则问题，他也能宽简包容，对于非的、恶的，他定要愤激驳斥。他曾写了两篇绝交书，一是与至交吕巽断交，是因为他对吕巽诬陷吕安的卑鄙行为极其愤慨，二是与山涛绝交，是因为志不同道不合。对于与他情趣不同的人，则采取傲然蔑视的态度。钟会仰慕嵇康，但又心存畏惧。《世说新语·文学》："钟会撰《四本论》始毕，甚欲使嵇

---

① 《晋书》卷49《向秀传》，中华书局1974年标点本，第1375页。
② 戴明扬：《嵇康集校注》卷2《与山巨源绝交书》，中华书局2014年版，第198页。
③ 韩格平：《竹林七贤诗文全集译注》，吉林文史出版社1997年版，第308页。
④ 同上书，第302页。
⑤ 《晋书》卷49《嵇康传》，中华书局1974年标点本，第1372页。

公一见。置怀中，既定，畏其难，怀不敢出，于户外遥掷，便回急走。"①
钟会很想结交嵇康。《晋书·嵇康传》载："初，康居贫，尝与向秀共锻
于大树之下，以自赡给。颍川钟会，贵公子也，精练有才辩，故往造焉。
康不为之礼，而锻不辍。良久会去，康谓曰：'何所闻而来？何所见而
去？'会曰：'闻所闻而来，见所见而去。'会以此憾之。"② 嵇康的孤傲，
最终使钟会由其仰慕者变成了嫉恨者。嵇康如此刚直傲慢的性格，也必然
与他的人生理想发生冲突。嵇康把自己和世俗对立起来，以自己为高洁，
以世俗为污浊，嵇康愤世嫉俗的态度和疾恶如仇的性格，使他成为世俗的
仇敌。以己为高洁可以被世俗所容忍，朝堂之上，可以容忍阮咸和刘伶的
狂放、孙登的隐逸、阮籍和向秀的消极，却决不能容忍嵇康的执着。一向
不言的孙登曾提醒嵇康："君性烈而才儁，其能免乎！"③ 被嵇康所蔑视的
钟会代表名教表达了对嵇康的愤慨："嵇康，卧龙也，不可起。公无忧天
下，顾以康为虑耳。……康、安等言论放荡，非毁典谟，帝王者所不宜
容。宜因除之，以淳风俗。"④ 在名教世俗的仇视、嫉恨、构陷下，嵇康
最终被杀。《世说新语·雅量》记载："嵇中散临刑东市，神气不变，索
琴弹之，奏《广陵散》。"⑤《广陵散》的主题是聂政刺韩王，琴曲时而怨
恨凄伤，时而悲愤慷慨，时而风雨雷霆，时而戈矛纵横，它赞美了聂政不
畏强暴、宁死不屈的英勇气概，音调激昂、气势磅礴的琴曲与嵇康的性格
十分合拍，所以，嵇康临终时还要再弹奏一次他所钟爱的琴曲，以抒发胸
中的嫉恶如仇、壮志难酬的愤懑情感。"太学生三千人上书，请以为师，
不许"，"海内之士，莫不痛之"。⑥ 嵇康之死彰显了生命的尊严和自由的
高贵，这就是潇洒倜傥的魏晋风度。

嵇康的悲剧，是因为他的忤世，而深层次的原因则在于他的玄学人生
观。两汉时期，儒家的处世哲学一直是士人们的人生观、价值观和行为准
则，玄学人生观的本质是追求个性自由，但个性自由必须处理好个体与群

① （南朝宋）刘义庆：《世说新语》，河南大学出版社 2010 年标点本，第 144 页。
② 《晋书》卷 49《嵇康传》，中华书局 1974 年标点本，第 1373 页。
③ 同上书，第 1370 页。
④ 同上书，第 1373 页。
⑤ （南朝宋）刘义庆：《世说新语》，河南大学出版社 2010 年标点本，第 225 页。
⑥ 《晋书》卷 49《嵇康传》，中华书局 1974 年标点本，第 1374 页。

体、个人与社会的关系。魏晋时期，司马氏当政，极力倡导名教，把礼法作为维系社会秩序的基本准则，要摆脱它的束缚，就必须提出新的、可行的社会行为准则来取代它。嵇康的玄学人生观倡导了个性自由，却没有解决好个性自由与社会责任的关系问题，这就注定了它必将被社会所摈弃。实际上，嵇康的性格是两面性的，处于刚柔兼具、铁骨柔肠的矛盾困顿之中。他刚肠嫉恶、愤世嫉俗、轻肆直言、遇事便发，但又温柔敦厚，情意绵绵，他的《思亲诗》洋溢着浓浓的挚爱亲情，王戎曾说与嵇康居二十年，未尝见其喜愠之色；他鄙视权贵，但又和曹氏家族联姻；他执着追求越名教而任自然，但又劝诫后人不要效仿他，在《家诫》中，他列举了许多为人处世的经验教训，再三劝告儿子要面对现实，入俗随流，谨慎做人，宛如一个经学布道者，在《与山巨源绝交书》中，他又说道："阮嗣宗口不论人过，吾每师之，而未能及。"① 这些教训的总结，无疑是他对自己短暂人生经历的真切感悟。刚与柔两重性格自相矛盾的心态还体现在他的诗文中。从他自身的执着追求，到他劝诫后人明哲保身，我们不难想见具有两面性格的嵇康是何等的无奈和痛苦。在《卜疑》中他一口气总结出来 27 种生存方式，表达了他内心的苦楚和两难的选择，没有深切的生活体验，是难以有如此深刻洞察的。嵇康最后无路可走，便寄希望于养生，服食五石散，乃至追求成仙。这种苦闷与困顿正反映了玄学家在世俗面前的无奈。嵇康的人生悲剧源于玄学理论，正如罗宗强先生所指出的："嵇康的人生悲剧，也可以说是玄学理论自身的悲剧：从现实需要中产生而脱离现实，最后终于为现实所抛弃。"② 嵇康以其高洁的品格赢得了士人们广泛的同情与崇敬，嵇康的孤傲品性最终定格于他的"广陵绝唱"。随着《广陵散》绝响的飘散，嵇康和他的玄学践行也一起消散了，但他孤傲的品格和执着的精神却永久留存于中国的文化传统之中。

三 山涛的缄默自守

山涛（205—283），字巨源，河内怀县（今武陟）人。"涛早孤，居

---

① 《晋书》卷 49《嵇康传》，中华书局 1974 年标点本，第 1371 页。
② 罗宗强：《玄学与魏晋士人的心态》，浙江人民出版社 1991 年版，第 125 页。

贫，少有器量，介然不群。性好庄老，每隐自晦。"① 山涛是竹林七贤中最年长的一位，也是七贤中享年最长的一位。在竹林名士中，山涛文不如阮籍、嵇康，行不及刘伶、阮咸，但他入仕最长，权位最显赫。从山涛的玄学实践来看，他是尊儒家之教，履道家之言，依违于儒道之间。

作为竹林名士，山涛以其风神气度而闻名。《晋阳秋》："涛雅素恢达，度量弘远，心存事外，而与时俯仰。"② 王戎评价他"如璞玉浑金，人皆钦其宝，莫知名其器"③。山涛"与嵇康、吕安善，后遇阮籍，便为竹林之交，著忘言之契"④。山涛也饮酒，与刘伶、阮籍醉饮不同，至八斗而止。他性好老庄，与好玄远之言者又有不同。《世说新语·赏誉》："人问王夷甫：'山巨源义理如何？是谁辈？'王曰：'此人初不肯以谈自居，然不读老庄，时闻其咏，往往与其旨合。'"⑤ 山涛入仕多年，不阿附权贵，居高思退，曾先后数十次上表辞官。《世说新语·政事》载："嵇康被诛后，山公举康子绍为秘书丞。绍咨公出处，公曰：'为君思之久矣。天地四时，犹有消息，而况人乎！'"⑥ 在这里，山涛把人间的世事变化与自然界的四时更替等同起来，人的出处进退也应当与时屈伸，不宜执一，这明显是道家思想。西晋时期，官场争奢斗富成风，而山涛生活俭约，去世时仅有"旧第屋十间，子孙不相容"⑦。山涛淡泊名利，保持了道家质朴的本性。顾恺之赞道："涛无所标名，淳深渊默，人莫见其际，而器然亦入道。故见者莫能称谓，而服其伟量。"⑧ 山涛的伟量、气度正是魏晋名士的一种风度。

在竹林名士中，山涛走的是一条积极入仕的道路，是七贤中最积极也最成功的入世者。山涛具有审时度势的政治素养，裴楷说："见山巨源，如登山临下，幽然深远。"⑨ 正始八年（247），曹氏与司马氏夺权斗争白

① 《晋书》卷 43《山涛传》，中华书局 1974 年标点本，第 1223 页。
② 余嘉锡：《世说新语笺疏》卷下之上《贤媛》，中华书局 2007 年版，第 799 页。
③ 《晋书》卷 43《王戎传》，中华书局 1974 年标点本，第 1235 页。
④ 同上书，第 1223 页。
⑤ （南朝宋）刘义庆：《世说新语》，河南大学出版社 2010 年标点本，第 268 页。
⑥ 同上书，第 133 页。
⑦ 《晋书》卷 43《山涛传》，中华书局 1974 年标点本，第 1228 页。
⑧ 余嘉锡：《世说新语笺疏》卷中之下《赏誉》，中华书局 2007 年版，第 501 页。
⑨ （南朝宋）刘义庆：《世说新语》，河南大学出版社 2010 年标点本，第 261 页。

热化，司马氏采取以退为进的策略，暗聚力量，山涛预感到政局将要发生剧变。虽然山涛的从祖姑是司马懿的岳母，但他没有投向司马氏，也谢绝了曹爽征辟的参军之职，在司马氏与曹氏之间采取了观望态度。史载："与石鉴共宿，涛夜起蹴鉴曰：'今为何等时而眠邪！知太傅卧何意？'鉴曰：'宰相三不朝，与尺一令归第，卿何虑也！'涛曰：'咄！石生无事马蹄间邪！'投传而去。未二年，果有曹爽之事，遂隐身不交世务。"① 他以退隐避嫌而自全，当大局已定，便出山投向司马氏。《晋书·山涛传》载他出仕前曾对妻子韩氏说："忍饥寒，我后当作三公，但不知卿堪作公夫人不耳？"② 后来他果然做到了三公，曾任吏部尚书、司徒等要职。

山涛的行为是积极入世，谨慎处事，俭约自守，从不沾染纵诞之风。作为竹林名士，他不像是一位玄者，而像一位恪守修齐治平的儒者。山涛从政，恪尽职守，进言献策，遵循了儒家之教。山涛的政绩首推选官，他出任冀州刺史期间，搜访贤才，荐举隐居之士30多人，这些人一时声名鹊起。山涛在甄拔人物时，为他们分别作评论，奏于武帝。"涛再居选职十有余年，每一官缺，辄启拟数人，诏旨有所向，然后显奏，随帝意所欲为先。……涛所奏甄拔人物，各为题目，时称《山公启事》。"③《世说新语·政事》："山司徒前后选，殆周遍百官，举无失才。凡所题目，皆如其言。"④ 从其甄拔人才的奏章来看，其选人、用人之道确有过人之处。他选人的标准是德才兼备，特别重视品行，并知人善任，扬长避短，他举荐的羊祜、刁攸、王启、和峤、郭奕、王济等都是贤才。其品鉴人物的评语如"忠笃宽厚""纯粹笃诚""体仪正直""清真著信义""忠笃有文武才""秉德尚义，克己复礼""有素行""诚直忠亮""义德履亦佳"等，都体现了名教之义，山涛把儒家规范作为品才的标准，体现了他对名教的遵循。《晋书》载，平吴之后，武帝诏天下罢军役，州郡悉去兵，以示海内大安，山涛"因与卢钦论用兵之本，以为不宜去州郡武备，其论甚精""于时咸以涛不学孙、吴，而暗与之合。帝称之曰：'天下名言也。'而不能用。及永宁之后，屡有变难，寇贼蠭起，郡国皆以无备不能制，天

---

① 《晋书》卷43《山涛传》，中华书局1974年标点本，第1223页。

② 同上书，第1228页。

③ 同上书，第1225—1226页。

④ （南朝宋）刘义庆：《世说新语》，河南大学出版社2010年标点本，第133页。

下遂以大乱，如涛言焉"。① 山涛居官清廉，《世说新语·言语》载："晋武帝每饷山涛恒少，谢太傅以问子弟，车骑答曰：'当由欲者不多，而使与者忘少。'"② 袁毅贪浊贿赂公卿，也送给山涛丝百斤，山涛不愿异于时，接受后便束之高阁，后上交官府。史家赞道："若夫居官以洁其务，欲以启天下之方，事亲以终其身，将以劝天下之俗，非山公之具美，其孰能与于此者哉！"③

司马氏非常器重山涛。咸熙元年（264）正月，司马昭西征钟会，命山涛率军镇邺，防止曹魏诸王作乱，并对他说："西偏吾自了之，后事深以委卿。"④ 司马昭立世子时，想废长立幼，问于山涛，山涛说："废长立少，违礼不祥。国之安危，恒必由之。"⑤ 司马昭从之，立司马炎为世子。从他与司马氏的密切关系可以看出，他深受司马氏的赏识、信任和重用。据统计，司马昭给山涛下过一道诏书，晋武帝给山涛下过十三道诏书，诏书内容有关切、赏赐、升职，最多的是赞誉山涛的品行节操。山涛虽为竹林名士，与嵇康、阮籍情意甚笃，但志趣却不相同，所以，在他荐举嵇康出仕时最终导致了嵇康与他绝交。

在处世态度上，山涛谨小慎微，在处世方法上，他圆融周全。《晋书》载，作为竹林名士的山涛，"又与钟会、裴秀并申款昵。以二人居势争权，涛平心处中，各得其所，而俱无恨焉"⑥。山涛精明世故，通达人情，不像嵇康那样是非分明、刚直峻急，也不像阮籍那样消沉苦闷，更不像刘伶、阮咸那样任情放诞，他为人温和圆润，从不开罪任何人，虽有柔媚取容之嫌，却不失为全身之道，因为不争，所以以天下莫能与之争。

圆滑是一种处世行为，为人处世善于逢迎敷衍，玲珑八面。圆滑者不问是非，常以模棱两可的态度待人处事，这不但要有丰富的阅历、较高的智商，更要有不问是非之心、善于调和之能。苏味道在武则天时期曾经任职宰相，他处世圆滑，凡事都模棱两可，人称"模棱手"，他深得圆滑的

---

① 《晋书》卷 43《山涛传》，中华书局 1974 年标点本，第 1227 页。
② （南朝宋）刘义庆：《世说新语》，河南大学出版社 2010 年标点本，第 116 页。
③ 《晋书》卷 43《山涛传》，中华书局 1974 年标点本，第 1231 页。
④ 同上书，第 1224 页。
⑤ 同上。
⑥ 同上。

精髓："处事不欲决断明白，若有错误，必贻咎谴，但模棱以持两端可矣。"① 圆通是佛教用语，称佛所达到的没有无明和烦恼的清净的境界。圆是为人周全，通是做事通达，圆通者通达事理，处事灵活。圆滑者不守原则，虽玲珑八面，但不问是非，难成大事，圆通者方做人，圆处事，既能全身自保，又能善解人意，成人之美。山涛是圆通而不圆滑，大儒孙奇逢评道："山巨源浮沉嵇、阮之中，居世则贤奸共赏，居身则仕隐兼收，是大有权术之人。"②

作为魏晋之际的玄学名士，山涛具有儒家兼济天下与道家全身避害的双重政治人格，他积极入仕是为了实现政治抱负，这符合儒家传统，但他的处世方式却是道家风格。东晋孙绰说："山涛吾所不解，吏非吏，隐非隐，若以元礼门为龙津，则当点额暴鳞矣。"③ 孙绰看到了山涛的外在行为，而没有看到他的精神境界。汉儒大多以名教规诫自己，而经历了血雨腥风洗礼的魏晋士人大多转向了道家之言，玄学因此而风行于世，儒道合流成为玄学的鲜明特征。作为竹林名士的山涛深受玄学思潮影响，他以无生有，以虚务实，无为无不为，遵儒家之教，履道家之言，方正之中不失圆融，积极从政又能全身，成功地践行了儒道融合的玄学思想，山涛是传统士人的典范。

四　向秀的无奈抉择

向秀（约227—272），字子期，河内怀（今武陟）人，初隐居不仕，后被迫出仕，曾任散骑侍郎、黄门散骑常侍、散骑常侍。作为竹林名士，向秀也追求适性任情，以自适为乐，不受世务羁缚，不卷入政争是非。竹林名士都是气质型男，只有向秀温和随意，个性不太鲜明，文采不及嵇康、阮籍，功名不及山涛、王戎，放达不及刘伶、阮咸，但在立言上，他著有《庄子注》《思旧赋》《难养生论》，一注、一赋、一论，奠定了他在中国思想史上的地位，焕发着独特的光彩和魅力。

《向秀别传》载："秀，字子期，河内人。少为同郡山涛所知，又与

---

①　《旧唐书》卷94《苏味道传》，中华书局1975年标点本，第2991页。

②　张显清：《孙奇逢集》中册《夏峰先生集·语录》，中州古籍出版社2003年版，第556页。

③　《晋书》卷56《孙楚传》，中华书局1974年标点本，第1544页。

谯国嵇康、东平吕安友善，并有拔俗之韵，其进止无不同，造事营生，业亦不异。常与康偶锻于洛邑，与吕安灌园于山阳，不虑家之有无，外物不足怫其心。"① 《晋书》说他好清悟有远识，雅好老庄之学，"乃为之隐解，发明奇趣，振起玄风，读之者超然心悟，莫不自足一时也"②。《世说新语·文学》："初，注《庄子》者数十家，莫能究其旨要。向秀于旧注外为解义，妙析奇致，大畅玄风。"③

　　向秀与嵇康是挚友，他们锻铁洛邑、灌园山阳、同游竹林，一起享受过体认自我价值的人生乐趣，但两人的玄学思想却存在明显分歧，嵇康主张越名教而任自然，非汤武而薄周孔，而向秀是儒道相综，以道援儒。向秀主张人的情欲是天然的、合理的，是天地之情，这是道家之义，但他也认为，任情随欲应该节之以礼，得之以道义，这显然是儒家之义，任情节礼正是儒道兼综之论。向秀的《庄子注》开辟了以入世精神诠释《庄子》的玄学新思路，他的《难养生论》则融会贯通了称情则自然的道家主张和求之以道义的儒家旨义。儒家关注家国和谐，重视宗法秩序，而道家注重个体身心健康，崇尚自然旨趣，儒道在魏晋之前明显对立，泾渭分明，竹林名士把儒家的宗法伦理和道家的自然观相融合，试图解决群体与个体的矛盾关系。作为开一代风气之先的学术宗师，向秀在理论上以道援儒，儒道互补，在实践上彷徨于儒道之间。向秀的彷徨不是孔子式的无可无不可，也不是老庄式的无为无不为，而是士人们普遍面临的既要融入社会又要彰显自我的两难困境。

　　在为人处世上，向秀也极为无奈。他有嵇康这样的莫逆好友，也有山涛这样的知己同乡，但是，嵇康归属曹魏集团，而山涛则归属司马集团，处于夹缝之中的向秀也就不得不彷徨其间。在魏晋这样一个社会动荡、思想自由的时代，向秀既是一个迷茫者，又是一个思考者；既有儒家理性，也有道家情怀。嵇康被杀震动了士林，尤其是作为挚友的向秀，为自保而被迫入世。向秀入洛前曾专程拜访了嵇康故居，重游旧地，心境自然五味杂陈。他在《思旧赋》中表达了凄凉的心境："惟古昔以怀今兮，心徘徊

---

① 余嘉锡：《世说新语笺疏》卷上之上《言语》，中华书局 2007 年版，第 93 页。
② 《晋书》卷 49《向秀传》，中华书局 1974 年标点本，第 1374 页。
③ （南朝宋）刘义庆：《世说新语》，河南大学出版社 2010 年标点本，第 149 页。

以踌躇。栋宇存而弗毁兮，形神逝其焉如？……悼嵇生之永辞兮，顾日影而弹琴。托运遇于领会兮，寄余命于寸阴。听鸣笛之慷慨兮，妙声绝而复寻。"① 旧庐凄然之景，寄托着物是人非的悲凉，向秀抚今追昔，悲从中来，痛惜之情，溢于言表，这是对故友的深沉思念，对任心岁月的眷恋，对人生的无可奈何。《世说新语·言语》载："嵇中散既被诛，向子期举郡计入洛。文王引进，问曰：'闻君有箕山之志，何以在此？'对曰：'巢、许狷介之士，不足多慕。'王大咨嗟。"②《向秀别传》载："后康被诛，秀遂失图。乃应岁举，到京师，诣大将军司马文王，文王问曰：'闻君有箕山之志，何能自屈？'秀曰：'尝谓彼人不达尧意，本非所慕也。'一坐皆说。随次转至黄门侍郎、散骑常侍。"③ 司马昭的问话，对于越名教而任自然的名士来说，实在是刻薄，但向秀却违心阿谀，把司马昭比作尧，明确表示自己放弃了箕山之志。但是，向秀"在朝不任职，容迹而已"④。作为一个柔弱的文人，向秀入洛，这是一种无奈的、痛心的选择，毕竟，生活还得继续，即使是凄风苦雨的生活。

五　刘伶的醉意人生

刘伶（约 221—300），字伯伦，沛国（今安徽宿县）人，逝后葬于今获嘉县亢村镇郭堤村北。"刘伶身长六尺，貌甚丑悴，而悠悠忽忽，土木形骸。"⑤ 他"澹默少言，不妄交游，与阮籍、嵇康相遇，欣然神解，携手入林"⑥。刘伶也有济世抱负，好友王戎任职建威将军时，他出任参军，他还曾上书晋武帝，建议以无为而治为国策，但未被采纳。酒是刘伶人生的至乐，是他的生命。与刘伶有关的典故都与酒有关，如刘伶荷锸、刘伶鸡肋、刘伶病酒、刘伶醉等，他的人生历程充满了与酒的传奇，如"杜康醉刘伶"至今仍脍炙人口，以至于人们说到刘伶，首先想到的是酒，酒已成为他的符号，他也成为饮酒族的偶像。刘伶虽然嗜酒如命，却

①　韩格平：《竹林七贤诗文全集译注》，吉林文史出版社 1997 年版，第 563 页。

②　（南朝宋）刘义庆：《世说新语》，河南大学出版社 2010 年标点本，第 90 页。

③　余嘉锡：《世说新语笺疏》卷上之上《言语》，中华书局 2007 年版，第 93 页。

④　《晋书》卷 49《向秀传》，中华书局 1974 年标点本，第 1375 页。

⑤　（南朝宋）刘义庆：《世说新语》，河南大学出版社 2010 年标点本，第 379 页。

⑥　《晋书》卷 49《刘伶传》，中华书局 1974 年标点本，第 1376 页。

享有高年，以寿而终。

竹林名士风度的鲜明特征是纵酒，七贤嗜酒各有不同。山涛能饮，止于八斗，阮籍借酒浇愁，以醉避祸，阮咸与猪共饮，任诞不拘，而刘伶不仅嗜酒如命，还著有《酒德颂》，为酒大唱赞歌。刘伶具有竹林名士的突出特征，他的放诞不羁体现在爱酒如命，无酒无生，在酒的世界里悠然生活。刘伶的嗜酒并不意味着堕落，相反他是一个有着执着追求的人，他以醉意人生来对抗世俗社会，对抗名教礼法。一壶酒，一篇文，确立了他"酒神"的地位，奠定了他在中国酒文化中第一人的地位。

刘伶的纵酒放达是彰显人性和自由的生活方式。《晋书》载，刘伶渴甚，求酒于妻，妻捐酒毁器，涕泣谏曰："君酒太过，非摄生之道，必宜断之！"刘伶说："善！吾不能自禁，惟当祝鬼神自誓耳。便可具酒肉。"妻供酒肉于神前，刘伶跪而祝曰："天生刘伶，以酒为名。一饮一斛，五斗解酲。妇儿之言，慎不可听。"[1] 言罢，即饮酒食肉，隗然已醉。刘伶以"祝誓"这种世俗眼中无比神圣的形式，向世人表达了他"以酒为名"的意志，要坚守自己喜爱的生活方式，不会因为世俗的非议而改变自己的行为。刘伶祝誓在形式上显得滑稽，但目的很明确，决心很坚定。如果说，刘伶祝誓饮酒是用滑稽幽默的方式体现了与礼法的抗争，那么他的裸衣饮酒则体现了对礼法的无情蔑视和肆意践踏。"刘伶恒纵酒放达，或脱衣裸形在屋中。人见讥之，伶曰：'我以天地为栋宇，屋室为裈衣，诸君何为入我裈中？'[2] 刘伶的饮酒裸身为俗人所不齿，其实他是透过醉意来表达玄意，借之达到物我合一、天人合一、与道冥合的自由的精神境界。表面上看，刘伶是放浪形骸、叛逆无道，其实他已然超越了世俗羞耻的羁绊，欢畅地享受着与天地合一的自由快乐，与其表面衣冠楚楚、道貌岸然，毋宁脱去裹在身上的伪包装，彻底解放，纵意所如，抛去假我，活出真我，这体现了任自然的玄理，彰显了个性的绝对自由。

祢衡、刘伶、唐寅是历史上最为著名的三位裸衣名士。《后汉书》载，祢衡方为《渔阳》参挝，容态有异，声节悲壮，听者莫不慷慨。衡进至操前而止，吏呵之曰："鼓吏何不改装，而轻敢进乎？"衡曰："诺。"

---

① 《晋书》卷49《刘伶传》，中华书局1974年标点本，第1376页。
② （南朝宋）刘义庆：《世说新语》，河南大学出版社2010年标点本，第448页。

于是先解祖衣，次释余服，裸身而立，徐取岑牟、单绞而着之，毕，复参挝而去，颜色不怍。操笑曰："本欲辱衡，衡反辱孤。"① 《明史·唐寅传》载："宁王宸濠厚币聘之，寅察其有异志，佯狂使酒，露其丑秽。宸濠不能堪，放还。"② 三位裸衣名士中，祢衡之裸，击鼓骂曹，是故意为之，属于奋起抗争；唐寅之裸，装疯卖傻，是无奈为之，属于明哲保身；刘伶之裸，纵酒娱乐，是率性而为，属于彰显个性。本来裸身之事不登大雅之堂，可名士之裸，裸出的是无尽的风采，是至高的境界，这是中国历史上无出其右的最前卫的行为艺术。

在中国传统文化中，酒文化具有其独特的地位。酒是一种用谷物、水果、花瓣、淀粉等经过发酵、蒸馏、陈酿等方法生产出的含有乙醇的饮料，美酒醇厚芬芳，味美无比。嵇康曾作《酒赋》赞美："重酎至清，渊凝冰洁。滋液兼备，芬芳澄澈。"③ 美酒渗透到社会生活中的各个方面，祭祀、祈福、喜宴、庆功、接风、饯别、医疗、养生、消愁、解闷，都离不了酒，它给人们的生活增添了丰富多彩的内涵。人们认为酒的作用神通广大，酒以治病，酒以养老，酒以成礼，酒以成欢，酒以忘忧，酒以壮胆，人们把物质享乐的酒升华为精神享乐的酒文化，创造了颇具浪漫色彩的生活意境。我国是酒的故乡，在河南舞阳县北舞渡镇贾湖村的考古发现表明，生活在距今 9000—7500 年前的远古先人已经开始发酵酿酒了，而中国白酒则出现在元代，迄今也有 800 多年的历史。《说文解字》释："酒，就也，所以就人性之善恶。从水从酉，酉亦声。一曰造也，吉凶所造也。古者仪狄作酒醪，禹尝之而美，遂疏仪狄。杜康作秫酒。"④ 酒，迁就，用来满足人性中的善恶激情，是导致吉凶的根源。仪狄和杜康发明的酒香气迷人，刺激性强，饮酒能让人快速分泌多巴胺，使人兴奋开心快活，消忧解愁，所以酒被称为"欢伯"，酒也能麻痹人的神经，把人带入朦胧恍惚的梦幻境界，因醉酒而获得精神的自由，醉的程度越深，精神越少拘束。在竹林名士看来，醉里乾坤大，壶中日月长，醉酒是他们解脱束

---

① 《后汉书》卷 80 下《文苑列传·祢衡》，中华书局 1965 年标点本，第 2655 页。
② 《明史》卷 286《文苑二·唐寅》，中华书局 1974 年标点本，第 7353 页。
③ 韩格平：《竹林七贤诗文全集译注》，吉林文史出版社 1997 年版，第 561 页。
④ （东汉）许慎：《说文解字》卷 14 下《酉部》，中华书局 1963 年版，第 311 页。

缚、追求自由的重要途径。"常酒者，天子失天下，匹夫失其身"①，所以，曹丕作《酒诲》，认为酒以成礼，过则败德，他列举了几个典型，无论是中常侍张让、洛阳令郭珍，还是荆州牧刘表子弟以及刘松等，他们的行为较之刘伶和阮咸也相差无几，这些权贵只是为酒而纵酒，他们的纵酒是败德和堕落，而竹林名士纵酒放达的背后是对人生的思考，至于刘伶，其纵酒更是玄意的表达。《晋书·刘伶传》载，刘伶"放情肆志，常以细宇宙齐万物为心"，"常乘鹿车，携一壶酒，使人荷锸而随之，谓曰：'死便埋我。'"② 醉酒悠悠之态，是借行为来超越生死尊荣的世俗观，体现玄学意境。他不是一个追求醉生梦死的酒鬼，也不是要以粗鄙的行为去败坏社会风俗，他只是以自己特有的方式去追求精神自由。政治的高压、名教的虚伪、思想的束缚，刘伶有太多的不满与失望，只能借酒浇愁，用醉酒来释放苦闷，在醉意中彰显自由独立的人格，不与世俗同流合污。因此，刘伶醉酒体现的是一种抛弃世俗的达观精神，是崇高的个性解放与自由，是名士风范的彰显。

刘伶传世作品很少，流传于世的代表作是《酒德颂》。《酒德颂》全文只有 188 字，文字不多但流传千古。《酒德颂》属于颂体文，带有歌功颂德、宗教祭祀的意味，但刘伶却用它来抒发个人生活体验和情感，用诙谐的笔调表达对玄意的追求。"刘伶著《酒德颂》，意气所寄。"③ 文中主人公"大人先生"唯酒是乐，自由放达，不受时空限制，"行无辙迹，居无室庐，幕天席地，纵意所如"④。他无思无虑，其乐陶陶，惟酒是务，不知其余，在醉酒中实现乐之极致。他止则操卮执觚，动则挈榼提壶，在醉意中达到了天人合一的境界："静听不闻雷霆之声，熟视不睹泰山之形，不觉寒暑之切肌，利欲之感情。俯观万物，扰扰焉若江海之载浮萍。"⑤ 文中的"大人先生"就是现实生活中的刘伶，是刘伶精神世界的化身，是他生活方式的映照。刘伶所处的魏晋时期，是一个动辄得咎、生命难保的时代，人们只能在精神世界中无拘无束、畅享自由。《竹林七贤

---

① （清）王先慎：《韩非子集解》卷 7《说林上》，中华书局 1998 年版，第 176 页。

② 《晋书》卷 49《刘伶传》，中华书局 1974 年标点本，第 1375、1376 页。

③ （南朝宋）刘义庆：《世说新语》，河南大学出版社 2010 年标点本，第 175 页。

④ 韩格平：《竹林七贤诗文全集译注》，吉林文史出版社 1997 年版，第 576 页。

⑤ 同上。

论》："伶处天地间，悠悠荡荡，无所用心。尝与俗士相牾，其人攘袂而起，欲必筑之。伶和其色曰：'鸡肋岂足以当尊拳！'其人不觉废然而返。"[①] 他不与俗人俗事相争，他要争的是天地自然之理，是个性的解放与自由，《酒德颂》无疑是刘伶追求自由境界的宣言书。

中国自古就有爱好饮酒的传统，魏晋名士更爱酒。有学者统计，魏晋史传中以酒为主题的文章就有饮酒诗、酒海、酒诫、酒箴、酒诰、酒颂、酒歌、酒训等，描述饮酒情态的语汇有乐饮、愁饮、快饮、痛饮、酣饮、闷饮、雅饮、生饮、纵饮、颓饮、礼饮、荒饮、默饮、狂饮、宴饮、独饮、对饮、聚饮、群饮、会饮、怅饮、豪饮、避暑之饮、与猪共饮等，仅《世说新语》中提到酒的就有 54 处，以《任诞》篇最多。魏晋时代，儒家"酒以成礼"与道家"酒以欢乐"形成了名教与自然的尖锐对立，饮酒就成了玄学家们越名教而任自然的绝好形式。竹林一壶酒，七位知己相伴，酒不醉人人自醉，竹林名士借酒以摆脱礼制的束缚，他们的风度也体现在饮酒的品位和格调上。竹林名士善饮，但基于不同的思想而对饮酒持不同立场，所以，他们在酒德、酒品、酒量上表现各异。阮籍饮酒是为了避祸，有时借酒挑战名教，有时借酒抒发率真性情；嵇康饮酒是为了颐养身心，营造生活情趣；山涛酒量很大，但饮八斗而止，他是借酒交友，借酒怡情，颇像他的为人处世；王戎饮酒，有狂有节，狂饮如阮籍，节制似山涛；刘伶是痛饮豪饮，他是借酒超脱；阮咸的耽酒虚浮、与猪共饮则是一种随性而为、随心所欲；向秀饮酒最为平淡，他的饮酒兼容了名教与自然，但求中和之理。面对多变的政局和无常的人生，饮酒可以消解是非与荣辱，看淡生死与苦乐，可以超越世俗，达到天人合一、逍遥自适的自由境界，这就是竹林名士的饮酒心态。阮籍作琴曲《酒狂》，采用古琴音乐中罕见的三拍节奏，表达了不断向上跳进又渐次下行的音乐主题，使节拍轻重颠倒，体现出饮酒者醉意朦胧、步履蹒跚的神态。全曲通过五个段落的循环变奏，抒发了作者对黑暗现实的不满和走投无路的痛苦，尤其是曲终以"仙人吐酒声"为题，反复奏出一长串同音，恰似汩汩酒声，倾泻出满腹的愤怒不平之气。酒狂者本有济世雄心，但壮志难酬，他又不甘随波逐流，只好寄托于醉酒。《酒狂》是阮籍的抒怀之作，琴曲体现的不是

---

① 余嘉锡：《世说新语笺疏》卷上之下《文学》，中华书局 2007 年版，第 296 页。

作者的浮诞玩世，而是借醉酒者的形象淋漓尽致地表达了竹林名士的饮酒心态。清儒孙奇逢评道："竹林诸公，纵情于酒，以旷达自负。迹其生平，见魏晋之际，名士少全者，乃始遗落世事，以酣饮为常。"①

竹林名士的饮酒遗风被历代名士所追慕，名士们酒到酣时灵感多，他们在酒酣之时留下了旷世之作。王羲之酒兴而成兰亭序，陶渊明诗中有酒，酒中有诗，王勃在酒宴上对客操觚，顷刻而就《滕王阁序》，文不加点，满座大惊，张旭每大醉，呼叫狂走乃下笔，挥毫落纸如云烟，吴道子挥毫之际必畅饮，怀素饮酒以养性，草书以畅志，李白举杯邀明月，斗酒三百篇，杜甫白日放歌须纵酒，白居易自号"醉吟先生"，不仅嗜酒成性，还善佳酿，王维劝君更尽一杯酒，苏轼把酒问青天，醉时吐出胸中墨，欧阳修无酒不成文，无酒不成乐，《醉翁亭记》洋溢着一片酒香，倪瓒醉绘山水图，徐渭小白连浮三十杯，指尖浩气响春雷，陈洪绶半生懒癖惟好酒，朱耷借酒泼墨，数十幅立就，傅山更是自号酒道人，启功先生也认为吃酒乃人生一大乐事，三杯酒入怀，灵感迸发，众人皆醒，唯我独醉，甚至女中豪杰李清照也喜爱三杯两盏淡酒。历史上最著名的还是"醉八仙"，唐朝有八位嗜酒好仙的名士，斗酒诗百篇、自言酒中仙的李白，眼花落井水底眠的贺知章，饮如长鲸吸百川的李适之，恨不移封向酒泉的汝阳王李琎，举觞白眼望青天的崔宗之，醉中往往爱逃禅的苏晋，饮酒三杯草圣传的张旭，饮罢五斗方卓然的焦遂，人称"酒中八仙人"，杜甫以幽默诙谐、别开生面的情调作有《饮中八仙歌》。正是因为有了酒，才有无数英雄竞风流。在文人看来，这不是颓废，不是狂悖，而是文化，是修养，是情怀，壶里乾坤大，杯中日月长，这就是酒文化的精髓。

六　阮咸的任诞放达

阮咸，字仲容，陈留（今尉氏县）人，祖父阮瑀是著名的文学家、音乐家，"建安七子"之一，其父阮熙曾任武都太守，阮籍是他的叔叔，阮氏叔侄并称"大小阮"。与大阮相比，小阮在任情放达上可谓青出于蓝而胜于蓝。

---

① 张显清：《孙奇逢集》中册《夏峰先生集·语录》，中州古籍出版社 2003 年版，第 556 页。

据《世说新语·赏誉》注引《名士传》："咸字仲容，陈留人，籍兄子也。任达不拘，当世皆怪其所为。及与之处，少嗜欲，哀乐至到，过绝于人，然后皆忘其向议。"[1] 山涛评阮咸："清真寡欲，万物不能移也。"[2]他多次举荐阮咸任吏部郎，但阮咸耽酒浮虚，行为失检，晋武帝不许。后来，阮咸也做了散骑侍郎，曾任始平太守。虽然阮咸行为多违礼度，但他疏远政治，得以寿终。阮咸著述很少，甚至不如刘伶，仅略多于王戎。原有文集一卷行世，有杂著《难答论》《易义》，皆已散佚，存世作品只有《律议》和《与姑书》。

正始名士曾致力于政治改革，但何晏改制的失败，证明了这条道路行不通，竹林名士则走向了任情放达的道路。任情放达是任自然的一种表达方式，竹林名士抛弃礼法，顺应自然，任情而为，追求情欲和物欲的极大满足。阮咸是任情纵欲的代表，他生活放诞，不输其叔阮籍，嗜酒如命，不在刘伶之下，通晓音律，七贤中只有嵇康可与其媲美。作为竹林名士，阮咸具有率性任诞、放荡不羁的自由个性，更有践行任情放达的独特方式。

借从俗来反俗。《晋书》本传："咸任达不拘，与叔父籍为竹林之游。当世礼法者，讥其所为。咸与籍居道南，诸阮居道北。北阮富而南阮贫。七月七日，北阮盛晒衣服，皆锦绮粲目，咸以竿挂大布犊鼻于庭，人或之，答曰：'未能免俗，聊复尔耳。'"[3] 他用自己的粗布裤头与富家的锦绮衣服相抗争，表达对世俗的嘲弄和蔑视，"未能免俗"是以从俗反对世俗。此时的阮咸还只是个少年，但他已具有了叔叔阮籍的风韵了。

践踏世俗礼法。阮咸秉承了任情放诞的阮氏家风，阮氏叔侄不拘礼法，不讲辈分，不合长幼有序的儒家规范，被时人讥笑。《晋书》载，阮咸"居母丧，纵情越礼。素幸姑之婢，姑当归于夫家，初云留婢，既而自从去。时方有客，咸闻之，遽借客马追婢，既及，与婢累骑而还，论者甚非之"[4]。在名教看来，阮咸犯了两个大忌：一是越礼，士族门阀制度下，士族和庶族之间在交往时有严格的区分，士族与寒门之间的通婚更被

---

① 余嘉锡：《世说新语笺疏》卷中之下《赏誉》，中华书局 2007 年版，第 502 页。

② （南朝宋）刘义庆：《世说新语》，河南大学出版社 2010 年标点本，第 263 页。

③ 《晋书》卷 49《阮咸传》，中华书局 1974 年标点本，第 1362 页。

④ 同上书，第 1362—1363 页。

认为是大逆不道的丑行，阮咸热恋一个异族的婢女，并在众目睽睽之下"与婢累骑而还"，这严重僭越了门阀等级的禁忌。二是不孝，阮咸在服母丧期，纵情越礼。《世说新语·任诞》也记载了这件事："仲容借客驴，著重服自追之，累骑而返，曰：'人种不可失！'"① 阮咸以礼法的名义来肆意践踏礼法，体现了他对世俗的讽刺，对名教的嘲弄。阮咸在重丧之中竟如此放诞，遭到了社会舆论的谴责，致使仕途堵塞。

嗜酒放狂。《晋书》本传："诸阮皆饮酒，咸至，宗人间共集，不复用杯觞斟酌，以大盆盛酒，圆坐相向，大酌更饮。时有群豕来饮其酒，咸直接去其上，便共饮之。"② 阮咸与族人豪放狂饮，得意忘形，忘情地与猪共饮。一个高门士子，如此行为无疑是勇敢的真情流露，是对俗情的大胆突破。阮咸与群猪争饮，体现了道家"万物与我齐一"的自然观。山涛非常赞赏阮咸洒脱旷达的气质，说他"贞素寡欲，深识清浊，万物不能移。若在官人之职，必绝于时"③。

以乐达音。竹林名士中，阮咸是一位有天赋的音乐家。史载，阮咸出生于一个音乐世家，他的祖父阮瑀精通音律，阮籍、阮咸、阮瞻都以善琴而著称于世，阮咸尤精琵琶。《晋书·阮咸传》载："咸妙解音律，善弹琵琶，虽处世不交人事，惟共亲知弦歌酣宴而已。"④ 酒和音乐是他生命中的两大精神支柱。虽然他不善人事，但出众的琵琶技艺使他名闻天下。阮咸还培养了一位音乐家，他的儿子阮瞻"善弹琴，人闻其能，多往求听，不问长幼贵贱，皆为弹之"⑤。阮咸还精于作曲，相传由他所作的琴曲《三峡流泉》在唐代很流行，唐人还把他所使用的乐器命名为"阮咸"，宋时简称"阮"，在中外音乐史上，乐器以人为名，仅此一例。阮是中国最古老的弹拨乐器，传承至今已发展为包括高音阮、小阮、中阮、大阮及倍大阮等乐器组，其音色圆润柔和，醇厚丰满，韵味深长，具有独特的艺术魅力。阮咸精于音律品评。《晋书》载："咸妙解音律。"⑥ "妙

---

① （南朝宋）刘义庆：《世说新语》，河南大学出版社 2010 年标点本，第 451 页。
② 《晋书》卷 49《阮咸传》，中华书局 1974 年标点本，第 1363 页。
③ 同上书，第 1362 页。
④ 同上书，第 1363 页。
⑤ 同上。
⑥ 同上。

解"就是准确地分辨音乐的清浊、高低。《晋书》载："荀勖每与咸论音律,自以为远不及也,疾之,出补始平太守。"① 《世说新语·术解》:"荀勖善解音声,时论为之'暗解',遂调律吕,正雅乐。每至正会,殿庭作乐,自调宫商,无不谐韵。阮咸妙赏,时谓'神解'。每公会作乐,而心谓之不调。既无一言直勖,意忌之,遂出阮为始平太守。后有一田父耕于野,得周时玉尺,便是天下正尺。荀试以校己所治钟鼓、金石、丝竹,皆觉短一黍,于是伏阮神识。"② 《世说新语·术解》注引《晋诸公赞》:"勖所造声高,高则悲。夫亡国之音哀以思,其民困。今声不合雅,惧非德政中和之音,必是古今尺有长短所致。"③ 阮咸敏锐地察觉到荀勖所造的音声偏高,致使中和之声带有悲凉之意,并断定这是由于古今尺寸的长短不同所造成的,可见阮咸具有极高的音乐天赋。阮咸崇尚"中和雅正"之音,这是儒家所倡导的治世之音,可见,阮咸秉持的是儒家的审美观。阮咸的"中和雅正"之音与嗜酒狂放之行是尖锐对立的,这种矛盾源于玄学理论的缺陷。

七　王戎的任情敛财

王戎(234—305),字浚冲,琅琊临沂(今山东临沂)人,琅琊王氏是魏晋时期的世家大族。王戎"幼而颖悟,神彩秀彻,视日不眩。年六七岁,于宣武场观戏,猛兽在槛中虓吼震地,众皆奔走,戎独立不动,神色自若。魏明帝于阁上见而奇之。又尝与群儿嬉于道侧,见李树多实,等辈竞趣之,戎独不往,或问其故,其曰:'树在道边而多子,必苦李也。'取之信然"④。中书令裴楷评王戎:"眼烂烂如岩下电。"⑤ 王戎是《世说新语》中着墨最多的竹林名士,有关他的篇目有 29 条。从《世说新语》中,我们看到了一个充满着矛盾的王戎,既至情至性,又不近人情;既超凡脱俗,又嗜财如命;既富贵显达,又极端吝啬;既积极入仕,又不谋其政;既怀念竹林的逍遥,又抛弃了任自然的思想,这种矛盾性源于竹林玄

---

① 《晋书》卷 49《阮咸传》,中华书局 1974 年标点本,第 1363 页。
② (南朝宋)刘义庆:《世说新语》,河南大学出版社 2010 年标点本,第 431 页。
③ 余嘉锡:《世说新语笺疏》卷下之上《术解》,中华书局 2007 年版,第 827 页。
④ 《晋书》卷 43《王戎传》,中华书局 1974 年标点本,第 1231 页。
⑤ (南朝宋)刘义庆:《世说新语》,河南大学出版社 2010 年标点本,第 377 页。

学的矛盾和政治环境的险恶。王戎曾问阮瞻："圣人贵名教，老庄明自然，其旨同异？"瞻曰："将无同。"戎咨嗟良久，即命辟之。时人谓之"三语掾"。① 名教与自然不仅是学术问题，更是政治原则，关乎士人们的出入存亡，这是王戎们的困惑，阮瞻的"将无同"在本质上混同了儒道学说，没有明确的标准，也没有坚定的立场，在功利取用上调和名教与自然的对立，王戎咨嗟良久，即命辟之，表示对无可无不可的矛盾原则的认可，王戎的言行处事遵循的就是"将无同"的原则。

阮籍非常赏识王戎的率真个性和清谈辩才，他曾对王戎的父亲王浑说："浚冲清赏，非卿伦也。共卿言，不如共阿戎谈。"② 他与王戎酬酢终日，相得如时辈。以年龄而论，王戎位居七贤之末，但年长王戎20岁的阮籍能与之结成忘年交，可见王戎的气度。阮籍欣赏王戎，不仅是因为他的才气，更是他们相似的性情。

士人崇尚自然，注重情感的真实流露，王戎的真性情在夫妻、母子、父子等人伦关系中表现得更为深切。《世说新语·惑溺》载："王安丰妇，常卿安丰。安丰曰：'妇人卿婿，于礼为不敬，后勿复尔。'妇曰：'亲卿爱卿，是以卿卿。我不卿卿，谁当卿卿。'遂恒听之。"③ 王戎的夫妻关系，以亲密的情感对抗严峻的礼法，以平等的婚姻关系否定了夫为妻纲的纲常礼教，以公开秀恩爱的方式蔑视了名教的虚伪。"卿卿我我"充分体现了夫妻间的深厚感情，体现了王戎之妻自由大胆地表达情感、追求平等与人格独立的勇气，也体现了王戎对女性的尊重。以孝著称的王戎遭大丧，鸡骨支床，形销骨立，也体现了王戎是真情实感的自然流露。王戎因阮籍赏识评其为"清尚"而成名，他"任率不修威仪，善发谈端，赏其会要"④。王戎的率真个性与阮籍、嵇康相似，颇为放达，他涉足官场后，仍不拘礼法，率性而为，他曾与阮籍一起和卖酒的邻女饮酒，同游竹林，颇具名士风韵。

早年的王戎，生活简朴，廉洁自守，以为人简约而著称。《世说新语·德行》载："王戎父浑，有令名，官至凉州刺史。浑薨，所历九郡义

---

① 《晋书》卷49《阮籍传》，中华书局1974年标点本，第1363页。

② 《晋书》卷43《王戎传》，中华书局1974年标点本，第1231页。

③ （南朝宋）刘义庆：《世说新语》，河南大学出版社2010年标点本，第579页。

④ 《晋书》卷43《王戎传》，中华书局1974年标点本，第1232页。

故，怀其德惠，相率致赙数百万。戎悉不受。"① 但是，晚年的王戎却变成了嗜利吝啬的敛财狂。在荆州刺史任上，他用公款修建私宅被告发；在任侍中时，收受南郡太守刘肇 50 端细布被弹劾，虽然晋武帝没有追究，但为清议所鄙视。在《世说新语·俭啬》所载的 9 条中，关于王戎的就有 4 条。史载，王戎是一个嗜财如命的人，他"性好兴利，广收八方园田水碓，周流天下。积实聚钱，不知纪极，每自执牙筹，昼夜算计，恒若不足"②。尽管"司徒王戎既贵且富，区宅僮牧、膏田水碓之属，洛下无比"③，他和夫人却还常以象牙筹，昼夜算计家资。他又是一个极吝啬的人，"女适裴頠，贷钱数万，久而未还。女后归宁，戎色不悦，女遽还直，然后乃欢。从子将婚，戎遗其一单衣，婚讫而更责取。家有好李，常出货之，恐人得种，恒钻其核。以此获讥于世"④。王隐《晋书》："戎性至俭，不能自奉养，财不出外。天下人谓为膏肓之疾。"⑤《晋诸公赞》："戎性简要，不治仪望，自遇甚薄，而产业过丰。论者以为台辅之望不重。"⑥ 很难想象一个放达的名士竟是如此的贪婪和吝啬，阮籍曾因此讥笑王戎为"俗物"。为仕上，他没有什么建树，史称其"以王政将圮，苟媚取容"，无一言匡谏。⑦ 傅咸曾弹劾他："戎备位台辅，兼掌选举，不能谧静风俗，以凝庶绩，至令人心倾动，开张浮竞。"⑧ 在时人眼中，王戎显然是一个与时沉浮、醉心财货的人，这与他的名士风度大相径庭。

贪婪无度、嗜财如命似乎与名士风度格格不入，其实这是魏晋士人唯我意识的反映，个性张扬的体现。这种名士风度与贪婪行为的背离，根源在于私欲膨胀的世风。汉末以来，随着个性意识的觉醒，士人们走向了任自然而纵欲的自我，个人欲望膨胀，向秀从理论上论证了这种思潮的合理性，他在《难养生论》中说："嗜欲好荣恶辱，好逸恶劳，皆生于自

---

① （南朝宋）刘义庆：《世说新语》，河南大学出版社 2010 年标点本，第 66 页。
② 《晋书》卷 43《王戎传》，中华书局 1974 年标点本，第 1234 页。
③ （南朝宋）刘义庆：《世说新语》，河南大学出版社 2010 年标点本，第 544 页。
④ 《晋书》卷 43《王戎传》，中华书局 1974 年标点本，第 1234 页。
⑤ 余嘉锡：《世说新语笺疏》卷下之下《俭啬》，中华书局 2007 年版，第 1024 页。
⑥ 同上。
⑦ 《晋书》卷 43《王戎传》，中华书局 1974 年标点本，第 1233 页。
⑧ 《晋书》卷 47《傅玄传》，中华书局 1974 年标点本，第 1329 页。

然……崇高莫大于富贵，然则富贵，天地之情也。"① "且生之为乐，以恩爱相接，天理人伦，燕婉娱心，荣华悦志，服飨滋味以宣五情，纳御声色以达性气，此天理自然，人之所宜，三王所不易也。"② 他把富贵、享乐看成是天理自然，所以，"至于绝五谷，去滋味，窒情欲，抑富贵，则未之敢许也"，③ 向秀的《难养生论》为魏晋时期私欲膨胀的世风提供了理论支撑。与向秀不同，嵇康则试图通过内去欲即自我节制以返归自然，解决个体与群体的矛盾。嵇康被杀，说明内去欲这条道路行不通，以王戎为代表的士人们便接受了向秀的理论指导，把任自然发展到了唯我至上、情欲横流、物欲膨胀的程度，并成为一种人人趋之若鹜的社会风气，以至于如山涛这样的名士领袖也未能幸免。极度追求个性自由，把个人欲望与群体利益相对立，这正反映了玄学本质上的缺失。当然，王戎的贪财吝啬是一种韬光养晦的策略。"戎以晋室方乱，慕蘧伯玉之为人，与时舒卷，无蹇谔之节。自经典选，未尝进寒素，退虚名，但与时浮沉，户调门选而已。"④《晋阳秋》："戎多殖财贿，常若不足。或谓戎故以此自晦也。"⑤戴逵也指出："王戎晦默于危乱之际，获免忧祸，既明且哲，于是在矣。"⑥ 在动荡的局势中，王戎贪财吝啬之举不失为自晦的有效方法，晋武帝曾评说："戎之为行，岂怀私苟得，正当不欲为异耳！"⑦ 从文献记载上看，王戎虽然嗜利贪婪，但他算计的都是自己的财产，所以，王戎虽嗜利如命却坦然自得，虽极度吝啬却依然潇洒，这是以独特的方式在践行越名教而任自然，从而被嵇康、阮籍所欣赏，才会跻身竹林名士之列。但是，王戎的行为处事带有更多的功利性，和阮籍的借酒浇愁、嵇康的锻铁灌园、刘伶的倾心醉酒完全是两重境界。后来，他曾经路过黄公酒垆，对同伴说："吾昔与嵇叔夜、阮嗣宗酣畅于此，竹林之游亦预其末。自嵇、阮云亡，吾便为时之所羁绁。今日视之虽近，邈若山河！"⑧ 大儒孙奇逢

---

① 韩格平：《竹林七贤诗文全集译注》，吉林文史出版社 1997 年版，第 566 页。
② 同上书，第 567 页。
③ 同上书，第 566 页。
④《晋书》卷 43《王戎传》，中华书局 1974 年标点本，第 1234 页。
⑤ 余嘉锡：《世说新语笺疏》卷下之下《俭啬》，中华书局 2007 年版，第 1025 页。
⑥ 同上。
⑦《晋书》卷 43《王戎传》，中华书局 1974 年标点本，第 1233 页。
⑧ 同上书，第 1235 页。

评道："王戎一贪鄙巧诈之人耳，富贵已极。而黄墟数语，强欲分竹林之席，人且见其肺肝矣。"①

王戎性好老庄，崇尚自然，他的行事作风符合魏晋风度，但是，他也深受名教影响。他不仅有独到的人伦鉴识，对山涛、王衍、裴頠、荀勖、陈道宁、王敦、钟会等都有明鉴，而且他更有治国平天下的抱负和才能。王戎历任吏部黄门侍郎、散骑常侍、河东太守、荆州刺史，后迁豫州刺史，加建威将军，受诏率军伐吴。王戎亲领大军，连下武昌、江夏等地，攻占了长江中游的战略要地。"戎渡江，绥慰新附，宣扬威惠"，使"荆土悦服"。② 在平吴战役中，王戎表现出了杰出的军事才能，并因此加封县侯，后拜吏部尚书、太子太傅、中书令、尚书左仆射，元康七年（296），升任司徒。可见，王戎的入世是积极的，政绩也很显著，他成功实现了当初入仕时的建功立业的报国理想，但是，面对多变和险恶的政局，他无力应对，只有与时沉浮、明哲保身，王戎最终放弃了逍遥的竹林精神，也放弃了治国平天下的社会理想，以获得现实利益为人生至乐，这反映了这一时期士人们思想的变化，即放弃了探寻社会正义的理想，转而追求个人的自由逍遥。

八 卓尔不群的竹林玄风

魏晋玄学是以思辨形式表达的社会意识形态，是对两汉经学的反动，是宋明理学的思想来源之一，在中国古代思想史上居于承前启后的重要地位。玄学重思辨、好玄远，以此创立了中国思想史上的一个新时代。它以精密的思辨、严谨的逻辑，纠正了两汉经学唯章句之辨的流弊，引领了儒学向抽象和理性发展的方向，为中国士人重思辨、喜玄理、好究天人之际提供了理论指导。

（一）个性的彰显

正始之后，竹林名士秉持的价值取向、生活情趣、风度仪容引领了士林，他们成为士人们膜拜的偶像。嵇康的执着人生追求，阮籍的虚幻人生

---

① 张显清：《孙奇逢集》中册《夏峰先生集》卷之二《语录》，中州古籍出版社 2003 年版，第 556 页。

② 《晋书》卷 43《王戎传》，中华书局 1974 年标点本，第 1232 页。

理想，向秀的锻铁灌园的适意，王戎、刘伶、阮咸的纵欲狂放行为，魏晋士人所追求的宁静心境，处处萦绕着竹林之音。儒学引导人们走向庙堂，道学引导人们走向山林，佛学引导人们走向空寂，而玄学则引导人们走向自我，它所具有的精神自由、个性解放的特质在中国思想史上独树一帜。

风度、风骨、风流是汉末以来的人物品藻和人伦识鉴。风度指人的器量、识度，风骨指人的骨气、清峻，风流则是超越世俗，率性任情。就竹林名士而言，最具风度的是阮籍、山涛、向秀，最具风骨的当推嵇康，而刘伶、阮咸、王戎则是风流的代表。

玄学为个性的觉醒、为自我的肯定提供了理论依据，为任自然、适情性的合理性找到了理论根据，因此它受到了力图冲破儒经束缚的士人的钟爱。在玄学的理论指引下，士人们张扬个性，纵情自适。但是人终究是社会的人，既要满足个人的欲望，也要承担社会的责任。玄学没有为解决个体与群体、自我与社会的关系提出一套足以取代儒家伦理道德规范的理论，玄学未能成为后来士人立身处世的理论基础，也难以被后来的社会发展所接纳，尽管它影响深远，但结局注定是悲剧。钱穆先生曾对此批判道，"向、郭如此曲学阿世，奖励政治人物放旷不务责任，而尊之曰尧、舜无为"，这是一种"伪学"和"佞人哲学"。①

人格理论认为，作为个体的自我是由"真实自我""现实自我"与"理想自我"组成的集合体。人的"真实自我"即个体本质存在的内在状态，人的"现实自我"即个体存在的现实状态，人的"理想自我"即个体存在的未来状态，这三个"自我"的关系是否协调，决定了一个人的思想境界和行为状态。对于竹林名士来说，"真实自我"是他们固有的济世理想，其人生价值就是正心、诚意、修身、齐家、治国、平天下，这种以自我完善为基础，通过"修齐治平"将个体纳入群体伦常关系之中，建功立业，是竹林士人的最高理想。当血雨腥风的社会现实击碎了士人们的"真实自我"后，他们对虚伪的名教产生了激愤，其"现实自我"便外显为一种纵情任诞的状态。在"真实自我"和"现实自我"的矛盾冲突中，老庄精神成为他们心灵自救的良方，阮籍和刘伶笔下的"大人先生"这一"理想自我"的化身便应运而生。然而"真实自我"与"现实

---

① 钱穆：《中国思想史》，东方出版社 2017 年版，第 142—143 页。

自我"的矛盾却始终难以解决，他们以精神的空无玄虚和行为的任情放达来超脱现实，物我一体，他们在竹林悠游中、在酣酒醉意中的确也实现了精神的自由，也享受了和谐美妙、同化自然的快感，但是，一旦精神照亮现实，他们就会充满深深的失落、苦闷与矛盾，正所谓理想很丰满，现实很骨感，未来很暗淡。当他们在精神的天国中像"大人先生"那样逍遥自适、豪迈高举的时候，又不得不在现实的大地上吟唱着无限凄凉孤独的悲歌。竹林名士们三重自我之间的矛盾冲突，导致了"真实自我"的绝望、"现实自我"的无奈和"理想自我"的缥缈，从而使他们在那个时代特立独行、卓尔不群。

任情放达是玄学实践的一种方式，它极大地张扬了个性的自由，为后人开创了一股新的玄风。任情放达是和名教格格不入的，但是他们虽越名教而任自然，却与世无争；虽有违世俗，却于朝政无碍；虽然官职不高，却也欣然处之。从他们的言行看，任情纵欲仅仅是追求自适而已，夸名不在己，但愿适中情。既然嵇康的执着追求行不通，阮籍、向秀的苦闷追寻太过于压抑，士人们便走向了放诞纵欲、任情而行，这种方式虽然张扬了个性，却丧失了社会责任感和历史使命感，这正是玄学理论上的缺陷所导致的。钱穆先生指出："如是则人生陷入虚幻玄想，最多是一种'艺术人生'，没有'道德人生'积极向前奋斗努力的一种坚强精神。"① 他又进一步指出："当时思想界大病，正为认性情不真切，正为其不自得，此在王弼、阮籍犹不免，遑论向、郭以下。当时人五情六欲，陷溺深了，却还要纵心调畅，不束于教，这才不得不仰待西方佛法来振救。"② 南北朝时期佛教的兴盛正是源于此。

儒家强调入世，道家主张出世；儒家要在积极有为中体现担当精神，道家是在清静无为中彰显超脱精神；儒家如大地上的旅行者，脚踏实地而忧国忧民，道家如天空中的翱翔者，放眼宇宙而顺其自然。中国人的心灵构建，需要同时兼顾社会秩序和个体自由，所以，如何兼顾群体和个体是士人们探寻的重要问题。从竹林名士的玄学践行来看，他们始终徘徊于名教与自然之间，既重情欲，又尊自然，既重个性，又尊世俗，既坚守自己

---

① 钱穆：《中国思想史》，东方出版社 2017 年版，第 144 页。
② 同上书，第 145 页。

的理想，又不能超脱尘世，很难找到一条通往实现自己理想的道路，只有在苦闷与矛盾中踽踽而行，只有山涛、王戎仕途畅达，但又偏离了玄理。从嵇康的慷慨抗争到阮籍的苦闷追寻，从山涛的疏远玄理到王戎的醉心财货，从阮咸、刘伶的任情放达到向秀的悲凉入京，竹林名士对玄学的践行终告失败。向秀悲凉入京，标志着竹林士人倡导的竹林玄学的风消云散，此后，像嵇康那样执着践行越名任心的风骨士人消失了，像阮籍、向秀那样在名教与自然的冲突狭缝中依违避就、彷徨抑郁的苦闷士人不见了，士人们摒弃了偏激的竹林之游，回归了正始之音，竹林玄学的社会批判精神、返璞归真的社会理想被享受至上的任情逍遥所取代。士人们在名教与自然之间、在出世与入世之间，找到了一个既出世又入世、既简便又实用、既享乐又安全的全新的生活方式，他们在以颓废的姿态尽情享受人生的同时也走向了乱亡。

（二）思辨的特色

魏晋玄学破除了汉代经学的谶纬迷信，思想家们采取思辨哲学的形态，提出了本末、体用、有无、动静、言意、名教与自然等哲学范畴，并运用这些理论来论证天人关系、名实关系，为经学寻找依据。玄学家们的学说从神性发展到理性、从训诂述古发展到义理分析，这是我国古代思辨哲学发展的标志，开辟了中国哲学史上的一代理论新风。

本末之辨是魏晋玄学的基本问题。汉儒讲宇宙构成，便讲阴阳五行，由此进一步讲天人感应。玄学家们论本末、有无，追究宇宙万物的本源，撇开了五行五德，从根本上解决了这个问题。覃怀思想家王弼是中国古代思想史上第一个将本末、体用作为哲学范畴并进行论证的思想家，他的"以无为本"的本体论学说内容丰富，并具有极强的思辨性，是魏晋玄学的理论核心。竹林名士向秀在王弼以无为本的基础上，提出了玄冥独化的主张，认为万物以道为本，阴阳是物，自然是物，物之先就是道，道就是无，无是世界的本原。天下万物都是"有"，都是从玄冥中独化出来的。本末之辨从认识论上把汉儒的宇宙万物构成论推进到了宇宙万物的本源论，极大地促进了人们认识水平和认识能力的提高。

名教与自然之辨是魏晋玄学的一个核心论题，这个论题与现实政治的关系最为密切，所以对这个问题的争辩贯穿于玄学的整个发展过程中。王弼用以无为本的本体论辨证了名教与自然的关系，提出了"名教出于自然"的命题，既承认名教存在的合理性，又认为它应该顺物之性，清静无为，这就把名教引向了自然，解决了自然与名教的矛盾。竹林名士认为，对自然的崇尚必然造成和名教的冲突，崇尚意志自由的嵇康提出了"越名教而任自然"的主张，并以此作为批判名教的理论依据。与重于批判的嵇康不同，向秀提出了"名教即自然"的观点，他认为，万物自生于玄冥，人类社会也是独化于玄冥的，尊卑高低、君臣上下的名教也是天理自然，人们只能安分无为、顺其自然。向秀讲自然的自生自化，进而讲自然无心，自然无心就是不为而自然，不为而自然既可以是超越名教的任情而动、任情纵欲，也可以是名教的伦理纲常，只要无心即可。向秀从自生自化的"有"，走向了儒道合一，从而为任自然与顺名教提供了理论基础。正始玄学的何晏、王弼主张名教出于自然，竹林玄学的嵇康、阮籍主张越名教而任自然，而向秀、郭象则主张名教即自然，玄学家对名教与自然的关系的认识，经历了一个正、反、合的过程，这是一个矛盾的发展过程，无论是王弼的名教出于自然，还是嵇康的越名任心，还是向秀的名教即自然，都是力图从理论上解决名教与自然的矛盾。

圣人有情无情是玄学家们论证的又一个基本问题，也是涉及个性自由的重大问题。任情而动的新的社会思潮，必然会与儒家礼法观念发生冲突，何曾之所以数次指责阮籍违礼，正是这种冲突的表现。魏晋士人基于老庄的任自然来阐发个性自由的思想，老庄的任自然是物我两忘，不受社会的任何诱惑，也不受社会的任何约束，达到"自然的我"的境界，竹林士人把庄子的"自然的我"变成了"社会的我"，任何外界变化都会引起个人情感的反应，产生种种欲望，这种情感欲望是自然的，不应受到约束，这就从庄子的忘情走向了任情，从任自然走向了任情欲，走向了任由情感发泄、哀则极哀、乐则极乐的自我。向秀在《难养生论》中提出的有生则有情、称情则自然的主张，从理论上论证了任情而动的合理性，为轻视世务、不拘礼法、顺从自然提供了理论依据。

玄学家们以贵无论为指导，论证了本末之辨、名教与自然之辨、有情与无情之辨等哲学问题，以探求义理取代了章句探微，以简御繁，彻底破除了汉儒的僵化陈腐体系，打破了谶纬经学对人们思想的束缚，进一步深化了本体论学说，推动了中国古代思想的发展。魏晋玄学家提出的一系列哲学命题和思辨方法，深刻地影响了后世的思想家们。北朝道教领袖寇谦

之在向秀提出的关于名教与自然关系学说的基础上，解决了山林与庙堂的
关系，成为新道教关于建立政教合一体制的理论基础，佛学家借用玄学家
的体用、本末观来解释佛学，建立了富于理论思辨的佛学本体论，宋明理
学家们则运用玄学的本末、体用学说构筑了理学体系，本末、体用学说也
被其他思想家广泛运用，并得到进一步发展。

（三）士文化的成型

竹林玄风在中国士人的传统性格的形成、在士文化的发展过程中具有
深远的影响，士人们超脱、雅趣的品性，山水意识、山水诗和山水画，无
不带有玄学思潮的印记。

玄学影响了士人的思维方式。汉代儒家所关注的是宇宙生成论问题，
而魏晋玄学家探讨的是宇宙本体论问题，玄学家们抛开了现实功利，以老
庄的玄远虚无思想为指引，探讨了本末之辨、名教与自然之辨、有情与无
情之辨、言意之辨等问题。这些问题的提出和讨论，既丰富了玄学理论的
内涵，也增强了魏晋士人严谨缜密的思维能力。魏晋士人们抛弃了汉儒只
注重王道人伦秩序、注重考辨和训诂的谶纬之学，开始认真思考宇宙的本
源，思考人生的意义。对这些问题的理论辨析，既启迪了他们的智慧和思
维，拓宽了他们认识世界的视野，又开创了中国士人重思辨、喜玄理、好
究天人之际的传统。

玄学启迪了士人们追求自由人生的理想。魏晋是一个极其黑暗的年
代，也是人性觉醒的时代。纷繁的世事、血腥的斗争、无情的现实，使玄
学家们不得不思考如何处理政局动荡与个人安危之间的矛盾，如何在有限
的人生中实现无限的生命价值。从现实压抑的政治漩涡中摆脱出来，由政
治的人生转向生活的人生，不仅成为哲学家的人生向往，也成为他们终身
努力的目标。随着对个体生命价值的不断认识和个性自由的不断张扬，玄
学理论的返璞归真的特质越来越彰显，士人们的理论涵养、价值观念、审
美情趣、生活方式等都发生了本质上的变化。玄学家们对自由超脱的人生
之道的执着践行，既启迪了中国士人的人生价值观，也开拓了新的人生境
界，奠定了士人精神养成的理论根基。竹林名士的后人们自幼深受竹林玄
风的熏陶，在他们身上浸染了浓郁的玄意。《世说新语·赏誉》载："林
下诸贤，各有俊才子：籍子浑，器量弘旷；康子绍，清远雅正；涛子简，
疏通高素；咸子瞻，虚夷有远志；瞻弟孚，爽朗多所遗；秀子纯、悌，并

令淑有清流；戎子万子，有大成之风，苗而不秀；唯伶子无闻。凡此诸子，唯瞻为冠，绍、简亦见重当世。"① 在血雨腥风的社会动荡中，士人们毅然抛却现实烦恼，逃离政治苦海，在自己的精神世界中，任情逍遥，怡然自得，士人的生活从重视宦海仕途转向了关注个体人生。魏晋士人的人生观和处世态度，引领了以后中国士人的气质。当他们遭遇挫折、难遂其志的时候，士人们便不再执拗地坚守在政治舞台上，或笑傲山林，或归隐田园，在精神家园中、自然状态下自得其乐，享受自由的人生。

魏晋士人解决了庙堂之高与山林之远的关系，为士人们找到了一条在出入进退间自由行走的中庸之道。出入进退是古代士人处世哲学的基本命题，是士人们所面临的两条不同的人生道路的抉择。士人们或运筹帷幄，决策庙堂，或高隐江湖，独善其身，或通达仕途，兼济天下，或忘情诗酒，逍遥自乐，只有处理好入世和出世的关系，才能让徘徊于进退出入间的士人们有一个安身立命的家园。玄学以道统儒，以老庄之道来重构儒家伦理，既不否定儒家的经典地位，又坚守了道家的精神自由旨意，调和了儒道歧义，让士人们既能身立庙堂，建功立业，又能心处玄远，纵情山林。竹林名士都曾有过入仕的经历，入仕后，他们既能体识玄远，寄情山林，又能无为而治，安享事功。这种兼具玄远与事功的处世方式成为士人们安顿身心的典范，也影响了后世士人心态和士人文化。如苏轼和朱熹，他们都具有独立的人格和狷介的个性，他们入仕后能忠君报国、勤政爱民、造福一方，面对政治打击，能坦然面对、独立不惧、气节不改。在他们看来，宅心山林，随遇而择，在朝为官，不忘百姓，归隐江湖，不忘庙堂。欧阳修更看重自己的社会责任，先天下之忧而忧，后天下之乐而乐，太平时忧天下，危难时担天下，进忧，退也忧，先忧后乐，公而忘私。士人们兼顾个人志趣与社会责任的进退出入态度，解决了个体性与社会性的矛盾，体现了哲人的睿智与深邃，彰显了士人的人格魅力，这是中国士人的高贵品质。

玄学培养了士人的山水隐逸情怀，为士人们钟情山水提供了理论指导和践行楷模。大自然钟灵毓秀，风情万种，老庄的自然论把道赋予了自然，孔子的仁山智水论又给大自然注入了道德的内涵，玄学家则把玄理赋

---

① （南朝宋）刘义庆：《世说新语》，河南大学出版社 2010 年标点本，第 271 页。

予山水，游山玩水便是对玄理的探寻和体悟。在思想家们看来，山水具有浓厚的自然之理和人文精神，引领了士人群体崇尚自然并最终走向山水田园。文人学士钟爱山水，多情的士人和秀丽的山水相融合，登山则情满于山，观海则意溢于海，这就是山水之道。在阮籍嵇康等 7 位名士的竹林之游不久，就有了西晋石崇主持的 30 位名士的金谷俊游，还有后来的东晋王羲之主持的 42 位名士的兰亭雅聚，山水之游，名士们体认了自然之美，彰显了高雅情趣。自古以来，文人墨客都倾心在秀山丽水之中怡情悦性、吟哦歌咏。在魏晋玄学之后，山水田园诗大量涌现并长久流传，山水画成为中国画的主流，正在于自然山水被魏晋士人所赋予的玄理之意。后来的士人们更把山水田园人格化，如凌风傲雪、不畏苦寒的梅花被喻为高洁清逸之士，空谷幽放、香雅怡情的兰花被喻为贤达之士，高风亮节、清雅淡泊的翠竹被喻为谦谦君子，出淤泥而不染的荷花被喻为清洁之士，而凌霜飘逸、不趋炎附势的菊花更被称为花中隐士。大自然的人格化使士人们将山水引为知己，当士人们仕途挫折，首先想到的便是到大自然中去寻求慰藉、啸傲山林、钟情山水也成为士人们的人生理想，隐于山水的陶渊明、谢灵运、王维等更为士人们的山水情怀增添了浓墨重彩的诗意。从士人们的山水情节，到山水田园诗的吟咏，再到中国山水画的意境，都洋溢着玄远的竹林之音。

（四）竹林文化的形成

竹林文化是以竹林为载体所形成的中国传统文化中独具魅力的一种文化现象，它内涵有物质化的竹器和精神化的竹意。物质化的竹器是以竹子为材料在人们的衣、食、住、行、用等日常生活中使用的器物，精神化的竹意是以竹子为象征的人们的思想观念、理想人格、价值取向、情感寄托、审美志趣等精神境界。

在世界上，中国竹类资源最为丰富，开发利用竹资源最早，素有"竹子王国"之称。远古时期，竹林广布中华大地，西起祁连山，东至沿海诸岛，北到华北平原，南及海南岛，黄河文明和长江文明正处于竹林生态的核心区域，中华传统文化就是在这种竹林生态环境中产生和发展的。先民们在生活中很早就创造了竹器，在西安半坡遗址中出土的陶器上，发现了刻有"竹"字的符号，距今已有 6000 多年，殷商时期，人们已经广泛使用竹子，用竹简写的书叫"竹书"，用竹简写的信叫"竹报"，竹简为我们保存了东汉以前的大批珍贵文献，直到南北朝时竹简才被纸所取代。到了 9 世纪，我国开始用竹造纸，比欧洲早了 1000 年。竹是中华民族乐器的重要制作材料，人们常用"竹"代指管乐，用"丝竹"代称音乐。竹子还是中国古典园林中不可或缺的重要景观，如沧浪亭的"翠玲珑"、网师园的"竹外一枝轩"、个园的"春山"、留园的"碧梧栖凤"等。关于竹子的物用价值，苏东坡在《记岭南竹》中指出："食者竹笋，庇者竹瓦，载者竹筏，炊者竹薪，衣者竹皮，书者竹纸，履者竹鞋，真可谓不可一日无此君也耶？"① 一座竹楼，一架竹桥，一双竹筷，一碟竹笋，一根竹笛，一把竹扇，一张竹纸，一支竹笔，一幅墨竹画，一首咏竹诗，处处洋溢着中华文化的浓郁气息，彰显着中华文化的独特魅力。

作为精神化的竹意的形成，应始于竹林之游。竹林七贤不愿在世俗的喧嚣中憋屈而生，便结伴栖身竹林，放飞自我，身与竹化。他们逍遥于竹林，品味着竹意，陶冶着情操，体察着天地万物的玄意，享受着自由自适的快乐，在竹林中践行玄学价值观。他们用诗赋书写怀才不遇的苦闷，用醉饮品味超然物外的潇洒，用琴声释放世态炎凉的忧郁，用傲啸抒发天人合一的玄意，从而缔造了竹林玄风，演绎了一段竹林之游的佳话。竹林之中的七贤，用放诞不羁的行为抨击世俗，顽强地与命运抗争，这正是竹子坚贞不屈的品格；他们以竹林对抗世俗，在大自然中特立独行，这正是竹子超凡脱俗的气度；他们弹琴吟啸，饮酒赋诗，谈玄高歌，这正是竹子风姿卓雅的气韵；凛然正气的嵇康不畏强权，慷慨赴死，这正是竹子刚直不阿、宁折不弯的气节。竹子的潇洒飘逸、清新脱俗、正气凛然，正是竹林七贤的灵魂。自古名士多风流，名士风流浸透的是竹林风韵，名士的风度与风流，竹意尽显，竹林的风姿与风韵，玄意盎然，名士与竹林融为一体，相得益彰。正是竹林七贤的风流、风骨、风度，为竹林文化铸造了灵魂，为士人开辟了纯洁的精神乐园，使竹林成为士人们理想的寄托之地，从此，竹林文化风靡士林，长盛不衰。

竹子具有深厚的文化意韵。竹子枝翠叶绿，四季常青，生机盎然，具有青春的活力；竹子雄健阳刚，节节高升，蓬勃向上，直指云天，具有奋

---

① 张春林：《苏轼全集》之《文集》卷 73《杂记草木饮食二十九首》，中国文史出版社1999 年版，第 1513 页。

发有为的精神；竹子潇洒挺拔，清丽俊逸，具有君子的风度；竹子外直中空，内敛低调，柔美婉约，虚怀若谷，具有谦逊的气质；竹子不慕华丽，朴实纯真，具有清淡高雅的品格；竹子弯而不折，折而不断，能伸能屈，具有刚柔相济的品质；竹子刚直不阿，偃而犹起，凌霜傲雪，苍翠毅然，具有坚贞不屈的品性；竹子生而有节，高风亮节，具有高尚的气节。竹子既有松树刚直挺拔的气度，又有梅花凌霜傲雪的铁骨，还有兰花翠色长存的高洁，它以劲节、虚空、萧疏的个性，充分体现了君子之风。它的劲节，体现着不屈的气节；它的虚空，体现着谦逊的胸怀；它的萧疏，体现着超凡脱俗的气质。正直，气节，淡泊，清高，这正是士人们的价值取向和人格追求。在成功学上有一个著名的"竹子定律"，一开始，竹子耗费长达 4 年的时间只长了几厘米，而从第五年开始，竹子就以每天 30 厘米的速度生长，六周时间就长到了 15 米。原来在最初的几年，竹子都是在地下努力，积聚能量，它的根系长达数公里，有了这么雄厚的基础，它才能在 5 年后加速成长。竹子成长过程中的耐住寂寞、厚积薄发、奋发向上的特质，在成功学上具有重要的启发和借鉴意义。

竹既有美的意象，又与士人的价值取向和审美情趣相契合，所以，士人们都特别钟情于竹林，竹林文化也浸透了士人骨髓。被称作"痴绝"的王徽之可谓是史上第一爱竹人："时吴中一士大夫家有好竹，欲观之，便出坐舆造竹下，讽啸良久。主人洒扫请坐，徽之不顾。将出，主人乃闭门。徽之便以此赏之，尽欢而去。尝寄居空宅中，便令种竹。或问其故，徽之但啸咏，指竹曰：'何可一日无此君邪！'"①　白居易在《养竹记》中将竹子比作贤人君子："竹似贤，何哉？竹本固，固以树德，君子见其本，则思善建不拔者。竹性直，直以立身；君子见其性，则思中立不倚者。竹心空，空以体道；君子见其心，则思应虚受者。竹节贞，贞以立志；君子见其节，则思砥砺名行，夷险一致者。"②　刘岩夫在《植竹记》中以君子比德于竹："原夫劲本坚节，不受霜雪，刚也；绿叶萋萋，翠筠浮浮，柔也；虚心而直，无所隐蔽，忠也；不孤根以挺耸，必相依以林秀，义也；虽春阳气旺，终不与众木斗荣，谦也；四时一贯，荣衰不殊，

---

① 《晋书》卷《王徽之传》，中华书局 1974 年标点本，第 2103 页。
② 《白居易全集》卷 43《记序》，珠海出版社 1966 年标点本，第 755 页。

常也；垂蕡实以迟凤，乐贤也；岁擢笋以成干，进德也。"① 司马光在《种竹斋》中说："吾爱王子猷，借斋亦种竹。一日不可无，潇洒常在目。"② 苏东坡在《于潜僧绿筠轩》中说："宁可食无肉，不可居无竹。无肉令人瘦，无竹令人俗。人瘦尚可肥，士俗无可医。"③ 郑板桥则在《题画兰竹石》中指出："盖竹之体，瘦劲孤高，枝枝傲雪，节节干霄，有君子之豪气凌云，不为俗屈。"④ 他还在《竹石》中赞道："咬定青山不放松，立根原在破岩中。千磨万击还坚劲，任尔东西南北风。"⑤ 人们还把竹子看作是孝道文化的载体。裴松之注《三国志·吴志·孙皓传》引《楚国先贤传》："（孟）宗母嗜笋，冬节将至。时笋尚未生，宗入竹林哀叹，而笋为之出，得以供母，皆以为至孝之所致感。"⑥ 孟宗哭竹生笋，演绎了一段与竹林有关的孝道佳话，元代郭居敬把它列入古代"二十四孝"进行表彰。人们还把竹子看作是吉祥的象征，竹与松、梅构成"岁寒三友"，与梅、兰、菊并称"四君子"，与松、梅、月、水构成"五清图"，与松、萱、兰、寿石构成"五瑞图"。竹子四季常青，颜不改色，象征着长寿和安宁，我国自古就有竹报平安之说，还有节节高升之寓意，湘妃的眼泪所浸成的斑竹则象征着女子坚贞不渝的爱情。战国时期，人们开始神化竹子，东汉时期，张道陵创立的天师道把竹子神化为送子和延寿的灵草，傣族、彝族、景颇族等更把竹作为本民族的祖先和保护神。在文学史上，南朝时期诞生了咏竹文学，谢朓的咏竹代表作有《咏竹》和《秋竹曲》，历代文人墨客都创作出了众多的咏竹佳作。在中国绘画史上，唐朝时期开始画竹，五代十国时期出现了墨竹画，北宋时期的苏轼、文同开始大量画竹，清代画家郑板桥更是毕生致力于画竹。竹林颜值高，气质佳，内涵厚，它的醇美滋养了士人们的性情。

在中国传统文化中，儒家是入世文化，注重进取，刚正奋进，建功立业，道家是出世文化，注重自然，顺其天性，淡泊自适；佛家是超世文

---

① 周绍良：《全唐文新编》卷 739《刘岩夫》，吉林文史出版社 2000 年版，第 8583 页。

② 《司马光全集》第 1 册卷 4《古诗三》，四川大学出版社 2010 年标点本，第 116 页。

③ 《苏东坡全集》之《前集卷四·诗八十八首》，中国书店 1986 年版，第 83 页。

④ 《郑板桥全集》（增补本）卷 13《题画三》，凤凰出版社 2012 年版，第 415 页。

⑤ 同上书，第 357 页。

⑥ 《三国志·吴志》卷 48《孙皓传》，中华书局 1982 年标点本，第 1169 页。

化，注重来生，现世渡劫，寄望再世。竹子有壮志豪迈之情，有宁静淡泊之风，有包容万物之理，有方正圆融之义，有刚柔相济之道，更有超凡脱俗之气，竹子以其独具魅力的风情万种，包容了三教之理，融合了百家之义，蕴涵了人生之道，它自然就成为圣学道宗禅趣的神圣载体。追求济世通达者可效竹之飒爽英姿，追求宁静淡泊者可效竹之潇洒飘逸，所以，历代名士都钟爱竹林、痴迷竹意，无论是圣庙书院、宫观寺祠，还是士人居所，无不翠竹满园。王阳明在创建自己心学体系时，在宇宙万物中特意选定了竹子为格物对象，要穷竹之理，他在竹林中与竹子对话，格竹七日，累到吐血，仍不得要领，便对"格物"学说产生了怀疑，后来龙场悟道，提出了心外无物、格物致良知的心学理论，可见竹林文化对阳明心学形成的影响，"守仁格竹"成为中国学术史上的一段佳话。人们喜爱竹子，还把它作为造字的重要元素，据统计，在汉字中，以竹为部首的字共有365个。士人们对竹的痴迷，还生成了众多的成语典故，如茂林修竹、竹林之游、张仪折竹、守仁格竹、哭竹生笋、竹报平安、胸有成竹、丝竹之音、竹篱茅舍、青梅竹马、竹马之交、清莹竹马、名垂竹帛、罄竹难书、势如破竹、破竹建瓴、丝竹中年、翠竹黄花、竹烟波月、竹杖化龙、金石丝竹、柳门竹巷、竹柏异心、竹清松瘦、竹苞松茂、青竹丹枫等。

竹林文化是中国传统文化的鲜明特色，体现了深厚的中华文化内涵，是中华传统文化中的一道靓丽的风景。源远流长、丰富多彩的竹林文化，在中国传统文化的发展中留下了深长的历史投影，彰显了独特而无穷的魅力。

第二节　孙登的高啸与无言

魏晋玄学家中，孙登与其他名士不同，他是彻底的隐士，也是最为另类的玄学家。

《晋书·隐逸》载："孙登，字公和，汲郡共人也。无家属，于郡北山为土窟居之，夏则编草为裳，冬则被发自覆。好读《易》，抚一弦琴，见者皆亲乐之。性无恚怒，人或投诸水中，欲观其怒，登既出，便大笑。时时游人间，所经家或设衣食者，一无所辞，去皆舍弃。……文帝闻之，使阮籍往观，既见，与语，亦不应。嵇康从之游三年，问其所图，终不答，康每叹息。将别，谓曰：'先生竟无言乎？'登乃曰：'子识火乎？火生而有光，而不用其光，果在于用光。人生而有才，而不用其才，而果在于用才。故用光在乎得薪，所以保其耀；用才在乎识真，所以全其年。今子才多识寡，难乎免于今之世矣！子无求乎？'康不能用，果遭非命，乃作《幽愤诗》曰：'昔惭柳下，今愧孙登。'或谓登以魏晋去就，易生嫌疑，故或嘿者也。竟不知所终。"① 《世说新语·栖逸》："嵇康游于汲郡山中，遇道士孙登，遂与之游。康临去，登曰：'君才则高矣，保身之道不足。'"② 从极少的文献记载来看，孙登虽置身于山林，却离人间不远，虽近身于俗世，却不食人间烟火，他在读《易》中灵通圣贤，高啸中体味玄远，抚琴中超脱凡尘。虽然他不与人世往来，却对世俗洞若观火，对朝政、对是非、对人性、对生命都有着清醒的认识和准确的判断。

一　高啸

竹林七贤中的阮籍和嵇康，曾先后拜访过孙登，嵇康善琴，阮籍善啸，时有"嵇琴阮啸"之誉，而孙登善啸善琴，尤其善用啸来表情达意，琴、啸是他们心灵共通的媒介。《晋书·阮籍传》载："阮籍尝于苏门山遇孙登，与商略终古及栖神导气之术，登皆不应，籍因长啸而退。至半岭，闻有声若鸾凤之音，响乎岩谷，乃登之啸也。"③《世说新语·栖逸》："阮步兵啸闻数百步。苏门山中，忽有真人，樵伐者咸共传说。阮籍往观，见其人拥膝岩侧，籍登岭就之，箕踞相对。……籍因对之长啸。良久，乃笑曰：'可更作。'籍复啸。意尽，退还半岭许，闻上然有声，如数部鼓吹，林谷传响，顾看，乃向人啸也。"④《三国志》裴松之注引孙盛《晋阳秋》：康见孙登，登对之长啸，逾时不言。康辞还，曰："先生竟无言乎？"登曰："惜哉！"⑤ 孙登曾创作了一首啸曲，名为"动地"。孙广《啸旨·动地章》认为，"动地"出于孙登，其音师旷清徵、其声广博宏壮，可见，孙登之啸气势宏大，富有阳刚之美。

---

① 《晋书》卷 94《隐逸》，中华书局 1974 年标点本，第 2426 页。
② （南朝宋）刘义庆：《世说新语》，河南大学出版社 2010 年标点本，第 405 页。
③ 《晋书》卷 49《阮籍传》，中华书局 1974 年标点本，第 1362 页。
④ （南朝宋）刘义庆：《世说新语》，河南大学出版社 2010 年标点本，第 404 页。
⑤ 《三国志·魏书》卷 21《王卫二刘传》，中华书局 1982 年标点本，第 606 页。

　　啸音不仅仅是乐声，也是情操的表达方式，并非人人都能理解。嵇康善琴，但他不懂啸理，不知道孙登啸音中所包含的啸理，故孙登有"惜哉"之叹。阮籍拜见孙登，阮籍善知音，孙登善传音，通过高啸的交流，阮籍领悟到了孙登的啸理，乃借苏门生之论写了《大人先生传》。阮籍被誉为开启六朝啸风的名士，但在孙登面前，这个放浪形骸的狂士却变成了谦虚恭敬的学生，一个在拜访之初受到孙登"仡然不应""凝瞩不转"冷遇的人，却成为孙登的知音，显然，他从孙登的啸声中领悟到了玄理。

　　啸是魏晋玄风中的一大流派，孙奇逢《啸台诗》有"长啸山头事最奇，清谈丛中另开基"① 之评。作为一种具有丰富义理的表达方式，善啸之人崇尚自然、放浪形骸、不求闻达、闲默自守。孙登和阮籍皆为善啸之人，重精神相契之意，有重音轻言之性，崇玄幽然之趣，二人的傲啸山林就构成了魏晋名士风度。

　　《说文解字》："啸，吹声也。从口，肃声。"② 许慎认为，"啸"是吹气之声，类似于今天的吹口哨。郑玄《毛诗传笺》："啸，蹙口而出声也。"③ 音韵学上，"蹙口"就是合口呼，即双唇向前努起，留气口，呈圆形或扁形，气流从喉中出发经舌尖由气口吹出。唐人孙广《啸旨·序》："夫气激于喉而浊，谓之言；激于舌而清，谓之啸。言之浊，可以通人事，达性情；啸之清，可以感鬼神，致不死。"④ 成公绥《啸赋》："动唇有曲，发口成音。"⑤ 发音位置上，啸是气流激于舌而产生的，音质上，啸是一种清音。南宋人高似孙《纬略》载，啸有《权舆》《流云》《深溪虎》《高柳蝉》《空林鬼》《巫峡猿》《下鸿鹄》《古木鸢》《龙吟》《动地》《苏门》《刘公命鬼》《阮氏逸韵》《正章》《深远极大》十五章，其中，《动地》《苏门》为孙登隐于苏门山所作，《阮氏逸韵》为阮籍所作。⑥

　　以啸来抒情达意，出现于先秦时期。宋人王谠在《唐语林》卷五

---

① 参见张海《苏门通览》，中州古籍出版社 2012 年版，第 330 页。
② （东汉）许慎：《说文解字》卷 2 上《口部》，中华书局 1963 年版，第 32 页。
③ 周勋初：《唐语林校证》卷 5，中华书局 1987 年版，第 513 页。
④ 同上。
⑤ 同上书，第 514 页。
⑥ 同上书，第 513 页。

《补录》中指出:"人有所思则长啸,故乐则咏歌,忧则嗟叹,思则啸吟。"① 《诗经》中有多篇提及啸,啸者多为女性,或初离父母,愁苦无端,便以啸抒发其抑郁的情怀,或思念恋人,情意缠绵,或召唤亡魄,或求雨,或召鬼。在彰显个性自由的魏晋时代,竹林名士冲破了礼教的束缚,倡导了率真酣放的任达之风,啸以美妙之音的艺术性和玄远内涵的哲理性真切生动地反映了这种时代风气。两晋时代,士人们上至朝堂大吏,下到名士清流,在朝堂,在山野,纷纷发啸,形成了风靡一时的魏晋啸风。魏晋六朝善啸之士云集,可谓啸才济济。裴松之《三国志注》载有善啸者孙登、阮籍等,《世说新语》载有善啸者谢安、刘道真、王子猷、谢万等,《晋书》《北史》《南史》载有善啸者谢鲲、桓玄、石勒、刘琨、谢奕、袁粲、尔朱兆等,士人们都留下了啸的佳话。在众多的善啸者中,阮籍是公认的出类拔萃者,但和孙登相比,似乎也要略逊一筹。

晋人的啸与社会现实息息相关,是一种强烈的情感表达方式。在风雨如晦、鸡鸣不已的时代,许多才华横溢之士惨遭荼毒,成为尔虞我诈的政治牺牲品,士人们临深履薄,满怀忧愤,但口不敢言,闻之有声、视之无形的啸成为他们抒发情感的一种方式。面对情怀难舒的现实社会,士人们体察着人生的况味,苦思着人生的意义。尽管人生是短暂而又艰难的,但生者还是要奋力前行,士人们也只有悲歌长啸。成公绥《啸赋》说:"狭世路之阨僻,仰天衢而高蹈,邈跨俗而遗身,乃慷慨而长啸。"② 啸者越名教而任自然,在傲啸中得意忘形,忘却了世俗名利,领悟了人生真谛,体味了玄理意趣。啸作为一种"清音",与饮酒、吃药、清谈一起风行于魏晋士林。魏晋饮酒之风,体现了一代士人的韬晦心计和放浪气质,吃药之风则体现了士人们对虚无玄远之理的追寻,清谈之风则蕴含着玄理思辨的内核,而长啸之风中弥漫的则是玄远之理。啸以声达意,寄义理于唇舌之音,传达的是玄学之道,《竹林七贤论》评道:"籍归,遂著《大人先生传》,所言皆胸怀间本趣,大意谓先生与己不异也。观其长啸相和,亦近乎目击道存类矣。"③ 孙广《啸旨》:"有晋大行仙君孙公得之以道,无

---

① 周勋初:《唐语林校证》卷 5,中华书局 1987 年版,第 513 页。

② 《晋》卷 92《文苑》,中华书局 1974 年标点本,第 2373 页。

③ 余嘉锡:《世说新语笺疏》卷下之上《栖逸》,中华书局 2014 年版,第 762 页。

所授，阮嗣宗所得少分，其后不复闻矣！"① 《世说新语·识鉴》刘注引《孟嘉别传》记载，桓温问："听伎，丝不如竹，竹不如肉，何也？"孟嘉答曰："渐近自然。"② 孟嘉认为丝竹之乐不如歌声之美，是因为歌声贴近于"自然"。啸是一种"肉"音，它兴起则发、兴尽则止，最符合士人任自然的玄学思想和率意而动的玄学践行。成公绥在《啸赋》中说："曲既终而响绝，遗余玩而未已，良自然之至音，非丝竹之所拟。是故声不假器，用不借物，近取诸身，役心御气。动唇有曲，发口成音，触类感物，因歌随吟。大而不夸，细而不沉。清激切于筝笙，优润和于瑟琴。"③ 啸不借助于任何器物，只要触类感悟，动唇发口便成有曲成音，其清激和优润并不逊色于筝笙琴瑟所奏出的乐曲，啸的这种简洁性、随意性充分体现了自然之美。清代音乐家张汉在《啸余谱康》中说，屈原以骚为声，扬雄以赋为声，杜甫以诗为声，皆有天音，但终不如苏门一啸。在他看来，啸是天然之音、天籁之音，山鸣谷应的苏门一啸，切近于天，孙登的啸达到了声不自声、以天为声的空灵至美境界。成公绥也赞美："乃知长啸之奇妙，此音声之至极。"④

啸的发生，需要特定的自然环境。孙广《啸旨》认为，只有在天正地和、日月调顺、风清气朗的美好和谐环境中，啸者才能顺乎自然、丧神亡身、天人合一，才能展露万千意态，才能抒发清宏旋律，只有大自然才是啸者的舞台，啸者的知音，魏晋士人的啸声最充分地体现了啸的这一自然属性。晋人的高啸，或在广野辽原之上，或在崇山峻岭之中，或在茂林修竹之内，或在江河湖海之间，或在皓月当空之夜，或在轻风拂来之际，在空灵的大自然中，啸音最为清美。声声长啸，弥漫于天地之间，构成了一个清美、旷达、邃远、自由的艺术胜境，悠悠长啸体现的是玄理之音，《世说新语》用"傲然"来形容啸咏神态，可谓一词中的，因为啸是倨傲狂放的魏晋风度。

在晋人看来，啸不是通常的歌咏之声，而是能致玄远的契神之音。阮籍与孙登于苏门山相遇，名士与隐士，借助于言语未能达到契合，而通过

---

① 周勋初：《唐语林校证》卷 5，中华书局 1987 年版，第 513 页。
② 余嘉锡：《世说新语笺疏》卷中之上《识鉴》，中华书局 2014 年版，第 474 页。
③ 《晋书》卷 92《文苑》，中华书局 1974 年标点本，第 2374 页。
④ 同上书，第 2375 页。

啸声则实现了思想的交流，并成为知音，因为空灵的啸音蕴藏着玄远之理，在傲啸的交流中，阮籍顿悟到，先生与自己相知，他们有着相同的"道"的旨趣。长啸相和为其外，道的共鸣属其内。作为魏晋风度的标志，傲啸既体现了这个时代的性格与气质，也反映了这个时代的思想与精神，还显示了这个时代对玄远之理的追求与彰显。

音乐的本质是心灵的感悟、精神的融通。老子提出了大音希声的音乐审美观，他重视音乐审美过程中的精神感悟，认为只有合乎道的希声才是大音，才是至美之音。庄子进一步发挥了老子大音希声的思想，主张求心而不求于声，在希声之中实现心悦，希声是形式，心悦是本质。魏晋士人积极践行老庄的大音希声思想，在实践中他们发现了啸音的玄远之妙，高啸就成为一种崇尚自然、追求玄理、超越世俗的音乐表达形式。

从表达形式上看，言不尽意，只能以吟啸来表情达意。士人们的吟啸，与他们扪虱而谈、率意独驾、裸形屋中等行为一样，表达着他们蔑视礼法、对抗名教的高情逸志，啸成为士人们表露心声的抒情工具，啸的乐理就是魏晋精神，所以，它是魏晋风度的标志。以孙登和阮籍为代表，善啸的魏晋士人是历史上最风流倜傥的名士群体，他们缔造了以魏晋风度为内涵的啸文化，展现了魏晋精神的风貌。

其实，魏晋士人们信奉言不尽意，多以声达意，嵇康以手挥五弦来达意，阮籍和孙登以善啸来达意，而王粲和孙楚则以驴鸣来表情。《世说新语·伤逝》："王仲宣好驴鸣，既葬，文帝临其丧，顾语同游曰：'王好驴鸣，可各作一声以送之。'赴客皆一作驴鸣。"① "孙子荆以有才，少所推服，唯雅敬王武子。武子丧时，名士无不至者。子荆后来，临尸恸哭，宾客莫不垂涕。哭毕，向床曰：'卿常好我作驴鸣，今我为卿作。'体似声真，宾客皆笑。孙举头曰：'使君辈存，令此人死！'"② "建安七子"的领袖王粲，才气绝伦的孙楚，古代帝王中最有诗才和名士风度的魏文帝曹丕都以驴鸣来表情达意。驴鸣与啸音一样，体现的是魏晋士人言不尽意、得意忘象的哲学观，是蔑视礼法、放浪形骸的名士风度，是中国文化史上风流蕴藉的大雅之声。

---

① （南朝宋）刘义庆：《世说新语》，河南大学出版社2010年标点本，第395页。
② 同上书，第396页。

文士吟啸起于先秦，盛于魏晋，在唐代尚有遗风。《唐语林·补录》载："天宝末，峨眉山道士姓陈，来游京师。善长啸，能做鼓霹雳之引。初则声发调畅，稍加散越；须臾穿窿砯磕，写雷鼓之音；忽复震骇，声如霹雳，闻者莫不倾慄。"① 王维《竹里馆》有"独坐幽篁里，弹琴复长啸。深林人不知，明月来相照"②，李白《游太山》有"天门一长啸，万里清风来"③。宋以后，学者尚义理，士人重科举，虽然还能闻听到岳飞壮怀激烈的仰天长啸，但整体上，魏晋长啸之风渐息。偃师出土的宋代砖画，焦作、侯马出土的金代陶俑，都有啸者的形象，他们都是谋生的艺人，且属丑角行当，这与魏晋之啸已是天壤之别。

二 无言

魏晋时期，战乱频仍，政治残杀不断，致使人人自危，祸从口出，与其多言遭难，不如不言以生，更不会自蹈官场。王隐《晋书》："魏晋去就，易生嫌疑，贵贱并没，故登或默也。"④ 从文献上看，阮籍、嵇康是与孙登保持亲密关系的仅有的两个人，阮籍受文帝之托前往苏门山拜访，孙登不应，嵇康从游三年，孙登终不答，他只以高啸和客人交流。既然能做到无言，那么，他的无文也就成了必然。孙登的无言是其政治态度的表露，即否定社会现实，他生逢乱世，不满现实，但个人又无能为力，只能无言以对，从他对嵇康的忠告来看，无言无文是他避祸自保的有效手段。无言也是他玄学思想的自觉实践，即以无为本，崇尚自然。对于世俗，他是旁观者，不必述说；对于自然，他是领悟者，用心即可，不必言明。无言是最透彻的诉说，沉默是最有力的表达，是万语千言于无声处对玄理内涵的彰显。所以，他的无言、是睿智、是清高、是洒脱、是彻底的自由。孙登宁愿骄傲的沉默，也不委屈的诉说，他是一位以行胜于言的独特方式表述自己哲学思想的独特的思想家，他的缄默，让言语失色、文字无光，他的无言、无文是中国乃至世界思想

① 周勋初：《唐语林校证》卷 5，中华书局 1987 年版，第 514 页。
② 曾凡玉：《唐诗译注鉴赏辞典》，长江出版传媒 2017 年版，第 181 页。
③ 詹锳：《李白全集校注汇释集评》卷 17《歌诗三十首》，百花文艺出版社 1996 年版，第 2793 页。
④ 余嘉锡：《世说新语笺疏》卷下之上《栖逸》，中华书局 2014 年版，第 764 页。

文化史上的一大奇观。

孙登向有"默士"之称，然而，据文献记载，孙登并不是一言不发。他不仅循名责实、严加品鉴，而且还有的放矢、言语中肯。《晋书·隐逸》、唐代《无能子·孙登说》记载了他对嵇康的忠告。孙登认为，嵇康才情多，见识寡，不知时局，难免遭难，但嵇康不懂孙登啸声之理，也不听孙登真情相劝，果遭非命，在临刑时嵇康方悟出孙登之意，才有了"昔惭柳惠，今愧孙登。内负宿心，外恶良朋"的忏悔之情。在苏门山碑廊中，现存有一首《啸台》诗碑刻，对此评道："千秋思默士，一语断英才。唯笑嵇中散，殷勤枉自来。"虽然孙登无言，但他对世事人情洞若观火。忘象者，得意，忘言者，得象，孙登是得意忘象，得象忘言，他深得玄理精髓。

孙登颇为历代士人所赞颂。阮籍啸别后，作《大人先生传》《苏门啸旨》，后又作《寄苏门先生所怀》，东晋人庾阐《啸台》："道有冥废，运有昏消。达隐不岩，元迹不标。或曰先生，晦德逍遥。嵇子秀达，英风朗烈。道携薰芳，鲜不玉折。兆动初萌，妙鉴奇绝。翘首杳冥，仰想元哲。"① 晋人葛洪更是把孙登列为仙人，收入《神仙传》。唐人贾岛《啸台》："如闻长啸春风里，荆棘丛边访旧踪。地接苏门山近远，荒台突兀只高峰。"② 宋人邵雍居于苏门，仰慕孙登为人，崇尚隐逸之风，终生不仕。苏轼作《啸台》："高士隐苏岭，平台留至今。峰峦相掩映，松柏共阴森。自是甘潜迹，谁言竟陆沉。喜观三绝易，时鼓一弦琴。作炭人能识，投河怒不侵。当年居土窟，素志乐山林。阮籍闻长啸，嵇康愧凤心。谷岩悉响应，鸾凤比声音。"③ 清人孙用正《住泉上连日阴雨放歌》："公和一啸留千古，长使孙家占此山。"④ 孙奇逢《啸台》："长啸山头事最奇，清潭丛里另开基。遗康数语深于易，喜怒不形亦我师。"⑤ 乾隆帝游历苏门后，作《安乐窝》："前者周程后者朱，同归何碍却殊途？深知天

① 参见张海《苏门通览》，中州古籍出版社 2012 年版，第 313 页。

② 同上书，第 317 页。

③ 同上。

④ 《河南府县志辑·道光辉县志》第 17 册，《中国地方志集成》，上海书店出版社 2013 年版，第 796 页。

⑤ （清）孙奇逢：《夏峰先生集》卷 12《诗》，中华书局 2004 年标点本，第 511 页。

地理数蕴，不作语言文字儒。咸思安贫乐道趣，常依月到风来湖。啸台近在烟霄里，异世芝兰结契无?"① 今苏门啸台南壁还镶嵌有"一啸千古""高贤奇迹"等历代碑碣数十通。

---

①　参见张海《苏门通览》，中州古籍出版社 2012 年版，第 336 页。

第八章　邵雍与百源之学

一　生平与著作

邵雍（1011—1077），字尧夫，号康节，世称百源先生。他祖籍河北范阳，随祖父迁至衡漳（今林州康节村），又随父亲邵古迁居共城（今辉县市），居于苏门百源之上，在此，邵雍度过了他的青少年时光。邵雍虽家境清寒，但他刻苦自励，嗜书如命，穷则宜坚，不坠青云之志。史载："雍少时，自雄其才，慷慨欲树功名。于书无所不读，始为学，即坚苦刻厉，寒不炉，暑不扇，夜不就席者数年。"[1] 黄百家也评道："始学于百源，坚苦刻厉，寒不炉，夏不扇，日不再食，夜不就席者凡数年"，他"自雄其才力，慕高远"[2]。《河南邵氏闻见前录》卷十八载，康节三年不设榻，昼夜危坐以思，写《周易》一部，贴屋壁间，日诵读数十遍。邵雍博学多闻，他曾说："山川风俗，人情物理，有益吾学者，必取诸。"[3]他曾进行了一次收益颇丰的游历："逾河、汾，涉淮、汉，周流齐、鲁、宋、郑之墟，久之，幡然来归，曰：'道在是矣。'遂不复出。"[4] 共城令李之才是易学大师，邵雍师从李之才学得河图、洛书、宓羲八卦六十四卦图象，邵雍"探赜索隐，妙悟神契，洞彻蕴奥，汪洋浩博，多其所自得者"，"遂衍宓羲先天之旨，著书十余万言行于世，然世之知其道者鲜

---

① 《宋史》卷 427《道学一·邵雍传》，中华书局 1985 年标点本，第 12726 页。

② （清）黄宗羲：《宋元学案》卷九《百源学案》上，中华书局 1986 年标点本，第 365、367 页。

③ （清）黄宗羲：《宋元学案》卷十《百源学案》下，中华书局 1986 年标点本，第 463 页。

④ 《宋史》卷 427《道学一·邵雍传》，中华书局 1985 年标点本，第 12726 页。

矣"①。时有新乡王豫自谓才学盖过邵雍，在同邵雍论学后深为折服，遂拜邵雍为师。

皇祐元年（1049），38 岁的邵雍举家迁居伊川。"初至洛，蓬荜环堵，不芘风雨，虽平居屡空，而怡然有所甚乐，人莫能窥也。"② 不久，他结识了司马光、富弼、吕公著等人，甚为投机，结为好友，他们集资为邵雍购买了一处宅院，并供给衣食，邵雍称自己的住处为"安乐窝"，自称"安乐先生"。邵雍屡辞荐举，终生不仕。

熙宁十年（1077）三月，邵雍病重，司马光、张载、程颢、程颐日夜陪伴。哲学家们在一起最后一次探讨了人生、天命，他与司马光探讨了"死生亦常事"的人生观，与张载探讨了天命问题，临终诀别时的态度，体现了这位哲学家冷静、豁达的生死观。不久，邵雍病逝，享年 67 岁。程颢作墓志铭，称邵雍之道"淳一不杂，汪洋浩大，乃其所自得者多矣"③。因其在理学和教育上的影响，邵雍倍受历代王朝的青睐，他逝后被赠秘书省著作郎，谥号康节先生。咸淳初，从祀孔子庙庭，祀称"先儒邵子"。

邵雍一生著述颇丰，传世的哲学著作有《皇极经世书》十二卷，包括《观物内篇》《观物外篇》《渔樵问对》《无名公传》等，主要论述了先天学，以数理推论天地万物及人事变化，阐发天人合一的思想。《击壤集》是一部诗集，收有 1500 多首。击壤源于古代传说，相传尧时，天下太平，人间和睦，一老者击壤而歌：日出而作，日落而息，凿井而饮，耕田而食，帝何力于我哉！后人便把击壤作为天下太平的象征。邵雍忧于世风日下，便把自己当作当代击壤老人，希望通过道德教化来移风易俗，所以他把诗集取名为《击壤集》。《击壤集》意境深远，发人深思，体现了邵雍的哲学思想，是典型的哲学诗。在北宋理学家中，邵雍的诗作最多，他开创了理学诗派。

二　象数学的理学观

陈桥兵变，大宋建立，终结了晚唐以来割据战乱的局面，高度的中央

① 《宋史》卷 427《道学一·邵雍传》，中华书局 1985 年标点本，第 12726—12727 页。
② 同上书，第 12727 页。
③ 《邵雍集》，中华书局 2010 年标点本，第 580 页。

集权制度建立，但在治国思想上，北宋仍沿袭了唐代以来的三教并立政策，儒道佛相抗衡。思想上的纷争与当时的政治形势不相适应，这就要求思想家们糅合三教学说，构建一个与中央集权制度相适应的意识形态，宋明理学应运而生。邵雍位列"北宋五子"，是理学的创始人之一，邵雍理学被称作"百源之学"，百泉是理学的发祥地之一。

邵雍以"本然之全体"的观点，以儒学为基础，借用道家学说，创立了"先天之学"。"先天之学，心也；后天之学，迹也。出入有无死生者，道也。"① "先天学"源于陈抟绘制的先天图，它把《周易》六十四卦图和一年二十四节气的卦气图相配合，从图中数的顺逆来推知过去和未来。关于《先天图》，邵雍在《观物外篇》说："《先天图》中，环中也。"② 图虽无文，但它涵盖了天地万物之理。关于邵雍的学术渊源，史载："陈抟以先天图传种放，放传穆修，穆修传李之才，之才传邵雍。"③ 从先天图的传授系统看，邵雍思想中的道家色彩非常浓烈。邵雍从李之才承续了陈抟的《伏羲四图》，以其中的《伏羲八卦次序》和《伏羲八卦方位》二图为先天图，以《易》《系辞》中的《文王八卦次序》和《文王八卦方位》二图为后天图，利用这些图式，来推演自然、社会和人事的变化。

象和数是《周易》中的两个基本概念，也是邵雍哲学中的两个基本概念。邵雍说："君子于《易》，玩象，玩数，玩辞，玩意。"④ 邵雍专门从象和数来研究和发挥《周易》，所以，邵雍的哲学也被称作"象数学"。

《易》中的基本的象就是阴爻和阳爻，基本的数就是一、二、三、四、五、六、七、八、九、十，单数为阳，双数为阴。邵雍进一步发展了《易》中的这些象和数，创造了一个神秘的数的系统，以说明宇宙万物的形成和变化。邵雍认为，象起于形，数起于质，天下之数起于理。就具体事物来看，有形才有象，象起于形，数和质是对立统一的，质规定着量的范围，不同的事物具有不同的量，量起于质，这是较为正确的解释。邵雍

---

① 《邵雍集》，中华书局 2010 年版，第 152 页。
② 同上书，第 137 页。
③ 《宋史》卷 435《儒学五·朱震传》，中华书局 1985 年标点本，第 12908 页。
④ 《邵雍集》，中华书局 2010 年版，第 165 页。

又指出："太极一也，不动；生二，二则神也。神生数，数生象，象生器。"① 太极是精神实体，太极是一，它是不动的，但它包含有矛盾，由于矛盾变化而产生了二，二就是数，这就是一生二，神生数。二的数中，显示阴和阳，这是象，数生的象，最基本的就是八卦，即"内象"，由八卦演化为六十四卦，即"外象"，一种象代表一类具体事物即器，所以象生器。这是邵雍对宇宙形成论的文字概括，也是对数的本质的说明。他说："太极不动，性也，发则神，神则数，数则象，象则器。器则变复归于神也。"② 这就是数产生宇宙万物，宇宙万物毁灭再复归到数。

关于宇宙的生成，邵雍指出："太极既分，两仪立矣。阳下交于阴，阴上交于阳，四象生矣。阳交于阴、阴交于阳而生天之四象；刚交于柔、柔交于刚而生地之四象，于是八卦成矣。八卦相错，然后万物生焉。"③ 太极就是道，是精神本体，它主导动静，产生了两仪即阴阳，两仪分化为四象即太阳、少阳、太阴、少阴，四象演化成八卦，八卦的变化产生了世界万物。也就是说，太极一分为二生出阴阳，再二分为四生出四象即日月星辰，再四分为八生出八卦，八卦又八分为十六生出暑寒昼夜、雨露风雷、形体性情与木草禽兽，再依次分化，就生出了世界万物。邵雍还创立了元会运世的宇宙演化法，它以元会运世为单位，1 元为 12 会，1 会为 30 运，1 运为 12 世，1 世为 30 年，照此推算，1 元为 12 会、360 运、4320 世、129600 年，这就是皇极经世一元之数。宇宙的演化以一元为一个周期，元元不断，可至无限。邵雍还参照河图、洛书，创建了一个由黑白点组成的数阵，并配以天干地支，他认为这个数阵体现了先天之理，它的运行变化创造了宇宙，邵雍的"元会运世"说是中国古代唯一的对宇宙发展规律的定量研究。

邵雍认为，两仪、四象、八卦是"象"，与这些"象"相适应的一至六十四或一至万是"数"，他用简单的加一倍法，排演出一个象数系列，并把它绘成"卦气图"，作为宇宙生成变化的图式。"卦气图"包罗万象，神秘莫测，宇宙间一切的理，天地万物的吉凶祸福、盈虚盛衰，全在图的

---

① 《邵雍集》，中华书局 2010 年版，第 162 页。

② 同上。

③ 同上书，第 107 页。

象数之间。在邵雍看来，先天学既能认识现在，也能推知过去，还能预知未来。邵雍指出："先天学，心法也，故图皆自中起，万化万事生乎心也。"① "心"是产生万事万物的根源，"道不远于人，乾坤只在身。谁能天地外，别去觅乾坤"②。这是典型的主观唯心论，对后来的"心学"影响很大。从邵雍的宇宙生成论、对象和数的论述来看，他又是一个客观唯心论者，"身生天地后，心在天地前；天地自我出，自余何足言"③。这里的"心"，是天地之心，天地之心是万物之本，这是典型的客观唯心论。邵雍的"心为太极"的命题很宽泛，对"心"的解释也不固定，他的哲学体系中兼具主观唯心论和客观唯心论的成分。

邵雍在认识论上提出并论证了观物的命题。他在《渔樵问对》中指出："天下之物，莫不有理焉，莫不有性焉，莫不有命焉。所以谓之理者，穷之而后可知也。所以谓之性者，尽之而后可知也。所以谓之命者，至之而后可知也。此三知者，天下之真知也。"④ 性、命、理是天赋予的事物的本质，"天使我有是谓之命，命之在我谓之性，性之在物谓之理"⑤。性是指事物的特殊性，而理则是事物的普遍性。物称其为物，是由理决定的；某物称其为某物，是由性决定的，理、性都是天赋予的，这是命。观物的目的就在于得理、尽性、知命，在于得天下真知。所谓观物，既非目观，也非心想，而是从"理"的角度去观察。邵雍认为宇宙间最大的物是天地，最灵的物是人，因此，所谓观物，就是从理的角度去认识宇宙万物，包括社会人生。邵雍认为，观物的方式不同，得到的结果也就不同，达到的境界也不一样。"夫所以谓之观物者，非以目观之也。非观之以目而观之以心，非观之以心而观之以理也。"⑥ 邵伯温解释，以目观物，只能见物之形；以心观物，只能见物之情；以理观物，则能见物之性。以目、心观物，只能认识到事物的形、情，难以见物之性，即事物的本质。邵雍把以理观物称作"反观"，即不从人的立场而是从物的立场

---

① 《邵雍集》，中华书局 2010 年版，第 159 页。
② 同上书，第 469 页。
③ 同上书，第 501 页。
④ 同上书，第 557 页。
⑤ 同上书，第 163 页。
⑥ 同上书，第 49 页。

去认识事物。邵雍认为，人既然是万物中的一类，就要从万物的角度去认识万物，如果只局限在人的立场去观物，就难免会带有主观色彩。所以，以理观物和以物观物相同，都是反观，都是从物、理的角度去观察宇宙万物。邵雍特别强调，要用"至诚"之心去观物："先天学主乎诚，至诚可以通神明，不诚则不可以得道。"① "天地无则至诚可息，苟天地不能无，则至诚亦不息也。"②

从邵雍的观物和反观主张，可知邵雍是一个可知论者，他批评惠施的不可知论，认为在濠上之辩问题上庄周是正确的。他指出，人物皆太极之演化，人兼备万物，尽己之性能尽物之性，当然也可以尽鱼之性，知道鱼之快乐。他不同意王弼的得意忘象论，认为有意必有言，有言必有象，有象必有数，数立而象生，象生则言著，言著则意显。王弼属于易学中的义理派，只要探求到意即义理，就可以抛弃象，象只是工具。邵雍则属于易学中的象数派，着重从象、数中推演义理，他也认为象数是求义理的工具，但即使得到言意，也不可丢弃象。邵雍的观物论对理学具有重要影响，他提出的性情说，以性为善，以情为不善，这是宋明理学的性情观。他提出的无我观，是理学家们追求的无私无欲的修养境界，这些观点被理学家们所接受，并成为宋明理学的核心，在朱子道学为明天理，灭人欲，在陆王心学为发明本心，格除物欲。

在宋明理学中，"天理"被提升到了本体论的高度。邵雍认为，天理既是造化自然之道，又是内在性命之理；既是宇宙本体，又是道德本体。他指出："能循天理动者，造化在我也。……得天理者，不独润身，亦能润心。不独润心，至于性命亦润。"③ 在这里，前一"天理"同于道家，是指万物的内在之理。邵雍的观物说，就是要穷尽万物之理，探求天地之心，理性地认识世界，来达到万物备于我的境界。后一"天理"则同于儒家，是指先天具有的道德本性。他以儒家名教为基础来探究性命之学，是要为名教寻找一个本体论的依据。他的天理观认为，社会秩序与宇宙秩序是一致的，社会伦理秉自于天，儒家的道德伦理观符合天理。邵雍指

---

① 《邵雍集》，中华书局 2010 年版，第 171 页。
② 同上书，第 170 页。
③ 同上书，第 156 页。

出："理穷而后知性，性尽而后知命，命知而后知至。"① 人的内在本性与万物之理是相通的，圣人能够尽己之性，由穷理到知性到知命再到知至，从内在本性的修养进入"物我一体、天人合一"的自然境界，实现道德本体与自然本体的合一。

从天理之道的角度看，邵雍对"道"的见解超越了先贤。在先秦儒家那里，"道"是先王之道，是圣王治国理政之道，在汉儒那里，"道"是天意，到唐代，韩愈把"道"提升为儒家伦理的核心概念，而在邵雍这里，"道"不仅是天地万物的本原，也是社会伦理的法则，这就使"道"具有了本体论的意义，弥补了历代儒家的不足，构建了理学核心学说的基础，这表明，宋代理学家已经能够在更抽象的水平上表达理学的哲学观。

三　循环往复的历史观

邵雍以他的先天象数学为指导来看待人类社会的演变，提出了循环往复的历史观。他认为，人类历史的发展是按照规定的数的准则进行的，他把时间划分为元、会、运、世 4 个单位，世界以元为一个历史周期，一元有 12 会，一会有 30 运，一运有 12 世，一世有 30 年。一元之数尽，旧天地毁灭，新天地重生，周而复始，循环无尽。他把天地一元之时间配入六十四卦图，作出一元消长图，以示天地生成到毁灭的过程。

在《皇极经世书》中，邵雍用先天象数学的模式，构建了三张历史年表，即以元经会年表、以会经运年表、以运经世年表，试图说明三千年来历史发展的治乱兴衰与因革变化。在图中，天开于第一会，地辟于第二会，人生于第三会，人类历史由此开始。人类历史发展到第六会的第三十运第九世，便达到了顶点，此即历史上的唐尧盛世，此后人类历史逐渐衰落，以第七会为衰落之始，即从夏至宋，到第十一会闭物，万物皆亡，人类历史于此终结。由此可知，邵雍认为，人类历史自唐尧以降，是逐渐衰落的，一代不如一代。为了说明人类历史衰亡的过程，邵雍把中国历史划分为"皇、帝、王、伯"四个阶段，并把它比喻为一年所经历的春、夏、

---

① 《邵雍集》，中华书局 2010 年版，第 168 页。

秋、冬四季："三皇春也，五帝夏也，三王秋也，五伯冬也。"① 邵雍指出："所谓皇帝王伯者，非独三皇五帝三王五伯而已，但用无为则皇也，用恩信则帝也，用公正则王也，用知力则伯也。"② 皇、帝、王、伯的区别，在于道、德、功、力和化、教、劝、率的不同。三皇尚贤以道，以道化民，民则以道归之，故尚自然；五帝尚贤以德，以德教民，民则以德归之，故尚让；三王尚亲以功，以功劝民，民则以功归之，故尚政；五伯尚亲以力，以力率民，民则以力归之，故尚争。春秋以后皆为霸政，汉，王而不足，晋，伯而有余，三国，伯之雄也，隋，晋之子，唐，汉之弟也，五代之伯，日未出之星也。③ 历史由皇到霸，其标志是由尚道到争利，这说明历史是逐渐倒退的。邵雍以皇、帝、王、伯的政治公式和道、德、功、力的政治思想来说明历史及其演变过程，这是典型的历史倒退论，遭到了叶适、王夫之的批判。

古今相对论是邵雍历史观的一个特点，天地之间，古今相对，古今转化，古今一道，他认为，以今观今，则谓之今，以后观今，则谓之古，以今观古，则谓之古，以古自观，则古是今，这是他的"观物"思想在历史观上的运用。天人合一观是邵雍历史观的另一个特点，他把人类社会的发展看作是宇宙演变的有机组成部分，他认为，天地有一个发生、发展、衰亡的过程，这是符合实际的、辩证的科学思想，他运用象数学具体计算出了天地始终的明确时间，这则是唯心的、机械的历史观；邵雍认为，人类历史是在天地发展到一定阶段上的产物，因此，它也必定在天地发展到一定阶段时完结，这是符合实际的、辩证的科学思想，他运用象数学推算出了人类历史的具体的始终时间，这则是主观臆断；邵雍认为，自然史、社会史都是按照一定规律发展的，这是符合实际的、辩证的科学思想，他以数的形式去揭示它的发展规律，这则不符合历史演变的规律。邵雍描绘了人类历史发展的衰退轨迹，一代不如一代，他是一个历史复古主义者。

四 逍遥安乐的人生观

在人生价值观上，儒家追求安乐人生，道家追求逍遥人生，邵雍儒道

---

① 《邵雍集》，中华书局 2010 年版，第 39 页。
② 同上书，第 159 页。
③ 同上书，第 39 页。

兼宗，把儒家安乐人生观和道家逍遥人生观相融相通，构建了一个逍遥安乐的人生观。学者王竞芬认为，邵雍的逍遥安乐人生观具有三重境界即人世之乐、名教之乐和观物之乐。人世之乐是其物质追求，名教之乐是其社会追求，而观物之乐则是其精神追求。①

邵雍的人世之乐享受的是物质层面的快乐。《书事吟》："饱食高眠外，率是皆虚名。"②《弄笔》："饱食高眠外，自余无所求。"③ 中国传统诗词向来多为愁苦之作，很少欢乐之辞，但邵雍诗作中的鲜明主题恰是直书其乐，快乐自适是邵雍人生的特色。邵雍由百泉安乐窝迁居洛阳，将洛阳居所也称作"安乐窝"，还自号"安乐先生"。他曾作《乐乐吟》："吾常好乐乐，所乐无害义。乐天四时好，乐地百物备。乐人有美行，乐己能乐事。此数乐以外，更乐微微醉。"④ 邵雍饮酒，微醺便止，不使至醉，他说："斟有浅深存爕理，饮无多少系经纶。"⑤ 邵雍乐天乐地、乐人乐事，处处快乐、时时快乐。史载，邵雍"德气粹然，望之知其贤，然不事表，不设防畛，群居燕笑终日，不为甚异"⑥，"遇人无贵贱贤不肖，一接以诚。群居燕饮，笑语终日，不甚取异于人"⑦。颇有孔颜之乐的遗风。邵雍"始至洛，蓬筚瓮牖，不蔽风雨，而怡然有以自乐，人莫能窥也"⑧。他自己也说："平生不作皱眉事，天下应无切齿人。"⑨ 邵雍非常推崇庄子的旷达，《川上观鱼》："因思濠上乐，旷达是庄周。"⑩ 他在为人处事上颇有老庄的旷达洒脱气质。朱熹说他"似老子，只是寻个宽间快乐处，人皆害他不得"⑪。在党派相争、社会纷乱的环境中，邵雍在穷苦困境中怡然自乐。他乐天、乐地、乐人、乐时、乐万物，尽情享受着精神自由的

---

① 参见王竞芬《逍遥安乐的审美人生》，载《安徽师范大学学报》2004 年第 6 期。
② 《邵雍集》，中华书局 2010 年版，第 229 页。
③ 同上书，第 228 页。
④ 同上书，第 312 页。
⑤ （清）黄宗羲：《宋元学案》卷 10《百源学案》下，中华书局 1986 年标点本，第 464 页。
⑥ 《宋史》卷 427《道学一·邵雍传》，中华书局 1985 年标点本，第 12727 页。
⑦ （清）黄宗羲：《宋元学案》卷 9《百源学案》上，中华书局 1986 年标点本，第 366 页。
⑧ 同上。
⑨ （清）黄宗羲：《宋元学案》卷 10《百源学案》下，中华书局 1986 年标点本，第 464 页。
⑩ 《邵雍集》，中华书局 2010 年版，第 239 页。
⑪ 《朱子语类》卷 100《邵子之书》，中华书局 1986 年标点本，第 2544 页。

快乐和生命自适的愉悦。

名教之乐是理学家探讨的核心问题。名教之乐追求的是道德功名，是在实现建功立业的过程中，合理地处理个人与社会、内在与外在的积极进取的人生观，在和谐的社会人际关系中获得一种快乐的体验，范仲淹的"先天下之忧而忧，后天下之乐而乐"就是名教之乐。《宋史》载："雍少时，自雄其才，慷慨欲树功名。"① 《代书寄友人》："当年有志高天下，尝读前书笑谢安。"② 他在诗中还感叹古贤长恨得时难。他站在儒家立场上，坚守修身齐家治国平天下的抱负。他说："君子处畎亩则行畎亩之事，居庙堂则行庙堂之事，故无入不自得。"③ 他还说："君子之学，以润身为本。"④ 儒家的功名观是立德、立功、立言，实现了"三不朽"，就能享受名教之乐。邵雍著书立言，《皇极经世书》构建了一个囊括宇宙自然、社会人生的完整体系，为世人提供了一个上知天文、下应人事、无所不包的全息哲学，他将乐天安命、悠游闲适的逍遥情怀寄情于1500多首的《击壤集》，尽享名教之乐。

观物之乐是人生快乐的最高境界，是以勿我、勿必的超脱心态，以天下之心去观察万物之理，从而体验与道合一的快乐，邵雍又把它称之为天理真乐。在道家，"天理"一词最早由庄子提出，是指天人合一的逍遥境界；在儒家，"天理"一词最早出现于《礼记·乐记》，是指智仁独得于天的最高境界。邵雍认为，天理真乐是无私无欲的、超脱凡尘的天理畅行之乐。在观物过程中，观物者融入大自然，大自然的风景与观物者的心灵产生共鸣，理性与情感融为一体，进入天人合一、物我一体的境界。相对于名教之乐而言，观物之乐的本质是求真，它超脱了世俗，具有任自然的特征，所以，观物之乐就是天理真乐。《林下五吟》："宾朋莫怪无检束，真乐攻心不奈何。"⑤ 若得天理真乐，就可以无理不精、无坚不摧。在脱俗的任自然中体味观物之乐、天理真乐，这是一种独特的审美人生境界，常人难以企及。弟子曾问朱熹："康节心胸如此快活广大，安得如之?"

① 《宋史》卷427《道学一·邵雍传》，中华书局1985年标点本，第12726页。

② 《邵雍集》，中华书局2010年版，第243页。

③ 同上书，第170页。

④ 同上书，第156页。

⑤ 同上书，第301页。

朱子说："他是甚么样工夫！""邵子这道理，岂易及哉！他胸襟中这个学，能包括宇宙，始终古今，如何不做得大，放得下。今人却恃个甚，敢复如此。"①

邵雍兼综儒道，既要追求人与社会的和谐，又要实现人与自然的统一。综观邵雍的一生，他既放情于大自然："尧夫何所有，一色得天和。夏住长生洞，冬居安乐窝。莺花供放适，风月助吟哦。窃料人间乐，无如我最多。"② 他又与世人和睦相处："为人须是与人群，不与人群不尽人。"③ 他既探尽天机，穷尽物理，追求个体生命与宇宙本体的合一，他又修炼性命，颐养身心，追求个体生命与道德本体的合一。他既胸怀大志，有着家国天下同一体的社会观，他又具有天地人同一体的世界观。邵雍喜乘小车出行，《宋元学案》载："出则乘小车，一人挽之，任意所适，士大夫识其车者，争相迎候。"④ 邵雍以"小车"为题所作的诗就有 6 首。如《小车行》："喜醉岂无千日酒，惜春还有四时花。小车行处人欢喜，满洛城中都似家。"⑤ 《小车吟》："闲为水竹云山主，静得风花雪月权。俯仰之间俱是乐，任他人道似神仙。"⑥ 小车出游，任意所适，与自然融为一体，体验了天人合一之乐；士大夫争相迎候，与俗世关系融洽，体验了社会人生的和谐。邵雍一生明哲保身，从不妄求，安时处顺，自得其乐。他安居"安乐窝"，平日观柳看花，饮酒赋诗，过着逍遥闲适的安乐生活。"安乐窝"既是邵雍的现实世界，也是他的精神世界，在这里，不仅有风花雪月、悠游人间的安乐，更有与天合一、游于大道的逍遥。邵雍的一生充满了和谐，有人与自然的和谐，有人与社会的和谐，这既是安乐人生，也是逍遥人生。邵雍的谥号是"康节"，按照谥法，温良好乐为"康"，能固所守为"节"，从邵雍的一生来看，这个谥号的确是名副其实，极为精当。

在精神层面上，邵雍既有儒者之风，又有道家之气，有人把邵雍的人

---

① （清）黄宗羲：《宋元学案》卷 9《百源学案》上，中华书局 1986 年标点本，第 367 页。
② 《邵雍集》，中华书局 2010 年版，第 398 页。
③ 同上书，第 506 页。
④ （清）黄宗羲：《宋元学案》卷 9《百源学案》上，中华书局 1986 年标点本，第 366 页。
⑤ 《邵雍集》，中华书局 2010 年版，第 295 页。
⑥ 同上书，第 371 页。

格精神归纳为坚韧不拔的探索精神、安贫乐道的处世精神、与人为善的处事精神。邵雍一方面高歌"明著衣冠为士子，高谈仁义作男儿"，另一方面又低吟"简尺每称林下士，过从或著道家衣"①。儒家风范与道家气质在他身上得到最完美的体现。他曾说过："所行之路不可不宽，宽则少碍。"② 他"乐道人之善，而未尝及其恶。故贤者悦其德，不贤者喜其真，久而益信服之"③。史载，邵雍与司马光"纯德尤乡里所慕，父子昆弟每相饬曰：'毋为不善，恐司马端明、邵先生知。'……一时洛中人才特盛，而忠厚之风闻天下"④。邵雍堪称是才、贤、德兼具的儒者表率。而从他的行为来看，有时又具道家之风，他"玩心高明，观于天地之运化，阴阳之消长，以达乎万物之变，然后颓然其顺，浩然其归"⑤。邵雍在《无名君传》中自称是有体有用、无迹无心的"无名君"，这鲜明地体现出他身上的道家之气。朱熹师徒常批评邵雍像老子，其实他更像庄子，立身于人世间，超然物外，安时处顺，乐天知命。在日常生活中，他既遵从社会规范，又能顺其自然，虽然放情于山林之中，但并不放浪形骸，他喜欢美酒，但并不醉饮，他说："纵然时饮酒，未肯学刘伶。"⑥ 邵雍曾作《安乐吟》，集中展示了他的安乐人生："安乐先生，不显姓氏。垂三十年，居洛之涘。风月情怀，江湖性气。色斯其举，翔而后至。无贱无贫，无富无贵。无将无迎，无拘无忌。窘未尝忧，饮不至醉。收天下春，归之肝肺。盆池资吟，瓮牖荐睡。小车赏心，大笔快志。或戴接䍦，或著半臂。或坐林间，或行水际。乐见善人，乐闻善事。乐道善言，乐行善意。闻人之恶，若负芒刺。闻人之善，如佩兰蕙。不佞禅伯，不谀方士。不出户庭，直际天地。三军莫凌，万钟莫致。为快活人，六十五岁。"⑦ 朱子曾极为钦佩地说："康节为人须极会处置事。为他神闲气定，不动声色，须处置得别。盖他气质本来清明，又养得纯厚，又不曾枉用了心，他用心都在紧

---

① 《邵雍集》，中华书局 2010 年版，第 539、532 页。

② 同上书，第 159 页。

③ （清）黄宗羲：《宋元学案》卷 9《百源学案》上，中华书局 1986 年标点本，第 366 页。

④ 《宋史》卷 427《道学一·邵雍传》，中华书局 1985 年标点本，第 12727 页。

⑤ 《邵雍集》，中华书局 2010 年标点本，第 579 页。

⑥ 同上书，第 488 页。

⑦ 同上书，第 413 页。

要上。为他静极了，看得天下事理精明。"① 邵雍任情豁达，但不失检点，他遵循社会理性而为，却不为礼法所拘束，活得自然，活得洒脱。钱穆先生在《中国思想史》中曾评道："北宋儒学中有一豪杰，便是邵康节。从来认邵康节思想偏重道家，其实更近庄周。康节精于象数之学，近似西汉阴阳家。但康节数学之背后，另有一套哲理根据，却与西汉阴阳家不同，我想称此一派为'观物哲学'。前有庄周，后有康节，这一派哲学，在中国思想史里更无第三人堪与鼎足媲美。庄周是撇脱了人的地位来观万物，康节则提高了人的地位来观万物。庄周是消极的，康节是积极的。"② 他称邵雍是一位人本位的客观主义者，又是人本位的唯心论者，始终站在人本位立场上，自创一格，铲除了客观与主观的界线，凝合了一偏与全体，这是庄子与华严的积极化、人文化和儒家化，所以，邵雍的"道"能成为人文界的太极。③ 冯友兰先生在《中国哲学简史》中指出："风流的主要特性在于心超脱于万物的畛别之上，率性而行，自事其心，不求取悦于人。达到这种精神境界的人堪称是英雄，因为他们是不可征服的。但他们不是通常的所谓'英雄'，而是'风流人豪'"④，他把邵雍与程颢称作把中国式浪漫主义（风流）和古典主义（名教）结合的最美好的典范。

五　邵雍理学的历史地位

邵雍是理学的奠基人，他的认识论和方法论在理学家中独树一帜，正如全祖望所评："康节之学，别为一家。"⑤ 邵雍以儒学为主导，吸取佛学、道学和玄学的学说，特别是它们的本体论、认识论的思维方式，加以熔铸、升华，形成新的儒学本体论、认识论，使儒学更加哲理化、思辨化，这就把中国古代哲学推向了一个新的高度。

邵雍开创了易学发展的新时代。汉代易学中，焦延寿、京房属于象数

---

①　（清）黄宗羲：《宋元学案》卷 10《百源学案》下，中华书局 1986 年标点本，第 469 页。

②　钱穆：《中国思想史》，九州出版社 2017 年版，第 174 页。

③　同上书，第 178 页。

④　冯友兰：《中国哲学简史》，生活·读书·新知三联书店 2009 年版，第 319 页。

⑤　（清）黄宗羲：《宋元学案》卷 9《百源学案》上，中华书局 1986 年标点本，第 365 页。

派，魏晋时期，王弼一扫汉代的象数之风，把易理与道学相结合，注重义理，易学成为玄学的组成部分，开创了易学中的义理派，邵雍则一反王弼义理派之风，在汉代象数派基础上，把陈抟道学与易理相结合，来论证理学的基本命题，使易学成为理学的组成部分。明清之际，理学衰微，以焦循、黄宗羲、毛西河等为代表，批判宋代象数派，他们既不引老庄，也不援道教，而是以《易》析《易》，探讨《易》的本义。由此可知，邵雍是易学发展史上的一位重要易学家。

辩证法思想贯穿了邵雍的理论体系。他看到了事物发展变化的矛盾运动规律，事物发展到一定阶段，就会转向对立面，这就是物极必反的规律。基于对矛盾运动的认识，他认为宇宙万物都处于运动变化之中，都有一个发生、发展、消亡的过程。他在《击壤集·四道吟》中说："天道有消长，地道有险夷。人道有兴废，物道有盛衰。"① 宇宙的发展、人类社会的演进都是新陈代谢的过程，他还以量化的方法具体计算了世界发生、发展和衰亡的过程。邵雍对世界发展过程的阶段划分显然是不科学的，但是这样完整的阐释世界发生、发展与灭亡的过程的观点，在他以前的思想家中都未曾论述过，这一思想所包含的发展的观点和变革的观点对于活跃人们思想具有积极的进步意义。邵雍的辩证法思想为宋明理学打上了深刻的烙印，使理学更具有哲理性、思辨性。

邵雍提出并论述了理学的基本问题，对理学的发展产生了重要影响。如心物问题，这是理学的体用观点，是儒学哲理化的重要标志。邵雍把自己的先天象数学称作"心法"，把太极作为世界的本体，认为"心"就是太极，"心"是宇宙万物的本原，万化万物皆生于心，提出了"心无所不谋"的命题，认为天下之心生万物之本，天下之心为己之心，其心无所不谋。这种唯心认识论对后来理学中的陆王"心学"影响最大，开启了陆九渊"宇宙便吾心，吾心即宇宙"心学之先河。再如，一两问题，"一"指统一，"两"指对立双方，这是对立统一思想在中国的独特表述。邵雍以先天象数推演太极生成万物的过程，是"一分为二"的过程，以抽象的加一倍法的象数来推衍万物的生成。程朱吸取邵雍"一分为二"的思想，并加以系统的论述，使对立统一观点成为理学中最宝贵的辩证法

---

① 《邵雍集》，中华书局 2010 年标点本，第 329 页。

思想。邵雍在易学中属于象数派，在象数派中，他自为一家，在理学中，他属于周邵派。他把易学纳入到理学的范畴，得到了理学家们的高度赞扬。黄百家指出："康节先天卦位，崇奉之者莫如朱子，至举其图架于文王、周公、孔子之上。"① 朱熹综合了周、邵的观点，写成了《周易本义》，这是理学中的一部重要著作。朱熹把邵雍、周敦颐、张载、二程并称为"北宋五子"，朱子说："某看康节《易》了，都看别人底不得。"② 程颢称赞邵雍是"振古之豪杰"，其学问是"内圣外王之道"③。元代大儒许衡也评道："象数莫过于邵先生，义理莫过于程先生。"④ 由于朱熹、二程等理学家的推崇，确立了邵雍在理学中的核心地位，邵雍象数学、程朱理学、陆王心学是宋明理学的三大学派。

　　邵雍的象数学对中国古代科学发展作出了贡献。冯友兰指出："所谓象数之学，初视之似为一大堆迷信，然其用意，亦在于对于宇宙及各个方面之事物，作一有系统的解释。其注重'数''象'，与希腊之毕达哥拉斯学派有极多相同之点。"⑤ 邵雍是象数之学的集大成者，他在尊重自然规律的基础上去探究自然规律的奥义，他的"元会运世"说是关于宇宙和社会发展演化的学说，他力图揭示宇宙万物发展变化的根本规律，并据此来阐释宇宙发展史和社会发展史，在这方面无人能出其右。周敦颐在《太极图说》中解释了世界的生成变化，但是它只有象而没有数，邵雍的百源之学既有象也有数，既有定量研究，也有定性研究。以科学观之，百源之学存在有不科学的成分，但它是历史上最系统、最精致的宇宙演化学说。从研究方法上看，邵雍不赞成单纯的思辨，他重视经验，更重视亲身体验和直接经验，他的学说和数据是依据逻辑推理得出的，他相信自然界存在有规律性，在经验的基础上来探讨自然规律，这是邵雍百源之学中所蕴含的可贵的科学精神。

---

　　① （清）黄宗羲：《宋元学案》卷 10《百源学案》下，中华书局 1986 年标点本，第 398 页。

　　② 《朱子语类》卷 100《邵子之书》，中华书局 1986 年标点本，第 2545 页。

　　③ （清）黄宗羲：《宋元学案》卷 10《百源学案》下，中华书局 1986 年标点本，第 464 页。

　　④ 《四库全书》集部《鲁斋遗书》卷 2《语录下》，上海古籍出版社 1987 年影印本，第 1198 册，第 289 页下栏。

　　⑤ 冯友兰：《中国哲学史》下册，中华书局 1961 年版，第 548 页。

邵雍的象数学发挥了易学中的数理思想，在陈抟的先天象数学基础上建立了一个完整的数学体系。《周易》提出太极、两仪、四象、八卦，体现了一分为二的思想，但它仅仅是数理，而不是数律，邵雍在一分为二这个数理的基础上，采用二分法，揭示了逢二进位的数学原理，由此构建了一个完整的数学体系。它以数字的排列和组合，形成了一系列的、包括许多数学道理在内的图数体系。在这个图数体系中，邵雍创立了二进制、八进制、八阶矩阵、十六进制的编码系统，又创立了以元、会、运、世作为时间和具体事物的计量系统，他编制了一套程序，将计量系统输入到编码系统进行运算，最后得出数据结果，这与现代电子计算机的思维模式具有相似之处，可以说是计算机原理的最初萌芽。德国哲学家莱布尼茨从邵雍逢二进位的数理中得到启发，从而创立了二进制数学，为计算机的发明奠定了理论基础。可见，邵雍虽不是二进制数学的创始人，但他是二进制思想的奠基人，是现代电子计算机原理的理论先驱。

关于邵雍象数学的学术成就，程颐评道："自古言数者，至康节方说到理上。"① 朱熹评道："然自有《易》以来，只有康节说一个物事如此齐整。"② 邵雍的门人张崏曾予以了高度概括："先生治易、书、诗、春秋之学，穷意研象数之蕴，明皇帝王霸之道，著书十万余言。研精极思三十年，观天地之消长，推日月之盈缩，考阴阳之变数，察刚柔之形体，故经之以元、纪之以会、始之以运、终之以世。又断自唐虞，迄于五代，本诸天道，质以人事，兴废治乱，靡所不载。其辞约，其义广，其书著，其旨隐。呜呼！美矣至矣，天下之能事毕矣。"③ 当然，邵雍的先天象数学具有浓厚的神秘色彩，卜卦算命者推邵雍为祖师，标榜"康节神数"，在民间流传广泛。

① 《朱子语类》卷100《邵子之书》，中华书局1986年标点本，第2548页。
② 同上书，第2546页。
③ （清）黄宗羲：《宋元学案》卷10《百源学案》下，中华书局1986年标点本，第467页。

第九章 萧抱珍与太一道

宋金元时期，是道教发展的又一个鼎盛时期，新道派纷纷建立，在北方兴起了三个教派：全真道、太一道、真大道。在三大新兴道派中，太一道最早创立。太一道，又称太乙道，金天眷初年创立于卫辉，创始人是汲郡（今卫辉）人萧抱珍。《元史·释老传》载："太一教者，始金天眷中道士萧抱珍，传太一三元法箓之术，因名其教曰太一。"① 太一是指天地未分时的混沌元气，具有至理纯一之义。太一道尊老子道学，重视符咒秘箓、祈禳诃禁、治病驱邪，它应属于符箓道派。太一道传布区域以河南、河北为中心，其宫观、道徒大都分布在河南、河北，在山东也有传布。太一道的教区组织，在两京设有太一广福万寿宫，作为其首脑机关，在路、州、县等设有各级地方组织，从两京到地方，太一道建立了一个统一的自上而下的教派组织体系。

靖康之难后，中原地区遭受了金人统治的百般蹂躏，贞祐之变更加重了民族对立。在残酷的民族压迫面前，中原民众拿起武器进行反抗，西起陕西，中经河南、河北，东到山东的无数大小山寨上，聚集着许多抗金义军，这种武装反抗，一直到金灭亡从未停息过，民族矛盾的尖锐导致中原地区的连绵战乱，严重破坏了中原地区的社会经济，导致民不聊生。北宋末年以来，中原地区天灾不断，1128—1140 年的 12 年间，中原地区有 8 年发生旱灾，蝗灾也很严重。中原地区的民众承受着国恨、家仇、天灾人祸的折磨，他们只有把希望寄托于宗教，这是金代道教新教派兴盛的根本原因。当时的新道教主要有三派：全真教主王重阳、大道教主刘德仁、太一教主萧抱珍。新道教怀志士仁人之情，思振兴于危难之中，以修道厉行

---

① 《元史》卷 202《释老传》，中华书局 1976 年标点本，第 4530 页。

来救济民众。丘处机一言而止元太祖之滥杀，郦希成至诚祈祷来感化民众，萧辅道一言免柘城屠戮，他们拯救斯民于水火，造福于苍生百姓。普度众生，解民苦厄，是南宋初河北新道教三教的教义宗旨。

太一教创立于金朝初年，从南宋绍兴八年（1138）创立，至元泰定五年（1328）消亡，存在了190年，共有七代教主。前三代祖师萧抱珍、韩道熙、王志冲受到了金廷的礼遇，四代祖师萧辅道、五代祖师李居寿、六代祖师李全祐受到了元廷推崇，是太一教的鼎盛时期，到六代祖师李全祐、七代祖师萧天佑时衰落，此后虽仍有传续，但已无闻于世。太一道的传布以及七代教主的事迹，史载很少，只是散见于金元碑刻和野史稗钞，因为同里关系，理学家王恽与太一道交往颇多，与五世祖李居寿、六世祖李全祐为方外好友，他还上见四世祖，下见七世祖，目睹了太一道的兴衰历程，王恽的《秋涧文集》录有太一道的传布情况，是研究太一道的重要资料。

太一道一世祖萧抱珍以道家之学修身，以巫祝之术治世，这与天师道颇为接近。萧抱珍在道教神仙信仰基础上，把《太平经》中的神仙世界体系移植到人间，共分六级：一为神人，主天；二为真人，主地；三为仙人，主风雨；四为道人，主教化吉凶；五级、六级为圣人、贤人，主辅政，治理百姓。萧抱珍自封"真人"，救世济民、指点迷津。起初，他在家里传道，由于虔诚的道众太多，后来便移至卫州三清院，信徒络绎不绝，盛况空前。皇统八年（1148），萧抱珍进京，金熙宗召见，深得礼敬，金熙宗将"太一万寿"扁赐予萧抱珍。金世宗大定六年（1166）冬十一月，萧抱珍在汲县万寿观去世。

太一道第二代教主是卫辉人萧道熙。萧道熙姓韩，字光远，按照太一道教规，历代祖师皆改姓为萧。萧道熙为人英伟，眉目疏秀，美须髯。他3岁识字，6岁能书，博学善文，谈玄论道，有魏晋之风。他乐善好施，养老恤孤近百人。萧抱珍逝后，萧道熙掌教，他以弘道为己任，倡导修行，从游者众多。金世宗礼遇太一道，他多次奉诏进宫，探究性命之理。大定九年（1169），金世宗特赐在太一道观内建"万寿"额碑。萧道熙掌教时期，太一教声望大振，门众数万，而且向东传布到沿海地区。大定二十六年（1186）秋，萧道熙去世，金世宗追赠"重明真人"，一说他将教事交付王志冲，独自游历名山，不知所终。

太一道三世祖萧志冲，原姓王，字用道，自号"玄朴子"，博州堂邑人，本姓王氏，自幼颖悟，沉静寡言，不好游戏。16 岁时，父兄议婚，他不从，逃婚到卫辉，师从萧道熙。他谨慎侍奉恩师，前后 10 年，无懈倦之色，有时数月衣不解带。大定十六年（1186），朝廷普试僧道，以前肖志冲只是密诵经文，人人不知，中选之后，人们大为惊奇。掌教后，他曾居住在中都天长观，信徒甚众，求教者接踵，每年所传数千人。金泰和年间，他设醮祈求皇嗣，应验，设醮祛除蝗灾，应验，金章宗完颜璟赐号"元通大师"。大安二年（1210），他自京师返回卫辉，不久，便把掌教传于弟子萧辅道。萧志冲本于老庄，兼通史书，尤精于《左氏春秋》。贞祐四年（1216）仙逝，终年 66 岁。

太一道四世祖萧辅道，字公弼，号东瀛子，赐号中和仁靖真人，卫州人，是一世祖萧抱珍的再从孙。他嗣教后不久，金人迁都汴京。贞祐二年（1214），元军围困卫州，三日城破。当时萧辅道在鹿邑掌教太清宫，后又主教柘城延祥观。元军攻占柘城后，萧辅道北上赵州太清宫。天兴三年（1234），他率领弟子修复了被战火焚毁的祖庭汲县太一万寿观。今卫辉万寿宫现存有《唆鲁左唐妃鼓旨碑》，碑文载："长生天的气力里，谷裕皇帝福荫里，唆鲁左唐妃鼓旨：赵州太清观住持道士萧辅道，是太一一悟教真人泉裔之曾孙，继承之四叶，才德兼茂，名实相符，清而能容，光而不耀，富文学而重气节，谨言行而知塞通，体一理而不偏，应众机而非庆，复以阐扬法事，绍述宗风，道助邦家，泽濡幽显，是可尚也，要光前叶，宣锡嘉名，用传不朽者，右赐中和仁靖真人号，传度太一法箓事萧辅道，准此，丁未年二月。"定宗即谷裕皇帝，唆鲁左唐妃为睿宗妃，即忽必烈的母亲。《唆鲁左唐妃鼓旨碑》是现存最早的太一道碑刻。元世祖曾召见萧辅道："世祖在潜邸闻其名，命史天泽召至和林，赐对称旨，留居官邸。以老，请授弟子李居寿掌其教事。"① 元世祖赐号萧辅道为"中和仁靖真人"。

太一道第五代祖师萧居寿，字伯行，道号淳然子，家住卫州汲县西晋里（今太公泉乡四门村）。他生有淑质，沉默寡言，自幼喜道家之学。13岁时，拜太一四代祖中和仁靖真人为师，旦夕侍奉、进退应对、容度详

---

① 《元史》卷 202《释老传》，中华书局 1976 年标点本，第 4530 页。

谨。后受戒为道士，负责符箓科式等事。元世祖诏见萧辅道，萧居寿随行。萧辅道以才识明敏、志行淳和荐举萧居寿为五世祖，元世祖赐萧居寿号"贞常大师"，授紫衣。宪宗九年（1259），忽必烈南巡，曾亲临汲县太一万寿宫。至元十一年（1274），元世祖"建太一宫于两京，命居寿居之，领祠事"①，在大都宛平和上都开平各建造一座太一宫，作为萧居寿的传教之地，还每年给道众提供粟帛。至元十三年（1276），元世祖赐萧居寿太一掌教宗师印，还特赐号"太一演化贞常真人"。萧居寿曾向元世祖建言："皇太子春秋鼎盛，宜参预国政。"② 元世祖高兴地采纳了萧居寿的建议，诏太子参决朝政。至元十七年（1280），萧居寿去世，终年60岁，葬于卫州汲县四门村祖墓。萧居寿任教主期间，是太一道最为辉煌的时期。

太一道六世祖萧全祐，河北洺水人，拜萧辅道为师。至元三年（1266），受封观妙大师，后加封承化纯一真人。至元末、元贞初（1294—1295），元廷把顺州4000亩地和宛平县京西乡栗林作为恒产赐给太一道，元贞二年（1296），萧全龄在此建造了一座太一集仙观。

七世祖萧天祐，原姓蔡，封号为太一崇玄体素演道真人。他与玄教大宗师吴全节相友善，其掌教至何年，已不可考。七世祖之后，太一道传授谱系不明，未见嗣教者，也未见有太一道的活动。后来，太一道融入全真道，一说合并到正一道。据传，在元泰定帝时，太一道仍在民间流传。

道教是中国本土宗教，自东汉张道陵创教以来，秉持济世救民的教义，在民间传播，魏晋时期，道教分化为两派，即士族丹鼎派和民间符水派，南北朝时，北朝的寇谦之和南朝的陆静修对道教进行改革，确立了教规教戒和斋醮仪范，茅山上清派宗师陶弘景继续进行教义改革，构建了道教神仙谱系，充实了修炼理论，茅山上清派成为道门正统。唐代，内丹学兴起，北宋，符箓道法兴盛，由于唐宋两朝帝王的推崇，道教进入全盛时期，社会上的崇道之风发展到极致。靖康之乱，金人南下，宋室南迁，北方战乱频繁，百姓水深火热，道教中人也亲历了时局的动荡，他们不得不思考道教发展的道路和方向，正是这种思考，引发了金元时期道教的大变

---

① 《元史》卷202《释老传》，中华书局1976年标点本，第4530页。
② 同上。

革。在这一背景下，王重阳创立了全真道，刘德仁创立了真大道，萧抱珍创立了太一道，他们顺应时势，与时俱进，主持了金元时期道教教义和仪范的创新，开启了道教发展史上的新时代。在北方三教中，全真道与真大道注重内在心性修炼，而太一道独重符箓秘箓，以符箓法术传道是太一道的特征。《蓬壶炼度科》是目前发现的太一道的唯一传世科仪。

萧抱珍发展了晋代葛洪的施食炼度科仪，提出了炼度在炼己、炼己以度人的主张。炼度又称济炼、祭炼，是济度亡灵的法事。济、祭是给鬼魂供给食物，炼是行水火炼，或给亡灵施行水炼、火炼，或行水火混炼，洗涤亡灵形质，莹洁亡灵精神，使其形神俱妙，升往仙界，再托化成人。度即度化、超度。在道教看来，人死后魂升魄降，进入仙界，如果魂魄不能升降，只有滞留在昏冥之中，在饥寒交迫中受难，通过炼度科仪，可以使孤魂野鬼洗涤身心，受炼更生，以此来超度鬼魂。萧抱珍将炼度要义由炼度鬼魂发展为炼己度人，将炼度仪的重心由鬼魂移到法师身上，法师在水火炼中凭借自身修持之功，炼去杂质，洗涤身心，然后再施之于鬼魂，超度仙界。

萧抱珍认为，炼度仪必须依仗天尊法令，在炼度时，法师首先要变神，化身为太乙天尊，然后才能施行炼度。在正式变神之前，先要迎请以太乙天尊为主神的各路神仙光临。法师在坛前上香参神请圣时，要想象自己头顶一片红云，自己的真神与太乙天尊会合，自己的红光与天尊金光融合，达到我身即天尊的境界。在变神之后，法师就以太乙天尊的身份主持仪式。从《蓬壶炼度科》看，萧抱珍所构建的蓬壶炼的体系，第一步是净坛、变神；第二步是破狱、总召、天医调治、解冤释结；第三步是咒食、咒水、施食；第四步是宣誓三皈、九戒、发三大愿；第五步赐以符命宝箓、送生天界，以这五个步骤完成炼度全过程，萧抱珍由此构建了一整套教规仪式。

太一道以符箓为形式救世济民，或授以秘箓，或祈禳诃禁，或修道行教，或修身养生。据文献记载，太一道的符箓法术主要有用于禳蝗的洒坛符、用于祈雨的飞雷救旱符、用于驱邪的六丁符、用于求嗣的祈嗣符、用于保胎的保胎符、用于禳镇方所的太一符，太一道还使用了禳火驱蝗符、去锁开咽符、祈雪符、祛病符、祈晴符等。太一道也继承了道家的养生学说，宣扬守一、辟谷、食气等方术，推崇念符，认为凭此可以达到长生久视的境界。

太一道的符箓法术并不是单纯的迎神灵、驱邪魔，而是以法术来普度众生，它把修道行教与兼济天下相统一，既独善其身，也兼善民众。金人攻破卫辉城池，将一城男女老幼驱出城池全部砍杀，城郭为墟，暴骨如丘。四世祖萧辅道倾其所有，募人收敛遗骸，将所有尸体掩埋在下园村三个大坑内，并封以土丘，称"堆金冢"。由靖康至贞祐不过 88 年，河北两度沦陷，太一道以道济众，拯救民众于水火。王恽的《秋涧集》卷 39《堆金冢记》记载，萧辅道主持柘城的延祥观，元军兵临城下，他不顾危险，以河朔惨案劝说元军不伤无辜，他以一番净谏，救万家于锋镝之下，使柘城免遭金兵屠城的厄运。

太一道从教义到仪礼，本于道教，属道教一派，但它与旧道教有很多不同。陈垣在《南宋初河北新道教考》中称其为道教中之改革派。太一道把道教符箓与儒家名教相融合，关注苍生，重于治世，以儒家伦理、符箓禁咒之术来维系社会秩序。道教自创立之始，就具有济世度人的亲民之风，唐宋时，道教重心由民间转向官方，形成了主静教义和重丹之法，贵族气象取代了世俗气息，日益官方化、贵族化、精致化，靖康之耻粉碎了宋室的歌舞升平，国破家亡的中原民众陷入水深火热之中，道教也从皇家所筑的神坛上跌落尘埃。太一道一反唐宋道教的贵族气象，把旧道教的重心由讨宠上层下移到社会底层，恢复道教初创时的亲民宗旨，去除媚上之态，关注民生疾苦，度民众于厄苦，为宋金时期的亡国民众提供一个避难的精神家园。太一道不仅创新了道教教义，还变革了传教方式，引导了明清道教世俗化和民间化的发展方向，它在道教发展史上影响深远。

第十章　牧野士人与元代理学

第一节　百泉书院与元初理学的复兴

　　百泉位于辉县市苏门山下，山清水秀，自然环境优越，人文氛围浓厚，在历史上长期是中原地区的文化中心，是历代文士非常钟爱的隐居之地，魏晋的孙登、嵇康，北宋的邵雍，元初的姚枢、许衡、耶律楚材，清初的孙奇逢等名士都曾隐居于苏门百泉。大儒孙奇逢曾指出："苏门一片地，为古昔诸君子所徘徊临眺，称地杰人灵者，始于晋，大于宋，而盛于元。晋之有公和居士窟，啸声出林谷。答嵇康数语，见道甚明。考其生平，亦高蹈仙隐之流耳。宋之康节，其来也，受《易》于共城令李公之才安乐窝，盖不炉不扇之地，所称内圣外王之学也。至元，则可谓德星聚矣。耶律晋卿嗜邵学来居于此。若姚雪斋、许鲁斋、赵仁甫、窦肥乡诸公，开有元一代之运，纲维世道，羽翼圣教，人皆知尊而信之矣。"[1] 崔子铣曾说元有三儒，许仲平之兴学，耶律晋卿之谏杀，刘静修之不仕。"三儒者，所称一代之人杰，终百余载而有其三，百泉一片地，遂获其二，百泉亦幸矣哉！"[2] 苏门百泉吸引了众多的为学之士，成为宋元明清时期全国规模的文化教育基地，在这样的文化氛围中，邵雍创建了百源之学，许衡创建了鲁斋之学，孙奇逢创建了夏峰北学。

　　百泉书院位于苏门山南，百泉湖东岸，创建于宋代。"百泉书院旧在

---

　　① 张显清：《孙奇逢集》中册，《夏峰先生集·苏门三考》，中州古籍出版社 2003 年版，第 875 页。

　　② 同上。

县西五里苏门山麓，百泉之左，即太极书院，始于宋元。"① 北宋时期，邵雍创建百源书院，授徒讲学，形成了百源学派，当时理学名士周敦颐、张载、程颢、程颐等都曾到此讲学。宋元之际，姚枢在此创建太极书院，传授程朱理学，汇聚了赵复、许衡、窦默、王恽等理学大家，百泉成为当时北方的理学圣地。明代成化十六年（1480），河南提学佥事吴伯通与卫辉府守张谦创建百泉书院，延师授徒，与嵩阳书院、开封书院、应天书院并称河南省四大书院。清初，河南省贡院由开封移至百泉书院，从顺治二年（1645）到顺治十四年（1657），共历六科，百泉成为河南省的教育中心。顺治七年（1650），孙奇逢携家移居百泉，后迁至夏峰村，他在此著述讲学，四方学者云集于苏门，百泉书院成为与关中书院、江阴书院并列的全国三大书院之一。乾隆三年（1738），辉县知县何文耀在百泉湖西岸创建泉西书院，历时 80 余年，道光六年（1826），知县周际华将书院移至城内南街（今书院街），光绪三十年（1904），百泉书院改为辉县高等小学堂，由古代书院教育发展成为近代学校教育。百泉书院历经宋元明清，在近千年的办学历史上，培育了大批贤达之士，如北宋的魏丕、韩琦、李唐、贺铸、晁端礼等，元代的许有壬、王恽、郑廷玉、郭昂、陈思济、陆显之等，明代的王越、何瑭、马汝章、王铎、张缙彦等，清代的汤斌、吕履恒、刘体仁、张沐、耿介、李灼然、窦克勤、郭遇熙等，可谓薪火相传，人才辈出，百泉书院为中原文化的传承和发展作出了卓越的贡献。

在战火频繁的宋元之际，百泉书院"慨然以道为己任"②，以姚枢、窦默、许衡、王恽等为代表的书院儒士，致力于理学的弘扬，不仅发展了理学理论，也开创了理学风行全国的局面，一度衰微难继的理学在元初得到了复兴和发展。在理学发展史上，有"宋兴伊洛，元大苏门"之称。

一 百泉书院与理学理论的创新

百泉书院具有学术研究和学术创新的优良传统，自创办之日起，它就

---

① 《河南府县志辑·道光辉县志》第 17 册，《中国地方志集成》，上海书店出版社 2013 年版，第 589 页。

② 《元史》卷 158《许衡传》，中华书局 1976 年标点本，第 3717 页。

以研究和传授儒学为宗旨。北宋初年，邵雍在这里创建了百源之学，周敦颐、程颐、程颢都曾到这里讲学，百泉书院成为理学的发祥地之一。宋末元初，战乱频繁，百泉书院一度衰落，但它不废传道，勇担复兴理学的大任，师生们朝暮讲习，至忘寝食。在对理学的研讨中，百泉儒士们形成了和会朱陆、重视治生的思想，取得了理学理论上的新突破和新发展。

和会朱陆是元代理学的一大特点。南宋时，朱熹和陆九渊把理学推向了繁盛，但朱陆门人偏执于学派之争，各自走向了极端。朱门弟子把格物致知的治学工夫流为训诂之学，丢弃了专事义理的朱学家法，导致朱学支离烦琐，而陆门弟子则把陆子的发明本心流为明悟之学，不读书，不穷理，专注打坐，一往蹈空，流于狂禅。朱陆门人虽然标宗师学，但都偏离了宗师的学旨，致使各自学统难以为继。朱陆门户之争，严重影响了理学的发展，和会朱陆成为元代理学家面临的迫切任务。百泉书院最先传授的是赵复北传的程朱理学，在传承朱子理学的过程中，也发现了朱学门人深求隐僻之理的弊端，所以，百泉书院积极倡导朱陆和会，为理学的复兴奠定理论基础。百泉书院对朱陆的初步融合是由许衡主持完成的。

天道观是宋明理学的理论基石，许衡继承了朱子的道问学说，吸取了陆子的德性学说，坚持朱学的笃学方法，兼取陆学的直取本心，主张在笃学的基础上反求于己，把陆学的直求本心的治学方法和朱学的心外格物的求理方法糅合了起来，实现了朱陆学说的初步整合。在心性观上，有人问："心也，性也，天也，一理也，何如？"许衡说："便是一以贯之。""天即理也。"[①] 心、性是理在人身上的体现，心、性、理是三位一体的，"心之所存者，理"，求天理就要尽心，"尽心，是知至也"[②]。在心性修养的途径上，许衡既不同于朱子的穷理以明心，也不同于陆子的明心以穷理，他把能否明德作为衡量尽心知性的唯一标准，"尽其心者，知其性也，若能明德，都总了尽心知性"[③]。在心性问题上模糊了朱陆这一原则性分歧，有利于朱陆融合。许衡在论述动、静的关系时，对"中"作出了有意义的解释，并提出了"时中"的观点。他在《中庸直解》中指出：

---

①　《四库全书》集部《鲁斋遗书》卷1《语录下》，上海古籍出版社1987年影印本，第1198册，第275页下栏。

②　同上书，第288页上栏。

③　同上。

"中也者，天下之大本也。"①"君子之中庸也，君子而时中"，"时中是随时处中"。② 他说："时有万变，事有万殊，而中无定体，当此时则此为中，于彼时则非中矣；当此事则此为中，于他事则非中矣。"因此，"中正之中，又有随时之义也"，"随时变易，以合于道"③，君子应做到"时中"，"合于时义，无不吉"。④ 许衡的"中"论，在当时有着重要的社会意义。首先，在宋元之际，理学中的两大派别朱陆之争已走向了极端，理学的发展出现了颓势，为振兴理学，只有消弭朱陆之争，和会朱陆，许衡的"中"论的理论意义就是融合朱陆学说。其次，元初，民族矛盾尖锐，社会动荡不安，思想界再起夷夏之辨，如赵复、刘因、许谦等理学大家固守义节，高蹈不仕，许衡的"时既不同，义亦随异"的现实意义就是融会夷夏之辨、缓和民族矛盾、稳定社会秩序。

许衡标宗朱学，兼取陆学，坚持朱学致知、笃实的"下学"工夫，兼取陆学反求自悟的本心论，既避免了朱学的支离泛滥，也摆脱了陆学的谈空说妙，这样，由北宋理学的诚敬与致知、博与约之争，中经南宋的朱陆之争，到了元初，复又折中融合，从而导致了朱陆合流，明代王阳明沿承朱陆合流趋势，建立了博大精细的王学体系，完成了朱陆融合。

治生论是百泉理学家把理学和元初社会实际相结合而提出来的又一个新学说。许衡认为，道不远于人，大而君臣父子，小而盐米细事，都是道和义，当政者要重视民生日用，使民有恒产，安居乐业。他提出要重农桑以厚民生："治生者，农工商贾而已，士君子多以务农为生。"⑤ 他强调治生的根本方法是衣食以厚其生、礼义以养其心。他以满足人的生理需求即物质生活条件为前提来谈治生，这同程朱"行天理、灭人欲"的思想不尽一致，程朱理学强调正人心，明天理，学者先务，固在心志，而许衡则认为："为学者，治生最为先务，苟生理不足，则于为学之道有所妨。彼

① 《四库全书》集部《鲁斋遗书》卷1《语录下》，上海古籍出版社1987年影印本，第343页下栏。

② 同上书，第344页上栏。

③ 同上。

④ 同上书，第384页下栏。

⑤ 《四库全书》集部《鲁斋遗书》卷13《附录》，上海古籍出版社1987年影印本，第1198册，第462页下栏。

旁求妄进及做官嗜利者，殆亦窜于生理之所致也。"① 他批评魏晋玄风：
"读魏晋唐以来诸人文字，其放旷不羁诚可喜，身心即时便得快活，但须
思虑，究竟是如何果能终身为乐乎？"② 他批评宋代理学："宋文章近理者
多，然得实理者少。世所谓弥近理而大乱真，宋文章多有之，读者直须明
著眼目。"③ 许衡的治生论把具有贵人气象的理学和盐米细事的民生结合
起来，把治学与治生、治世相结合，这样，"道"不再是远离民众的隐僻
之理，而成为务实民生的治世之用，使宋代空谈心性的理学具有了实际的
内容，开启了理学向实学的转向。治生说是许衡理学体系中最有价值的学
说，充分体现了鲁斋之学的时代特色和务实精神。

宋末元初，时局纷乱，人们强烈要求建立一个稳定的社会秩序，朱陆
和会、重视治生就是这种要求在理论上的体现。理论上的新突破率先由百
泉书院的儒士完成，这与百泉书院务实的学风有关，宋代理学主张先知后
行，他们重视理论体系的构建，而百泉书院的儒士们主张知行并进，他们
更重视理论与实际的结合，倡导经世致用，反对空谈妙论，在科举停废的
宋末元初，不以科举应试教育为目的的百泉书院也必须重视务实，务实的
学风为理学理论的创新和发展营造了浓厚的氛围，和会朱陆、重视治生的
学说既是时代特点的体现，也是百泉书院务实学风的反映，理学理论上的
创新奠定了理学复兴的理论基础。

二　百泉书院与元初理学的践行

历史上，百泉书院是具有全国影响的文化教育中心，向以务实的学风
而著称，强调知行并进，倡导学以致用。在战乱频繁的宋元之际，百泉书
院慨然以道为己任，师生们出而治国平天下，退则治学传道，致力于理学
的践行。百泉书院以理学为指导，积极用世，践履于时，促使元政府确立
了汉化政策、重农政策，并使理学成为官学，中原地区先进的制度文化、
经济文化、思想文化得以恢复和发展，百泉书院为元初中原文化的复兴和
发展做出了杰出的贡献。

---

① 《四库全书》集部《鲁斋遗书》卷13《附录》，上海古籍出版社1987年影印本，第1198
册，第462页下栏。

② 同上书，第282页上栏。

③ 同上书，第281页下栏。

宋元之际，兵祸连接，元军长驱南下，造成饥馑丧乱，严重破坏了中原地区的社会秩序。元统一后，忽必烈面临的首要问题就是政权建制问题，百泉书院积极参与国政，向忽必烈建言进策，姚枢提出时政要务30条，许衡上书《时务五事》，王恽上书《便民三十五事》，他们倡导汉化政策，以先进的中原文明构建了蒙元的统治体系。

在漠北，姚枢曾上书数千言，"首陈二帝三王之道，以治国平天下之大经，汇为八目，曰修身、力学、尊贤、畏天、爱民、好善、远佞"，又列时政要务30条，包括立省部、辟才行、举逸遗、慎铨选、汰职员、班俸禄等，建议忽必烈采用汉法治理汉地，"世祖奇其才，动必召问，且使授世子经"①。姚枢发现地方诸侯手握兵民，严重威胁了中央政权，建议罢侯置守，加强中央集权。姚枢还进一步劝说忽必烈，上答天心，下结民心，睦亲族以固本，建储副以重祚，定大臣以当国，开经筵以格心，修边备以防虞，蓄粮饷以待歉，立学校以育才，劝农桑以厚生，由此建成宏图大业。窦默也向忽必烈建言："帝王之道，在诚意正心，心既正，则朝廷远近莫敢不一于正。"他提醒忽必烈，要以利生民安社稷为心，忽必烈"一日凡三召与语，奏对皆称旨"②，"至论国家大计，面折廷净，人谓汲黯无以过之"③，窦默深得忽必烈信任，国有大政必访窦默。王恽上书150余章，"治钱谷，擢材能，议典礼，考制度，咸究所长，同僚服之"④。立国规模，必行汉法，是许衡向元世祖提出的建国纲领。至元二年（1265），许衡上书《时务五事》，力劝元世祖实行汉化政策，他在第一事"立国规模"中直截了当地指出："自古立国，皆有规模。循而行之，则治功可期。否则心疑目眩，变异分更，未见其可也。"⑤他提出依照先进的中原文明来建立和巩固元帝国，"考之前代，北方之有中夏者，必行汉法乃可长久"⑥，反之则必有变，他"历考古今分并统属之序，去其权摄增置冗长例置者，凡省部、院台、郡县与夫后妃、储藩、百司所联属统

---

① 《元史》卷158《姚枢传》，中华书局1976年标点本，第3712页。
② 《元史》卷158《窦默传》，中华书局1976年标点本，第3730页。
③ 同上书，第3733页。
④ 《元史》卷167《王恽传》，中华书局1976年标点本，第3933页。
⑤ 《元史》卷158《许衡传》，中华书局1976年标点本，第3718页。
⑥ 同上。

制，定为图"①。在忽必烈的儒臣中，这样明确而又全面论述实行汉法政策的只有许衡和郝经两人，而许衡对必行汉法的论述更为透彻、全面。许衡以先进的中原文明为元代统治者制定了一整套立国规模，促进了蒙古民族封建化的进程，为元代多民族大一统中央集权制帝国的建立和巩固奠定了基础，被誉为元之所以藉以立国者。

为治之本在于得人，这是百泉书院儒士们提出的任贤治国主张，他们提醒忽必烈要任用贤士、远离奸佞。窦默指出："然平治天下，必用正人端士，唇吻小人一时功利之说，必不能定立国家基本，为子孙久远之计。其卖利献勤、乞怜取宠者，使不得行其志，斯可矣。"② 他向忽必烈举荐了姚枢、许衡、史天泽等贤才。许衡认为："天下之务固不胜其繁也，然其大要在用人、立法而已。"③ 针对历代王朝内部争权夺利的教训，许衡特别强调要警惕那些"窥人君之喜怒而迎合之，窃其势以立己之威，济其欲以结主爱"的奸诈小人，以免造成"爱隆于上，威擅于下，大臣不敢议，近亲不敢言，毒被天下而上莫之知，至是而求去之亦已难"④ 的危险局面。他建议制定一套简用实才、罢黜冗官、考订资历、纠察污滥的制度，使贤者日进、不肖者日退。在他们的力荐下，大批的汉族儒士参与了朝政。

元代在建立各种制度时，常效法金制，但在立法上，则与金不同，始终没有编成类似《泰和律》那样形式完备的法典，它完全是以因时立制、临事制宜的形式颁布的，断狱量刑是以断例为依据，随着岁增月积，必然会出现繁杂重出、罪同罚异的情况，也为贪官污吏任情挟私提供了方便。所以，制定一部统一的、形式完备的立法通典成为急务。许衡在《时务五事》中特别强调了法制的重要性，"中书之务不胜其烦，然其大要在用人、立法而已矣。……夫治人者法也，守法者人也。人法相维，上安下顺"⑤。王恽在《便民三十五事》中专门把"立法"辟为一事，建议将奉

---

① 《元史》卷158《许衡传》，中华书局1976年标点本，第3726页。
② 《元史》卷158《窦默传》，中华书局1976年标点本，第3731页。
③ 《四库全书》集部《鲁斋遗书》卷1《语录上》，上海古籍出版社1987年影印本，第1198册，第286页上栏。
④ 《元史》卷158《许衡传》，中华书局1976年标点本，第3723页。
⑤ 《元史》卷158《许衡传》，中华书局1976年标点本，第3719—3720页。

敕删定到律令，颁为至元新法，使天下更始，永为成宪。至元末年（1294），王恽再次上书，提出将已定律令颁为新法。在许衡、王恽等人的大力推动下，元世祖颁行了《至元新格》。

定国本，预立皇储，避免皇位继承上的争端，是中原历代王朝的治国经验。依蒙古旧俗，大汗由宗王大会推选产生，这常常导致宗王之间的争权斗争，直接影响到政权的稳定。百泉书院的儒士们十分重视预立储君，认为这不仅是维护政权稳定的大计，也是实行汉法的具体表现，更关系到汉化政策的连续性问题，因此，建皇储成为当时继续推行汉法政策的核心问题。在漠北潜邸时，他们就着手于对忽必烈后代的培养，世子真金先后师从姚枢、窦默、许衡，深受儒学熏陶。在元初，郝经最早明确提出定储贰以塞乱阶的主张，但他把它列为便宜新政十六条中的最后一条，姚枢议政提出八条建议，把"建储副以重祚"放在了第二条的位置上，更加强调了"建储副"的重要性和迫切性。在百泉书院儒士们的建议下，至元十年（1273）二月，忽必烈按照中原传统仪礼正式册立真金为皇太子。真金在主政期间，重用儒臣，大力推行汉法，可惜，真金早逝，汉法派重臣亡卒殆尽，汉化政策遭到挫折，但建储君作为定制则确立了下来。

在百泉书院儒士们的支持和倡导下，元世祖"知人善任使，信用儒术，用能以夏变夷，立经陈纪，所以为一代之制者，规模宏远矣"①。元初的汉化政策最终确立下来，理学也初步得到了实现。

蒙古军队进入中原之初，实行残暴的屠杀政策，变耕地为牧场，严重摧残了中原地区的农耕文明。百泉书院的儒士们亲历了元军杀戮之残酷和经济之凋敝，极力劝说蒙古统治者停止屠杀，劝民农桑，实行重农政策。

在漠北时，姚枢就建议："重农桑，宽赋税，省徭役，禁游惰，则民力纾，不趋于浮伪，且免习工技者岁加富溢，勤耕织者日就饥寒。"②忽必烈南征大理时，姚枢以宋太祖征南唐不杀一人、市不易肆劝谏忽必烈，"由是民得相完保"③。他向元宪宗提出建议，在河南、四川、陕西等地开展屯田，全国统一后，屯田制推广到全国。为安抚民众，姚枢还向忽必烈

---

① 《元史》卷17《世宗本纪》，中华书局1976年标点本，第377页。
② 《元史》卷158《姚枢传》，中华书局1976年标点本，第3712页。
③ 同上书，第3713页。

建议蓄粮饷以待歉、劝农桑以厚生。他在任大司农期间，力倡农桑，推动了农业生产的恢复和发展。

治生论是许衡为重农政策提供的理论依据。他认为，君臣父子、盐米细事都是道和义，统治者应当重视民生日用，使民众安居乐业，既能发展生产，又能稳定社会秩序。他把务农桑作为厚民生的途径，指出："尝谓中国之俗，必土著有恒产，使安其居，乐其俗，土田种树，父子兄弟，嬉嬉于田里，不知有利欲之可趋也。民志一定，则治道可行也。"① 他以满足人的"生理"需求为前提来谈治生，这同程朱"行天道、遏人欲"的思想不尽一致。他还大胆地抨击了时弊："今国家徒知敛财之巧，而不知生财之由；徒知防人之欺，而不欲养人之善"，这样下去，就会导致社会动乱，他建议："诚能优重农民，勿扰勿害，驱游惰之人归之南亩，课之种艺，恳喻而督行之，十年之后，府库之积，当非今日之比矣。"② 许衡的治生论是元初重农政策的理论基础。

由游牧文化转变为农耕文明，这是入主中原的蒙古民族能否转变观念、适应社会变迁、巩固政权的关键，在百泉书院儒士们的支持下，忽必烈成功地把握住了这一历史性的转变，顺应了社会发展的潮流。忽必烈即位后，"首诏天下，国以民为本，民以衣食为本，衣食以农桑为本"③，并采取了设司农官、立社、颁农书、兴屯田等措施，确立了重农政策，使元初社会经济得到了恢复和发展。

三　百泉书院与元代理学的传播

靖康之变，宋室南迁，宋金对峙局面形成，理学偏盛于东南，"南北道绝，载籍不相通"④。把理学传播到北方，成为百泉书院面临的一个紧迫任务。百泉书院慨然以道为己任，致力于理学的传播，"纲常不可一日而亡于天下，苟在上者无以任之，则在下之任也"⑤。百泉书院首先把复

---

① 《四库全书》集部《鲁斋遗书》卷7《语录下》，上海古籍出版社1987年影印本，第1198册，第296页下栏。

② 《元史》卷158《许衡传》，中华书局1976年标点本，第3725页。

③ 《元史》卷93《食货志一》，中华书局1976年标点本，第2354页。

④ 《元史》卷189《儒学一》，中华书局1976年标点本，第4314页。

⑤ 《元史》卷158《许衡传》，中华书局1976年标点本，第3717页。

兴理学的重心放在兴学传道、化俗敦风上，为理学复兴奠定社会基础。

百泉书院是元代北方地区最早传播理学的书院，和元廷官办的燕京太极书院齐名。太宗十三年（1241），姚枢和赵复退隐苏门，辟书院，传理学。关于书院的名称，大儒孙奇逢作《太极书院考》，称姚枢弃官隐居苏门，辟书院，以太极为名，延赵复相与讲明濂洛之学，几与鹅湖、白鹿洞并传。元人许有壬在《雪斋书院记》中则记载，至正七年（1347），始立雪斋书院以为纪念。姚枢和赵复在主持百泉书院期间，"刊诸经，惠学者，读书鸣琴，若将终身"[1]。"是时洛闽学未行于中国，仁甫乃以所记忆程朱诸经传注，录出之以传。枢于苏门山建太极书院……刻诸经授学者，求遗书至八千卷，请仁甫讲授其中。乃原羲、农、尧、舜所为继天立极，孔子、孟轲所垂世立教，周、程、张、朱所发明演绎者，标其宗旨，揭其条绪。北方知有学，则枢得复之力也。"[2] 赵复是把程朱理学传播到北方的第一人，自此，北方士人始知有程朱之学，许衡、郝经、刘因皆得其书而尊信之。许衡本治章句经学，访学百泉书院后，接受了理学，许衡"至辉，就录程、朱所注书以归，谓其徒曰：'向所授受皆非，今始闻进学之序。'"[3] 保定刘因"初为经学，究训诂疏释之说，及得周、程、张、邵、朱、吕之书，一见能发其微"[4]。赵复北上，培养了窦默、许衡、郝经、刘因等第一代北方理学名家，并使理学逐渐取代了当时北方盛行的经学章句，开创了程朱理学在北方传播的局面。

兴学传道是百泉书院复兴理学的主渠道。百泉书院以培养传道济民之才为宗旨，通过"道"的教育，使学生具有诚敬、致知、明理、修身的品质，通过济民的教育，使学生具有齐家、治国、平天下的本领，成为经世致用之才。百泉书院以四书五经为基本教材，还自己编写、刊印讲义，赵复编写了《传道图》《师友图》《伊洛发挥》和《希贤录》，许衡编写了《大学要略》《中庸直解》。百泉书院注重育人环境的建设，书院依山傍水，环境优雅，书院内设立祠堂，供奉孔子、周敦颐等先贤哲人，赵复

---

① 《元史》卷158《姚枢传》，中华书局1976年标点本，第3711页。

② 张显清：《孙奇逢集》中册，《夏峰先生集·苏门三考》，中州古籍出版社2003年版，第876页。

③ 《元史》卷158《姚枢传》，中华书局1976年标点本，第3711页。

④ 《元史》卷171《刘因传》，中华书局1976年标点本，第4008页。

作《希贤录》和《师友图》，以先贤先圣来陶冶学生品行，优美的办学环境和浓厚的文化氛围，宜于人才的成长。百泉书院非常重视培养学生的经世才能，"凡经传、子史、礼乐、名物、星历、兵刑、食货、水利之类，无所不讲"①，这些课程把思想教育和经世教育紧密结合，培养具有综合能力的高素质人才，百泉书院的学生大都成为栋梁之材，仅在元初就有许衡、窦默、王恽、张立道、许有壬、姚燧、郑廷玉、王公孺、宫天挺、郭昂等，文学家陈恕可、赵文殷、陆显之等也曾就学于百泉书院，他们或从政，或治学，或兴学，以各种方式致力于理学的传播。王恽曾任监察御史，著有《秋涧集》传世；许有壬曾任集贤大学士、枢密副使，有《至正集》传世；姚燧之学得于许衡，由穷理致知，反躬实践，为世名儒；郭昂任广东宣慰使，通经史，有《野斋集》传世；郑廷玉则是著名的元曲家，所作杂剧有 24 种。许衡就学于百泉书院，后担任书院主讲，任京兆提学期间，在郡县倡立学校，大兴理学，几年后，秦中"郡县皆建学校，民大化之"②。在主持太学期间，他以《小学》为启蒙进阶，以《四书》为研习内容，以《大学要略》《中庸直解》为讲义，以践行致用为目的，为太学制定了一整套教学制度，成为元代办学的规范，吕思诚出任国子祭酒，一法许衡之旧。在太学的影响下，各地学校风起效法，程朱理学很快流行全国，许衡被称为宋以后继往圣、开来学、人所不及的有功之臣。

百泉书院十分重视学校教育对理学传播的作用，积极向元政府建议在全国兴办学校。姚枢提出了立学校以育才的主张，窦默建议："三代所以风俗淳厚、历数长久者，皆设学养士所致。今宜建学立师，博选贵族子弟教之，以示风化之本。"③ 许衡也建言："自都邑而至州县，皆设学校，使皇子以下至于庶人之子弟，皆入于学，日明父子君臣之大伦，自洒扫应对以至平天下之要道。"④ 元世祖采纳了这些建议，在全国大力兴建学校，到至元二十五年（1288），全国已创建学校 2.4 万余所。据《河南通志》载，河内地区创办的学校遍及各县，彰德府各县有 7 所，卫辉府有 9 所，

① 《元史》卷 158《许衡传》，中华书局 1976 年标点本，第 3717 页。
② 同上。
③ 《元史》卷 158《窦默传》，中华书局 1976 年标点本，第 3732 页。
④ 《元史》卷 158《许衡传》，中华书局 1976 年标点本，第 3725 页。

怀庆府有 7 所，加上隶属于开封府的阳武县、封丘县所建的儒学，总计 25 所，几乎每县都有一所学校。各地学校以许衡为太学所制订的教学制度为准则，收徒授学，成为理学传播的主阵地。这些传播儒学的学校对于学术的发展、民众的教化起到了重要作用，在传承中原文化方面功不可没。

百泉书院还致力于以理学来化俗敦风。许衡在百泉，"凡丧祭娶嫁，必征于礼，以倡其乡人，学者寖盛"①。任京兆提学时，在秦中大兴理学，教化秦人。书院的主讲们还以身作则，熏陶乡人，姚枢、赵复、窦默、许衡在百泉朝暮讲习，至忘寝食。许衡"家贫躬耕，粟熟则食，粟不熟则食糠核菜茹，处之泰然，讴诵之声闻户外如金石，财有余，即以分诸族人及诸生之贫者。人有所遗，一毫弗义弗受也"②。他们树立了严谨治学、安贫乐道、笃行礼仪的典范，使乡人在潜移默化中受到熏陶。

四　百泉书院与元代理学正统地位的确立

自汉代以来，中原地区的封建王朝多以儒学为官学，尤其是科举制度的创立，更加巩固了儒学官方化的地位，而兴起于漠北的蒙元王朝仍沿袭了游牧文化的传统习惯，造成了与中原文明的冲突，致使社会动荡不安，儒学更加衰微。复兴理学，确立理学的正统地位，成为百泉书院的奋斗目标。

把理学确立为正统地位，就必须取得统治者的支持和倡导，百泉书院注重以理学来熏陶蒙元当政者和贵族子弟。百泉书院的师生大多任职元廷，忽必烈深受理学影响。姚枢、窦默、许衡经常向元世祖宣讲三纲五常之理，引起了元世祖对理学的重视，并成为理学的积极倡导者，他亲选贵族子弟受教于姚枢、窦默和许衡。皇太子真金少从姚枢、窦默受《孝经》，及长，又拜许衡为师。王恽向真金呈进《承华事略》二十目，内有进学、听政、抚军、崇儒、亲贤、审官等，授以经国安民之道，太子善其说，"令诸皇孙传观，称其书弘益居多"③。姚枢主持创办了燕京太极书

①　《元史》卷 158《许衡传》，中华书局 1976 年标点本，第 3717 页。

②　同上。

③　《元史》卷 167《王恽传》，中华书局 1976 年标点本，第 3934 页。

院，以三纲五常、先哲格言熏陶蒙古贵族子弟的德行，使理学风行于贵族阶层，姚枢被誉为元初光大理学的第一人。许衡主持太学，为元朝统治者培养了大批人才，当时的名卿士大夫大都出其门下，如完泽、平章不忽木、姚遂、耶律有尚等致位卿相，为一代名臣，这些经过理学熏陶的蒙古贵族子弟，对理学的复兴、汉蒙文化的融合起到了重要作用。

在百泉书院师生的不懈努力下，蒙元政府逐渐接受了理学，在中统、至元年间形成了理学大盛的局面，延祐年间，元廷恢复科举制度，专立德行明经科，以程朱所注的四书五经为本，理学在元代终被确立为官学。

理学在元代的复兴异常困难，蒙元兴起于草莽，立国于战争，嗜利重武，鄙弃道义，再加上汉族文士地位低下，所以复兴理学需要儒士们付出更多的艰辛，百泉书院的儒士们与王文统、阿合马等权臣进行了激烈的论争，这实际上是治国思想上的分歧所导致的。在儒学不振、斯文扫地的元初，百泉书院致力于理学的传播和践行，最终使理学在文化与货利的较量中得以复兴，并取得正统思想的地位，且历经元、明、清三代而不衰，一直影响着文人学士的思想意识、价值理念、行为规范和人生道路。

第二节　牧野士人与元代理学的发展

13 世纪的世界舞台上，蒙古是一支最强大的力量。蒙元以战立国、以暴治国，造成了草原文明与农耕文明的严重冲突。中原儒士对蒙古野蛮的统治方式极为不满，但找不到其他更强大的、足以代替它的力量，他们只能正视现实，寄希望于蒙古统治者中的开明人士，通过明君任用贤才，采用汉法治理国政，摆脱混乱状态，使政治走上正轨，复兴中原文化。

忽必烈在漠北潜邸时，就注意结交中原儒士，在主管漠南汉地后，就重用儒士参政。百泉儒士姚枢、许衡、窦默、王恽积极用世，倡行儒学，成为忽必烈的亲信谋士。他们参与帷幄，密谋国计，建议经国安民之道，对元的统一和忽必烈时期的重要方针政策的制定产生了重大影响。

一　姚枢与元代理学的发展

姚枢（1203—1280），字公茂，营州柳城（今辽宁朝阳）人，后迁洛阳，他是金末元初著名的政治家、理学家。中统元年（1260），拜东平宣抚使，二年（1261），拜大司农，四年（1263），拜中书左丞。至元五年（1268），出金河南行省；十年（1273），拜昭文馆大学士，详定礼仪事宜；十三年（1276），拜翰林学士承旨。至元十七年（1280），姚枢去世，享年78岁。姚枢曾隐居百泉，兴学传道，临终时遗命子孙，将百泉作为自己的长眠之地。《元朝名臣事略·左丞姚文献公》评说："公天质含弘而仁恕，恭敏而勤俭。理生惟务本实，不事末作。"①

姚枢"自稚弱笃于孝敬，长力于学，昼则经纪其家，向晦则读书，夜分不辍。……徒行怀书，困休于树，宿止于邸，亦出以诵，自期甚高"②。理学在元代得以传播与发展，得益于当政者的倡导、名儒赵复载籍北上和许衡的宣传，这三个因素都凝结着姚枢的心血。在理学理论的探讨上，姚枢并没有提出新的见解，但在对理学的传播、光大上他做出了杰出的贡献。

元代理学的复兴，得力于忽必烈的支持与倡导，忽必烈大力倡导理学，与他长期受中原文化的熏陶有关，对他影响最大的士人是姚枢。忽必烈在潜邸时，姚枢就成为他的得力谋士。忽必烈极为信任姚枢，自认在考虑问题时自己虑所不及姚枢高明，因此动必召问，姚枢的言行对忽必烈影响较大。

在元的统一战争中，蒙古统治者只知征伐攻杀，不知如何治理，这既摧残了中原经济文化，也成为蒙古统治者的最大危险。姚枢力主止杀无辜、弭兵息民的怀柔政策。姚枢综观蒙古军队历年征战的得失，向忽必烈建议，把秋去春来、专事掳掠的军事行动改为屯垦戍边、亦战亦耕的偃兵息民，待到积谷高廪、边备充实，再举兵南下。忽必烈采纳这一建议，在河南、陕西实行屯田，一年后，河南大治，并成为南下的根据地。1251年6月，蒙哥即汗位，委任忽必烈全权掌管漠南汉地军国事务。兴高采烈的忽必烈大宴群臣，众人忘乎所以，姚枢罢酒而出，忽必烈连忙派人拦住姚枢，问："倾者诸臣皆贺，汝独默然，何耶？"姚枢说："今天下土地之

---

① 《四库全书》史部《元朝名臣事略》卷8《左丞许文正公》，上海古籍出版社1987年影印本，第451册，第606页下栏。

② 同上书，第599页上栏。

广，人民之殷，财富之阜，有加汉地者乎？军民吾尽有之，天子何为？异时廷臣间之，必悔而见夺，不若惟持兵权，供亿之需取之有司，则势顺理安。"① 忽必烈听后恍然大悟，便立即采纳了姚枢建议，把漠南汉地军国政务交还给蒙哥。从后来局势的发展来看，姚枢所建议的这种韬光养晦谋略十分有必要。

1252 年 7 月，忽必烈统兵进攻大理，姚枢以宋将曹彬兵取南唐为例，向忽必烈建言切勿滥杀。次日出兵之时，忽必烈在马上对姚枢说："汝昨夕言曹彬不杀者，吾能为之，吾能为之！"姚枢马上贺道："圣人之心，仁明如此，生民之幸，有国之福也。"② 次年秋，蒙古军围困大理，忽必烈三遣使者入城宣谕，大理守将尽杀使臣。攻占大理后，忽必烈本欲屠城，姚枢力谏，忽必烈命姚枢裂帛为旗，书止杀之令，传示城内各街巷，大理百姓得以保全。

蒙哥即位以来，忽必烈在汉地势大声隆。1256 年，蒙古贵族中有人在蒙哥面前进谗言，告发忽必烈。出于对忽必烈的猜忌之心，蒙哥派亲信阿兰答儿到关中钩考钱谷，阿兰答儿扬言，对汉地世侯和忽必烈委任的关中及河南官员有擅杀大权，忽必烈与蒙哥矛盾激化。姚枢建言："帝，君也，兄也，大王为皇弟，臣也，事难与较，远将受祸，莫若尽王邸妃主自归朝廷，为久居谋，疑将自释。"③ 忽必烈犹豫不决。次日，姚枢再次敦劝忽必烈返回漠北，以屈求伸。忽必烈思考再三，才决定弃权退隐。他两次遣使北上，向蒙哥申述自己归牧岭北的意愿，蒙哥准许后，他便立即北上驰归和林，避免了兄弟猜忌相残的灾祸。

1258 年，进攻南宋的蒙古东路军连连失利，蒙哥决定派忽必烈率军南下攻宋，姚枢从行。次年，蒙哥在四川合州钓鱼城营中去世，生前没有指定继承人，姚枢敏锐地发现了良机，建议忽必烈迅速罢兵，北上继承大统。1260 年春，忽必烈在开平即位称帝，建元中统，在击败力争汗位的阿里不哥后，忽必烈巩固了自己的统治地位。至元八年（1271），建国号为大元，次年，把国都定在大都，由此，蒙古帝国的统治中心从漠北转移

---

① 《元史》卷 158《姚枢传》，中华书局 1976 年标点本，第 3712 页。

② 同上书，第 3713 页。

③ 同上。

到了中原地区。

中统三年（1262）春，益都世侯李璮发动兵变。忽必烈召见姚枢，要他分析李璮起兵后的动向。姚枢判断，李璮起兵后可能会有3种战略选择："使璮乘吾北征之衅，濒海捣燕，闭关居庸，惶骇人心，为上策。与宋连和，负固持久，数扰边，使吾罢于奔救，为中策。如出兵济南，待山东诸侯应援，此成擒耳。"问："今贼将安出？"对曰："出下策。"[①] 后来事态的发展完全证实了姚枢的预见。李璮固守济南，坐等诸侯响应，四月初，元军集结了17路人马围困济南，七月城破，李璮被擒。李璮之乱被平息，巩固了元帝国的统治。

元统一后，忽必烈面临的首要问题就是政权建制问题，如何建立一个既能保持蒙古成法又能适应中原文明的统治制度，这是忽必烈一直在思考的问题。姚枢上书，建议元世祖采用汉法，以中原王朝体制创建元朝典章制度，把元朝打造成为一个封建化的王朝。

早年在漠北时，忽必烈经常召见姚枢，请教治国大计，姚枢上书数千言，建议忽必烈采用汉法治理汉地。姚枢以二帝三王之道、以治国平天下之大经，提出了修身、力学、尊贤、畏天、爱民、好善、远佞八个方面的治国方略，又列时政要务30条，建议立省部、辟才行、班俸禄、定法律、设监司、简驿传、修学校、重农桑、肃军政、布屯田等，"世祖奇其才，动必召问，且使授世子经"[②]。至元四年（1263），姚枢任中书左丞，不久又行省事于河南、山西等地。他看到地方诸侯手握兵民，势力日增，这对中央政权构成了严重威胁，他建言罢侯置守，加强中央对地方的控制。平定李璮叛乱后，姚枢建议取消对汉人世侯的分封制，忽必烈在各路置牧守，军民分职，改变了中原世侯各擅其地的局面，加强了中央集权，消除了地方割据的隐患，维护了政局的稳定。姚枢还进一步建议："今创始治道，正宜上答天心，下结民心，睦亲族以固本，建储副以重祚，定大臣以当国，开经筵以格心，修边备以防虞，蓄粮饷以待歉，立学校以育才，劝农桑以厚生"，由此建成宏图大业，"是可以光先烈，成帝德，遗子孙，

---

① 《元史》卷158《姚枢传》，中华书局1976年标点本，第3714页。

② 同上书，第3712页。

流远誉"①。元世祖采纳了姚枢的建议。

作为一个理学信徒、元廷重臣,姚枢的思想直接影响了忽必烈的决策,同时,他还为理学在北方的兴起创造了条件。在南北对峙、异族统治的状况下,南北声教不通,南方的理学很难在北方发扬光大。要使理学在北方传播,离不开理学大儒和理学典籍,正是姚枢的贡献,才使理学传播到了北方。南宋宝庆三年(1227),姚枢担任百泉书院主讲,教授四书五经。1235 年,忽必烈率军南下,命姚枢随军,访求儒、道、释、医、卜、百工之才。他在南下过程中广集程朱之书,载送燕京。元兵破德安,"其民数十万,皆俘戮无遗",姚枢奉诏军前,"凡儒生挂俘籍者,辄脱以归"②。就在这次南下过程中,姚枢在被俘的儒者中发现了赵复。赵复,人称江汉先生,是朱熹的私淑弟子,姚枢戎服长髯,赵复以为是西域人,两人相谈甚欢,赵复非常赞赏姚枢的才识,就把自己写的几十篇文章相赠。赵复以九族殚残,不欲复生,被姚枢强留在帐中。当夜,姚枢醒来,发现赵复床上只存被衣,连忙起身出追,见赵复脱履被发,仰天而号,欲投水自尽。姚枢以情以理劝说赵复,最终携手相伴北归,礼送至燕京太极书院。在太极书院中,姚枢"立周子祠,以二程、张、杨、游、朱六君子配食,选取遗书八千余卷,请赵复讲学其中"③。自此,北方儒士才得知理学奥义。正是姚枢的发现、名儒赵复的北上、理学典籍的获得,奠定了程朱理学在北方传播乃至发扬光大的基础。

由于姚枢携赵复载籍北上,讲学燕京,传播程朱之学,最终使元廷尊信其学,定为国是。赵复鄙薄事功,重视华夷之辨,他心存复宋之志,拒不事元。史载,元世祖曾召见赵复,问道:"我欲取宋,卿可导之乎?"赵复说:"宋,吾父母国也,未有引他人以伐父母者。"④ 这种态度表明他不愿与元廷合作。程朱理学在北方的传播,赵复居功至伟,但理学在北方的发扬光大,还要依靠他所培养的北方第一批理学之士,如北方理学大宗许衡、北儒中最早接触程朱理学的姚枢等。

太宗十三年(1241),姚枢辞官,"遂携家来辉,垦荒云门,粪田数

① 《元史》卷 158《姚枢传》,中华书局 1976 年标点本,第 3715 页。
② 《元史》卷 189《儒学一》,中华书局 1976 年标点本,第 4314 页。
③ 同上。
④ 同上。

百亩，修二水轮，诛茅为堂，城中置私庙，奉祠四世。中堂龛鲁司寇容，傍垂周、两程、张、邵、司马六君子像，读书其间。衣冠庄肃，以道学自鸣。佳时则鸣琴百泉之上，遁世而乐天，若将终身。……又汲汲以化民成俗为心，自板小学书、语、孟。或问家礼，俾杨中书板四书、田尚书板诗，折衷易程传、书蔡传、春秋胡传。又以小学书流布未广，教弟子杨古为沈氏活板，与近思录、东莱经史论说诸书，散之四方①。《元史》也载："携家来辉州，作家庙，别为室奉孔子及宋儒周敦颐等像，刊诸经，惠学者，读书鸣琴，若将终身。"② 退隐苏门百泉的姚枢，和赵复一起致力于理学的研究、整理、刊印理学著作。由于北方长期战乱，儒家经典、理学书籍匮乏，姚枢亲自从事小学、四书的刊行。他和赵复选取 8000 卷理学著作，编写了《传道图》《师友图》和《希贤录》3 部教材，向学生讲授程朱理学。至元元年（1264），姚枢再次退隐百泉，和赵复潜心讲学15 年，培养了众多的人才，其弟子中，既有治国之才，也有饱学之士，百泉成为全国规模的理学教育中心，名士王磐应召随军，曾把自己的全部学生转至百泉，从姚枢求学。

姚枢主讲百泉书院，培养了元初北方第一批理学家。《元史》载："枢既退隐苏门，乃即复传其学，由是许衡、郝经、刘因皆得其书而崇信之。"③ 姚枢是继赵复之后在北方传播理学的核心人物，程朱理学在北方的传布离不开他的努力。理学在北方有两大学派，一是许衡的鲁斋之学，一是刘因的静修之学，他们都深受姚枢的影响。尤其是许衡，他是直接从姚枢那里学得理学义旨而崇信程朱之学的。"时许衡在魏，至辉，就录程朱所注书以归，谓其徒曰：'曩所授皆非，今始闻进学之序'，既而尽室依枢以居。"④ 许衡在百泉结识姚枢后，接受了程朱理学，导致学术思想发生了巨变。从宋明理学的发展史上来看，姚枢没有提出新的理学观点，在理论上没有建树，但他致力于理学在北方的传播，最终使理学得以发扬光大，并在元代成为官方哲学，姚枢是元初光

---

① 《四库全书》史部《元朝名臣事略》卷 8《左丞许文正公》，上海古籍出版社 1987 年影印本，第 451 册，第 600 页上栏。

② 《元史》卷 158《姚枢传》，中华书局 1976 年标点本，第 3711 页。

③ 《元史》卷 189《儒学一》，中华书局 1976 年标点本，第 4314 页。

④ 《元史》卷 158《姚枢传》，中华书局 1976 年标点本，第 3711 页。

大理学的第一人。

二　窦默与元代理学的发展

窦默，字汉卿，广平肥乡人，元初名儒、名臣、名医，是元初中原儒士的核心，也是我国针灸史上的名家，对后世针灸发展颇有贡献。他幼喜读书，毅然有大志，从师孝感令谢宪子，研读伊洛性理之学。窦默隐居苏门百泉，潜心理学，与姚枢、许衡朝暮讲习，废寝忘食。后回到肥乡，收徒授学，闻名于世。当时，忽必烈在潜邸曾召见窦默，求教治国之道，他建议遵循三纲五常，说："帝王之道，在诚意正心，心既正，则朝廷远近莫敢不一于正。"忽必烈深以为然："人道之端，孰大于此。失此，则无以立于世矣。"① 忽必烈非常器重窦默，敬待以礼，不令暂去左右，曾一日三召与语，奏对皆称旨。一次，忽必烈询求当今治道之才，窦默举荐了姚枢，受到忽必烈的重用。忽必烈很信任窦默，命皇子真金拜窦默为师。忽必烈即位后，征求治国之才，问窦默："朕欲求如唐魏徵者，有其人乎？"窦默答："犯颜谏诤，刚毅不屈，则许衡其人也。深识远虑，有宰相才，则史天泽其人也。"② 忽必烈当即任命史天泽、许衡为右丞相，任窦默为翰林侍讲学士。中书省初建时，元世祖任王文统为平章政事，主持政务，窦默极力反对，他上书直谏："今天顺人应，诞登大宝，天下生民，莫不欢欣踊跃，引领盛治。然平治天下，必用正人端士，唇吻小人一时功利之说，必不能定立国家基本，为子孙久远之计。"③ 他还在朝堂上当面指斥王文统："此人学术不正，久居相位，必祸天下。"④ 他建议以许衡替代王文统为相，元世祖未采纳。不久，王文统因与李璮叛乱有牵连而被诛，元世祖感慨地对近臣说："曩言王文统不可用者，惟窦汉卿一人。向使更有一二人言之，朕宁不之思耶？"⑤ 每当国有大政，元世祖都要征求窦默的意见。窦默建言："三代所以风俗淳厚、历数长久者，皆设学养

---

①　《元史》卷 158《窦默传》，中华书局 1976 年标点本，第 3730 页。

②　同上书，第 3731 页。

③　同上。

④　同上书，第 3732 页。

⑤　同上。

士所致。今宜建学立师，博选贵族子弟教之，以示风化之本。"① 元世祖嘉纳。至元十二年（1275），适逢窦默八十大寿，同僚大臣们都前往祝贺，元世祖拱手道："此辈贤者，安得请于上帝，减去数年，留朕左右，共治天下，惜今老矣！"② 窦默胸襟坦荡、温文尔雅、平易近人，平时很少与人争论，也不品评人物得失，但凡是涉及国家大政时，则面折廷诤，有汲黯之风。元世祖曾对侍臣说："朕求贤三十年，惟得窦汉卿及李俊民二人"，"如窦汉卿之心，姚公茂之才，合而为一，斯可谓全人矣"③。窦默善于知人、勇于荐人、敢于直谏，对元世祖的决策具有重要影响，是蒙元汉化政策确立的股肱之臣。

三　王恽与元代理学的发展

王恽，字仲谋，号秋涧，卫州汲县（今卫辉）人，元代著名政治家、理学家、诗人。他身历元世宗、裕宗、成宗三朝，一生仕宦，忠于职守，是元代著名谏臣。王恽的祖父王宇曾任金朝的孔目官，父亲王天铎在金正大四年擢吏员甲首，精通律法。王恽耳濡目染，精于狱断，颇有吏才。"恽有材干，操履端方，好学善属文，与东鲁王博文、渤海王旭齐名。"④中统元年（1260），时任左丞的姚枢到东平宣抚，征辟王恽为详议官，从此王恽踏入仕途。中书省初建时，善于理财的王恽被选至京师。在中书省任职期间，王恽治钱谷、选人才、议典章、立制度，表现出了理政才干。至元五年（1268），元世祖设御史台，任命王恽为监察御史。任上，王恽知无不言，曾上书《击邪》《纳海》等论列 150 多条，还参劾都水刘政贪污官粮 40 多万石，刘政做贼心虚，竟忧郁而死，震动士林，权贵侧目。后来他又被外派到河南、河北、山东、福建等地任提刑按察使。至元二十八年（1291），元世祖召见王恽，他上万言书，建议改旧制、黜脏吏、擢才能、均赋役，元世祖亲授他为翰林学士，朝廷制策多出其手。精通律法的王恽非常重视法制建设，在上书《便民三十五事》中专门把"立法"辟为一事，建议元世祖删定律令，颁为至元新法，永为成宪。后来，王恽

---

① 《元史》卷 158《窦默传》，中华书局 1976 年标点本，第 3732 页。
② 同上。
③ 同上书，第 3733 页。
④ 《元史》卷 167《王恽传》，中华书局 1976 年标点本，第 3933 页。

再次上书元世祖，建议将已定律令，颁为新法。在王恽的大力推动下，元世祖于至元二十八年（1291）五月，组织臣僚制定《至元新格》，并刻版颁行。

裕宗真金在东宫时，王恽呈献《承华事略》，共20篇，内容涉及广孝、立爱、端本、进学、择术、谨习、听政、达聪、抚军、崇儒、亲贤、去邪、纳诲、几谏、从谏、推恩、尚俭、戒逸、知贤、审官等。他还经常劝谏裕宗，为治之本在于得人。后任职福建，在上书中再次强调任人的重要性，"今虽不能一一择任守令，而行省官僚如平章、左丞尚缺，宜特选清望素著、简在帝心、文足以抚绥黎庶、武足以折冲外侮者，使镇静之，庶几治安可期矣"①。元成宗时，王恽上书《守成事鉴》15篇，总结历代治国安邦的成败，以资借鉴。

王恽具有强烈的重农思想，多次上书建言重视农业生产，还专门写了"劝农文"，阐述劝农的重要性，介绍务农方法。他指出，民生之本在农，农之本在田，衣之本在蚕，蚕之本在桑，耕犁把种之本在牛，耘锄收护之本在人，人之本在勤，勤之本在于尽地利，人事之勤，地利之尽，一本于官吏之劝课，他还提出了13条务农的具体措施，他把农民是否勤耕细作作为官吏劝课的最重要的职责。王恽还建议要保护牛畜，蓄积备灾，不要懒惰，败坏淳风，他还写有20首劝农诗，如《粪田》《种桑》《劝锄》《水利》等。元代蝗灾屡发，破坏性强，王恽建言，防重于治，以防为主，还提出了20条防灾救灾的措施，建议停罢公宴，惩治不法商贩，平抑粮价，开放山林河泊之利，听民采取，免除课税，停止酿造，赈济灾民。王恽的农业管理思想切合实际，所提出的务农建议也相当全面，与元世祖在至元二十三年（1286）颁布的农业条例基本相同。

在元代科技史上，王恽也占有一席之地。至元十年（1273）春二月，他根据"遗法"制造了星丸漏，建立在平阳府治的城台上，能准确报时。至元十四年（1277）二月，王恽运用小孔成像原理对日食进行了观察。王恽还作"日食诗"，曾提到"盆水观日影"，可知当时人们已掌握了利用盆水来观日食的方法。王恽的星丸漏和他所记载的大量科技资料在学术

---

① 《元史》卷167《王恽传》，中华书局1976年标点本，第3934页。

上很有价值，至今还有借鉴意义。

王恽著述颇丰，有《承华事略》20 篇、《守成书鉴》15 篇、《相鉴》50 卷、《汲郡志》15 卷，还奉旨纂修《世宗实录》，另有《中堂事记》《玉堂嘉话》，有《秋涧先生大全集》100 卷。大德八年（1304）六月，王恽在汲县去世，葬于祖茔，终年 78 岁，元成宗追封他为太原郡公，谥号文定。王恽在家乡古子涧村勤学善文的遗风传承后世，"秋涧书声" 被列为汲县八景之一。

第三节　许衡与鲁斋之学

宋元之际，儒学凋零，文士沉沦，元朝建立以后，农耕文化与游牧文化冲突激烈，理学在短短的时间内崛起，并被确立为蒙元的治国之学，这归功于元代理学家们的传承与开拓，尤其是许衡居功至伟。许衡是元代一位百科全书式的理学大师，在哲学、政治、经济、历史、文学、数学、医学、天文学、教育等方面都有很高的造诣和卓越的建树，历史上，"儒学君子" 位居相位者，唯许衡一人。

作为元代理学宗师，许衡创立了理学中的鲁斋之学。他突破了程朱理学的局限，兼取朱陆，开和会朱陆之先河；他首倡治生论，把理论与实践相结合，宽释理学，重在实践，以理学为指导，定官制、立法规、重农桑、制民产，以先进的中原文明为元代统治者制订了立国规模。作为一代教育家，他兴办学校，传播理学，强化纲常伦理教育，既为元代统治者培养了大批治国人才，又使理学得行于世，力促理学由私学变为官学，取得正统地位。许衡理学促进了元初社会经济文化的恢复和发展，加速了蒙古族封建化的进程，从而促进了中国社会历史的发展，被称为宋以后继往圣、开来学、人所不及的有功之臣。

一　生平与著作

许衡（1209—1281），字仲平，号鲁斋，怀庆河内（今焦作市）人，出生于新郑。《元史》载，许衡幼有异质，7 岁入学，每授书，能问其旨义。稍长，嗜学如饥渴。逃难徂徕山时，他始得王弼的《周易注》，便夜思昼诵，身体力行。"时先师许文正公在魏，出入经、传、子、史，泛滥释、老，下至医、卜、筮、兵刑、货殖、水利、算数，靡所不究。"① "雪斋姚枢公茂方以道学自任，闻先生苦学力行，因过魏相与聚居，剖微穷深，忘寝与食。"② 许衡在魏居住 3 年，战乱平息后返乡。许衡于 29 岁时应试中选，学者扁其斋曰鲁，人称鲁斋先生。当时，著名理学家姚枢弃官隐居苏门，传授程朱理学，许衡前往拜访，得见《伊川易传》《晦庵论》《孟集注》《大学章句》《中庸章句》《小学》等书，读之深有默契于中，于是便一一手写抄录，奉若神明。他曾说，自得伊洛之学，"终夜以思，不知手之舞足之蹈"③。他举家迁居百泉，与姚枢、窦默等人收徒讲学，名声大噪。他主张学以致用、践履于时，在乡间倡导纲常名教，化俗敦风，影响颇大。

忽必烈出王秦中，召许衡为京兆提学。许衡入秦后，在郡县倡立学校，大兴理学，教化秦人。忽必烈南征，许衡离秦返乡。中统元年（1260），元世祖即位，许衡应诏进京，受国子祭酒，因与丞相王文统政见不合，便称病归乡。至元二年（1265）许衡再次应诏进京，命议事中书省。他以《时务五事》奏陈元世祖，建言立国必行汉法，为政必因先王之道，得到采纳。他积极参与了朝仪、官制和法规的制定，使朝政制度多尊用汉法。至元六年（1269），他奉旨议官制。《元朝名臣事略》卷 8 引《考岁略》："先生历考古今设官分职之本，沿革之由，与夫上下统属之序，其权摄增置、冗长倒置、行之有弊者，率皆不取，自省部郡县体统之正，左右台院辅弼之制，内外百司联属控制之差，后妃储藩隆杀之防，悉图为定制以闻。"④ 至元七年（1270），许衡拜中书左丞。当时，阿合马任中书平章政事，领尚书六部事务，他以功利成效，屡毁汉法，专横擅权，"势倾朝野，一时大臣多阿之"，许衡不为权势所屈，"每与论之，必正言不少让"⑤。不久，阿合马的儿子被委职于签枢密院，许衡谏言："国

---

①　《四库全书》史部《元朝名臣事略》卷 8《左丞许文正公》，上海古籍出版社 1987 年影印本，第 451 册，第 600 页上栏。

②　同上书，第 607 页上栏。

③　同上书，第 607 页下栏。

④　同上书，第 610 页下栏。

⑤　《元史》卷 158《许衡传》，中华书局 1976 年标点本，第 3727 页。

家事权，兵、民、财三者而已，今其父典民与财，子又典兵，不可。"①
但元世祖未采纳。后来，许衡又弹劾阿合马专权害民，未果，许衡便以病
请求解去政务。至元八年（1271），元世祖设立太学，任许衡为集贤太学
士兼国子祭酒，许衡不顾年迈有病，"朝夕莅事，略无老人疲倦之意"②，
亲自为蒙古贵族子弟讲授《大学》《中庸》，使诸生皆知三纲五常为人生
之道，为元朝统治者培养了大批人才，他的许多弟子如姚燧、耶律有尚、
王梓、刘季伟等致位卿相，一时名臣、显贵皆出其门下。

　　至元十三年（1276），元世祖设立太史局，命许衡主持修订新历。他
认为，冬至者历之本，而求历本者在验气，在这一思想指导下，他与王
恂、郭守敬等新制仪象圭表，进行了空前规模的天文观测。经过四年的努
力，至元十七年（1280），制订了一部精密的历法，取"敬授民时"之
意，定名为《授时历》。许衡也是一位著名的诗人，他的诗以淳朴见长，
是元代早期北方诗人的代表。

　　至元十八年（1281），许衡以 73 岁高龄告老还乡，同年因病去世，
葬于今焦作市中站区李封村东南。许衡去世后，"怀人无贵贱少长，皆哭
于门。四方学士闻讣，皆聚哭。有数千里来祭哭墓下者"③。"既葬，四方
学者，有不远数千里而来哭于墓者。……先生去世，朝野识于不识，莫不
哀伤，以为斯道斯民之不幸。"④

　　许衡的著作、言论和事迹均收集在《鲁斋遗书》和《许文正公遗书》
中，《语录》《大学要略》《中庸直讲》《阴阳消长论》《稽古千文》是许
衡理学思想的代表作。

二　和会朱陆的理学思想

　　有很多学者认为，许衡的贡献在于承流宣化，传播理学，在理论上没
有发明。其实，许衡对理学的贡献是多方面的，他在批判地继承宋代理学

---

① 《元史》卷158《许衡传》，中华书局1976年标点本，第3727页。

② 《四库全书》集部《鲁斋遗书》卷13《附录》，上海古籍出版社1987年影印本，第1198
册，第461页下栏。

③ 《元史》卷158《许衡传》，中华书局1976年标点本，第3729页。

④ 《四库全书》史部《元朝名臣事略》卷8《左丞许文正公》，上海古籍出版社1987年影
印本，第451册，第615页上栏。

的基础上，首倡朱陆和会，开启了明代心学一脉的发展方向，提出了治生学说，使理学成为经世致用的理论，开启了明清实学一脉的发展方向。许衡对宋明理学理论作出了创造性的发展，在宋明理学发展史上，许衡继往圣、开来学，具有承前启后的重要地位。

在理学上，许衡虽然标宗朱学，但他在继承朱熹理学的同时，也看到了朱学的弊端，并结合元代初期社会实际提出了新的理学学说，初步弥合了朱陆纷争，开创了振兴理学的局面。

天道观是宋明理学的理论基石。在天道观上，朱陆存在着明显的分歧，程朱以理为本体，以笃学穷理为基本的修养方法；陆九渊以心为本体，以体认本心为修养方法。许衡继承了朱学的基本学说，认为天即理，理为太极，是宇宙万物的主宰和本原。他说："有是理而后有是物"，"凡物之生，必得此理而后有是形，无理则无形"，"事物必有理，未有无理之物，两件不可离，无物，则理何所寓"？"虽浅近事物，亦必有形而上者"。① 这些观点都和朱熹的有关命题相似。所不同的是，许衡在继承朱学的道问学的基础上，也兼取了陆学的尊德性学说，他认为，穷理可以致知，明德也可以致知，心、性、理应是一以贯之，这就把穷理和体心糅合了起来。许衡对天道观的和会较为粗疏，仅仅停留在表层上，没有作深入的探讨，更没有形成体系，他的意义在于开启了朱陆和会。

关于求理的途径，朱熹主张格物穷理以致知，通过持敬、笃学以求理，结果其门人走向了考据训诂，使朱学流于烦琐、破碎，而许衡则吸取了陆学直取本心的学说，主张在持敬、笃学的基础上反求于己，他认为，为学之初先要持敬，敬则身心收敛，在持敬的基础上笃学，然后弃物反求于己，从自己身上去体察，即求人的良知善端。"万物皆备于我，反身而诚，乐莫大焉。"② 天理虽是至大，穆然深远，但只要人能至诚，求之于己，就可以体道而得天理。直求本心，即可得天理，这正是陆学的基本观点。许衡把陆学的直求本心的治学方法和朱学的心外格物的求理方法糅合了起来，从方法论上实现了朱陆学说的初步整合。许衡反对过分的笃学和

---

① 《四库全书》集部《鲁斋遗书》卷1《语录上》，上海古籍出版社1987年影印本，第1198册，第275页下栏。

② 同上书，第299页上栏。

取心，把"道"玄奥化，认为道应是众人能知能行，道不远于人，高远难行之事不是道，他批评朱子门人只是深求隐僻之理，要知人之所不能知，行人之所不能行，实是欺世盗名，他也批评了陆学门人只强调发明本心、迷信心悟、打坐悟禅，脱离了实际。作为理学家，许衡看到了南宋之所以亡国，是同当时深求隐僻之理的学风有关，他自己也深受战乱之苦，这就使他的理学必然基于社会现实，讲求修齐治平，所以，他对性命之奥的理学作出了宽泛的解释，并以宽释理学来和会朱陆。

心性是理学的又一个核心内容。在心性的关系问题上，朱熹认为性即理，性在心中，但心并不等于性，不能直求于心，应通过格物来知性、知天理，而陆象山则主张心性合一，直求本心即可得天理。许衡认为，理具于人心，心性就是理的体现，人心本自广大，求天理就要尽心。许衡把能否明德作为衡量尽心知性的唯一标准，认为天理在心中，尽心即可知性，若能明德，就做到了尽心知性。在心性问题上，许衡只是笼统地回答了心性理的一体关系，模糊了朱陆这一原则性分歧，有利于朱陆融合。

在心性修养的途径上，许衡既不同于朱熹的穷理以明心，也不同于陆象山的明心以穷理，他认为天理、明德是天赋的，是人皆有之的本然之性。他说："尽其心者，知其性也，若能明德，都总了尽心知性。"① 但人性受到浊气的不同程度的影响，便出现了智愚美恶，先天之性变为气质之性。许衡提出以持敬、谨慎、审察的方法变化气质，去其昏蔽，复其明德，识见天理。许衡把人欲的形成分为三个阶段，并提出了每个阶段的养性方法。第一阶段，当一个人独处时，心不与外物接触，自然不存在物欲，这是心体未发之时，这时的修养方法是持敬。持敬就是身心收敛，气不粗暴，心里常存敬畏，戒慎而不敢忽，恐惧而不敢慢，要时刻警惕不善之念，自定常存，无私无欲，即具圣人之心，与天地之心相似。他说："唯天下至诚，为能尽其性，尽其性则能尽人性，能尽人之性，则能尽物之性。"② 第二阶段，当临事应物时，心与外物刚刚接触，正是一念方动之时，一念方动，非善即恶。人的善恶好坏始于一念之差，这是心之将发

---

① 《四库全书》集部《鲁斋遗书》卷 2《语录下》，上海古籍出版社 1987 年影印本，第1198 册，第 289 页下栏。

② 《四库全书》集部《鲁斋遗书》卷 5《中庸直解》，上海古籍出版社 1987 年影印本，第1198 册，第 366 页上栏。

而未发的瞬间，心体微动，人欲将萌，这时的修养方法是谨慎。要慎独，防微杜渐，将人欲禁绝于萌发之际。第三阶段，心体已发，人欲已萌，修养的方法是审察，即审察其行为的意念，是否合乎道德的标准。审察意念，要自省、自悟、自觉，通过格物穷理以致知，心中之理通明，在应事接物中就能不受爱憎喜怒的牵累，这样，内外一体，人欲纯洁，与圣人一般。从先天之性到气质之性，通过持敬、谨慎、审察的方法又复见先天之性，达到了识理和明德的境界，在这个变化过程中，许衡和会了穷理和明心。

知与行是理学的一个重要命题，朱陆都主张先知后行说，许衡在继承朱陆学说的基础上，提出了知行并进说。他在《语录》中指出："圣人教人只是两字，从学而时习为始，便只是说知与行两字。"[1] 他强调了知的重要性，认为事无大小，不能明则不能处，"凡行之所以不力，只为知之不真，果能真知，行之安有不力者乎"[2]？能真知，即可力行，行之不力，并不是因为像朱熹所说的是行之不笃，而是知之不真，若能获得真知，即是行，"博学之，审问之，慎思之，明辨之，只是要个知得真，然后道笃行之一句"[3]。在强调真知的同时，许衡也强调了力行的重要性，他指出，真知是为了力行，所以，"知与行，二者当并进"[4]。许衡的知行并进观点，是对朱陆先知后行说的发展，也是明代王阳明知行合一论的先声。

与南宋理学比较，和会朱陆是元代理学的一个重要特点。鹅湖之会，朱陆在心、理问题上进行了激烈辩论，但没有消弭分歧。宋末元初，朱陆之争已各走极端，朱子门人把专事义理的朱学流为训诂之学，使朱学变得更加支离烦琐，落入博而不能返约的局限，致使朱学疏薪不继，所就日下，而陆学门人则把陆子的发明本心发展成明悟之学，专注打坐，流于狂禅。朱陆门人都偏离了朱陆学旨，致使各自学统，难以为继。在朱陆之争中，各自的长短、利弊业已暴露，为朱陆和会提供了理论条件；元承宋祚，极需要一个以中原文明为基础的、统一的理论体系，所以打破门户，汇综朱陆成为大势所趋。

---

① 《四库全书》集部《鲁斋遗书》卷1《语录上》，上海古籍出版社1987年影印本，第1198册，第277页上栏。

② 同上。

③ 同上。

④ 同上书，第297页下栏。

许衡和会朱陆，把朱学致知笃实的治学工夫和陆学反求自悟的治学方法相糅合，开启了朱陆合流，王阳明沿承朱陆合流趋势，融汇朱陆而进退之，建立了更加圆润完备、博大精细的心学体系，完成了朱陆融合。许衡上承理学、下启心学，在理学发展史上具有继往开来的重要地位。

许衡出生在一个"世为农"的家庭，他嗜学如饥渴，为避战乱，又经历了逃难之苦，即使主讲百泉书院后，依然家贫躬耕，粟熟则食粟，不熟则食糠核菜茹，生活在如此环境中的理学家，必然会把治学与治生结合起来，许衡考察了元初的社会实际，提出了"治生论"。

许衡认为，万物之灵，惟人为贵，道不应是远人之理，道是日用事物当行之理，无物不有、无时不然。许衡所说的日用事物，不仅是指君臣父子、纲常伦理的国政要务，也是指民生日用的盐米细事，他指出："大而君臣父子，小而盐米细事，总谓之文，以其合宜，又谓之义，以其可以日用常行，又谓之道。文也，义也，道也，只是一般。"① 他把"道"通俗化为君臣父子、盐米细事的阐释，就使世人都能理解"道"，而行道也就成为容易的事情了。

关于治生的途径，许衡提出为政者应重视民生日用，实行制民之产政策，使民有恒产，安业力农，有所衣食，既可以维持基本生活，安居乐业，又可以发展生产，增加财富。"诚能自今以始，优重农民，勿使扰害，尽驱游惰之民归之南亩，岁课种树，恳谕而督行之，十年以后，当仓库之积，非今日比矣。"② 许衡把务农桑作为治生的主要途径，强调治生的根本方法是衣食以厚其生，礼义以养其心。他以满足人的物质需求来谈治生，摆脱了程朱"行天道、遏人欲"的思想束缚，他指出："治生者，农工商贾而已，士君子多以农务为生。商贾虽为逐末，亦有可为者，果处之不失义理，或以姑济一时，亦无不可。若以教学与作官规图生计，恐非古人之意也。"③ 在许衡看来，作为一位儒士，不应以讲学、做官为首务，

① 《四库全书》集部《鲁斋遗书》卷 1《语录上》，上海古籍出版社 1987 年影印本，第 1198 册，第 282 页下栏。

② 《四库全书》集部《鲁斋遗书》卷 7《农桑学校》，上海古籍出版社 1987 年影印本，第 1198 册，第 400 页上栏。

③ 《四库全书》史部《元朝名臣事略》卷 8《左丞许文正公》，上海古籍出版社 1987 年影印本，第 451 册，第 613 页上栏。

而要有务农、经商的实际能力，这才是根本、才是实学。在许衡的文章中，他反复强调了"治生最为先务"的主张，将治生放在"先务"的地位，彰显了他的理学思想的实学特色，这也是他的理学与宋代理学的明显区别。

许衡的治生论，把理学和民生相结合，把治学与治生、治世相结合，使宋代空谈心性的理学具有了用事的务实内涵。宋代理学强调先知后行，注重理论体系的构建，疏于实用的研习，对于经历过许多艰难困苦的许衡来说，他更强调知行并进，注重讲实用、治生计。他主持百泉书院，凡经传、子史、礼乐、名物、星历、兵刑、食货、水利之类，无所不讲。在相对贫乏的元代思想学术舞台上和纷乱的元代社会生活环境中，许衡从章句之学走向了义理之学，又在义理之学中彰显了实用之学的方向，这是许衡理学思想在继承宋代理学基础上的创新，治生论开启了理学向实学发展的方向，在明末清初的理学批判高潮中被进一步弘扬，成为救正理学之偏的主要途径，治生论是清代实学一派的理论基础。

三　王道与通变的史学思想

宋明理学的理论核心是理，许衡也把理作为鲁斋之学的基础，并从理学出发，来探求历史盛衰的变化之道。

许衡看到了历史发展过程中运动变化的必然性，他在《与窦先生》中指出："尝谓天下古今一治一乱，治无常治，乱无常乱，乱中有治焉，治中有乱焉。乱极而入于治，治极而入于乱。乱之终，治之始也；治之终，乱之始也。"[①] 在这里，许衡指出了历史发展过程中的乱中有治、治中有乱的现象，揭示了治乱双方的对立统一、相互依存的关系，看到了治乱双方的相互转化是一个由量变到质变的过程，他指出："世谓之治，治非一日之为也，其来有素焉，世谓之乱，乱非一日之为也，其来有素焉。"[②] 许衡的这种治乱相因的历史观包含有辩证法因素。许衡还分析了导致治世乱世的根源，他说："命之所在，时也；时之所向，势也。势不

---

① 《四库全书》集部《鲁斋遗书》卷9《书状》，上海古籍出版社1987年影印本，第1198册，第410页上栏。

② 同上书，第410页下栏。

可为，时不可犯，顺而处之，则进退出处，穷达得失莫非义也。"① 许衡把治乱的原因归之于"命"，这是他历史观上的明显缺陷。许衡从哲学角度观察历史运动，力图揭示历史演变的法则和治乱变化的根源，这是古代历史观的进步。

许衡继承了朱熹的王道德治学说，以王道德治为标准考察历史的盛衰治乱。许衡誉王毁霸，认为王道德政促生了治世，而霸道暴政导致了乱世。他探究了春秋五霸的更迭，指出："世之诋霸者，犹以尚功利为言，殊不知霸者之所为，横斜曲直莫非祸端，先儒谓王道之外无坦途，举皆荆棘，仁义之外无功利，举皆祸殃。"② 王道德治是以德感人，顺应民心，自能收到人心咸服的效果。

许衡在研读《周易》过程中领会精义，提出了"元即仁"的观点。《周易》说："元者，善之长也，亨者，嘉之会也，利者，义之和也，贞者，事之干也，君子体仁足以长人，嘉会足以合礼，利物足以合义，贞固足以干事，君子行此四德者，故曰乾。"③ 在这里，它把抽象的元亨利贞与儒家的仁礼义正相融通，并作为四德的体现，许衡巧妙地抓住了这个节点，从元与仁相配相合的角度来阐述仁政学说。他说："仁为四德之长，元者善之长，前人训元为广大，直是有理，心胸不广大，安能爱敬？安能教思无穷，容保民无疆？仁与元俱包四德，而俱列并称，所谓合之不浑，离之不散。元者四德之长，故兼亨、利、贞，仁者五常之长，故兼义、礼、智、信。"④ 许衡以此为理论依据，从历史角度阐明了仁政的意义。他认为，国君仁则一国仁，尧舜行仁，天下皆行仁，桀纣不仁，天下难行仁，五帝如此，三代如此，秦汉也如此，秦楚残暴，故天下叛之，汉政宽仁，故天下归之。许衡从揭示历史演变的规律出发，论述了仁政致兴盛、暴政致衰亡的观点，在此基础上倡导仁政治国的主张，这有助于蒙元贵族

---

① 《四库全书》集部《鲁斋遗书》卷9《书状》，上海古籍出版社1987年影印本，第1198册，第410页下栏。

② 《四库全书》集部《鲁斋遗书》卷8《子玉请复曹卫》，上海古籍出版社1987年影印本，第1198册，第405页下栏。

③ 陈戍国：《四书五经》上册《周易》，岳麓书社2002年版，第141页。

④ 《四库全书》集部《鲁斋遗书》卷1《语录上》，上海古籍出版社1987年影印本，第1198册，第276页上栏。

深刻认识社会盛衰的根源，也为元朝施行汉化政策提供了理论依据，这对于元初统治秩序的稳定、社会经济的恢复和中原文化的复兴具有重要意义。

许衡从理学出发观察历史的演变，提出了通变史观。他认为："五帝之禅，三代之继，皆数然也。其间有如尧舜有子之不肖，变也，尧舜能通之以揖逊，而不能使己之无丹朱、商均，汤武遇君之无道，变也，汤武能通之以征伐，而不能使夏商之无桀、纣，圣人遇变而通之，亦惟达于自然之数，一毫己之私无与也。"[①] 许衡认为历史的发展是有规律的，这个规律就是"数"，在"数"的支配下，尧舜难避丹朱、商均，而汤武也难避桀纣，这是历史发展的必然性，不以人的意志而改变。但是，在历史发展的潮流中，圣人可以遇变而通，顺势而为，推动社会前进。许衡的通变史观，揭示了历史发展变化的意义，强调了通变的重要作用。他的通变历史观用发展变化的眼光看待历史过程，并把它作为研究历史的指导思想，这具有重要的理论意义，许衡的通变史观也是观察时代变革的理论依据，古为今用，这具有重要的现实意义，特别是在宋元更替、民族相争的社会大变革时代，许衡的通变史观显得尤为可贵。

许衡探究历史是为了资政，他从通变史观出发，深刻总结了历史发展的经验和教训，他把历史与现实相结合，依据元初社会实际，向元廷提出了实行汉化政策的建议。许衡的通变史观以务实、通变的原则，为消弭华夷之辨、化解民族恩怨提供了理论指导，并明确地指出了行汉法的可行路径，这有益于蒙汉民族的融合，也有益于多民族统一国家的创建。

四　崇尚汉化的政治思想

和其他理学家相比，许衡是切近时务、注重实际的思想家，他没有单纯停留在学术的探讨上，而是积极入世，践履于时，把理学与元初具体实际紧密结合，从而成为元初最重要的理学家。"河北之学，传自江汉先生，曰姚枢、曰窦默、曰郝经，而鲁斋其大宗也，元时实赖之。"[②] 至元

[①] 《四库全书》集部《鲁斋遗书》卷1《语录上》，上海古籍出版社1987年影印本，第1198册，第283页上栏。

[②] （清）黄宗羲：《宋元学案》卷90《鲁斋学案》，中华书局1986年标点本，第2994页。

二年（1265），元世祖命许衡议事中书省，辅佐右丞相安童，许衡即上疏《时务五事》，向元世祖提出了具体的治国方略，书奏，帝嘉纳。许衡的《时务五事》与郝经的《立政议》、姚枢的时政要务三十条、王恽的《便民三十五事》互为呼应，促使了元蒙的汉化政策最终得以确立。

　　13 世纪，蒙古族还是一个游牧民族，经济、文化比较落后。进占中原后，蒙古贵族别迭曾提出"汉人无补于国，可悉空其人以为牧地"①，以草原文化取代农耕文明，这对中原地区的经济文化是一个致命的破坏，必将激化民族矛盾。虽然后来元世祖采纳了耶律楚材的建议，改订制度，但并未得到贯彻执行。西北藩王不满改制，还专门遣使入朝质问："本朝旧俗与汉地异，今留汉地，建都邑城郭，仪文制度，遵用汉法，其故如何？"② 社会动乱，经济凋敝，严重威胁了蒙古贵族的统治。元世祖意识到了吸取中原文化、走封建化道路的必要性和迫切性，决心实行汉化政策，以汉法治国。许衡以理学为指导，倡议定官制、立法规、行德政、重农桑、制民产、兴学校，以先进的中原文明为元代统治者制定了立国规模，促进了元初社会经济文化的恢复和发展，加速了蒙古族封建化的进程，为元代多民族大一统中央集权制帝国的建立和巩固奠定了理论基础。《时务五事》是许衡汉化思想的集中体现，也是元初的建国纲领。

　　立国规模，必行汉法，是《时务五事》的核心思想。许衡指出："自古立国，皆有规模。循而行之，则治功可期。否则，心疑目眩，变异分更，未见其可也。"针对西北藩王的诘问，许衡指出："使国家而居朔漠，则无事论此也。今日之治，非此奚宜？"③ 他在总结历史经验教训的基础上提出依照"汉法"来建立和巩固元帝国。所谓"汉法"，指的是中原地区历代封建王朝的官仪制度和孔孟儒学，也就是与农耕文明相适应的封建上层建筑，许衡依此提出了一系列关于政治、经济、文化等方面的治国方略。

　　第一，定官制，立法规，建立中央集权的政治制度。针对元初政治粗疏、机构简陋的弊端，许衡"历考古今分并统属之序，去其权摄增置冗

---

① 《元史》卷 146《耶律楚材传》，中华书局 1976 年标点本，第 3458 页。
② 《元史》卷 125《高智耀传》，中华书局 1976 年标点本，第 3073 页。
③ 《元史》卷 158《许衡传》，中华书局 1976 年标点本，第 3718 页。

长侧置者，凡省部、院台、郡县与夫后妃、储藩、百司所联属统制，定为图"①。以中原历代官仪制度建构了一个完备的政府体制。至元六年（1269），许衡与太常卿徐世隆规定朝仪，至元七年（1270），呈奏官仪图。元世祖根据许衡等人的建议，在中央设总揽政务的中书省、掌管兵权的枢密院、负责监察的御史台，在地方上设置11个行中书省，负责全省军政事务，行省之下设置路、府、州、县作为地方行政机构，中央至地方政令统一，消除了唐末以来长达数百年的地方势力各自为政的混乱局面，建立了真正统一的封建国家，继隋唐之后，中国历史进入了又一个多民族融合的大一统时期。在行政上，许衡强调了法制和用人的重要性，他指出，"中书之务不胜其烦，然其大要在用人、立法二者而已矣"，"夫治人者法也，守法者人也。人法相维，上安下顺。"② 对于仕者，许衡提出当政者既要善待之，又要严察之，"已仕者当给俸以养其廉，未仕者当宽立条格，俾就叙用，则失职之怨少可舒矣。外设监司以察污滥，内专吏部以定资历，则非分之求渐可息矣"③。在许衡的大力推动下，元世祖组织臣僚制定了《至元新格》，并于至元二十八年（1291）刻板颁行，成为元代的法律制度。

第二，圣君之道在于修德、用贤、爱民。崛起于漠北的蒙古人纵马取天下，从莽莽草原进占全国，不仅是统治区域的扩大，更重要的是草原文化与农耕文明的冲突。野蛮的征服者总是被那些他们所征服民族的较高文明所征服，这是一条永恒的规律。元蒙贵族不可能长久的把落后的游牧生产方式强加到中原地区，但是他们尚缺乏治理大一统帝国的政治经验和文化素养，所以，吸收中原文化，借鉴汉族统治经验和政治智慧就成为当务之急。在《时务五事》中，许衡以礼治、德治思想为指导，以最大篇幅阐述了为君之道。

修身养德。许衡借用"为君难，为臣不易"的古训阐释了自古以来圣君难为的道理，"是以尧、舜以来，圣帝明王莫不兢兢业业、小心畏慎者，诚知天下之所畀至难之任，初不可以易心处也"，所以，"至为君之难，尤陛下所当专意也"④。为君者，一要慎言，言则有信。天下之大，

---

① 《元史》卷158《许衡传》，中华书局1976年标点本，第3726页。
② 同上书，第3719、3729页。
③ 同上书，第3720页。
④ 同上。

兆民之众，事有万变，日有万机，所以为君者难免失言，屡屡失言就易失信，就会造成"纪纲不得布，法度不得立，臣下无所持循，奸人因以为弊，天下之人疑惑惊眩"的严重后果，所以，"夫人君不患出言之难，而患践言之难。知践言之难，则其出言不容不慎矣"①。国君要克制自己的喜怒爱憎，"人君惟无喜怒也，有喜怒，则赞其喜以市恩，鼓其怒以张势。人君惟无爱憎也，有爱憎，则假其爱以私，籍其憎以复怨"，"人君处亿兆之上，操予夺进退赏罚生杀之权，不幸见欺，则以非为是，以是为非，其害有不可胜既也"，他建议世祖："苟从《大学》之道，以修身为本，凡一言一动，必求其然与其所当然，不牵于爱，不蔽于憎，不因于喜，不激于怒，虚心端意，熟思而审处之，虽有不中者盖鲜矣。"②

任贤用才。许衡十分重视任贤，他说："自古论治者，必以用人为先务。用既得人，则其所为善政者，始可得而行之。以善人行善政，其于为治也何有？"③ 在《时务五事》中，他进一步指出："夫贤者以公为心，以爱为心，不为利回，不为势屈，寘之周行，则庶事得其正，天下被其泽，其于人国，重固如此也。"④ 为君要解决好知贤之难和任贤之难。由于贤者多遭时不偶，务自韬晦，所以世人未易知之，这是知贤之难；人君大抵不乐于闻己之过，专务快己之心，而贤者必欲匡而正之，扶而安之，所以君臣其势恒难合，贤者绝不肯尸位素餐，以取讥于天下，这是任贤之难。圣君要任贤勿贰，去邪勿疑，切忌有用贤之名，无用贤之实，以免失离贤者。许衡以唐代宇文士及、李林甫为例，针对历代王朝内部争权夺利的教训，特别强调为君要警惕那些心险术巧的奸诈小人，以免造成邪之惑人、毒被天下的危险局面。他建议制定一套简用实才、汰冗官、考订资历、纠察污滥的制度，使贤者日进，不肖者日退。

宽政爱民。许衡以"民为重，君为轻"的道理劝告世祖恭俭爱民，争取民心，他指出，万物之灵，惟人为贵，"夫上以诚爱下，则下以忠报

---

①　《元史》卷 158《许衡传》，中华书局 1976 年标点本，第 3720 页。

②　同上书，第 3721 页。

③　《四库全书》集部《鲁斋遗书》卷 1《语录上》，上海古籍出版社 1987 年影印本，第 1198 册，第 286 页上栏。

④　《元史》卷 158《许衡传》，中华书局 1976 年标点本，第 3722 页。

上，感应之理然也"①。许衡认为："古今立国规模，虽各不同，然其大要，在得天下心，得天下心无他，爱与公而已矣。爱则民心顺，公则民心服。既顺且服，于为治也何有？"② 宽仁爱民，赏罚公平，天下乃可安定，人君"以修身为本，一言一动，举可以为天下之法，一赏一罚，举可以合天下之公，则亿兆之心将不求而自得，又岂有失望不平之累哉"③！许衡以文景盛世为例指出，汉之文、景时，天象数变，山崩地震，小有水旱之灾，大有乱亡之象，但文、景克承天心，以养民为务，劝农桑，减田赋，终致文景之治。许衡指出，修德、用贤、爱民"此为治本。本立，则纲纪可布，法度可行，治功可必。否则爱恶相攻，善恶交病，生民不免于水火，以是为治，万不能也"④。

第三，制民产，重农桑，恢复和发展社会经济。治生论是《时务五事》中最为闪光的亮点。许衡继承了孔孟儒学的仁义、王道、德政和敬天保民思想，认为道不远人，大而君臣父子，小而盐米细事，都是道和义。据此，许衡提出了著名的"治生论"。在谈到为学之道时，许衡认为为学应以治生为本，为学者治生最为急务。他建议为政者应重视民生日用，实行制民之产政策，使民有恒产，安业力农，有所衣食，既可以维持基本生活，安居乐业，又可以发展生产，增加财富，稳定社会秩序。他还提出要重视农桑，以厚民生。在《农桑学校》中，许衡强调治生的根本方法是衣食以厚其生，礼义以养其心。在《语录》中他进一步指出，必使土著有恒产，安其居，乐其俗，土田种树，父子兄弟，嬉嬉于田里，不知趋利，民志一定，则治道可行。他还大胆地抨击了弊政，国家徒知敛财之巧，不知生财之由，敛财之酷害于生产，这样下去，就会导致社会动乱。他建议要优重农民，勿扰勿害，使游惰之人归之南亩，十年以后，仓府之积，当非今日可比。

宋代理学将心性与事功分开，视事功为末途，程朱主张行天道、遏人欲，强调正人心、明天理，许衡则以满足人的"生理"需求即物质生活

---

① 《元史》卷 158《许衡传》，中华书局 1976 年标点本，第 3723 页。

② 《四库全书》集部《鲁斋遗书》卷 7《立国规模》，上海古籍出版社 1987 年影印本，第 1198 册，第 393 页上栏。

③ 《元史》卷 158《许衡传》，中华书局 1976 年标点本，第 3724 页。

④ 同上。

条件为前提来谈治学，并认为治生最为先务，重视践履力行和民生日用，力求合一心性和事功，体现了许衡学以致用的务实思想，这是他高出同时代其他理学家的地方。许衡的治生论是元代汉化政策的重要内容，他把具有贵人气象的理学和盐米细事的民生结合起来，把治学与治世结合起来，使宋代空谈心性的理学具有了实际的内容。治生论是宋明理学中最具特色的学说，对于元初社会秩序的稳定和经济文化的发展起了重要作用。

在《时务五事》中，许衡以程朱理学为基础，倡导立国规模，重农兴学，把历代封建王朝所建立起来的一整套完备的专制制度和统治经验应用于蒙古族的统治，为元代多民族大一统中央集权制帝国的建立和巩固奠定了理论基础，恢复和发展了元初的社会经济和文化，促进了蒙汉族之间的融合，加速了蒙古族的封建化进程，从而促进了历史的发展。

五　学以致用的教育思想

许衡是元代著名的教育家，"衡善教，其言煦煦，虽与童子语，如恐伤之。故所至，无贵贱贤不肖皆乐从之，随其才昏明大小皆有所得，可以为世用"，"听其言，虽武人俗士异端之徒，无不感悟者"[1]。在隐居苏门百泉期间，他与姚枢、窦默等人收徒讲学，传授程朱理学，倡导纲常名教，化俗敦风，深受乡人推崇。忽必烈到秦中后，征召许衡为京兆提学，主持教化事宜。入秦后，许衡在各个郡县都建立学校，实施理学教育，以文化人。许衡的重教措施效果显著，仅几年时间，秦中郡县皆建学校，民大化之。中统元年（1260），元世祖刚即位，即征召许衡进京。针对蒙元文化落后、中原文化日衰的状况，许衡建言："自上都、中都下及司县，皆立学校，使皇子以下至庶人之子弟，皆从事于学，日明父子君臣之大伦，自洒扫应对至于天下之要道。十年以后，上知所以御下，下知所以事上，上下和睦，又非今日之比矣。"[2] 许衡借鉴秦中兴学经验，建议大兴学校，授学子弟，以纲常伦理教化世风。至元八年（1271），元世祖在大都设立太学，任许衡为国子祭酒。他以兴教为己任，为培养济世人才为目的，他说："此吾事也。国人子大朴未散，视听专一，若置之善类中涵养

---

① 《元史》卷 158《许衡传》，中华书局 1976 年标点本，第 3729 页。
② 同上书，第 3725 页。

数年，将必为国用。"① 岁时，弟子们备以酒礼看望他，他辞而不受，说："所以奏取诸生者，盖为国家为吾道、为学校，为后进，非为供备我也。夫为官守学，所当得者俸禄也。俸禄之外，复于诸生有取焉，欲师严道尊难矣。"②《元朝名臣事略·左丞许文正公》载："先生尝谓：'蒙古生质朴未散，视听专一，苟置之好伍曹中，涵养三数年，将来必能为国家用。'乃奏召旧弟子散居四方者王梓、韩思永、苏郁、耶律有尚、孙安、高凝、姚燧及其弟炖、刘季伟、吕端善、刘安中、白栋，皆驿致馆下为伴读，欲其夹辅匡弼，熏陶浸润而自得之也。"③ 当时，元世祖所挑选的贵族子弟都很幼稚，许衡爱生如子，待若成人，出入进退，其严如君臣。太学以《小学》为启蒙进阶，以《四书》为研习内容，以《大学要略》《中庸直解》为讲义，以践行致用为目的，许衡为太学制定了一整套教育制度，并亲自为蒙古贵族子弟讲学。"其为教，因觉以明善，因明以开蔽，相其动息以为张弛。课诵少暇，即习礼，或习书算。少者则令习拜跪、揖让、进退、应对，或射，或投壶，负者罚读书若干遍。久之，诸生人人自得，尊师敬业，下至童子，亦知三纲五常为生人之道。"④ 许衡教学，宁少务精，"先生说书，章数不务多，唯肯款周折。见学者有疑问，则喜溢眉宇"⑤。他因材施教，关心每一个学生的进步，他指出："故教人不止各因其材，又当使随其学之所至而渐进也。盖教人与用人正相反，用人当用其所长，教人当教其所短。"⑥ 许衡注重理论与实践相结合，强调学以致用。"尝问诸生：'此章书义若推之自身，今日之事有可用否？'大凡欲其践行而不贵徒说也。"⑦《元朝名臣事略》引《考岁略》："先生之教人也，恩同父子，义若君臣，因其所明，开其蔽而纳诸善，时其动息而张弛之，慎其萌蘖而防范之。其日渐月渍，不自知其变也，日新月盛，不

---

① 《元史》卷 158《许衡传》，中华书局 1976 年标点本，第 3727 页。

② 《四库全书》史部《元朝名臣事略》卷 8《左丞许文正公》，上海古籍出版社 1987 年影印本，第 451 册，第 613 页上栏。

③ 同上书，第 612 页上栏。

④ 《元史》卷 158《许衡传》，中华书局 1976 年标点本，第 3727 页。

⑤ （清）黄宗羲：《宋元学案》卷 90《鲁斋学案》，中华书局 1986 年标点本，第 3001 页。

⑥ 《四库全书》史部《元朝名臣事略》卷 8《左丞许文正公》，上海古籍出版社 1987 年影印本，第 451 册，第 613 页上栏。

⑦ 同上书，第 612 页下栏。

自知其化也。其言谈举止，望而知其为先生弟子，卒皆为世用也。"①他为了专心致志于教学，"家事悉委其子，凡宾客来学中者，皆谢绝。尝曰：'学中若应接人事，诸生学业必有所荒'"②。许衡为元朝统治者培养了大批人才，他的许多弟子如完泽、平章不忽木、姚燧、耶律有尚等致位卿相，为一代名臣。姚枢在给元世祖的奏章中赞道："国学设立，于今三年，教道严谨，诸生学问进长。"③《元朝名臣事略》引《蜀郡虞公文集》："国学之置，肇自许文正公。是时，风气浑厚，人材朴茂，文正故表章朱子小学一书以先之，勤之以洒扫应对，以折其外，严之以出入游息，而养其中，掇忠孝之大纲，以立其本，发礼法之微权，以通其用。于是数十年，彬彬然号称名卿才大夫者，皆其门人矣。呜呼！使国人知有圣贤之学，而朱子之书得行于斯世者，文正之功甚大也。"④这些经过中原文化熏陶的蒙古贵族子弟，对程朱理学的广泛传播、推动汉蒙文化融合起了重要作用。

经过许衡师徒等理学家的努力，在中统、至元时期形成了儒学大盛的局面，延祐年间，元政府恢复了科举制度，专立德行明经科，以程朱理学为正统，理学在元代终被确立为统治思想。葛兆光先生指出："在元代思想上，使程朱理学意识形态化的过程中，最重要的枢轴式人物大约是许衡，最可以象征着程朱理学的文本化和世俗化的也是这个许衡"，"使得这种根源于汉族文化的新儒学，竟然在一个异族文明统治的帝国中，成为相当普遍的知识和拥有权力的思想，甚至在某种意义上说还超过了宋代"。⑤

六　五进五退的理学践行

许衡慨然以道为己任，他不仅倡导理学，还躬行实践，身体力行。他

---

① 《四库全书》史部《元朝名臣事略》卷 8《左丞许文正公》，上海古籍出版社 1987 年影印本，第 451 册，第 613 页上栏。

② （清）黄宗羲：《宋元学案》卷 90《鲁斋学案》，中华书局 1986 年标点本，第 3001 页。

③ 《四库全书》史部《元朝名臣事略》卷 8《左丞许文正公》，上海古籍出版社 1987 年影印本，第 451 册，第 614 页上栏。

④ 同上书，第 613 页上栏。

⑤ 葛兆光：《中国思想史》第 2 卷，复旦大学出版社 2000 年版，第 394—395 页。

说："纲常不可亡于天下，苟在上者无以任之，则在下之任也，故乱离之中，毅然为己任。"①　"凡丧祭娶嫁，必徵于礼，以倡其乡人，学者寖盛。"② 逃避战乱期间，许衡"夜思昼诵，身体而力践之，言动必揆诸义而后发"③。有一次，他路过河阳，天热口渴，路旁有梨树，同行的人纷纷前去摘取，只有许衡独自端坐树下。有人问他，他说："非其有而取之，不可也。"人说："世乱，此无主。"许衡说："梨无主，吾心独无主乎？"④ 许衡任百泉书院主讲，家中贫困，他躬耕田亩，粟熟则食，粟不熟则食糠核菜茹，从不接受不义之财，于困苦中泰然自处，讴诵之音如金石，声闻户外。家有余财时，就接济学生和族人。姚枢应召入京时，把自己的雪斋让给许衡居住，许衡婉拒不受。"庭有果熟烂堕地，童子过之，亦不睨视而去，其家人化之如此。"⑤ 姚枢评道："先生之学，一以朱子之言为师，穷理以致其知，反躬以践其实，始而行其家，终而及之人。"⑥ 明儒薛暄评道："文正微时，于大名、于辉、于河内、于秦，以倡鸣斯道为己任"，"鲁斋力行之意多"，"盖真知实践者也"⑦。

许衡深知，要想复兴理学，把理学推到官方化的正统地位，必须走从政的道路。许衡46岁始入仕途，忽必烈出王秦中时，任用许衡为京兆提学，主持教化，许衡在忽必烈的支持下，在秦中各郡县倡立学校，弘扬理学，几年后，秦中郡县皆建学校，民大化之。中统元年（1260），忽必烈即汗位，建立大元王朝，他征召许衡入京，从此，许衡在政坛上力倡力行理学。明儒薛瑄曾评价其君臣关系："世祖虽不能尽行鲁斋之道，然待之之心极诚，接之之礼极厚。自三代以下，道学君子，未有际遇之若此也。"⑧ 世祖礼遇许衡，所以鲁斋有倡行理学的雄心，世祖未能尽行汉法，

————————

①　（清）黄宗羲：《宋元学案》卷90《鲁斋学案》，中华书局1986年标点本，第2996页。

②　《元史》卷158《许衡传》，中华书局1976年标点本，第3717页。

③　同上书，第3716页。

④　同上书，第3717页。

⑤　同上。

⑥　《四库全书》集部《鲁斋遗书》卷14《先儒议论》，上海古籍出版社1987年影印本，第1198册，第463页上栏。

⑦　同上书，第463页下栏、466页上栏、465页上栏。

⑧　（明）薛瑄：《薛瑄全集（下）》，《读书录》卷2，山西人民出版社1990年版，第1066页。

所以他遭遇了重重磨难，君臣二人分分合合。20 年的从政之路，许衡屡进屡退，曾五度在朝、五次归隐。

第一次在朝，应元世祖征召北上，中统元年（1260）五月进京，二年（1261）九月称疾而归故里；第二次在朝，再次应元世祖征召北上，中统三年（1262）九月进京，至元元年（1264）正月辞归；第三次在朝，至元二年（1265）十月，应召北上，奉诏入中书省议事，至元四年（1267）正月辞归；第四次在朝，至元四年（1267）十一月，应召北上，至元六年（1269）参与更定官制，至元七年（1270）正月拜中书左丞，至元八年（1271）三月，改授集贤大学士兼国子祭酒，十年（1273）七月辞归，这一次在朝时间将近六年，是许衡在朝时间最长的一次，辞归家乡后他居家三年，也是他从政后居家时间最长的一次；第五次在朝，至元十三年（1276）七月，应召北上修订历法，至元十五年（1278）三月，授集贤大学士，至元十七年（1280）春，完成历法修订，八月辞归。许衡的政治生涯，从中统元年（1260）的首次进京，到至元十七年（1280）的最后归隐，他五次进京、五次归乡，屡进屡退成为他政治生涯的最明显的特征。元儒王磐评许衡随时屈伸，与道翱翔。元末欧阳玄奉诏为许衡作神道碑文，他说许衡君召辄往，进辄思退。明代理学家薛瑄则称赞许衡视富贵如浮云，去就从容，"召之未尝不往，往则未尝不辞，是善学孔子者也"，"鲁斋以王道望其君，不合则去，未尝少贬以徇世，真圣人之学也"①。

许衡的五进五退，根源于他在政治上的矛盾。他具有乐观的行道用世理想，愿推往古明伦学，用沃吾君济世心，但是在异族统治下，中原地区处于水深火热之中，民族矛盾激化，社会经济凋敝，许衡只能把救世济民的希望寄托在忽必烈这样的贤君身上。中统元年（1260），忽必烈刚登基，立刻征召许衡进京，许衡的千年际会已经来临，他满怀大展宏图的期望北上，但很快就发现忽必烈尚霸术、重功利，先用心术不正的王文统，后用重利轻义的阿合马，忽必烈对推行汉法并不坚定，对儒士也越来越疏远。

① 《四库全书》集部《鲁斋遗书》卷 14《先儒议论》，上海古籍出版社 1987 年影印本，第 1198 册，第 465 页下栏、466 页上栏。

元朝建国初期，重仁政的汉法与重聚敛的回回法的斗争十分激烈。许衡是倡导仁政的汉族硕儒，阿合马是擅长敛财的色目权臣，一个重义，一个重利，许衡与阿合马可说是冰炭不相容、情势不两立。这场斗争不仅体现了激烈的民族矛盾，也反映了蒙元实施汉法政策的态度。在忽必烈重功利思想的影响下，重敛之臣阿合马深受重用，这完全符合元世祖在治国理政上的需要。所以，在汉回之争中，元世祖选择了功利。当窦默举荐许衡为相时，元世祖不怿而罢。权臣屡毁汉法，许衡对行汉法时的举步维艰深有感触，在《时务五事》中，他批评汉化政策缺乏长远规划，并悲观地估计行汉法非三十年不可成功，起初的乐观积极思想此时已消失殆尽。许衡说："臣之所学迂远，与陛下圣谟神算未尽吻合。陛下知臣未尽，信臣未至，直以虚名误蒙采擢。"① 君臣意见分歧的原因，是元世祖浓厚的功利思想，远远偏离了汉法，将聚敛财富视为当务之急，将儒家学说视为虚浮，甚至当面申斥儒臣不识事机，在这种情势下，许衡只能选择屡退。许衡屡退之后又屡进，一方面，忽必烈崇尚《四书》，深知纲常伦理之道对治理汉地的价值，在阿合马擅政之时，汉法虽然受到损毁，但并未根绝，仍在艰难地施行。一方面，许衡名气较大，为人耿直，是汉儒的领袖，忽必烈不愿与其过分疏远，汉人儒臣尽管遭到排挤，但大多仍旧在职，未曾脱离政务。一方面，许衡以道为己任，积极践行理学，正是因为他执着于实践，所以他就不会轻易放弃任何一个躬行致用的机会。他在至元八年（1271）辞政从教时，老人已经年逾花甲，还每天都居于学中，朝夕莅事，乐此不疲。《元朝名臣事略·左丞许文正公》评道："建元以来，十被召旨，未尝不起，然卒不肯枉尺直寻而去。每入奏对，以格君心为己任，气质雍容，诚敬交孚，言虽切直而卒无忤也。"②

从许衡在仕途上五进五退的遭遇看，似乎他的失意多于得意、失望多于乐观，虽然他为了实现行汉法的宏愿而积极从政，也殚精竭虑，谋划国策，但终究未能得志。为推进汉法实施，年迈的许衡身陷汉回冲突的旋涡之中，最终无奈退隐。许衡的多舛命运，是当时所有汉族儒士的共同命

① 《四库全书》史部《元朝名臣事略》卷8《左丞许文正公》，上海古籍出版社1987年影印本，第451册，第611页上栏。

② 同上书，第615页上栏。

运，在草原文明与中原文明激烈抗争的前提下，儒士们大都经历了由踌躇满志到徘徊彷徨的心路历程。在这样一个特殊的历史时期，许衡们既没有自暴自弃，也没有归隐山林，而是脱开华夷之辨的束缚，顺应大势，担当大义，积极有为，倡行汉法，彰显了传统士人的风骨，但是，他们的人生理想能否实现，并不完全取决于自己，虽然许衡们孜孜以求，尽力而为，却处处受到当政者的掣肘，最终事业未成，理想破灭。农耕文化与游牧文化的较量，中原文明与草原文明的冲突，这就是许衡们悲剧命运的根源。许衡与他的同道们，弘扬了中原文化，传播了理学思想，正是他们的努力，使中国传统文化在十分艰困的条件下得以薪火相传，绵延不绝。

许衡致力于行汉法，与道共进退，他的崇高品格受到了人们的高度赞扬。著名文士王磐"襟宇盖世，少所许可，独敬礼先生，每相语，则曰：'先生神明也，盘老矣，徒增愧缩尔'"①。他为许衡作画像赞："气和而志刚，外圆而内方。随时屈伸，与道翱翔。或躬耕太行之麓，或判事中书之堂。布衣蓬茅不为荒凉，圭组轩裳不为辉光。虚舟江湖，晴云卷舒。尚友千载，谁与为徒？"②《元朝名臣事略》引《考岁略》："先生天资弘毅，卓然有守。其恭俭正直出于天性，虽艰危穷厄之际，所守益坚。好学不倦，闻一善言，见一善行，不啻饥渴，于利名纷华，畏若探汤，诚心自然，天下信之。"③ 许衡还以性格耿直、忠言谏诤被时人所称道，窦默将他比作当代魏徵荐举给了忽必烈。欧阳玄在《许衡神道碑》中评说："方世祖急于亲贤，而先生笃于信已，以是终无枉尺直寻之意。"④《元朝名臣事略》引《考岁略》："至于进退出处之际，勇于就义，凛然不可以势利诱而威武屈也。"⑤ 许衡的耿直性格，切直敢言，完全是为了倡行汉法，如果他有一点私心，为了一己私利，稍微"枉尺直寻"一点、圆滑一点，就不会有屡进屡退的坎坷遭遇了。许衡的屡进屡退，体现出他在忠君与明

①　《四库全书》史部《元朝名臣事略》卷8《左丞许文正公》，上海古籍出版社1987年影印本，第451册，第615页下栏。

②　同上书，第616页上栏。

③　同上书，第615页上栏。

④　《四库全书》集部《鲁斋遗书》卷13《附录》，上海古籍出版社1987年影印本，第1198册，第444页上栏。

⑤　《四库全书》史部《元朝名臣事略》卷8《左丞许文正公》，上海古籍出版社1987年影印本，第451册，第615页上栏。

道两大原则之间的痛苦徘徊。许衡理学的成就也获得了很高的评价："圣朝道学一脉，乃自先生发之。至今学术正，人心一，不为邪论曲学所胜，先生力也。所以继往圣开来学，功不在文公下。"① 许衡、刘因、吴澄被称为元代三大儒，他和元代经学大师许谦并称"二许"，明清儒家皆称赞其学纯，其行笃，条理精密，规模宏大，明初理学宗师薛瑄称其为朱子后一人，是继往圣、开来学的有功之臣。元成宗为表彰他的功绩，特赠谥"文正"，加封魏国公，并从祀孔庙，尊奉为继朱子之统的大儒。元代后期，许衡入祀于书院的礼殿祠堂之中，立专祠奉祀许衡的书院就有三所：北方的怀庆路河内县（今沁阳）鲁斋书院、奉天路咸宁县（今西安）鲁斋书院和南方的庆元路鄞县（今宁波）鲁斋书院。

蒙元起于草莽，嗜利鄙义，始终未能像历史上的北魏政权那样实行汉化政策，这是许衡推行汉法的理想始于雄心勃勃而终于失望灰心的根本原因，也是蒙元王朝一直未能长治久安、仅维持百年即被赶回漠北的根本原因。在汉族儒士地位低下的元代，复兴中原文明需要儒士们付出更多的艰辛，由此更显出许衡的拳拳之心。

---

① 《四库全书》史部《元朝名臣事略》卷8《左丞许文正公》，上海古籍出版社 1987 年影印本，第 451 册，第 616 页上栏。

第十一章　孙奇逢与夏峰北学

第一节　始于豪杰，终于圣贤

孙奇逢（1584—1675），字启泰，祖籍河北容城，顺治七年（1650），66 岁的孙奇逢举家南徙辉县苏门百泉，后迁居夏峰村，人称"夏峰先生"。他在明末生活了 61 年，在清初生活了 31 年。孙奇逢学识渊博，大义凛然，高风亮节，是明清之际一位卓有成就的理学家和教育家，也是一位垂范后世、令人崇敬的豪迈志士。孙奇逢"少倜傥，好奇节，而内行笃修。负经世之学，欲以功业自著"①。他幼承家学，7 岁入小学，14 岁补博士弟子，17 岁中举人，后参加 4 次会试，都未能考取进士，与兄奇儒和奇遇、弟奇彦相砥砺，为同辈所推重。他虽身处乡野，但忧国忧民。孙奇逢亲历明清更替，遭遇诸多艰难险阻。斗阉党，抗清军，守忠节，拒清廷，备受艰辛。孙奇逢的大半生是在明代度过的，天启年间，阉党祸国，朝政腐败，东林党人起而抗争，他盛赞东林党人，自称是顾宪成、高攀龙的私淑弟子，与左光斗结成生死之谊，以中流砥柱自任。天启帝的乳母客氏是直隶保定府定兴县人，与魏忠贤把持朝政，狼狈为奸，其弟客光先任锦衣卫都督，为笼络孙奇逢，以同乡名义向孙奇逢赠送名马，孙奇逢拒收。魏忠贤迫害东林党人，他与鹿正、张果中组织畿南士民积极募捐营救，名震天下，人称"范阳三烈士"，为世人尊崇，慕名从学者云集容城。明末，东北边境战事频繁，明军连败。面对边患日甚、边备日弛、人心日溃的危机局面，孙奇逢痛心疾首，痛斥当政者空谈误国，他率领家乡民众抗击清军侵扰，崇祯二年（1629）、九年（1636），他两次率众打退

① 《清史稿》卷 480《儒林一·孙奇逢传》，中华书局 1977 年标点本，第 13100 页。

清军。崇祯十一年（1638）冬，他率领数百户乡民转移易州五公山，结寨自保。为了维护山寨阵地，他制定了《山居约》《严樵牧约》等约法。梁启超赞道："他立很简单的规条互相约束，一面修饰武备抵抗寇难，一面从容讲学，养成很健全的风俗。在中国历史上，三国时代田子春以后，夏峰算是第二个人了。"①

明亡时，孙奇逢年已花甲，家乡被八旗贵族圈占，他背井离乡，举家南迁，顺治七年（1650），定居辉县苏门山。"因田庐充采地，移家于卫，慕苏门泉之为宋邵康节、元姚、许诸儒高尚讲学之地，遂家焉。"② 清廷5次宣诏，征其入朝，并以国子监祭酒相聘，孙奇逢拒不赴召。他也意识到年已古稀，武装抗清难以成功，便在百泉书院著书立说，授徒讲学。孙奇逢一生以理学家自处，注重心性修养。"奇逢之学，原本象山、阳明，以慎独为宗，以体认天理为要，以日用伦常为实际。其治身务自刻厉。"③顺治九年（1652），工部郎马光裕把自己在夏峰村的田庐相赠，孙奇峰迁居夏峰村，建兼山堂，"率子弟躬耕，四方来学者授田使耕，所居成聚。居夏峰二十有五年，屡征不起"④，学者们称其"夏峰先生"。

当时，中原学者仰慕夏峰之学，都云集山堂，拜在夏峰门下求学，孙奇逢则授田使耕、授业使学。"人无贤愚，苟问学，必开以性之所近，使自力于庸行。其与人无町畦，虽武夫悍卒、野夫牧竖，必以诚意接之。用此名在天下而无人忌嫉。"⑤ 在教学方法上，他反对机械灌输式讲学，提倡因人施教，师生互动，这种问答式的授业方法，很受学生欢迎。在治学方法上，孙奇逢教导学生，学问要从身上得，要日日有愤，保持求进之心。他还以身作则，老而弥笃，不断进取，"尝言七十岁功夫较六十而密，八十岁较七十而密，九十岁较八十而密"⑥，他在《自赞（八十岁）》中也说："七十较六十而加瑟，八十视七十而更殷。秉烛之光不息，日月

---

① 梁启超：《中国近三百年学术史》，东方出版社1996年版，第48页。

② （清）钱仪吉：《碑传集》卷127《理学（上）·孙征君先生奇逢传》，中华书局1993年标点本，第3745页。

③ 《清史稿》卷480《儒林一·孙奇逢传》，中华书局1977年标点本，第13101页。

④ 同上。

⑤ 同上。

⑥ 张显清：《孙奇逢集》中册，《夏峰先生集》卷12，中州古籍出版社2003年版，第890页。

之明何分？聊以为后学析疑而辨惑，亦可为乡人排难而解忧。"① 在他83岁高龄时完成了他的代表作《理学宗传》。

孙奇逢的学识与人格魅力具有极强的号召力，北方儒生纷纷投其门下，从其学者，有数百里或数千里至者，仅可以考证的著名学者就多达200余人。"承明季讲学之后，气象规模，最为广大。被其教者，出为名臣，处为醇儒，世以比唐初河、汾之盛云。"② 黄宗羲曾说："北方之学者，大概出于其门。"③ 梁启超在《近代学风之地理的分布》中也指出："清初北方学者，殆无一不被夏峰之泽，著籍弟子千数，直隶、河南尤众。"④ 钱穆先生赞誉："夏峰诚不愧当时北学之冠冕。"⑤ 社会贤达喜与孙奇逢交往，知名官员有尚书魏象枢、张凤翔，大学士魏裔介，侍郎钱谦益、孙承泽，保定知府胡苍恒，郡守程念伊，卫河使马光裕，知县张仲诚，前明尚书张镜心等；著名学者有傅山、黄宗羲、顾炎武、张沐、颜元等；他们与孙奇逢往还交流，把孙奇逢视为北斗泰山。

"时容城孙奇逢之学盛于北，余姚黄宗羲之学盛于南，与颙鼎足，世称'三大儒'。"⑥ 孙奇逢主持百泉书院长达25年，在他的辛勤操持下，百泉书院成为清初全国著名的文化教育中心，与关中书院、江阴书院并称为全国三大书院，夏峰北学成为明末清初理学的一大宗派，百泉成为全国学术重镇，孙奇逢享有"始于豪杰，终以圣贤"的美誉。"康熙十四年（1675），卒，年92岁。河南北学者祀之百泉书院。"⑦ 远近四方闻之大恸，灵柩过处，路人跪地而泣，足见其人格风范。

孙奇逢生活在明清更替之际，社会动荡，理学衰微。满人入关和大明灭亡极大地震动了士林，一大批有识之士陷入了时代的沉思，进而开始了

---

① 张显清：《孙奇逢集》中册，《夏峰先生集》卷12，中州古籍出版社2003年版，第890页。

② 徐世昌：《清儒学案》第一册卷1《夏峰学案》，中华书局2003年版，第2页。

③ （清）黄宗羲：《明儒学案》卷57《诸儒学案下五·征君孙征元先生奇逢》，中华书局2008年版，第1371页。

④ 《梁启超全集》，北京出版社1999年版，第4260页。

⑤ 钱穆：《清儒学案·序》，《中国学术思想史论丛》卷8，商务印书馆1997年版，第365页。

⑥ 陈俊民：《二曲集》，中华书局1996年版，第603页。

⑦ 《清史稿》卷480《儒林一·孙奇逢传》，中华书局1977年标点本，第13101页。

历史的反思，这种沉思和反思最终汇集成了理学大批判，理学发展进入了理论重构阶段。顾炎武主张理学即经学，由此开创了重考据的乾嘉学派，黄宗羲主张融史学于经学，由此开创了浙东学派，李颙以体用全学重建了关学，而在北方，孙奇逢则以朱王合一开创了夏峰北学。为了反对清廷的思想钳制政策，复兴中原文化，儒士们发起了兴复书院运动。当时全国兴复书院最有影响的是孙奇逢主持的百泉书院、黄宗羲主持的江阴书院和李颙主持的关中书院。百泉不仅成为清初理学重构运动的中心，也是兴复书院运动的中心。孙奇逢作为北方儒士的翘楚，集北方理学之大成，开创了夏峰北学，孙奇逢也从一位燕赵慷慨悲歌之士最终成为一代理学宗师。"夏峰以豪杰之士，进希圣贤，讲学不分门户，有涵盖之量。与同时梨洲、二曲两派同出阳明，气魄独大，北方学者，奉为泰山、北斗。"① 梁启超在《近代学风之地理的分布》中指出："孙夏峰避地南迁，老于辉县之苏门，其晚岁大弟子多中州籍"，"清初北方学者，殆无一不被夏峰之泽，著籍弟子千数，直隶、河南尤众"。② 夏峰北学拥有河北、中州两大中心，河北夏峰北学以孙奇逢在河北的弟子门人组成，以王五修、王法乾、颜元为核心，中州夏峰北学以孙奇逢在苏门百泉的弟子组成，以"中州十先生"为核心。明清之际，夏峰北学影响巨大，其门生遍及整个北方地区，还波及江南。"初期中州学者，无一不渊源于夏峰。"③ 乾嘉时期退守中原，道咸时期，夏峰北学重新焕发活力。进入近现代，在欧风美雨的冲击下，以李敏修、王锡彤、嵇文甫为代表的近代知识分子创造性地把夏峰北学发展为现代地域学术。从清学史上看，以地域学派为视角，孙奇逢是清代北学宗师；以理学传承为视角，孙奇逢是清代理学之首。

　　孙奇逢毕生致力于理学的整理和研究，晚年仍秉烛不熄，笔耕不辍，著述甚丰，现存著作 160 余卷 300 多万字。按内容可分为 4 类，经学类的有《读易大旨》《四书近指》《书经近指》等，史学类的有《中州人物考》《日谱》《畿辅人物考》《新安县志》《苏门纪事》等，学术思想史类的有《理学宗传》《北学编》《洛学编》《圣学录》《道一录》等，另有诗

---

① 徐世昌：《清儒学案》第一册卷 1《夏峰学案》，中华书局 2008 年版，第 1 页。

② 梁启超：《饮冰室合集》第 5 册《饮冰室文集之四十一·近代学风之地理的分布》，中华书局 1989 年版，第 58 页。

③ 同上。

文、语录、书信、杂著等。清代编有《夏峰先生集》《孙夏峰先生全集》，今人编有《孙奇逢集》等。

第二节　折衷朱陆，主于实用

一　折衷朱陆的理学思想

心学开创于陆九渊，兴盛于王阳明，它是一个庞大而又精致的思想体系，王阳明的良知论和知行合一论达到了心学的高峰，明中叶以后，王阳明心学取代朱子理学统治了思想界。但是，由于心学的后传者日益空虚、简陋，在明末便走向了衰落。明末清初，重构理学成为时代的新课题，顾炎武、黄宗羲、李颙、孙奇逢等理学家们从不同的视角重新审视理学，并结合社会实际，提出了理学发展的新理论、新主张。夏峰之学本于陆王，"以慎独为宗，以体认天理为要，以日用伦常为实际"①。青少年时期，孙奇逢深受家学影响，以阳明心学为宗，后来开始兼收朱陆，力图以朱学之"实"救治王学之"虚"，他提出了"朱王合一"的主张。

夏峰北学的基本思想是朱王合一，以实补虚，躬行实践，实学实用。孙奇逢身历明清鼎革的变故，深感心学后人的空谈误国和朱学后人的训诂僵化，急切盼望学术变革，于是他便走向了合会朱王的道路。他说："某幼而读书，谨守程朱之训，然于陆王亦甚喜之。"② 他说："尝忆先生言：'建安没，天下之实病，不可不泄；姚江没，天下之虚病，不可不补。'今举世皆病，而实者日益补，虚者日益泄，求其愈自不可得，且并其虚实莫辨，虽有良剂，将安施乎？"③《四库全书总目》评论："奇逢之学，主于明体达用，宗旨出于姚江，而变以笃实，化以和平，兼采程朱之旨以弥其缺失。"④ 他的学生汤斌把他比作今之河东薛暄、姚江王阳明。

孙奇逢首先从平复朱王之间的宗派之争入手来折衷朱王。朱学与心学

---

① 《清史稿》卷480《儒林一·孙奇逢传》，中华书局1977年标点本，第13101页。

② 张显清：《孙奇逢集》中册《夏峰先生集·又寄张蓬轩》，中州古籍出版社2003年版，第721页。

③ 同上。

④ 《四库全书总目》上册，子部卷97《儒家类存目三》，中华书局1965年影印本，第822页上栏。

的宗派之争源远流长，南宋时有朱陆异同之争，明代有朱王长短之辨。孙奇逢认为："陆从尊德性入，朱从道问学入，此其所以异也。然尊德性岂能离得道问学？道问学亦不能离得尊德性，总皆圣人之事也，此其所以同也。"① 在孙奇逢看来，理学与心学属于同源异流，殊途同归，各有特色，各有侧重，虽然他们看待儒学的视角不同，但都阐发了儒学精义，都具有合理性。"学问不于源头处彻悟，而逐字逐句逐人比拟较量，分门别户，何时是宇泰天晴之会？"② 为了理学上的宇泰天晴，他深研诸儒学说，力图在儒学基础上熔程朱陆王为一炉，消弭门户纷争，从而形成了独具特色的夏峰北学的思想体系。

孙奇逢还从儒学渊源上弥合王学与朱学。在儒释之争中，程颐以"圣人本天，释氏本心"③ 来区别儒学与佛学，孙奇逢深受启发，认为它揭示出了儒家思想的精髓，所以他非常赞赏"圣学本天"的观点："大人之实事，圣人之训述，显晦殊途，总不出圣学本天一语，不本于天，则异端耳。"④ "圣学本天"论既可以明晰儒释之辨，又可以平复理学门户之争。孙奇逢进一步指出："本天者，性善；本心者，性无善无恶也。"⑤ 本天是以天地万物为一体，所以能兼善天下。心学与理学都主张性善，都应该是圣学。但朱学门人往往将主心的陆王斥为禅学，孙奇逢认为，陆王主于心，但此心非禅心，此心"能执中，中即谓天也。人心有欲，必不逾矩，矩即所谓天也"⑥。陆王心学以"道""礼""矩"为准则，这是符合"圣学本天"原则的。孙奇逢还指出，本天之学的本质是经世宰物之学，朱学和王学都强调治学者要严守修齐治平宗旨，以天下兴亡为己任，在经世致用这一点上，朱学与王学是完全相同的。

孙奇逢还从儒学理论内涵上统一朱王学说。他指出，凡是言仁、言性、言理、言未发、言主一者，皆我同堂共室之人。"先正有言：'此心

① 张显清：《孙奇逢集》中册《夏峰先生集补遗·答问》，中州古籍出版社 2003 年版，第1049 页。
② 张显清：《孙奇逢集》中册《夏峰先生集》，中州古籍出版社 2003 年版，第 736 页。
③ 王孝鱼：《二程集》卷 21 下《伊川先生语七下》，中华书局 2004 年标点本，第 274 页。
④ 张显清：《孙奇逢集》中册《夏峰先生集》，中州古籍出版社 2003 年版，第 741 页。
⑤ 同上书，第 520 页。
⑥ 张显清：《孙奇逢集》上册《理学宗传·义例》，中州古籍出版社 2003 年版，第 623 页。

此理苟同，又何论南北海千古上下哉？'千里比邻，此言洵不诬也。"① 孙奇逢视野宽阔，他不拘泥于朱学与王学的是非异同，而是从深层次上阐释它们的一致性。朱学与王学虽门户有别，但在理论上他们都探讨了诸如理、仁、性等儒学范畴，可见，理学与心学不但不是对立的，而且还是同堂共室，只不过圣道广大，各自选择的路径不同，入门不同，这不过是殊途同归。孙奇逢在调和王学与朱学中，提出了相资为用的折中观点。他指出："盖陆、王乃紫阳之益友忠臣，有相成而无相悖。"② 理学和心学相辅相成，可以相资为用，同心协力促进圣学发展。

孙奇逢还从儒学的最终归宿上统一朱学与王学。他认为："学以圣人为归，无论在上在下，一衷于理而已矣。"③ 朱学与王学都宗于孔圣，它们有共同目标，都是为了养成崇高情操，完善高尚品格，他们"虽南北之异，远近之殊，要必以同归为止。总之，学以尼山为宗"④。虽然朱学与王学各立门户，但是，它们在本质上都同源于"天"，又共归于圣，这是同源而异流，殊途而同归。

为了弥合理学各派的纷争，孙奇逢构建了一个较为宽容的儒学统绪体系。孙奇逢在《周易》关于万物演变的元亨利贞的循环学说的基础上，提出了相环无穷的循环论发展观。孙奇逢把中国学术的发展过程看作是一个大系统，这个系统分为元、亨、利、贞四个阶段，每一个阶段各自组成一个循环系统，每个系统内又有若干个小系统，每个小系统又各有元、亨、利、贞四个阶段，这样，环环相扣、圈圈相套，循环往复以致无穷。孙奇逢以儒学本天归圣为指导思想，归纳了宋明理学数百年的发展历程，勾画出了圣学发展的完整轨迹："先正曰：道之大原出于天，神圣继之。尧舜而上，乾之元也，尧舜而下其亨也，洙泗邹鲁其利也，濂洛关闽其贞也。分而言之，上古，则羲皇其元，尧舜其亨，禹汤其利，文武周公其贞乎？中古之统，元其仲尼，亨其颜曾，利其子思，贞其孟子乎？近古之

---

① 张显清：《孙奇逢集》中册《夏峰先生集》卷7《书·答尹见知》，中州古籍出版社2003年版，第738页。

② 同上书，第727页。

③ 张显清：《孙奇逢集》上册《理学宗传·叙》，中州古籍出版社2003年版，第620页。

④ 张显清：《孙奇逢集》中册《夏峰先生集·寄张蓬轩》，中州古籍出版社2003年版，第722页。

统，元其周子，亨其程张，利其朱子，孰为今日之贞乎？……则姚江岂非紫阳之贞乎？"① 孙奇逢以元亨利贞为原则，把儒学道统的发展历程划分为上古、中古、近古及当世四个阶段，每个阶段的发展又划分为元亨利贞四个小阶段，整个系统环环相扣，圆圆相连，清晰地、完整地体现了儒学发展的历史脉络。在这个系统中，孙奇逢把朱学与王学都列为儒学正宗。《理学宗传》将宋明理学大家包括程朱陆王在内的 11 人列为正宗，其他诸子被列为别宗。在他所列的正宗十一子中，把程朱和陆王都列为大宗，把他们的弟子以各自的师门学统列入别宗诸儒中，都纳入到儒学的正统体系之中。他在赞扬正宗十一子开宗立派的同时，也肯定了别宗在儒学承绪上的贡献，对于那些未被列入正统体系的儒者也没有否定，而是兼容并包，求同存异，这是孙奇逢学术的鲜明特点。在他所构建的儒学体系里，涵盖了宋明理学的发展脉络，把理学作为专门史来研究，开创了理学史研究的先河，开宋明理学总结、批判之先声，这是孙奇逢学术的一大贡献。在理学评论上，他肯定朱子及其后学，同时也把王学纳入理学正堂。对各家学派的评论，坚持实用躬行的标准，不重句读训诂，崇尚实践，批评清谈，黜浮华，励实行。他把顾宪成确定为正统十一子，与周、邵、程、朱并列，把东林党人列为别宗诸子，称赞他们学窥本原，力担道义，气魄宏大，在精神上远超诸子。从孙奇逢学术上看，虽然他是以一个理学家的视角来评论理学，仍然没有跳出理学家的窠臼，但他的研究更接近历史实际，更具有学术价值，孙奇逢是我国古代编写学术思想史的先驱之一，"梨洲称其《理学宗传》一书别出手眼"②。

　　孙奇逢在考察程朱理学和陆王心学得失的基础上，折中朱陆，补偏救弊，略疵取醇。他兼取朱王，坚持朱学的笃实工夫，抛弃它的烦琐求证方法，兼取王学的自悟本心论，抛弃它的四无论、顿悟论，将朱学的格物致知与王学的致良知合二为一，将朱学的道问学与王学的尊德性合二为一，指出穷理、致知、良知都源自孔子，是殊途同归。在孙奇逢看来，朱学的实与王学的虚互为长短，正可以以虚泄实，以实补虚，实虚相济为用。孙奇逢从时代需要出发，弥合朱王分歧，强调以实补虚，躬行实践，明体达

①　张显清：《孙奇逢集》上册《理学宗传·叙》，中州古籍出版社 2003 年版，第 620 页。
②　徐世昌：《清儒学案》第一册，卷 1《夏峰学案》，中华书局 2008 年版，第 33 页。

用。把治学与治世结合起来，学以致用，这是孙奇逢学术的主导思想，也是他为学者们昭示的为学方向，更是他的学术特色。

二　经世致用的治学思想

知行之辨是理学家们长期争论的问题。在知与行的关系问题上，朱陆强调先知后行，许衡强调知行并进，王阳明主张知行合一，孙奇逢则是在知行合一基础上，用知行并进来解释知行合一。他指出："阳明走路之喻，极为明切。走得一段，方认得一段，走到歧路处，有疑便问，问了又走，方能到得欲到之处。若必待知尽了，然后行，有终身不知、终身不行已耳。知行并进，正见其合一处。"① 他还指出："则知所到处，即行所到处，正见合一本体。"② 他不主张以知代行，他说："不能入口，即知冷热；不能入眼，即别黑白，毕竟是浮游影响之见。"③ 知与行不可偏废，言与行当并进。他说："知行自是合一。然此乃圣者事，知而后行，贤者勉焉。知而不行，庸众也。不知而行，妄人也。"④ 孙奇逢在肯定知的前提下，更强调了行的重要性，他所主张的是知行并进式的知行合一说。孙奇逢强调行、习、行习，即是践履道德的原则，也是修齐治平的实践，必然会走向对经世致用的倡导。

学以致用是孙奇逢的治学思想，他治经重在通人事以致用，"其生平之学，主于实用，故所言皆关法戒"⑤。夏峰北学兼采朱陆，提倡穷则励行，出则经世，以求实行、实用。孙奇逢一再强调实用，是因为他清醒地认识到了理学的弊端。心学后人忽视求理实功，只重高谈阔论，顾宪成斥之为阳儒阴释。为扭转这种虚浮学风，孙奇逢折中朱王，提出了"躬行实践"的实学主张："学问之事患无下手处，故无得力处，知在躬行二字上著手，便一了百当"，学问事"总之不离'躬行'二字"⑥。他教导学生："日用食息间，每举一念，行一事，接一言，不可有违天理、拂人情

---

① 张显清：《孙奇逢集》下册《日谱》，中州古籍出版社 2003 年版，第 559 页。
② 同上。
③ 同上书，第 647 页。
④ 同上书，第 585 页。
⑤ 《清史稿》卷 480《儒林一》，中华书局 1977 年标点本，第 13101 页。
⑥ 张显清：《孙奇逢集》中册《夏峰先生集》，中州古籍出版社 2003 年版，第 736 页。

处，便是学问。"① 孙奇逢在《夏峰歌》中也提出躬行实践，舌上莫空谈。
躬行实践是孙奇逢统一心学与理学的支点。孙奇逢认为，心学与理学相互
折中、相资为用也应建立在躬行实践基础上，无论是顿悟还是渐修，无论
是道问学还是尊德性，无论是致良知还是格物，只要有真实工夫并身体力
行，才是真实学问。躬行实践是顿悟与渐修相统一、道问学与尊德性相统
一、致知与格物相统一的唯一契合点。躬行实践是孙奇逢实学的核心。

义利之辨是儒学的一个基本命题，是宋明理学家们长期争论的一个焦
点问题。孙奇逢吸取了事功学派的主张，认为文章是学，忠节是学，事功
也是学。他"深得道不远人之意，日用伦常无往非道，人不能离乎人之
外，即不能出乎道之外，人纵离道终不远人"②。他说："世而至于无事
功，无节义，尚可言乎?"③ 他把事功、节义看作理学之骨，视为区分真
假理学的标志，这的确是对理学基本内容的重要修正。针对理学家们高谈
性命、以理财为浊的观点，孙奇逢明确提出理财是治国平天下的基础，只
有理财，才能家自为给、人自为足，进而达到整个社会的富裕和安宁，轻
视理财、不善理财，将导致民生日促，国家长贫。嵇文甫评道："夏峰之
学，专务躬行实践，不讲玄妙，不立崖岸，宽和平易，恂愉无华，和一般
道学家好为高论，而孤僻迂拘，不近人情者，大异其趣。"④ 孙奇逢提倡
以实补虚，躬行实践，学以致用，是对风靡于晚明社会的清谈之风的否
定，他补偏救弊、略疵取醇成为扭转明清之际学术风气的先导，河北颜元
师徒发展了孙奇逢躬行实践的观点，开创了以讲求实习、实行、实用为核
心内容的习行经济之学——北学中的颜李学派，孙奇逢的理学思想是颜李
学派兴起的基础。孙奇逢的理学思想，力矫明末以来清谈空疏陋习，推动
了清初崇实致用的学术发展。

三　敬天保民的政治思想

明清之际，思想家们探讨了政权更替的原因，把民本主义思想推到了

① 张显清：《孙奇逢集》中册《夏峰先生集》，中州古籍出版社 2003 年版，第 523 页。
② 张显清：《孙奇逢集》中册《孙氏著作序跋纪事》，中州古籍出版社 2003 年版，第 1282 页。
③ 张显清：《孙奇逢集》中册《夏峰先生集》，中州古籍出版社 2003 年版，第 730 页。
④ 《嵇文甫文集》（中），河南人民出版社 1990 年版，第 439 页。

新的高峰。黄宗羲把国君看作是天下之大害者，王夫之提出了不以天下私一人的主张，稍早的孙奇逢则在康熙元年（1662）成书的《书经近指》中阐发了"天下者非一人之天下，天下人之天下也，惟有德者居之"① 的思想，这是封建制度衰朽、资本主义萌芽时代新兴市民阶层民主思想的深刻反映，是时代的最强音。

孙奇逢继承了儒家敬天保民的思想，提出了"民即天下"② 的主张，得天所以得民，得民正是得天处，天民一理，天民合一。他指出，商汤畏天，所以伐桀救民；武王敬天，所以伐纣保民。在天、君、民的关系上，他肯定天民一理，把民置于君之上。孙奇逢指出："君民一体，忧乐相关。为民上者，不以一己之忧乐为忧乐，而以天下之忧乐为忧乐，则民之乐君忧君皆君自以之矣，岂关民哉？"③ 所以，"正是政之根本，要着民正，须先自正"④。君能自正，则能使民正，天下就能得到太平。孙奇逢指出，民为邦本，是君之依赖："国君事事不足，事事问民。到得民不聊生时，将谁与君以足者念及此？犹虐取其民，是自戕其命脉者也。"⑤ 君主修己以敬，民则归之："德在民上明修，己在人与百姓上修。人与百姓有未安，便是己之昏昧防逸处。尧舜犹病，病非病，人安之未尽，实病己敬之未至耳。"⑥ 为君者，要使长治久安，就要严于律己："三个圣人工夫都在己上，着落都在民上。"⑦ 孙奇逢还从历史的角度总结了朝代更替的规律，夏殷失国咎由自取，秦不筑长城、起阿房，就不会有陈胜、吴广，隋不伐辽东、游江都，也不会有李密、王世充，所以，逸豫乱本，灭德失民。基于此，孙奇逢揭示了历史兴亡的规律："与民同之，一团生意无限。"⑧ "自

---

① 张显清：《孙奇逢集》上册《书经近指·伊训》卷3，中州古籍出版社2003年版，第197页。

② 张显清：《孙奇逢集》上册《四书近指·大学》卷1，中州古籍出版社2003年版，第370页。

③ 张显清：《孙奇逢集》上册《四书近指》，中州古籍出版社2003年版，第527页。

④ 同上书，第466页。

⑤ 同上书，第464页。

⑥ 同上书，第487页。

⑦ 同上书，第371页。

⑧ 同上书，第526页。

古及今，与民为仇者，有迟有速，民必胜之。"①

第三节　夏峰北学，泰山北斗

孙奇逢是一个典型的传统学者，虽两朝十一征，始终高卧不起，他既不沽名，也不钓誉，更不谋利，而是在艰难困苦中致力于学术研究。他生活在明末清初的动荡时代，身历明清政权的更迭，对一个思想家来说，这是令人极其困惑的变故，他对社会的变迁作了深入的思考，毅然承担起了重建躬行实践的时代哲学的历史使命，以重振理学。

孙奇逢振兴理学、植纲常、扶名教，不计较门户之争，具有海纳百川的气度。他在《理学宗传》中构建了一个理学发展体系，把周敦颐、程颐、程颢、张载、邵雍、朱熹、陆九渊、薛瑄、王阳明、罗洪先、顾宪成等11位理学家列为孔孟正宗的嫡传，这11人中，有程朱与陆王之分，孙奇逢认为，学术之争是枝节，犹如四时与二十四节气之别，其核心都是纲常名教，所以，他对两派都有所取："然仆所辑《宗传》，谓专尊朱，而不敢遗陆、王。谓专尊陆、王，而不敢遗紫阳。"② 正因为此，《清儒学案·夏峰学案》开篇就评道："夏峰以豪杰之士，进希圣贤，讲学不分门户，有涵概之量。"③ 他是一位求大同、振纲常的哲学家。

孙奇逢虽与黄宗羲、李颙同出王学之门，在清初学术界成鼎足之势，但相比较而言，他"气魄独大，北方学者，奉为泰山、北斗……其传衍甚远"④。气魄独大，就在于他一视程朱和陆王，兼采并容，取长弃短。他不是简单的和会朱陆，调解心学和理学，而是依据时代特点来扬弃朱陆，尤其是在明清更替之际，他的学术是应时应运的。

孙奇逢的学术成就影响了清初北方一代学者，受到了时人的广泛尊重，黄宗羲指出："北方之学者大概出于其门，使丧乱之余，犹知有讲学

---

① 张显清：《孙奇逢集》上册《四书近指》，中州古籍出版社 2003 年版，第 530 页。

② 张显清：《孙奇逢集》中册《夏峰先生集》卷 7《书·与魏莲陆》，中州古籍出版社 2003 年版，第 727 页。

③ 徐世昌：《清儒学案》第一册，《夏峰学案》，中华书局 2008 年版，第 1 页。

④ 同上。

之一脉者，不可泯也。"① 汤斌赞他独肩斯道者四十载，薛瑄、王阳明之后，孙奇逢成为理学的旗手。曾培祺赞道："先生渊雅高尚，不出户庭而彬彬师友，传道得徒，全体大用，具在乎是，是谓真儒，是谓大儒。"② 梁启超也赞道："夏峰是一位有肝胆、有气骨、有才略的人。晚年加以学养，越发形成他的人格之尊严，所以感化力极大，屹然成为北学重镇。"③ 作为理学的继承人，由周程之合，到朱陆之分，再到气魄独大的孙奇逢，都有大功于圣门，故时儒仰止夏峰，尊为"泰山乔岳"。

孙奇逢是著名的教育家，他在百泉书院设学授徒，主持讲学长达 25 年之久，还创立了洛社、苏门会、孟城会等民间社学，研讨学术，淳化民风，关注民生，吸引了众多儒士前来访学。据《清儒学案·夏峰学案》统计，孙奇逢的入门弟子有案可查者多达 158 人，其中明末学者 28 人，顺治时期学者 43 人，康熙时期学者 87 人，而附案之外者甚众。

孙奇逢的学生遍布全国各地，上自公卿大臣，下及儒生隐士，近自河洛，远至齐鲁晋楚吴越之间，有志于道者，无不负笈从游。"至负笈北面有千里百里至者，卿贰韦布，不作歧观，即悍夫武弁闻之，倾向悦服，自勉于善。"④ 至于千里书札问难者更是不计其数。孙奇逢教学，"因人设法，随科立教"⑤，这就是因材施教。他提倡讲习式的教学方法，师生二三人在一室中，从容答问。他认为，登坛南面，聚众而谈，原是禅门家教，而讲习之会，可以各抒己见，在讨论中解决问题，能收到取长补短的效果。

孙奇逢授学，培养了大批学有成就的弟子，如汤斌、魏一鳌、张仲诚、耿介、窦克勤均出自孙奇逢门下。在中州夏峰北学近 300 年的传承中，以汤斌为代表的理学官僚对夏峰之学践行最实，费密开考据学之先河，颜元发实学致用之先声，倭仁、李棠阶与吴廷栋并称为当时的"三

① 徐世昌：《清儒学案》第一册，《夏峰学案》，中华书局 2008 年版，第 33 页。
② 张显清：《孙奇逢集》中册《孙氏著作序跋纪事》，中州古籍出版社 2003 年版，第 1337 页。
③ 梁启超：《中国近三百年学术史》，东方出版社 1996 年版，第 50 页。
④ （清）钱仪吉：《碑传集》卷 127《理学上·孙征君先生奇逢传》，中华书局 1993 年标点本，第 3745 页。
⑤ 张显清：《孙奇逢集》下册《日谱》卷 7《书·与魏莲陆》，中州古籍出版社 2003 年版，第 727 页。

大儒"。夏峰门人中进士者颇多,官至丞令牧守者也不少,有的任少詹事,负责教导太子,有的官至礼部尚书、兵部尚书、工部尚书,有不少人在积极践行夏峰思想。弟子们以师为范,或创办书院,传播文化,或积极从仕,践履实学,为中原文化的复兴作出了贡献。嵇文甫先生指出:"河南本理学最盛之区。其在清初,有孙、汤、耿、李、窦、二张所谓八先生者,树立讲坛,更唱迭和,苏门嵩岳之间,彬彬如也。"① 夏峰的门生汤斌评道:"先生于道,慎择而约守之。所著书,皆明前儒所未发。尝以古今诸儒见有偏全,力有浅深,要以不谬圣人为归。……草昧初开,干戈未戢,人心几如重寐,赖先生履道坦坦,贞不绝俗,使人知正心诚意之学,所以立天经,定民彝,不因运会为迁移。振三百年儒者之绪,而为当代理学之大宗。"② 孙奇逢的思想,通过其门人,影响了社会,也影响了朝政,他是一位不曾谋官位而声望、时策影响广泛的思想家,他最终实现了立志于道、践履于时的理想。

---

① 《嵇文甫文集》(中),河南人民出版社 1990 年版,第 393 页。
② 徐世昌:《清儒学案》第一册,《夏峰学案》,中华书局 2008 年版,第 33 页。

第十二章　徐世昌与北洋时代的文治思想

一　生平与著作

徐世昌（1855—1939），字卜五，号菊人，晚号水竹邨人、石门山人、东海居士。他出身于一个官宦世家，其曾祖父、祖父在河南为官。咸丰五年（1855）九月，徐世昌出生于卫辉曹营街。他幼年丧父，母教甚严，虽家境贫寒，仍延师教子，并亲自督学。徐世昌16岁出门谋生，17岁随叔祖父办理县衙文案。光绪五年（1879），24岁的徐世昌为淮宁县知事办理文牍，结识袁世凯。袁世凯非常倾慕徐世昌的才气，而徐世昌也很欣赏袁世凯的豁达，两人遂结为金兰之好。徐世昌"在项城遇袁大总统，一见契合，遂订交谊。袁为贵公子，徐为名士，两情缱绻，相与纵谈今古，旁睨之者莫测也"①。当时徐世昌、徐世光兄弟囊中羞涩，无钱应试科举，袁世凯即赠银百两，使徐氏兄弟得以成行。光绪八年（1882），兄弟两人同时高中顺天府壬午科乡试红榜。光绪十二年（1886），徐世昌以一等二甲第55名的成绩高中进士，授翰林院庶吉士，后授编修。在翰林院，寒苦出身的徐世昌属于黑翰林，在编修任上一居9年，但他并不急功近利，而是勤奋读书、关心时事、积极结交、以待时机。徐世昌曾向李鸿藻推荐过袁世凯，袁世凯通过李鸿藻结识了李鸿章，李鸿章推荐他到小站督练新军，这成为袁世凯崛起的起点。光绪二十三年（1897），在袁世凯的荐举下，清廷任徐世昌到小站协助练兵，徐世昌的仕途也由翰林士人转向了政治达人。

徐世昌与袁世凯交谊深厚，二人一柔一刚，一稳练一机敏，相扶相济，相得益彰。1897年7月4日，徐世昌抵达小站，不久，就平息了袁

---

① 王锡彤：《抑斋自述》，河南人民出版社2001年版，第258页。

世凯因克扣军饷、诛杀无辜而被朝廷追究查办的案件，使袁世凯逃过一劫。徐世昌统筹全军训练及教育，他钻研军事和英语，编写了《新建陆军兵略存录》《操法详晰图说》。袁世凯对徐世昌极为信任，将领们也尊之为师，徐世昌成为北洋军中仅次于袁世凯的重要人物，实现了他以文修武、以功进身的夙愿。在小站，徐世昌最早提出了中国近代化军事理论，并积极实践，他中西结合，制订了一整套军制军规、法典条令以及战略战术原则，培养出了中国第一支近代化军队，小站练兵是中国军队由传统化走向近代化的里程碑。"袁恢廓远大，明察过人，徐佐以宽宏，部下将弁皆一时之秀，当时称为极盛。"[1] 1899 年 12 月 8 日，徐世昌离开小站，前来送行的人络绎不绝，各营士兵列队送行，袁世凯更是亲自把徐世昌送到天津，依依不舍。

徐世昌与袁世凯一样，即有政治雄心，也有爱国热情。在翰林院时，他积极参与了弹劾李鸿章的活动，戊戌变法时期，他参与了维新运动。光绪二十六年（1900），八国联军攻占北京，慈禧太后携光绪帝逃到西安，徐世昌随行护驾，得到信任，他先后参与了清廷的政务、财务、军务和学务。光绪三十年（1904），徐世昌作为主考官主持了甲辰科会试，这是历史上的最后一次科举会试。光绪三十一年（1905），徐世昌奉旨入值军机处，授军机大臣，署理兵部尚书。次年，徐世昌出任东三省总督兼管东三省军务，集军政大权于一身。他大力推行新政，开启了东北的近代化进程，使东北面貌焕然一新。

溥仪即位后，载沣为摄政王，以袁世凯患足疾为名将其开缺回籍养疴。徐世昌调任邮传部尚书，他筹建了铁路学校，主持了京张铁路的竣工典礼，这些政绩受到了载沣的赏识。宣统元年（1909）8 月，徐世昌任协办大学士，补授军机大臣，后又授体仁阁大学士，成为汉臣翘楚。他为人处事十分谨慎，既能符合潮流，大办新政，也不疏远旧派权要，可谓兼收并蓄，上下畅通，人称"水晶狐狸"。

1911 年 10 月，辛亥革命爆发，清廷授袁世凯为钦差大臣，节制各军，南下武昌。徐袁重新联手，挟制清廷，抵制革命。徐世昌审时度势，顺应潮流，他的思想逐渐由君主专制转向君主立宪、民主共和，对革命党

---

① 王锡彤：《抑斋自述》，河南人民出版社 2001 年版，第 258 页。

人的策略也由剿转抚、由抚而和。他反对内战，主张采用和平方式结束帝制，建立民国。

徐世昌深谋远虑，深受袁世凯的器重和信任。"袁对人每称徐为菊老，又以其天津人，号为东海，普通称之曰徐相国。袁又恒言，他日继余后者，当以东海为宜。其声名气概足以笼罩国内文武，外洋各国亦多知名。相传金匮中有三人名焉，东海其一也。"① 徐世昌运筹帷幄，全力辅佐袁世凯崛起，但又与袁世凯保持一定距离，进退有度。民国建立后，徐世昌以前清遗老身份隐居青岛。1915 年 5 月，他出山任北洋政府国务卿。袁世凯蓄谋废除约法，恢复帝制，徐世昌认为约法不可废，帝制不可为，还极力反对袁世凯与日本签订《二十一条》，并力辞国务卿，隐居辉县水竹村。袁世凯称帝后，封徐世昌、张謇等四人为"嵩山四友"。1916 年 3 月，袁世凯在全国人民的反对下被迫取消帝制，恢复民国，为应付乱局，他起用徐世昌为国务卿。徐世昌尽力收拾残局，因无力阻止讨袁护国军而辞职。同年 11 月，徐世昌应邀进京，以北洋元老身份调解府院之争，先调解段祺瑞与黎元洪之间的矛盾，后又调解冯国璋和段祺瑞的纠纷。1917 年 6 月，张勋以调解府院之争率军进京，扶持溥仪复辟帝制，徐世昌力劝张勋解除武装，恢复共和。

1918 年 10 月，徐世昌当选为民国第五任大总统。作为民国时代唯一的一位文人总统，他标榜偃武修文，以文治政，有"文治总统""翰林总统"之称。他下令对南方停战，倡议南北和谈，1919 年 2 月，他亲自主持召开了南北和会，但终因双方矛盾太深而没有取得进展。同年 5 月，五四运动爆发，徐世昌顶住皖系军阀段祺瑞的压力，释放被捕学生，免去曹汝霖、章宗祥、陆宗舆的职务。同年 10 月，他命徐树铮率西北边防军第一师进入外蒙古，迫使其在 11 月 17 日取消自治，维护了国家领土完整。在北洋军阀内部，各派系矛盾错综复杂，徐世昌常以元老身份出面居间调和。1922 年直奉大战爆发，直系获胜，在曹锟、吴佩孚的逼宫下，徐世昌被迫离开总统府，结束了他 5 年的总统历程，由此也结束了他 40 多年的从政生涯。

从政坛退隐之后，徐世昌在天津过起了寓公生活。他十分关心时事，

① 王锡彤：《抑斋自述》，河南人民出版社 2001 年版，第 258 页。

早在他主政东三省时就已洞悉日寇对东三省的野心，为此他曾进行全力抵制，收回了部分主权。1931 年"九一八事变"，日寇吞并东三省，成立伪满洲国，"七七事变"后，日本侵略军发起全面侵华战争，徐世昌忧国忧民，主张国内各派要团结合作，一致对外，挽救民族危机。1938 年初，土肥原贤二约见徐世昌，想邀他任职华北临时政府，遭到坚决拒绝。1939 年 6 月，85 岁的徐世昌在天津病逝。6 月 8 日，林森主席代表国民政府下褒奖令："徐世昌，国之耆宿，望重群伦。比年息影津门，优游道素。寇临华北，屡思威胁利诱，逞厥阴谋，独能不屈不挠，凛然自守，亮风高节，有识同钦。"后来，徐世昌和夫人一起归葬辉县苏门山。

徐世昌出身翰林，博学多才，文章诗词书画皆精，传统文化造诣深厚。他嗜好收藏古籍，专门建有藏书楼"晚晴簃""书髓楼"，私家藏书达 8 万卷，有很多宋元珍本。他编纂有《书髓楼藏书目》8 卷附 1 卷，著录图书 7000 余种；编辑了《晚晴簃所藏清人别集目录》4 册，收录清人别集图书 2700 余种。他一生编书、刻书 30 余种，代表作有《清儒学案》《退耕堂集》《颜李遗书》《弢斋述学》《大清畿辅先哲传》《弢养斋日记》《水竹邨人集》《欧战后之中国》《东三省政略》等，他还创作有诗词5000 余首。徐世昌工于山水松竹，《石门山临图帖》是其代表作。

二　政治思想

在国势衰微、列强侵略、民族危亡的近代中国，爱国情操、责任担当是一个政治家的最基本的政治操守，徐世昌一生都坚守在拯救民族危难、捍卫国家主权的第一线。

东北是清王朝的龙兴之地，清政府采取了汉满分治的政策，在内地实行行省制度，在关外实行军府体制，这种体制事权不清，遇事抵牾，而东北边疆是近代中国社会遭受日俄侵略的重要地区。为应对外来威胁，促进东北边疆的发展，徐世昌在主政东北时，大力进行政治体制改革。

光绪三十二年（1906）九月，在民政部尚书任上的徐世昌受命查勘东北，十一月二十二日，他上奏《密陈考察东三省情形折》，提出了以改订官制、净汰旧习为内容的改革东三省行政体制的初步设想。不久，徐世昌再次上奏《密陈通筹东三省全局折》，建议改军府体制为行省制度，合三省为一体，设东三省总督，授以全权，清廷采纳。在徐世昌的主导下，废除了延续 200 多年的东北军府体制，东三省正式迈入行省行列。徐世昌主政时期，还进行了司法体制改革，将司法与行政分权。

为方便行政、抵御外侮，徐世昌还改革了地方官制。在奉天，徐世昌裁撤旗务官制、锦州副都统和海龙总管，设洮昌道、临长海道、长白府、兴京府，四地或接蒙古，或邻韩境，以此增强边防，抵制日俄扩张。在吉林，徐世昌奏请设立了西路兵备道、东南路兵备道、东北路兵备道。黑龙江北部与俄接壤，边界线长，徐世昌有针对性地调整了边疆地区的地方官制，把瑷珲副都统改设为瑷珲兵备道，把呼伦贝尔副都统改设为呼伦兵备道，裁撤墨尔根副都统，设立嫩江府，把黑水厅升格为龙江府，把海伦厅升格为海龙府。徐世昌主持的东北新政，以行省制取代军府制，强化了集权体制，实现了政令统一。

徐世昌从 1918 年 10 月到 1922 年 6 月担任民国总统，其治国思想是偃武修文。在前任总统中，黎元洪深陷府院之争而不能自拔，冯国璋深陷北洋内争而黯然下台，徐世昌则顺应民意，偃武修文，虽然未能免除武人干政的痼疾，却化解了府院之争的弊端。

徐世昌任内面临的最大问题是南北分裂，北洋政府和广州军政府尖锐对立，实现国家和平统一是历史赋予他的使命。他在就职宣言中明确提出了偃武修文、南北议和的治国理念，国内舆论同声支持徐世昌的和平倡议。梁士诒主持成立了和平促进会，蔡元培、熊希龄组建了和平期成会，倡议南北当局早日平息争斗，五族和平合进会也呼吁和平统一，山东议会、新疆议会、两广商会、两湖商会等都主张和平统一。当时，北洋政府和广州军政府都面临着错综复杂的矛盾，北方有直皖之争，南方有岑春煊与孙中山之争，国会内部有和战之争，安福系与政学系推波助澜，不断制造政潮，在这种复杂的政局下，徐世昌展现了他的超高的政治智慧和治国能力，他极力推动南北和谈，并亲自主持和会，南北政府达成了尊重和平、停止战争的共识。1918 年 11 月，徐世昌主持各省督军会议，这些桀骜不驯的军阀们都一致表示服从总统、拥护和平。11 月 16 日，徐世昌发布停战令，南北双方遵命停火。

1919 年 2 月 20 日，南北议和会议在上海召开。南北代表各自提出条件，讨论数日，因南北军阀拥兵自重，均无诚意，于是南北和谈代表辞职，和议破裂。对此，徐世昌分析说："旧基础既倒，新基础未确立，各

是其是，各非其非，无一定建设目标，无共通之更新理由。"① 国外媒体
也指出："南北今日之势力，彼此殆相匹敌，而各不能制服之。是故妥协
一事，其难可知。"② "今南北军人知列强渐以中国内讧为厌，切且欲暂时
和平，以愚外人而获外资，故南北可和，且此仅为策略的和局。"③ 国内
舆论则对南北议和给予辛辣的讽刺："此次会议，处处标题曰南北，果属
南方之民意与北方之民意缔结和好之会议耶？亦不过特殊势力之少数武
人，明明分权而已，就武人论，南与北如一丘之貉。"④ 这些分析和批评
可谓一箭中的，在南方，滇系、桂系、政学系处处作梗，在北方，皖系、
安福系相互牵制，这就注定了南北议和失败的结局。

　　徐世昌精心策划的南北议和，无果而终，各派势力矛盾依旧。在北
方，北洋军阀各派的矛盾最终导致了直皖战争，吴佩孚率军攻占北京，段
祺瑞被迫退出政坛，徐世昌趁势解散安福系，南北和谈的最大障碍被清
除。在南方，岑春煊宣布撤销军政府，呼吁各省取消独立。南北政局的变
动为南北议和提供了有利条件，徐世昌抓住这一有利时机，马上发布了南
北统一的总统令，但是，孙中山、唐绍仪等人极力反对。不久，孙中山重
组广州军政府，并就任非常大总统，开始着手筹备北伐，这样，南北议和
就此终结，徐世昌的"偃武"政策终告失败。

　　为了消除军阀割据的局面，徐世昌制定了因地制宜的策略。对于北洋
军阀，实行以文辖武，对南北各个派系，确定其势力范围，授予高官厚
禄。军政上，废督裁兵，兵权集中于陆军部，各省省长由中央委任。这些
措施直指军阀赖以生存的命根，徐世昌以高官厚禄来换取军阀的军政权
力，这无异于与虎谋皮。事实上，徐世昌以文辖武、废督裁兵的偃武政策
是一种积极主动的政治尝试，他尽力平衡各派系的力量，想把奉系限制在
东北，把直系限制在中原，把皖系限制在西北，形成三足鼎立的均势，然
后再废督裁兵。在直奉军队入城后，徐世昌任命梁士诒为国务总理，仍想

　　① 陈志让：《军绅政权——近代中国的军阀时期》，生活·读书·新知三联书店1980年版，第107页。
　　② 《大阪每日新闻社论》，中国科学院近代史研究所近代史资料编辑组：《一九一九年南北议和资料》，第45页。
　　③ 《西报之南北和局观》，《申报》1919年1月27日。
　　④ 《真正民意之表示》，《每周评论》第17号，1919年4月13日。

以文制武，保持均势，以求两派平衡，但吴佩孚与张作霖互相攻击，徐世昌和曹锟都曾调停，但毫无成效，不久第一次直奉战争爆发，直系独霸北京，均势被打破，他也在曹锟的威逼之下被迫退出政治舞台。

徐世昌素来标榜文治，他重用文人，排斥武将，在他任命的国务总理中，钱能训和梁士诒出身翰林；周自齐出身进士，长于外交、理财；龚心湛精通财政；颜惠庆擅长外交，他们都是公认的理政人才。但是，在军阀混战、武人干政的背景下，徐世昌作为文人出身的总统，既做不到偃武，也做不到修文，但他无畏艰险，一心致力于崇文抑武，拨乱反正，根除政局动荡的祸根，这是符合历史发展潮流的。

五四运动发生在徐世昌任职总统期间，他对待这场运动的态度也体现了他的偃武修文的政治思想。在五四运动前期，徐世昌同情学生运动。1919 年 5 月 4 日，北京学生上街示威游行，提出了外争主权、内除国贼的口号，并火烧赵家楼，痛殴章宗祥。5 月 6 日，徐世昌发布公告，批评京师警察厅总监吴炳湘调度失职，指责警察防范无方，命吴炳湘对失职警察进行调查处理。在这篇文告中，徐世昌既没有对游行学生进行苛责，也没有为曹汝霖、章宗祥作辩护。5 月 7 日，徐世昌下令将被捕学生全部释放回校。以段祺瑞为首的皖系，一方面利用新闻媒体攻击府院纵容学生，一方面派出军警镇压学生运动。徐世昌在 5 月 8 日下令，慰问曹汝霖，训诫学校，并要求教育部整饬学风，维护秩序。教育总长傅增湘和北大校长蔡元培被迫辞职，这引起了学生的极大不满，北京各高校发起了挽留蔡、傅的斗争，同时也发起了抵制日货运动，北京社会各界和全国学子积极响应。日本政府对北洋政府施压，亲日的皖系准备弹压学生，这激起了社会公愤，从而引发了一场更大规模的学生运动，并迅速席卷全国。从 6 月 3 日起，北京学生再次走上街头，广大工人阶级和民族资产阶级声援学生运动，上海首先爆发了罢课、罢工、罢市运动，其他城市纷纷响应。各地军政官员向北洋政府建言，要求罢免曹汝霖、章宗祥、陆宗舆的职务，以平息事态，素与皖系有矛盾的直系也公开支持学生的爱国运动，段祺瑞迫于压力，只好接受了徐世昌提出的文治的建议。随后，徐世昌下令罢免曹汝霖、章宗祥、陆宗舆三人的职务，释放所有被捕学生。6 月 28 日，在巴黎和谈的中国代表拒绝在和约上签字。

作为文人总统，徐世昌处理五四运动的指导思想是偃武修文，以文治取代武治，以和平取代暴力，但在军阀势力尾大不掉的前提下，手无兵权的徐世昌心有余而力不足，难舒心意。实际上，当时的北洋政府是文人总统徐世昌和武人首脑段祺瑞的权力博弈，这是一种不对等的较量，文人总统的胳膊扭不过武人将军的大腿，但在弱势的情况下，徐世昌善于抓住时机，以文治的方式处理了这场波及全国的学生运动，避免了更大规模的流血冲突。

三　经济思想

徐世昌不是经济理论家，他没有提出自己的经济理论学说，他的经济思想是在具体的治国理政实践中体现出来的。徐世昌的经济思想可以概括为设银行、修铁路和办实业三个方面，它具有鲜明的匡扶国难的特色。

徐世昌十分推崇银行的作用，他把开银行作为发展东三省经济的突破口，提出了设立东三省银行的计划。徐世昌清醒地看到："东三省地方久在俄日势力范围之内，近复扩张权利，各借外债巨款以为力征经营之具，意在综握三省财政，操纵商权，垄断实业，而我之商困于税，民苦于匪，财弃于地，前途至为可危。"① 他在主政东北时发现，东三省无制钱、无洋元、无现银，三省官银号成本过少，日本的军用手票和俄国卢布充斥东北，为抵制日俄，徐世昌曾铸造了银圆和铜圆，但由于圆法难以厘定，最终没有成功。徐世昌清醒地认识到，银行是"济困之府，生利之源，整齐圆法之枢纽"②。徐世昌将设立银行视为统一东三省财政的最急切要务。他坚持以东三省统筹办理为原则，制定银行章程，多渠道筹措资金，并把目光投向外国资本。他奏请摄政王："欲开辟利源，非有绝大资本，斯运转不灵，终不能保我未辟之利，而吸收欧美商家之巨款，以毕集于我之土往者，有见于此，因有先借外债二千万两开设银行之奏请。"③ 徐世昌还提出了举借洋债的计划："非如各省之官银号仅仅以数十万之成本所能补苴掇拾者也，三省财赋久绌，断无此大宗巨款，若听其失败，则商困于税，货弃于地，外人逼处，何以待之，再四筹商惟有息借洋款一法。"④

---

① 徐世昌：《退耕堂政书》，成文出版社 1968 年版，第 1833 页。
② 同上书，第 215 页。
③ 同上书，第 1859 页。
④ 同上书，第 365 页。

徐世昌的举借洋债计划，一方面是形势所迫，不得不为，另一方面也是以此来抗衡日俄势力，以夷制夷。

　　徐世昌倡导的筹建银行计划得到了三省商会的大力支持，奉天商会筹集资本 1500 万银元作为创办东三省银行的资本。1908 年初，徐世昌同美国驻奉天总领事司戴德签订了东三省借款备忘录，商定由美国企业家哈里曼贷款 2000 万美元用于设立东三省银行，但这一计划遭到了日本的阻挠，受华尔街金融危机的影响，哈里曼也无力提供贷款，徐世昌设立东三省银行的计划终未实现。

　　设立银行的梦想破灭之后，徐世昌便把精力放在借债筑路上，借债筑路既是发展经济的重要内容，也是抵制列强侵略的重要途径。清末以来，东三省经济连遭中日战争、八国联军、日俄战争的摧残，日俄瓜分东北，南北对峙，它们控制了南满铁路和中东铁路，并不断扩张势力。自日俄战争后，全国上下普遍兴起收回铁路利权运动与自办铁路的热潮。面对国内收回权利的呼声，1907 年 1 月，徐世昌密奏清廷："自日俄战定，两强势力分布南北，一以哈尔滨为中心，一以旅顺大连湾为根据，囊括席卷，视同固有，名为中国领土，实则几无我国容足之地，且其开拓展布，有进无退，恐不数年间，而西则蔓延蒙古，南则逼近京畿，均在意计之内。"[1] 他认为东三省的当务之急是以充实内力来抵制外患。"抵制外力之策，不一端，而筹划交通为其命脉。"[2] "非再修极大干路，不足以固边陲而消隐祸。"[3] 基于此，1909 年 1 月，徐世昌致电外务部，建议采取"以夷制夷"政策，开放铁路，鼓励欧美国家投资铁路，抗衡日俄势力。

　　1907 年 9 月，袁世凯出任军机大臣，并兼任外务部尚书，他试图通过引入英美金融资本来打破日俄两国霸占东北的局面。徐世昌极力主张开放东三省路权，鼓励英美来华进行铁路投资，以列强均势打破日俄垄断。徐世昌指出："欲谋行政之便捷，图实业之扩充，则不可不以交通机关为其命脉。铁路一失，沿线之森林、矿产均随之以去，血脉不通，利权尽

---

[1]　徐世昌：《退耕堂政书》，成文出版社 1968 年版，第 215 页。
[2]　同上书，第 365 页。
[3]　同上书，第 1552 页。

失"，"三省路权皆在日俄掌握，交通不便，几同绝地，非另辟一路断不足以资策应，故修新齐铁路为补救全局之要著"。① 在袁世凯的支持下，徐世昌提出了修建新齐铁路和锦瑷铁路的筹建方案。

新齐铁路南起新民屯，北抵齐齐哈尔。修建新齐铁路分四个阶段，第一阶段修筑由新民屯到法库门的新法铁路，第二阶段修建由法库门至洮南的法洮铁路，第三阶段再由洮南至齐齐哈尔，最后把铁路延长到瑷珲，新齐铁路是纵贯东三省的又一条大动脉。新齐铁路所需经费约2150余万两，官商无力负担，黑龙江省巡抚程德全竭尽全力，仅仅筹措了100万两。于是，徐世昌便奏请举外债修铁路。经唐绍仪与美国领事司戴德协商，由美国出资修建新齐铁路。1907年6月29日，徐世昌与司戴德签订了为数2000万美元的借款备忘录，恰在此时，美国爆发了金融危机，美方无力支付借款，徐世昌只得另谋出路，转而与英国商谈投资。8月24日，徐世昌与英国保龄公司订立合同，借款50万英磅，用作修建新法铁路的经费。在这份合同中，徐世昌极力维护利权，以确保该路的顺利完成。新法铁路的修建，遭到了日本的强烈反对，徐世昌据理力争，认为接展关内外铁路是我中国内政，决无外人干预之理。此后，双方照会不断，僵持不下，最后，清政府为了延吉领土主权而放弃了新法铁路的修建，新法铁路的建造计划终归失败，徐世昌谋划的以修建铁路来发展实业、抵制侵略的计划，只能让位于保全领土的外交目标，这是时代的无奈。

早在中日围绕新法铁路进行交涉的时候，徐世昌已经开始着手筹划修建锦瑷铁路。锦瑷铁路南起锦州，中经齐齐哈尔，北至瑷珲。关于锦瑷铁路修建计划的意义，徐世昌指出："锦州附近有葫芦岛不冻口岸，将来接通枝路，开作商港，辽东转运斯为尾闾，不独铁路可分南满之利权，抑且航路可挽营口之损失，内以联络三省，外以策应蒙疆，水陆兼筹，实今日筹边至计也。"② 1909年2月，塔夫脱就任美国总统，积极推动"金元外交"政策，同年7月，塔夫脱总统致书摄政王载沣，表示愿意提供资金帮助中国发展实业。花旗银行、摩根公司等财团联合组建了美国银行团，积极运作对中国的铁路投资。此时，徐世昌已经离开东北，调任邮传部尚

① 徐世昌：《东三省政略》下册，吉林文史出版社1989年版，第474页。
② 徐世昌：《退耕堂政书》，成文出版社1968年版，第1552页。

书，他全力支持新任东督锡良签订了兴建锦瑷铁路的借款合同，美国银行团取得贷款权，英国保龄公司取得修筑权。但是，外务部对于锦瑷铁路借款合同中的有关条款提出了异议，担忧事权旁落，贻误将来，力主废止所订合同，锦瑷铁路计划也遭到失败。

津浦铁路是继京汉铁路之后我国又一条南北交通大动脉，作为津浦铁路督办大臣，徐世昌对津浦路的顺利建成居功至伟。津浦铁路的前身是津镇铁路，起于天津，经山东德州到达江苏镇江，长达 1000 多公里。这条铁路扼江海之要冲，控南北之命脉，具有重要的战略意义。光绪三十四年（1908）六月开工，未及半年，事端迭起，宣统元年（1909）六月十七日，徐世昌奉命督办津浦铁路事务。经过调研，他从审择用人、慎重款项、督催工程、稽核材料 4 个方面进行整顿，使津浦铁路北段进展顺利。徐世昌还协调解决了铁路沿线设站、淮河铁路大桥、《津浦铁路续借合同》订立等难题，保障了铁路的顺利建设。津浦铁路自 1908 年开工建设，1911 年完成，1912 年黄河铁路大桥竣工，津浦铁路全线通车。它北起天津，经沧州、济南、徐州、蚌埠、滁州，南至浦口，北通京沈铁路，南联沪宁铁路，在徐州同陇海铁路相交，在济南和胶济铁路相交，在德州和石德铁路相交。津浦铁路联结了沿线的重要城市如天津、济南、徐州、蚌埠、南京等，沟通了海河流域、黄河流域、淮河流域和长江流域，加强了东北、华北、华东地区的往来。

清入关后，在东北实行封禁政策，龙兴之地渐变荒芜萧条，徐世昌指出："实业不兴，两强思并。利益既关，主权亦危。"[1] 他认为，要改变东北的困局，必须利用外国力量，发展三省实业，这样，各国势力均衡、利益并重、相互牵制，可保我国疆土主权稳固。徐世昌极力主张兴办实业、富省强兵、抵御外侮。可见，他是把兴办实业上升到捍卫国家主权的高度予以筹划的。徐世昌主政东北后，积极推行三省开放，兴办实业，以实业保主权。

徐世昌具有浓厚的重农思想，他认为国家无农政，则难以图自存，农业是东三省实业的第一关键。针对东三省地广人稀的现状，徐世昌认为，兴利殖产，移民为急，移民也是抵抗外国势力的最有效的手段，沙俄最为

---

① 徐世昌：《东三省政略》，吉林文史出版社 1989 年版，第 1520 页。

担心的就是中国由内省移民东北、蒙古。主政东北期间，徐世昌积极鼓励移民，直隶、河南、山西、山东等地的大批农民不畏艰险闯关东，快速增加了东三省的人口。怀德县，1877 年置县时人口只有 10 万人，到 1907 年人口就达到 23 万人，30 年间增加了 13 万人，1907—1909 年，该县人口又激增到 33.8 万人，两年时间就增加了 10 多万人。东三省中，奉天全省人口接近 1000 万，较日俄战前增加了 1 倍多，吉林人口 400 万，较日俄战前增加了 4 倍，在地广人稀的黑龙江，人口也超过了 100 万人。移民的大量迁入，为开发东北提供了劳动力，耕地面积迅速扩大，社会经济得以发展，国防力量也得到了加强。徐世昌重视采用先进的农业技术，1906 年 4 月，奉天农业试验场建立，对气候之占测、土质之化分、肥料之制造、种子之剖验等开展实验研究，奉天农业试验场获得了极大成功，徐世昌在各地积极推广试验场的经验，"民之来观者日多，颇知务农有学，渐启新知"①。徐世昌还从外地引进各类麦种在奉天进行试验，从中挑选出适合东北环境生长且高产的麦种进行推广，当年就取得了成效，3 年后当徐世昌入京时，东北已是遍地皆麦，时人赞誉徐世昌是"麦之先农"。徐世昌还大力改变了自给自足的生产观念，积极倡导农业商品化，采取措施鼓励农产品出口。徐世昌主政东北 3 年，耕地面积迅速扩大，粮食产量明显提高。到 1911 年，吉林、黑龙江两省生产的粮食人均近 900 公斤，是 1906 年的 5 倍多。农业商品化程度也迅速提高，大豆、小麦的商品化率达到 70%—80%，农产品的销售市场也由关内转向国外，1910 年，有 67% 的大豆输往欧洲市场，豆油远销欧洲，豆饼畅销日本。徐世昌也十分重视林、牧、渔业的发展。在吉林设立林业总局，在奉天开办森林学堂、种树公所和植物研究所，还在两省创办官营牧场、官督商办渔业有限公司、山蚕局、桑蚕局、蚕业学堂等。

工业近代化是经济近代化的核心，东北矿产林立，私采严重，徐世昌在三省分别设立了矿政调查局，负责统筹本省矿政，调查矿产，制定规章，厘定矿税。徐世昌鼓励工矿企业以合资、股份有限公司等形式招商引资，在徐世昌主政期间，奉天一省就开矿 75 处。为了促进工矿业的顺利发展，徐世昌大力发展交通运输业，他积极筹划了齐瑷、哈绥、甘河等铁

---

① 徐世昌：《东三省政略》，吉林文史出版社 1989 年版，第 1537 页。

路的修建，在哈尔滨设立官输总局，主管东北内河的航运业务，使东北的航运能力得到明显增强。为保护民族工业的发展，徐世昌减免苛捐杂税，将奉天省原有的 40 余种捐税如牲畜税、豆饼捐、火车税等裁减了 13 种，1907 年的减税总额达到白银 105 万两，相当于 1906 年税收总量的 34%，奉天省因此"元气显增，民力得以稍纾"[1]。徐世昌还制定了详细的扶植华商的政策，鼓励发展民族工业。1908 年以前，华商油坊只有 1 家，在政府扶植下，1908 年新建了 10 家，到 1911 年更增加到 35 家，资本总额达 110 余万元，而且全部采用近代化机器生产。规模较大的华商企业有吉林机器砖瓦厂、兴华玻璃厂、永衡电灯公司等，政府企业有奉天官纸局、黑龙江富华制糖厂、吉林硝皮厂等。

徐世昌重视商业贸易的发展，主张以"治本"与"治标"两策来发展商业。"治本"就是设立商会，统一管理，奉天设立了 3 处商务总会、38 处分会和 16 处分所，吉、黑两省也都设立了商会。商会把涣散的华商组织起来，既便于官府管理，也增强了实力，可以共同抵御外商欺压。徐世昌还设立盐务总局，统一规划东北盐务，推行食盐官卖政策，禁止洋盐私入，既增加了收入，也挽回了利权。"治标"之策是设立商品陈列馆，为商品展销提供平台。奉天陈列馆开馆后，观者如织。徐世昌还主张自开商埠，聘用洋员。1905 年，东三省自开 16 处商埠，至 1910 年达到 24 处。1907 年，吉林省从国外聘任的洋员只有 10 人，次年聘任的洋员就达到了 54 人，所聘洋员的国家从刚开始的英俄日三国扩大到了美法德等八国。

徐世昌在主政东北的三年里，大力兴办实业，确立了农业、工业、交通运输业、商业发展的近代化经济格局，东三省民族经济有了长足的发展，逐渐由荒芜变为繁庶，东北经济开始迈上近代化的道路。

四　军事思想

1897 年，徐世昌投笔从戎，以北洋新建陆军参谋营务处参赞之职到小站协助袁世凯练兵，开始了他的军旅生涯。徐世昌运筹帷幄，总揽小站练兵事务，成为袁世凯最得力的北洋军师。在袁世凯的支持下，徐世昌积极引进西方先进的军事理论，改革中国的军事制度和军事技术，促进了中

---

[1]　徐世昌：《东三省政略》，吉林文史出版社 1989 年版，第 1095 页。

国军事的近代化，这是中国近代军制史上的重大转折，具有开创性的意义。

徐世昌在小站积极进行军事改革，提出并实践了较为系统的近代军事理论，参照近代西方军队模式，制定了一整套近代军制军规和战略战术原则。1899年，徐世昌作《训练操法详细图说》《新建陆军兵略录存》，对北洋新军的章制、训练、操典、战法作出了明确规定，成为练兵的规范。徐世昌还改革新军编制体制，以适应近代战法。他废除了湘、淮军的"混合编组法"和"五五制"，建立了步、炮、骑、工、辎等陆军主要兵种，明确提出以步兵为本、马兵炮兵为辅的兵种协同作战理念，实现了军事编制上的近代化。徐世昌借鉴西方军制，以镇为最大野战单位，下设协、标、营、队、排、棚六级建制，每镇总兵员12512人。每镇基本形成了兵种齐全、建制完整、具有独立作战能力的合成部队。按照近代陆军单兵作战要求，换成西式陆军军服，实行正规的近代军衔制度，军帽和肩章分为3等9级。参照西方征兵标准，建立了士兵招募制度。为确保军队的战斗力，制定了选拔士兵的标准，如新兵的年龄要求在20—25岁，身高1.6米以上，1小时能走10公里，能举重100斤，而且无前科，不吸毒，有文化者优先录用。徐世昌还建立了一整套近代指挥系统和后勤系统。在新军中设立中枢机关督练处，下设督练营、稽查营、执法营和参谋处，负责日常的军事训练；设立军械局、转运局、粮饷局、军医局，负责后勤保障；设立洋务局，负责搜集情报、军事外交等工作，战时还特别设立侦查局。在督练处的统一领导下，各处局统属有序、职责分明、分工协作，保证了军事指挥系统和后勤保障系统的正常运作。1902年，徐世昌上奏《军政司试办章程折》，建议设立军政司，下设参谋处、教练处、兵备处，在北洋新军中建立了近代化的指挥机构和后勤机构。徐世昌还建立了北洋常备军、续备军、后备军三种近代武装力量的新体制，1904年在全国范围内推广，实现了军制的标准化和近代化。

徐世昌重视改革军官知识结构和任用制度。为提高北洋军官素质，徐世昌吸收了大批武备学堂毕业生，新式军事人才在新军中得到重用，并在历练中迅速成长，如王士珍、段祺瑞、冯国璋、靳云鹏、曲同丰、张怀芝、王占元、李纯等一批深通近代军事理论的将领。徐世昌不循常例，量才使用，从根本上改变了以袭爵、武科选将的传统方法，优化了北洋新军军官的知识结构和年龄结构，将士的军事素质显著提升，相比较淮、练各营，面貌焕然一新。

徐世昌大办军事学堂，培养新式军事人才。在徐世昌到小站之前，袁世凯就创办了新建陆军行营武备学堂，徐世昌进一步完善了军事学堂，既有实施普通教育的大、中、小学军事学堂，也有专业军事教育的各类军事学堂，如行营、将弁、武备、步兵、炮兵、工兵、师范、测绘、电信、宪兵、军医、军械、经理等。正规的军事学堂教育，培养了大批的近代化的军事人才。徐世昌还主持编撰了一系列军事教材，如《练兵要则》《陆军训练简易章程》《夜战防守暂行章程》《战法教程》《测绘教程》等。在他 43 岁时，还以惊人的毅力开始攻读英语，以便直接了解西方军事理论和军事动向。他还主持翻译了《战略学》《战法学》《陆战新法》等西方军事著作，介绍和研究外国先进的军事理论，对中国近代军事理论的形成产生了深远影响。1902 年，在京师大学堂设立译学馆，设有英、俄、德、日、法 5 科，学制 5 年，开设有数学、理化、法律、交涉、博物、中外历史诸课，并聘请外国教习讲授各国语言，把优秀毕业生选拔到外交机构、北洋军政司、各地学堂任职。袁世凯、徐世昌极为重视译学馆的工作，经常前往督察。

为检验小站练兵的成果，1905 年 10 月，北洋新军举行了河间秋操，军事演习的战线长达 10 多公里，参加演练的新军有 4.6 万人、5800 余匹战马、1500 余辆车，这是近代史上第一次大规模的野战演习。次年 10 月，新式陆军又举行了更大规模的彰德秋操，英国的《泰晤士报》很关注这次演习，刊发了多篇通讯，报道秋操情况，使小站新军名扬海外。小站练兵的成功，促动了清王朝的军制改革，清廷设立了陆军部，负责军队事务，统一了军制，全国陆军定编 36 镇，各省新军以军为单位，每军辖 2—4 镇，每镇设有步兵、炮兵、骑兵、工程、辎重兵等。在小站练兵的过程中，一批具有近代军事素质的干才脱颖而出，逐渐形成了以袁世凯为核心的北洋军阀集团，左右了中国近代政局。从小站走出了袁世凯、冯国璋、徐世昌、曹锟 4 位民国总统和 1 位临时执政段祺瑞，走出了唐绍仪、徐世昌、段祺瑞、赵秉钧、江朝宗、王士珍、张绍曾、贾德耀、靳云鹏共 9 人 17 届总理，走出了冯玉祥、孙传芳、张勋等 35 位督军，还走出了大批部长、省长等军政高官，影响了近代中国政局 20 多年，小站也被誉为

"近代中国第一镇"。

徐世昌还建立了近代化的警察制度。1905 年清廷成立巡警部,徐世昌任尚书。他构建了巡警部的管理体系,设左右侍郎,负责日常事务,设立警政、警法、警保、警学、警务等五司十六科,各司其职。徐世昌力主多设专理之官,不宜多设总辖之官,以免掣肘。他变通工巡局旧章,改设内外城巡警厅,将北京的警权归于专人,另增设协巡队、探访队。对于各省地方警政建设,徐世昌奏准挑选绿营兵改练巡警,解决了经费、警员问题。徐世昌还建议在各省会及商埠设立巡警学堂,在北京成立高等巡警学堂,分正科、专科、简易科,通过教育培训,提高了警官、警员的素质。徐世昌对巡警部的创建,促进了我国警察制度的正规化、近代化。

五　外交思想

日俄战后,日本占据南满,沙俄占据北满,图谋瓜分东三省。主政东北的徐世昌忧虑重重,曾感叹交涉之难莫难于当今、莫难于东三省。他清醒地看到,捍卫东三省的主权完整,不在内政而在外交,不在外交之棘手,而在国际上的孤立无助。徐世昌出任东三省总督期间,以外交争主权,大体保全了东三省的主权,遏制了日俄的侵略扩张。

徐世昌履任东三省总督之初,就迎来了一场外交危机即所谓"间岛"之争。光绪初年,韩民越界在延吉光霁峪图们江滩地垦荒 2000 余亩,垦民称为"间岛",清廷念朝鲜原为我属国,未加干预。延吉地区约 84000 平方公里,土地肥沃,矿产丰富,北接南满,南接韩国,战略位置重要。日本欲将延吉地区并入韩界,使南满与韩连为一体,便借口保护韩民,无中生有地制造了"间岛"纠纷,并将其范围从原本的 2000 余亩扩大到整个延吉地区。日本无视中方交涉,派人对延吉地区进行考察,获得了大量的第一手情报。1907 年 8 月 19 日,斋藤率军公然越境侵入延吉地区,还非法成立间岛派出所,并在延吉地区驻军。

徐世昌对延吉的战略地位有着清醒的认识,他说:"延吉一隅,遂为中、日、俄三国势力隐相接触之地,日人用之足以制俄,俄国用之则足以制日,我用之则足以制日俄,固三省东南重镇。"① 面对日本的侵略行径

---

① 徐世昌:《东三省政略》,吉林文史出版社 1989 年版,第 2 页。

和公然挑衅，徐世昌采取强势外交策略，针锋相对，捍卫主权。他派人实地考察，收集证据。徐世昌指出："不知我之现状，不足以言筹备；不知彼之情势，不足以与颉颃。"他认为要早作准备："凡要塞之形势、荒漠之区域、界线之考证，即详绘图说，以为布置之根据。"① 早在 1907 年 7 月斋藤侵占之前，徐世昌就委派吴禄贞等人实地考察了图们江和长白山地区。吴禄贞历时 73 天，纵横 1300 多公里，精细地勘察了边区的山山水水，绘制了《延吉边务专图》，这次调查是我国历史上首次对这一地区进行的仪器勘测。后来，吴禄贞又依据调查资料，撰写了《延吉边务报告》，约有 10 万字，为中日交涉提供了强有力的证据。所以，在中日交涉时，日方毫无狡辩余地，迫使日方放弃了对延吉地区的领土要求。徐世昌还成立吉林边务公署，这既是行政机关又是军事机关，专事延吉防务，徐世昌推荐精于业务、谙习日语的陈昭常、吴禄贞为督办、帮办，他们寸土必争，最终不辱使命，成功地遏制了日本的侵略扩张。徐世昌还向延吉地区增派兵力、警力，加强对延吉地区的防务。徐世昌还借助国际力量，制约日本。1907 年 11 月 11 日，徐世昌在给外务部的电文中建议，引证西方地图，交由海牙会裁判，以公理对抗强权。1909 年 3 月，清政府将东三省六案送交海牙和平会公断，日本自知理屈，反对国际干预。经过谈判，中日签订了图们江中韩界务条款，确认了图们江边界，捍卫了中国对延吉的主权。在围绕延吉边务的中日交涉案中，中国以弱国地位，又面临日本侵占延吉的既定事实，徐世昌精心策划、据理力争、应对得当，最终捍卫了延吉主权，这是近代史上少有的一次外交胜利。

日俄战后，俄据北满，致力于强化对北满的控制。1907 年 7 月，沙俄在东北成立铁路公司民政处，在哈尔滨和东清铁路沿线城市擅设"自治会"，凡铁路沿线的治权都由自治会管理，试图以中东铁路为中心，把北满变成沙俄的殖民地。徐世昌依据法理与事实，对沙俄进行了坚决的斗争。他指出，沙俄在北满擅自设立自治会，"是讵独干预我政治，攘夺我主权，直欲开割据领土之渐也"②。一方面，他督令地方政府阻止事态发展，提醒华商不入自治会；另一方面，他建议清政府对俄交涉，力争主

① 徐世昌：《东三省政略》，吉林文史出版社 1989 年版，第 53 页。
② 同上书，第 485 页。

权。1908 年 1 月 15 日，外务部向俄国公使璞科发出照会，指出俄国擅设"自治会"与东省铁路公司章程相违背，要求俄方迅即撤销自治章程。但沙俄不顾中方抗议，于 1908 年 3 月 1 日在哈尔滨非法组织"自治会"选举，随后，又在满洲里、海拉尔等地设立自治会，逼迫华商向该会申领商业执照，并勒索捐税。在东北地方督抚的支持下，华商团结一致，拒绝入会。沙俄便动用大批铁路巡警，在哈尔滨、满洲里等地封闭商铺、毁弃货物、驱逐华商。徐世昌一方面与俄领事严正交涉，另一方面晓谕华商勿入自治会，不认领捐税，还拨出白银 1 万两作为华商养赡之资。1909 年 3 月 6 日，俄使只得照会外务部，建议双方协商，妥筹善策。徐世昌拟定《公益会宗旨大纲五条》，作为谈判方案，要求俄国尊重中国主权，公益会由交涉局管辖，俄国铁路公司无权干预。经过近两年的艰苦努力，迫使俄国改"自治会"为"公共议事会"，承认中国对铁路界内的主权。作为主政东北的徐世昌，在此次中俄交涉中捍卫了国家主权，抵制了沙俄的侵略扩张。

六　教育思想

作为进士出身、翰林学士，徐世昌非常重视兴学育人。主政东北时，他在三省公署设立提学司管理一省学务，各府、厅、州、县均设劝学所。在东北，徐世昌构建了普通教育、实业教育、师范教育、专科教育、旗民教育的完整的学堂体系。在普通教育方面，至 1908 年，奉天全省共有学堂 2000 多所，在校生 8 万多人，吉林共有中学堂 4 所、小学 40 多所，1909 年吉林全省的小学数量比 1907 年增长了 4 倍，在黑龙江还另设有半日学堂、官话字母学堂、女子学堂等。徐世昌重视师范教育，在奉天建有 12 个师范传习所、3 处师范简易科、1 处女子师范学堂，学生 1630 人，在吉林办有 5 个师范传习所和 1 所女子师范学堂；在黑龙江建有师范学堂 8 所。为培养技术人才，徐世昌重视创办实业教育，在奉天设立中等森林学堂，在吉林设中等实业学堂、农业实习学堂，在黑龙江建有西路初等商业学校、南路初等农业学堂、北路初等工业学校。徐世昌还加强了专科教育，在三省各设有法政学堂和外语学堂。徐世昌还改革了旗民教育，在奉天设八旗小学，在吉林设十旗宣讲所、十旗学堂、满蒙文高等学堂，在黑龙江设满蒙师范学堂，还创办奉天八旗工厂、八旗农业讲习所、吉林十旗工厂，专收旗人，授以谋生之道。徐世昌主持的东北教育改革，增加了各级普通学校和在校学生数量，普及了文化知识，提高了民众的素质，推动了东北社会的进步。

在北洋系民国总统中，徐世昌任期最长，学历最高。他重视教育，认为人才是立国之本，百年大计，莫如树人，古今立国，得人者昌，所以，要无地不学、无人不学。1904 年，徐世昌向直隶总督兼北洋大臣袁世凯荐举严范孙出任直隶省学务公所督办，在直隶创办新式学堂，设立劝学所，共建立学堂 40 多所，凡是 5000 户的村镇至少建有蒙学堂 1 处。到 1907 年，在天津设立学堂 8723 所，学生 8.6 万人。徐世昌还明确规定了中小学的学制和课程标准，在中小学开设音乐、舞蹈、美术、体育课程，还在天津成立了直隶图书馆，并捐赠了大量图书，这是第一家官办图书馆。

为了在国际上广泛深入地宣传"周礼正学"，传播中国传统文化，促进东西方文化交流，1919 年 1 月 18 日，徐世昌与法国汉学家伯希和商定，由北洋政府出资在巴黎大学设立中国学院，次年 3 月，中国学院在巴黎大学正式挂牌，它开创了 20 世纪 20 年代青年学子赴法留学、勤工俭学之风，如南开大学派出了周恩来、邓小平、李富春等赴法留学，这在中法文化交流与合作史上实为创举。1922 年，有人举报周恩来在巴黎参加了共产党，劝止资助，徐世昌以"人各有志，不宜相勉"而不予理会。巴黎大学中国学院的创办，在欧洲引起了强烈反响，徐世昌还设想把中国学院推广到所有西方国家，因过早下台而未能如愿。

南开大学的创办离不开徐世昌的鼎力相助。1918 年 12 月，徐世昌多次约谈严范孙、张伯苓，商议南开大学的创办事宜。1919 年 2 月 7 日，徐世昌特约他们到北京，正式为南开大学立案。徐世昌还带头捐款 1.67 万元、3 万京钞作为南开大学的创办经费，同时还号召其小站旧部、北洋名人、各社团、各银行、官私企业、各基金会等捐款，天津由此形成了官绅捐款办学者不绝、公立私立日有所闻的重教之风。徐世昌还协助设立"严范孙奖学基金"，资助南开大学的优秀学生出洋深造。徐世昌虽无南开大学创始人之美誉，确有南开大学创始人之丰功。

第十三章 李时灿与经正书舍

一 生平与著作

李时灿（1866—1943），字敏修，号暗斋，汲县（今卫辉）人，清末民初时期中原地区绅士群体的领袖。他出身书香门第，祖父李安澜是咸丰二年壬子举人，曾任鄢陵县教谕，是中原地区有名望的学者；父亲李荣鼎是清末秀才，以教书为业。李敏修自幼随祖父攻读，博览群书，受到了良好的教育。1883 年，他与同窗好友王锡彤、高幼霞等创立汲县读书学社，有近百人参加。"敏修作社约十七条，砥砺为圣贤之学。"① 会员们每月聚会两次，讨论时事，切磋学问。

1885 年，20 岁的李敏修参加乙酉科考试，中举人，1892 年考中壬辰科进士，次年任刑部比部曹、资政院议员。李敏修出身科举，但从不守旧。时值戊戌变法时期，李敏修坚定地支持康梁，在他的倡议下，汲县读书学社明确把康有为所主张的"专为中国自强而立，以求中国自强之学"② 定为学社宗旨，追随维新运动，在传播新思想、介绍西学方面起了很大作用，成为河南维新派推行教育改革的一个主要阵地。

1899 年，河南大旱，李敏修离京返豫，就任河南救灾总会会长，他呼吁全国各界支援，募捐白银万两，在安阳、济源等地办理灾区救济事宜，还不畏山高路险，于春节前发放到济源灾民手中。他创办了汲县振民社和凿井社，收容灾区儿童入学读书。

1899 年，李敏修与王锡彤等成立"经正文社"，社友有二三十人，共同学习，交流心得。同年，李敏修负责筹建车马局。次年，为维护当地社

---

① 王锡彤：《抑斋自述》，河南人民出版社 2001 年版，第 30 页。

② 参见孙增福《师范群英，光耀中华》，大象出版社 1999 年版，第 3 页。

会秩序，他主持创建卫辉筹防局，他条理精密，精心筹备，组建了卫左、卫右两营，由卫辉分局发饷。查处了薛生指贪污筹防局白银两千两一案。八国联军侵占北京后，他应河北道岑春荣邀请，出谋献策，安定乡里。

1901 年春，李敏修在卫辉知府于沧澜的支持下，在经正文社基础上创建经正书舍。李敏修捐银 300 两、筹银 7000 两、购置城内道西街苏给谏翰林故宅作为书舍，并购置书籍和教学用具。王锡彤曾说："经正书舍，本余与敏修理想中之楼阁，今而可实现矣。"① 经正书舍人才济济，有进士出身的卫辉李敏修、新乡王静波、偃师杨勉斋，举人出身的辉县史筱周、南阳张中孚，有同盟会员巩县刘镜湖、新蔡刘粹轩，卫辉王锡彤、荥阳张润苍、汜水魏星五等也都是饱学之士。书舍设有舍长一人、副舍长一人、监院若干人，高幼霞被推举为舍长，李敏修、王锡彤等人被推举为监院首事。李敏修对培育英才充满自信，正如他为绍闻堂所撰写的楹联："斯文若元气，前无古，后无今，二千载淇卫锺灵，赖兹落落群众，担当宇宙；名世不虚生，出有为，处有守，数十公风徽如昨，所愿蒸蒸髦俊，似续渊源。"根植旧学又接纳新学的李敏修，以经正书舍为平台，不仅重振了孙奇逢夏峰北学的中原理学盛况，又开创了河南近代教育的启蒙时代。经正书舍是当时河南省唯一的一所新型书院，不仅是汲县后学的向往之地，也是卫辉府九县学子的研习之所，舍员常达三四百人，其规模超过了大梁书院、明道书院和河朔书院，其影响广达大河南北，活跃于清末民初的河南文人大都与经正书舍有着难以割舍的学术溯源。经正书舍培育出来的学生，如嵇文甫、田文烈、刘镇华等均为中原名流。"其中知名士成就甚多，遂有河北学者之称。"② 李敏修在筹建经正书舍的同时，还受聘讲学于长垣寡过书院、武陟致用精舍、禹县颖滨精舍、淇县淇泉书院和开封明道书院。

1901 年 9 月，清廷颁发《兴学诏》，把全国各省城的书院都改设为大学堂，各府厅直隶州的书院改设为中学堂，各州县书院改设为小学堂。李敏修积极响应，在开封、新郑、禹州、许昌、汲县等地创办了 10 余所学堂。1904 年 12 月，他主持创立了汲县第一初等小学堂，收有学生 67 名。

---

① 王锡彤：《抑斋自述》，河南人民出版社 2001 年版，第 90 页。

② 同上书，第 225 页。

为了培养新学师资，他把经正书舍改建成经正师范学堂，这是河南师范教育的源头，也是全省各类新学的榜样。1908 年，经正师范学堂易名为卫辉府公立初级师范学堂，著名学者范文澜、吴芝圃曾在此任教。民国建立以后，经正师范学堂相继改为河南省第五师范学校、河北道区师范学校和河南第十二中学，后改为汲县师范学校，培养了著名画家卢光照、秦岭云、侯德昌等。李敏修还协助同仁把卫辉淇泉书院改为淇泉中学堂，把新乡廊南书院改为廊南学堂，还在省会开封创建河南省高等学堂，其他中小学堂如雨后春笋般纷纷开办，李敏修对河南各级各类新学的创办做出了突出贡献。

在经正书舍的影响下，汲县兴起了一股重文办学的热潮。1906 年，李敏修把当地的一座三仙庙改为新学堂，遭到保守势力的反对，他的家被捣毁，李敏修发表了《告汲郡父老书》，宣讲新学道理，表达创办新教育的决心。嵇文甫曾回忆道："其后竟因小学堂之学生打毁神像，为乡民所指目，致遭毁家之难。然先生仁恕宅心，犯而不校，反特发告汲县父老文，以释其憾。其德量之渊涵，使一时犷悍愚民，为之意消，而翻然革面。时余当十二三岁，读斯文至成诵，感受实深且切也。"[①] 在李敏修兴学的影响下，王锡彤把家塾改为女子小学堂，招收了几十名女童，学费全免。张赐公、王炳程、张执兰兄妹三人创办福民孤儿院、福民学校，学生的生活费由学校承担，学校为学生开设有文化课、武术课、生产技术课、劳动实习课，校内还设有阅报社、中药社，还帮助贫困生就业甚至娶妻成家。李敏修曾资助秦长明、王炳章赴日留学，资助嵇文甫上大学。到1929 年，汲县全县共建成 168 所小学、8 所中等学校、1 所女师，学校数量之多，仅次于省会。经正书舍引领了以书会友、读书为乐的重教风尚，汲县人才济济，文风日盛。1911 年前后的河南留学生中，汲县独占其半。嵇文甫在《闇斋师伤辞》中指出："当满清末造，新学初兴。各省开明而负众望之士绅，挺身出而领导者，江南则张季直，河北则严范孙。其在吾豫，则先生也。"[②]

1905 年 9 月，延续了 1300 多年的科举制度寿终正寝，经河南巡抚张

①　《嵇文甫文集》中册，河南人民出版社 1990 年版，第 398 页。

②　同上。

人骏荐举，李敏修出任河南教育总会会长、河南学务公所议长，协助提学使孔祥霖负责全省的教育行政事务。当时，他们面临的首要任务是从旧学转型为新学，从书院教育转型为新式学堂教育。为加强对新式学堂创建的指导，李敏修一上任便制订了《学务管见十六条》，要求新式学堂废除书院旧法，开设算学、理化、格致、博物、外语等科目，把旧书院的学田都充作教育公款，还对教育改革、课程设置、教法变更、经费筹措提出了具体要求。他还组建 6 个巡视组分赴各地进行巡视指导，撤换了 50 余名不称职的校长和教员，使全省学风为之一振，极大地推动了河南近代化教育的确立。李敏修还鼓励创建各类专业学校，如师范、实业、工艺、蚕桑、法政等学校，他还亲自担任了河南优级师范学堂的校长，重金聘请在国外留学的毕业生到校任教，聘请外籍教员在课堂上使用外语讲授物理、化学，这些措施促进了教学质量的明显提高，为全省新式学堂的创办树立了榜样。1907 年，李敏修与刘镇华共同创办了河南法政学堂（河南大学法科前身），成为官绅皆学的发端，清政府学部饬令各省照此仿行。李敏修还主持创建了中州公学，任中州公学总办，还亲自在中州公学、法政学堂、师范学堂主讲中国文学课程。李敏修积极倡导兼容并蓄的办学理念，这 3 所学校很快形成了思想活跃、学风纯正的良好校风，成为河南近代民主革命的大本营。

1907 年，李敏修奉调大理院，兼任谘议局议员。他协助孔祥霖创建了河南图书馆，还积极倡议创建河南通俗图书馆。

同年 4 月，李敏修主持筹建了公立中州女学，1912 年更名为河南省立女子师范学校，开河南省女子教育的先河。

1912 年，李敏修出任河南省教育司长，具体负责全省的教育工作。他具有宽阔的国际视野，重视学习西方的先进教育经验。王敬芳、林启镐向他建议创办河南留学欧美预备学校，李敏修全力支持，指派林伯襄、王尚济主持学校的创建工作。1912 年 9 月 25 日，河南留学欧美预备学校（今河南大学）正式开学，它与清华学校（今清华大学）、南洋公学（今上海交通大学）是当时全国仅有的 3 所专门培养赴外留学生的学校。河南留学欧美预备学校培养了 261 名学生，其中留学欧美的有 91 人。留学生中，获得博士学位的有 20 人，获得硕士学位的有 29 人，获得学士学位的有 42 人，他们大多学成归来，报效国家，引领了中国近代科学技术和文化教育的发展，在这留学欧美的 91 人中，有 12 人当选为国家学部委员或院士。李敏修在政局动荡不安的情况下，辛勤操劳，培育人才，一挽河南教育之狂澜。正如嵇文甫在《读〈毋自欺斋文字纪年〉》中所说："先生初任学务公所议长，入民国后，转为教育司长，一时教育大计，悉皆其所主持。值当日新旧之激荡，异同杂出，戈矛纷起。而先生始终以休休之度，渊涵岳峙，砥柱其间。务为调护弥逢，化除畛域，贞百虑于一致。亦缘是狂狷兼收，儒侠并礼，遂致蜚语，几遭横祸。盖其苦心孤诣，所以振衰起废，作育人才之微权，有不易为世人所共喻者矣。"①

1913 年，近代教育的先驱蔡元培倡议兴办实业教育，李敏修积极响应，他分析河南省情，针对河南农业大省的特点，提出大办农业教育，振兴河南农业。固始人吴肃是河南省第一批公派留学生，1905 年毕业于日本东京帝国大学，获农学学士学位，后又留学德国，获林学硕士学位，是民国初年著名的农林专家，李敏修聘请他主持河南公立农业专门学校（河南大学农学院前身）的筹建工作，每年拨付 6 万元办学经费。经过紧张的筹建，学校于 1913 年 8 月正式招生，首批录取了 80 名学生。最初，学校设农科班和林科班，同年又开设了蚕科班，学制为 3 年。在李敏修的鼎立支持下，吴肃初步建立了乙种实业学校、甲种实业学校和农业专门学校三级河南农林教育办学体系，为河南培养了很多急需的农林人才，办学规模和质量位居当时全国实业教育前列。

1914 年，李敏修出任北洋政府的刑部比部曹。在当时知识界，李敏修有很高的声望。赵尔巽称赞他："澄观时变，洽熟旧闻，有斯文必任之心，膺大雅至群之誉。"② 同年，北洋政府成立清史馆，编纂《清史稿》。馆长赵尔巽特意聘请李敏修为名誉协修，出任中州文献征集处处长，具体负责征辑和整理清代中州文献，并在开封设立分处，各县设专人负责。李敏修不辞劳苦，很快征集了大量的中州文献，并分门别类，编辑出《中州文献》目录，对保护中州文献作出了卓越的贡献。

辛亥革命时期，李敏修拥护民主革命。在经正书舍创建时，同盟会成员刘粹轩和杨勉斋都是中坚力量。李敏修曾营救过刘粹轩，还重用杨勉斋

---

① 《嵇文甫文集》中册，河南人民出版社 1990 年版，第 392 页。
② 参见任克礼《中州名人传略》，中州古籍出版社 1999 年版，第 414 页。

任职河南教育总会副会长，并兼任中州公学校长，还荐举革命党人阎子固出任县长。1913 年 10 月，阎子固受黄兴派遣，到河南组织力量讨伐袁世凯，被河南都督张镇芳杀害，李敏修受到株连，被免去河南省教育司长职务。

李敏修把创办教育杂志作为振兴教育、推广新学的重要途径，他创办了河南近代第一批教育报刊。1907 年 7 月 1 日，他主持创办的近代河南第一份教育杂志《河南教育官报》正式出版，每月出两期，每期约 5 万字，共出版 103 期，它设有章奏、文牍、本省学务统计、本省学务报告、杂志、著述共 6 个专栏，李敏修担任主编，他不辞劳苦，亲自审阅了每一期的内容。1912 年 9 月 16 日，他创办了《河南教育公报》，该刊设有文牍、法令、调查、别录 4 个栏目，每期有 30 多页，内容包括机构设置、教育法规、学校开办、人事任免、留学生情况等。1918 年 1 月，李敏修创办了《河南教育月刊》，并向全国发行，梁启超为该刊题名。在"发刊简章"中，李敏修明确把提倡教育、振兴学术作为办刊宗旨。该刊内容博杂，每期有 300 多页，辟有法令、调查、论说、研究、评述、艺林、文献、译述、杂志、记事、图画等 11 个栏目，其中，图画栏目最有特色，在清末民初所有报刊中是独有的，这是李敏修的一大创举。李敏修利用教育报刊，广造舆论，传播新学，为振兴河南教育、促进文化发展、培养新学人才做出了开创性贡献。

1919 年，李敏修出任北洋政府参议院议员，1921 年出任众议院议员，1923 年参加了抵制曹锟贿选的斗争。他在洛阳、北京创办河洛学社，继续搜集整理中州文献资料。

李敏修具有强烈的家国情怀，主张实业救国。他关心百姓疾苦，渴望国家振兴，在推动新学发展的同时，还从事工商业活动。他在汲县开办了平民织布厂，帮助灾民生产自救，他发起创办了宏豫公司、光豫公司和矿务研究会，和王锡彤在禹县创办了三峰矿业公司，与垄断焦作煤矿的英国福公司相抗衡。

李敏修在卫辉有着很高的声望，他与同乡王锡彤、王江洲、潘灵源、刘仲秋、雷国重等八位老人结为好友，因九人的生肖都属虎，所以取名为卫辉同寅会，这是一个乡老联谊的民间组织。同寅会每年举行一次聚会，九位老人按生月大小，轮流主持，共聚贺寿。老人们平时或以诗会友，或酬诗唱和，或下乡访查，或喝茶聊天。九位老人出身不同，有官员、农民、商人、医生、文人，但彼此间平等相待、团结互助、老有所乐、怡享晚年。同寅会打破了传统的贵贱、贫富间的界限，诚笃友爱，礼尚往来，营造了淳朴的社会风尚，在卫辉传为佳话。

康有为十分钦敬李敏修。1923 年秋，66 岁的康有为特地邀请 57 岁的李敏修结伴出游陕西。同年 10 月底，他们从洛阳启程西行，经函谷关进入陕西，游览了华阴、临潼等地，抵达西安，历经两个多月，到年底才返回。一路上，两位老人指点江山、探讨学术、回忆往昔，受到了沿途各界人士的欢迎。

1931 年 9 月，日寇侵占东北，李敏修抱着虚弱之身，赴军界、学界讲演，呼吁全民抗战。1933 年他参加了国难会议，不满当局的不抵抗政策，愤然离开官场，隐居故里，优游林下，从事教学活动。

1937 年 7 月，抗日战争爆发，不久汲县沦陷，李敏修携家眷迁往禹县沙坨里村避难，在迁到这里的汲县师范学校执教。他勉励学生共赴国难，为国家抗战出力。他不顾年迈体弱，在课余时间还创建了谷音诗社与谷音画社，进行抗日宣传活动。他在沙坨里住处手书对联“忧时如忧病，救国先救民”，表达他忧国忧民的情怀。临终之时，还时刻挂念抗战前途，他对前来探病的学生说，不甘心就此死去，想亲眼看看世界大战的结局。1943 年 11 月，77 岁的李敏修去世。当地政府主持公祭，民国政府、河南省政府特地派专使前来吊唁，送葬的各界人士达四五千人。1946 年 11 月，民国政府特地颁发《褒奖明令》，称赞李敏修“志行高洁，学术精通，加惠桑梓，有功来学，不幸遽逝，殊堪轸惜”[1]。《河南民报》也专门发表了缅怀李敏修的社论：“李老先生讲学数十年，当清末民初时候，在河南新教育的创办上，曾经轰轰烈烈地干过一番。现在河南教育界四十岁以上的人士，大概都直接间接受过他的影响。他是当时河南学术界的代表人物，一提河南学术界，决不会想不到他。”[2] 他的终生好友王锡彤说：“李敏修者，余生平第一益友也。其才既高于余，又日承祖训，所为今古

---

[1] 《巨儒李敏修政院明令褒扬》，《河南民报》1946 年 11 月 24 日。

[2] 《纪念李敏修先生》，《河南民报》1946 年 11 月 8 日。

文具有矩矱"，"余一生遭际多得良友辅助，敏修第一知己也"①。"盖敏修于余，以友之名行师之实，远过于从前执贽而事之老宿也。"②　"为秀才时，或有文名，则友人李敏修提携之力也。"③

李敏修著作等身，有《闇斋日记》《闇斋家书》《东窗遗墨》《毋自欺斋文字纪年》《读易杂感》《经正书舍学约》等，他还主持辑刊了《中州先哲传》《中州学系考》《中州艺文录》《河南人物小乐府》等。遗憾的是，迄今为止尚无一部完整的李敏修文集传世。

二　与时俱进的理学思想

李敏修是中原地区最后一位大儒，就其学术渊源来看，他早年师从武陟王少白，从陆王入门，归根于程朱，终归之于孔孟。他在《毋自欺斋文字纪年》中说："吾少时是从陆王入手，后读书多，方知其不如程朱，程朱是大路，陆王是旁经。"④　他曾对好友王锡彤说："名教自有乐地，周、程、张、朱之书为孔孟真传，吾辈不可不勉，以之自修，以之淑世，达而在朝，穷而在野，皆有安身立命之地。"⑤　他的得意门生嵇文甫指出："早岁从武陟王少白先生游，笃守洛闽矩矱。既而出入诸经，博观约取，特心折于船山之学，故其教人，由船山以上溯洛闽，而归宗于洙泗。"⑥　"先生一代耆儒，早岁讲学，笃守程朱。至晚年则行事类夏峰，持论宗船山。而旁推交通，斟酌和会，则出入现代各家言，而能非吾古人之所能限。"⑦　他的一生是上下求索的一生，"他始终以学术为他的安身立命所在，热心地追求着，仔细地探索着。不以学威德尊而鄙夷新进，不以衰病颠沛而姑息偷安"⑧。

李敏修生长在内忧外患的时代，面对着严重的民族危机，他具有浓郁的忧患意识。清政府推行新政，致力于自救，但效果不明显，李敏修对每

---

①　王锡彤：《抑斋自述》，河南人民出版社 2001 年版，第 222、23 页。
②　同上书，第 27 页。
③　同上书，第 228 页。
④　参见胡绍芬《一代耆儒李敏修先生》，载于《河南文史资料》1981 年第 5 辑。
⑤　王锡彤：《抑斋自述》，河南大学出版社 2001 年版，第 30 页。
⑥　《嵇文甫文集》中册，河南人民出版社 1990 年版，第 392 页。
⑦　同上书，第 398 页。
⑧　同上书，第 390 页。

况愈下的晚清时局甚感忧虑。他说："清季当局者鉴于国力之弱，改法图自强，地方率积重难返。"① 1889 年，他坐船赴京应试，途经天津时，朋友邀请他到歌楼观剧。李敏修非常感慨："司民牧者，既不能饮食教诲，预谋于未然之前，又不能禁止肃清，稍补于已然之后，乃或借此以恣情纵欲，尚得为有心人乎？数年中，军政长官如传舍，官场之外，则是民贫国弱，人心不古。"② 他批评长期沿袭的循规蹈矩、缺乏进取意识的世俗民风，指出："中国闭关自守，累叶承平。乡里学者守一先生之说，固无所谓学术之竞争，而尊师重道成为风俗。近虽知识少开，偭规越矩滔滔，皆是俯仰，今昔感慨系之。"③ 李敏修怀抱强烈的忧患意识，但并不消极避世，当康梁维新运动兴起之时，他在中原积极响应。

李敏修立足传统、关注时事、通达务实，具有通古知变的思想。他对中原文化极为推崇，认为中原文化是中国哲学之先河、文化之源泉。汲县在春秋时属于卫国，卫地自古多君子，其文脉源远流长，清代中州学风也开启于卫，李敏修具有浓烈的乡土自豪感。他认为，人的爱国心本源于自爱之心，爱国者必爱乡里。他创办经正书舍，就是为了普及文教，让学子发思古之幽情、考乡土之文献，传承卫学、振兴国学。李敏修研经推理，洞察时变。他认为："错综互易位，变动审其时"，"观化杳无尽，浩浩大河奔"，"古人重先觉，继往以开来"④。他创设经正书舍，力图改造旧式教育，践行知变趋新的思想。他在《中州文献汇编·总序》中指出："读泰西近儒重译所发明，而知周官多未阐之旨。富有之业，日新之德，非未来者之责而谁责哉！吾所以抚坠绪之茫茫，盖不胜望古遥集之思也。"⑤ 他在《闇斋自铭》中说："道不可枉，傲不可长；防患未萌，扶危未僵；俾吾民族道德，永托于健康。"⑥ 这种忧患气质、谦逊旨趣正是他一生的

---

① 李敏修：《清直隶分省知县赵丹臣墓志铭》，刻于民国三年，藏于新乡市平原博物院。

② 李敏修：《河南政务厅长常君墓志铭》，刻于民国二十年，藏于新乡市平原博物院。

③ 李敏修：《清授修职郎长葛县教谕贾敬斋先生墓志铭》，刻于民国四年，藏于新乡市平原博物院。

④ 李时灿：《读易杂感》，张岂之：《民国学案》第 5 卷，湖南教育出版社 2011 年版，第144 页。

⑤ 李敏修、申畅：《中州艺文录校补》，中州古籍出版社 1995 年版，第 2 页。

⑥ 李时灿：《闇斋自铭》，张岂之：《民国学案》第 5 卷，湖南教育出版社 2011 年版，第143 页。

真实写照。

李敏修始终坚持"学术救国"思想。他虽出身旧学，但毫不故步自封，他认为，民不学无以强国，官不学无以施政。李敏修为学，志在经世，通达时务，不囿于门户，他既会通新旧，又融通中西；既探究义理，又经世致用。他在《毋自欺斋文字纪年》中指出："天地生材不以地限，欧美之间，日进文明，故常有豪杰者生予其间"，"若深闭固拒，不屑采人之所长以补我之所短而坐以待瓜分之祸，智者不为也，不过不可以步趋西人为止境耳。余非醉心欧美，然中国先王之道百无一存，而欲闭目塞耳以为收息距波之功，弟不敢信也，正当求其是而去其非，折衷以先王之道耳"。① 所以，学无新旧，惟求其是。嵇文甫赞道，先生"志在经世，通达时务，不屑于门户之见。其于远西新来诸说，亦未尝不虚心研求，斟酌去取。迥非顽固一流者比也"②。他还指出："爰及先生，既承乡先正遗绪，而又饱更世变，博览新说，乃益敦大宏肆，浑涵汪茫，岿然为一代灵光。"③ 在近代欧风美雨的风潮中，李敏修慧眼识珠，他中西结合、采西补中、求是去非，以存先王之道，颇有张之洞"中学为体，西学为用"的意味，他的因时而变的思想也体现了近代士人的通达理性。

李敏修生逢乱世，深知民生艰困，他具有强烈的民本思想。他说："中国人学而优则仕，读书的目的在做官，这种认识是有害的，要立志做大事，不可立志做大官，因为大事是关系同胞的，地位是关系个人的，无论办哪一件事，只要从头到尾彻底做成功，便算是大事，便能为大众谋利益。"④ 这与其所书条幅"忧时如忧病，救国先救民"是相吻合的。为补救时弊，李敏修积极参与地方政事。卫辉号称十省通衢，向为驿路要冲、交通要道，官弁吏役往来如织，各地驿站负有公文传递、官差护送的责任，汲县成立大户局负责转运，增收车马钱和草料钱，各级官吏勒索无度，中饱私囊，而供差基本上由民户承担，湘军过境时，民车被掳千百辆，不少民户家破人亡。急公好义的李敏修为革除供差积弊，为民请命，

---

① 参见河南文史资料编辑室《河南文史资料》第五辑，河南人民出版社1981年版，第37页。

② 《嵇文甫文集》中册，河南人民出版社1990年版，第392页。

③ 同上书，第393页。

④ 参见耿玉儒《宁作大事不作大官的李敏修》，《新乡文史资料》1990年第4期。

建议改革大户局及徭役事宜，得到河南巡抚刘树棠的支持。李敏修辅佐卫辉知府曾与九整顿大户局，他提出了 10 条改革措施，改大户局为车马局，并亲任总董，在一定程度上减轻了摊派不均、坑害百姓的弊端，减轻了民众的负担。1899 年，豫北发生大灾荒，李敏修出任河南救灾总会会长，主持灾区赈济事宜。他不辞劳苦，联络豫北各县在京为官者共同筹集救灾资金，豫北各县莫不受其庇荫。1920 年，豫北大旱，即庚申之灾，灾民背井离乡，四处逃荒。李敏修和王锡彤、史同文、王荃溎等发起成立汲县救荒公所，以集思广益、救灾恤患为宗旨，公推李敏修出任所长，主持抗灾事宜。为了筹到救灾款项，李敏修利用自己的人脉，奔走呼号，宣传灾情，谋求社会捐助。公所同仁还捐洋 5000 元，李敏修争取贷款 1 万元，王锡彤募捐 1 万元并承担公所的全部开支，大总统徐世昌也资助 1000 元，公所相继收到了北省急赈协会、华洋义赈会、上海北方工赈会等全国各地的救灾物资，李敏修将捐助者的名称、捐助物品及用途、受助灾民等记入《汲县救荒征信录》中。救荒公所在普查的基础上进行有针对性的赈灾，及时把款项用于灾后救助。为了提高抗灾能力，他一方面组建凿井社，资助民众以西洋凿井法开凿井渠，抗御旱灾；一方面开办振民社，在重灾区兴办贫民儿童学校，每月每生供给粗粮数升，不仅让贫民子弟免受饥饿之苦，还教授给他们知识；一方面创建平民织布厂，使贫民子弟自食其力。为了多方救济灾民，李敏修还与张学良协商，从豫北灾区向东三省移民，在 1930 年前后，新乡、汲县、浚县、滑县、沁阳五县分 3 批向东北移民 1.7 万多人。在李敏修的影响下，汲县绅士张赐公、王炳程、张执兰兄妹三人也积极行动起来，张执兰把家里的 24 间房捐出来创建了福民学校，后来又捐出 200 多亩土地创办了福民孤儿院。孤儿院收容的孤儿从 7 岁到 15 岁不等，到 20 岁时出院，在此期间的生活费用全由院内负责。在李敏修的倡导下，卫辉府一度盛行慈善之风。晚年的李敏修"感世变之日剧，哀民生之多艰，发为吟咏，情见乎辞。其救荒恤灾，正人心，挽末俗，所以发挥其利物之仁，匡时之义者，盖老而弥笃焉"[1]。

李敏修是中原地区最后一位深有影响的理学家，他的理学思想介乎于古代与现代之间、经学与新学之间、激越与落伍之间，既具有包容性，也

---

[1] 《嵇文甫文集》中册，河南人民出版社 1990 年版，第 398 页。

具有折中性，还具有过渡性，嵇文甫曾说："先生一代耆儒，早岁讲学，笃守程朱，至晚年则行事类夏峰，持论宗船山，而旁推交通，斟酌和会，则出入现代各家言而能非吾古人之所能限。"① 他"志在经世，通达时务，不屑文于门户之见，其于远西新来诸说，亦未尝不虚心研求，斟酌去取，迥非顽固一流者比也"②。他是一位毕生追求真理的典范，"他始终以学术为他的安身立命所在，热心的追求着，仔细的探索着。不以学成德尊而鄙夷新进，不以衰病颠沛而姑息偷安"③，"他那种忠心于学术，献身于学术的精神，总是永远光明的"，嵇文甫称赞他是一位"自强不息力争上游的学术界的老英雄"，是"我们今后学术运动的旗帜！"④

三　河南近代教育的先驱

李敏修是近代河南著名的进步教育家，也是河南最早创办近代教育的先驱，他把自己的一生都献给了河南的教育事业。他创建了第一个实施新学教育的经正书舍，开创了河南书院教育改革的新时代，他是第一任河南教育总会会长、第一任河南省教育司司长，确立了河南的近代化教育制度，他首倡创建了河南近代第一批师范学校、法政学校、实业学校、农林学校、工艺学校等专业学校；他创办了近代河南第一批教育报刊，传播新思想、新知识，李敏修无愧于河南近代教育的先行者、开拓者的赞誉。

李敏修重视教育，早年他把家乡的三仙庙改造为学堂，激怒了当地守旧势力，他的家被捣毁。任职北京期间，他目睹了清政府政治腐败、内忧外患的危局，深切地感受到了教育的落后，所以，他力主教育救国。他认为，民不学无以强，官不学无以施政，期望通过办学校、育人才来挽救国家于倒悬。他以汲县读书学社、经正书舍为平台，积极开展教育实践，探索适合中国国情、河南省情的教育新路，1902 年创建的经正书舍集中体现了李敏修的教育思想。

《经正书舍续约》载明了李敏修创建经正书舍的宗旨："意启穷乡之

---

① 《嵇文甫文集》中册，河南人民出版社 1990 年版，第 398 页。
② 同上书，第 392 页。
③ 同上书，第 390 页。
④ 同上书，第 391 页。

固陋，培有用之通才。"① 他在《经正书舍章程》中指出："世运之升降，在乎人心；人材之盛衰，在乎学术。学术者，治教之本根；人心者，国家之元气。"② 兴国学、鼓新政、启风尚、育人才就是他办学的初衷。《经正书舍续约》明确规定："本书舍拟修复旧章，重加整顿，期经发扬国学，矫正之心，养成完全道德为宗旨。"③ 李敏修为书舍所取名字"经正"就来自"经正则庶民兴，庶民兴，斯无邪慝"④。经正书舍以正寝崇祀乡贤，春秋致祭，朔望拈香，诸生毕集，正副舍长即于是日会讲，明伦劝学，质疑辨难，以资提倡其有忠孝节义，足以裨教化，厉风俗，营造了一个崇尚圣贤的文化氛围。《经正书舍续约》第二章"信仰"指出，本书舍旧祀卫郡圣侍门诸子及汉以下乡贤，涓涓之流，必归放海，孔子于卫，曾经三至，拟崇祀孔子，配以蓬史以下诸贤，庶信仰定于一尊。李敏修还以雅号对书舍中的 46 间房命名，祭祀圣贤的先贤殿雅称为绍闻堂，会议室雅称为圭璧堂，休息室雅称为篆竹轩，教室的雅称分别是笃志、近思、事贤、友仁、闻过、知非等。绍闻堂肃穆典雅而庄重，彰显圣贤至高无上的威严和荣耀，供奉的有儒门先贤，还有姜太公、卫武公等当地圣贤。在《创建经正书舍碑记》碑额上题写有四个篆字"永昭信守"。经正书舍重视以文化环境育人，培育正统的价值观。

李敏修主张平民办学，有教无类。入舍的学生不作贵贱之分、不立门户之见，允许穷苦学子旁听，李敏修家的长工嵇玉始，经常让孙子嵇文甫参加书舍的活动。秦亮轩、王蔚文二人出身寒士，后赴日本留学，经正书舍每月补助两人各 5000 文以养其家，使其在日本安心学习。李敏修注重以文化人，嵇文甫曾回忆道："尔时余年虽幼，犹及记某次庙会，先生在人丛中恳恳向乡人讲演，俨然一传教之牧师。"⑤

经正书舍重视道德教育，在《经正书舍续约》中明确规定了舍员的责任。如对于遗经，要阐经义以绍往圣，崇经训以范人心，通经术以致用，约经旨以为文。对于自身，要修孝悌，存忠信，明礼义，厉廉耻。对

---

① 参见梁贵晨《〈经正书舍章程〉和〈续约〉》，《平原大学学报》1994 年第 1 期。
② 同上。
③ 同上。
④ 陈成国：《四书五经》上册《孟子·尽心下》，岳麓书社 2002 年版，第 136 页。
⑤ 《嵇文甫文集》中册，河南人民出版社 1990 年版，第 398 页。

于书舍，要德业相劝，过失相规，礼俗相交，患难相恤。书舍还规定舍员要做到"四戒"：放其心而不求，舍正路而不由；口不道忠信之言，心不则德义之经；拘欲而忘亲，曲学以阿世；作无益以害有益，见小利而忘远谋。书舍还规定了舍员必须遵守的礼节：本书舍每年大会日祭先师孔子，行跪拜礼。本书舍舍员初入社时，由介绍人偕见董事，行一鞠躬礼，见讲师行三鞠躬礼。有住舍者，执业问难，均如旧日先生弟子之仪。对于不遵守纪律的学生严肃处理，其有素行不检及不遵舍中约束者，立由监院辞退。

　　书舍的课程设置坚持中西结合、以通今古的原则，共设经学、政学、文学三大部类。经学类为四书五经；政学类有法学、兵学、农学、计学、教育学、历史学、地理学、医学；文学类有说文学、音韵学、古文辞学（各国语言亦可旁及）、古诗赋学、算学。《经正书舍章程》规定，在舍生童须各认专治一经，读史者先治《通鉴》及《纲目辑览》各史一种；经济类书亦各认专治一门，监院均书于簿，其或有未全读《七经》者，必先补读一周，再为专致之功；泰西各学，亦当今得失之林；兵农诸政，自可由中国政治逐类旁参，推求实效，勿骛语言文字之末；其余则算学，实为统宗会元，尽可兼及。在《经正书舍续约》中又规定，凡舍员须在经学类至少认习一种，其余各门按照自己的兴趣任选。李敏修要求舍员探究经义，以穷其理，博综史事，以观其变，参考时务，兼习算学，组织舍员分门探讨兵事、农务、天文、地理等课程。他经常教育舍员，为学要杜绝名利诱惑，反复强调躬行实践。李敏修废除了旧式书院括贴制义的陈腐科目，以新学为宗旨，培养学通中外、真才实学的有用人才。

　　经正书舍的授课方式是每日讲课，讲课内容是旧学、新学兼容并包，每日课程由舍长批阅。每月初一和十五会讲，由知府亲临考核。每年二月和九月举行大型学术讨论会，邀请各县学子参加。经正书舍非常注重让舍员写日记，《经正书舍章程》规定，凡入舍课生童，各立日记一册，昼之所为，夜必书之，勿欺勿怠；有所肄难，书以待疑；遇有心得，随时发明，并记于逐日之后。日记门类：曰经书发明，曰读史论断，曰各种杂著，曰观玩有得。月终统计某类若干条，其无者，则书一无字于某类之下，既严内省之助，亦为就正之地。按月缴课，不得逾十日之限，远者每月饬斋夫往取。经正书舍把读书籍、记日记、写心得、研究国粹、整理文献、设坛讲学相结合，养成了学生学习的习惯，营造了崇尚读书的学风。

设坛讲学是经正书舍最具社会影响力的活动。书舍邀集名儒、生员及青年学子讲学，使当时士子知科举之外尚有学问。书舍每年定期举办三次大规模的讲学活动，即四月春会、六月夏会和九月秋会，每次活动持续一个月，平时，在每个月的朔日、望日两天举办小规模的讲学活动，地点都在圭璧堂。每年的春会、秋会时，听讲人最多，附近十多个县的上千名学子蜂拥而至，卫辉城挤满了外地的学子们，圭璧堂容纳不下，就在露天广场设坛开讲。李敏修还亲自登坛讲学，他主讲的内容非常广博，如《诗徵》《古文辞钞》《论语之道德学》《论语之政治学》《河南人物》《中州先哲》《中州艺文》等。李敏修讲学深入浅出，透彻精辟，最受听众欢迎。

李敏修出身科举，深受经学熏陶，但他并不墨守成规，对各家学说兼收并蓄，敢于批判科举教育的弊端，主张以新学培养实用人才，他的教育理念和教学实践使经正书舍傲然独立于清末民初的教坛。他以经正书舍为阵地，以新学取代旧学，倡导为学要知行合一。李敏修曾和舍员畅谈人生志向，指出立志是读书人最要紧的一件事，勉励舍员要立大志、做大事，为大众谋幸福。他还说，一个人的名望高低不在于他的官职大小，而在于他的事业是否成功，孔子无位，其道可尊，所以万古敬仰。李敏修讲学，广征博引、深入浅出、透彻精辟，深受学生欢迎，全国各地慕名就学者，济济一堂，舍外旁听者，也不乏其人，经正书舍的学生常达数百人之众。康梁变法失败后，清政府严令废止新学，身处逆境中的李敏修砥柱中流，以新学教育取代科举教育，开河南近代新学运动之先声，"河朔人士知科举外有学问自此始"①。

李敏修认为，教育之方莫先于师范。清末，河南省各级各类学堂纷纷涌现，教学理念良莠不齐，师资成为制约学校发展的瓶颈，特别是数、理、化、生物等课程的师资极其缺乏。为了培养具有新学理念的合格师资，李敏修率先创建了经正师范学堂，1907 年 4 月，他主持筹建了公立中州女学，1910 年更名为河南官立女子师范学堂，1912 年又更名为河南省立女子师范学校，开河南省女子教育的先河，同年秋，李敏修把河南优

---

① 李季和：《先父李敏修事略》，《中州今古》1985 年第 3 期。

级师范学堂改建为河南高等师范学校，改革课程设置，更新教材内容，提高师范教育的地位，由于思路清晰，措施得力，很快培养出一批合格的中学师资。

李敏修对学生注重言传身教，他为人谦逊安详，循循善诱，从不疾言训人；他作风民主，但坚持原则；他主张师生平等，教学相长；他廉洁奉公，致力于教育事业的发展；他任职教育司长，从不滥用职权。在他的大力倡导下，很快形成了思想自由活泼、学术空气浓厚的良好学风。

李敏修自 1883 年创办汲县读书学社，到 1943 年在沙坨里病逝，在他60 年的教育生涯中，主持经正书舍 40 年，掌管河南教育 10 年，期间他从未间断登台执教，他主持创办了河南留学欧美预备学校、河南法政学堂、河南优级师范学堂、河南农业专门学校，奠定了河南大学的基础，成为中国近代教育的先驱。"现在河南教育界四十岁以上的人士，大概都直接间接接受过他的影响。他是当时河南学术界的代表人物，一提河南学术界，决不会想不到他。"① "先生自视焰然，常若有所不足，德弥高，心弥下，直至衰耄之年，颠沛之际，犹谆谆不忘讲学。斯岂非末俗之针砭，后生之表率也与！"② 嵇文甫曾指出："先生宏奖人才，门墙广大，讲学五十年，两河士子受其甄陶者，无虑数千百人。扶善类，伸正气，虽以此罹累，触危机，不恤也。"③ 郭仲隗也说，闇斋夫子进德治学，毕生矻矻不休，敦艮不迁以为体，重习有孚以为用，终至博大精深，休休有容，不独经师而兼人师。嵇文甫、白寿彝、尹达、石璋如等都曾受到过他的教诲。尤其是嵇文甫，无论是学术思想还是为人处世，都深受恩师惠泽。李敏修"至晚年则行事类夏峰，持论宗船山"④，这对嵇文甫研究船山学具有极其深远的影响。经正书舍培养了大批栋梁之材，如同盟会员、举人、河南省图书馆长井俊起，著名哲学家、历史学家、教育家嵇文甫，拔贡陈嘉桓，举人田荔轩、席书锦，同盟会员、国民党元老、河南省人民政府参事室主任郭仲隗，同盟会员王泽芬，河南省文史馆馆员张畏如、李季和等，画家卢光照、秦岭云毕业于省立第五师范学校，侯德昌毕业于汲县师范学校，

① 《嵇文甫文集》中册，河南人民出版社 1990 年版，第 390 页。
② 同上书，第 393 页。
③ 同上书，第 398 页。
④ 同上。

他们深受经正书舍文化的熏陶。正如王锡彤所说，经正书舍是"卫辉文明之权舆，河南学堂之嚆矢"①。

四　清代中州文献的征辑

清代中州文献是民国年间李敏修主持征辑的有关中州地域文化的文献专辑，李敏修怀着高度的历史责任感，为收集中州文献倾注了大量精力，在清代中州文化遗产的保护和整理上贡献巨大。

1914 年 9 月，袁世凯批准设立清史馆，由赵尔巽主持编纂《清史》。赵尔巽聘请李敏修主持中州文献的征辑和整理工作。在时任国务卿的徐世昌、河南都督田文烈、河南督军赵倜等人的协助与支持下，中州文献征集处成立，李敏修任处长。他征集整理清代中州文献，"期以存人而已，疏漏知所不免，一代文献已略见其概矣。后主学者，居今以稽古，因流以溯源，或不无涓埃之补助焉"②。李敏修怀着高度的责任感和使命感，满怀热忱地致力于中州文献的征集。他说："河山灵秀，代有传人，潜德不彰，后学有责"，"表彰先哲，凡在桑梓，应有同心"。③ 在中州文献的征集中，李敏修提出了切实可行的对策，一是朝野互证，把征集来的各方文献放在一起相互比较、参证，以此区分判断疑信真伪；二是文献征实，文求雅训，保证内容准确；三是方法多样，或公函调取，或主动采访，或婉商借取。在李敏修的主持下，文献征集工作大见成效。在征集文献的同时，李敏修也开始了文献整理工作，把征集来的文献装订成册，按照传统的方法，以经史子集四部分类，编印了《中州文献征辑处现存书目》，共出版了 3 期。书目共收录了 1597 部文献，其中有许多善本、珍本甚至秘本，如《科场条例》《汉官级考》《满洲官员品级考》是清廷内务府抄本，是难得的秘本，为《清史稿》的编纂提供了第一手资料。经李敏修征辑的中州文献以中州地区清人清事为主，在时间上，它上起明末清初，下迄清末民初。在区域上，它涉及全国各地。在类型上，它涵盖经史子集四部，如日记、年谱、书信、杂著、文集、诗集、奏折、语录等。在内容

---

① 王锡彤：《抑斋自述》，河南人民出版社 2001 年版，第 90 页。

② 李敏修、申畅：《中州艺文录校补》，中州古籍出版社 1995 年版，第 2 页。

③ 李时灿：《河南征辑文献小启》，张岂之《民国学案》第 5 卷，湖南教育出版社 2011 年版，第 143 页。

上，政治方面的有六部法令、制度改革、人事任免等；财政方面的有赋课、盐运、丁槽、河患、灾荒等；教育方面的有治学劝学、学制改革、科考学规等；文化方面的有六经源流、文风盛况、学派争鸣等，还有反映体育活动、婚丧礼俗的内容。在史料上，有县志、村史、家传、别传、地理概况、名胜古迹、水旱蝗情、地震实况等。在科学上，有农耕林业、医药症论、防疾保健、锦方验方等。在这些文献中，作者的身份不同，有状元、翰林，也有举人、进士，有内阁大臣，也有地方官吏，还有民间文人，他们从不同视角、以不同文体反映了清王朝的盛衰史。

中州文献征集处成立仅 3 年，便出现了政局动荡、军阀混战的局面。为了保护这批珍贵的文献，李敏修冒险将其从北京运到汲县，妥善保藏在经正书舍。到目前为止，这批文献还存有抄本、稿本 738 种、1683 册，有 3000 多万字，有 37 种、125 册被收录入《全国古籍善本书目》，这批文献是研究清代社会历史变迁的重要资料。

李敏修治学严谨，勤于著述，他在征集中州文献的同时，还开展了文献的整理、研究工作，他主持编辑了《中州文献汇编》，包括《中州诗征》《中州艺文录》《中州文征续编》《中州先哲传》。

《中州先哲传》系清代中州人物列传，凡是知名人士尽皆收录。全书分为名臣、名将、循良、忠节、儒林、文苑、孝友、义行、遗逸、列女共 10 目。卷 1 至卷 8 为名臣传，收有 128 人；卷 9 至卷 10 为名将传，收有 54 人；卷 11 至卷 16 为循良传，收有 154 人；卷 17 至卷 18 为忠节传，收有 100 人；卷 19 至卷 22 是儒林传，收有 150 人；卷 23 至卷 28 是文苑传，收有 240 人；卷 29 至卷 30 是孝友传，收有 200 人；卷 31 至卷 32 为义行传，收有 91 人；卷 33 至卷 34 为遗逸传，收有 67 人；卷 35 至卷 37 为列女传，收有 181 人。《中州先哲传》总计立传有 1395 人。传有主传、附传，撰写笔法仿效二十四史列传体例。传专以叙事，寓褒贬于事实。从清军入关至辛亥革命这 267 年间，一代中州名人基本上都囊括于此书。清代重大历史事件，书中都有直接或间接的反映。《中州先哲传》取材丰富，所收人物甚多，传记较详，它弥补了省志列传之不足，为研究清代中原史提供了历史资料。

《中州艺文录》是关于清代河南学人与作品的提要书目。《中州艺文录》总计 42 卷，冠目录 1 卷。李敏修打破了传统的经史子集四部分类法，按当时河南行政区划编次，以府为先，府下为县，每县之下，按人排列，汇集其全部著作。全书共收入清代河南学人 1853 人，著录图书 4034 种。其中，卫辉府 9 县，录 134 人，书 334 种；彰德府 7 县，录 93 人，书 184 种；怀庆府 9 县，录 129 人，书 166 种。《中州艺文录》采用王俭《七志》传录体的格式，在每位作者之后立一小传，把辑录体和传录体结合起来，既介绍了文献的内容，也阐明了文献的旨趣，还介绍了作者的经历，为读者全方位了解文献提供了方便。《中州艺文录》中分类法的变化，在目录分类学上是有意义的尝试。《中州艺文录》是研究中州学术的必备工具书。

五　经正图书馆的创建

李敏修是清末民初中原最大的藏书家，以收藏清代中州文献丰富而享有盛名。经正书舍"汇集和编纂中州文献，声势十分显赫，是一所具有书院性质、图书馆性质及学术研究机构性质的综合性传播文化教育殿堂，被誉为卫辉文明之权舆，河南学堂之嚆矢"[1]。1900 年秋，李敏修与王锡彤、高幼霞等捐集珍贵书籍数百种，还自筹资金多次到北京选购图书，涵盖经史子集如《十三经注疏》《钦定七经十七史》《资治通鉴》《正谊堂丛书》《方舆纪要》等，还有外文译本，购得图书百余种，创办了图书馆。藏书楼是经正书舍最宏伟的建筑，藏书有 30 多万册，由专人负责图书借阅。每月逢三为图书借还时间，每人每次借书不得超过 8 本。舍友借书时要写借条，写明借书人、借书时间、所借书目，交给舍长登记在册，舍友还书时取回借条。关于借阅期限，图书馆规定，经子集类的书籍，限期 3 个月，如要抄录，可以延缓 3 个月；其他类的书籍，限期两个月，如需抄录，可以延长两个月。如果逾期不还，超过一天罚钱 100 文，如有遗失或损坏，则由借书人赔偿。图书馆对外开放，民众可以依照规定借阅，以方便乡邻子弟读书。经正书舍保存有一本光绪二十八年（1902）成书的《经正书舍存雅》手抄本，收集了当地青年学子在藏书楼借阅图书后所写的 24 篇读书心得体会。通过读书，士子们明白了知行并进、经世济民、求仁集义和惩恶扬善的道理。嵇文甫的学术成就也得益于早年在经正

---

① 王日新、蒋笃运：《河南教育通史》中册，大象出版社 2004 年版，第 23 页。

书舍的阅读经历，"遇如此图书之源数，实如鱼得水"①。

1906 年，经正书舍藏书楼改为经正师范学堂图书馆。1908 年，经正师范学堂改为卫辉府公立初级师范学堂，学校《章程》第五章"图书规则"规定："本学堂就经正书舍藏书楼改设图书馆，储中外各种图书约千余种，复增置报章，以供学生参考之用。凡本学堂职员亦得随时取阅，藉资研究。"② 1917 年，北洋政府内政部到汲县拍卖官产，李敏修筹资购买了县文庙，作为图书馆，由高幼霞任馆长，把碑碣存放在文庙的崇圣祠和训导宅，把善本书存放在大成殿，普通版本的书籍存放在东庑、西庑，还把戟门改造成阅览室。李敏修把经正书舍的藏书全部搬迁到文庙，把藏书分类编目，分为经、史、子、集、丛书、新学共 6 部，计 737 种，其中，经部有诗、书、礼、易、乐、春秋、孝经、四书、尔雅、群经经解 9 类计 70 种；史部有正史、编年、纪事本末、地理、政书、传记、别史、杂史、史评、奏议、谱录、金石 12 类计 190 种；子部有儒家、法家、道家、释家、兵家、杂家、农家、小说家、医家、天文历算、艺术、类书 12 类计 130 种；集部有总集、别集、楚辞、词曲、文评 5 类计 180 种；丛书有一人著述合刻、古今人著述合刻 2 类计 47 种；新学有文科、理科、法科 3 类计 120 种。经正书舍图书馆是豫北地区第一所公共图书馆。1932 年，李敏修出任馆长，一方面整理图书，一方面派人到北平各图书馆学习，一方面选购图书，充实馆藏，使图书馆具有了现代化气息，但是由于军队进驻文庙而未能开馆。1933 年，驻军撤出文庙，图书馆重新开放。学校为图书馆购进了 300 余册中外图书，包括《万有文库》一套，附属小学图书室也购置了 788 册图书。1934 年，师范学校又投入千元购买了《四部丛刊》和《科学》，另购进生物挂图 100 幅，同时，还把两个教室改建成图书馆，1/3 用于书库；2/3 作为阅览室。1937 年 7 月抗战爆发，图书馆从各地订购大量报纸杂志，及时传送战时信息。图书馆每天熙熙攘攘，阅览室座无虚席，学校师生、政府职员、社会青年、普通民众都纷纷前来借阅，一时应接不暇。

---

① 李怡山：《嵇文甫与经正书舍》，《河南文史资料》第 12 辑，1984 年 11 月。

② 《卫辉府知府华辉禀拟立初级师范学堂改办完全科章程请转咨立案文·章程并附批》，《河南教育官报》1909 年第 37 期。

　　李敏修在经营经正书舍的同时，还倾其家财大量购书作为私藏，他给自己的书房命名为"毋自欺斋"，为书室取名"茗香楼"。嗜好藏书的李敏修公私分明，在书舍藏书上都盖有"经正书舍藏书"或"经正图书馆"印章，在个人藏书上盖有"毋自欺斋珍藏"印章或"茗香楼藏书"石章。李敏修平生没有其他嗜好，独喜购书，他一生购置的各类图书约有3万卷，并编录了《茗香楼藏书目录》。他还计划在本街创建群众图书馆，开放自己的藏书，供人借阅。1936年是李敏修的七十大寿，家人准备为他隆重庆祝，李敏修对儿子李季和说："不要给我做寿，如果你们夫妇有钱，可以给学校或社会办图书馆，也可以捐给老百姓，虽属杯水车薪，也算有益。"① 中华人民共和国成立后，李季和将李敏修的茗香楼藏书和经正书舍的藏书，全部捐献给了平原省文物管理委员会，这批书籍一直珍藏在新乡市图书馆，其中，已有37种、125册图书被编入《全国古籍善本书目》。

---

① 李季和：《汲县经正书舍和茗香楼藏书楼记》，《河南文史资料》第九辑，1984年4月。

第十四章　王锡彤的实业救国思想

一　生平与著作

王锡彤（1865—1938），字筱汀，号悔斋、抑斋，汲县（今卫辉）城关人，中国近现代史上著名的爱国实业家。1881 年，16 岁的王锡彤因丧父而辍学，到修武盐店当学徒。1883 年，18 岁的王锡彤返回乡里，与李敏修一起拜师理学家王少白，深得淇泉书院山长章子如的赏识。王锡彤天性笃诚，为学初宗阳明，终依归于夏峰北学，他说："余之为学始，最瓣香阳明，后渐仰夏峰。"① 19 岁时，他以县试第一、府试第二、院试第三的成绩考中秀才。后在科举考试中，他屡考屡败，便焚书发誓，不再涉足考场。他抨击科考是"直一干禄之梯径"，"能于应考生不通关节，于供给官不肆苛求，即群颂为贤者。至于取士如何，于国家前途如何，谁遑计及耶"，"清之亡国非一端，然即以乡试论，其挫辱天下之人心，养成痿痹不治之症，固已彰明较著矣"。② 1887 年，考入开封大梁书院肄业。两年后，在家设私塾授学，"学生自他县至者渐多，新乡、延津、滑县、浚县皆有之"③。1898 年，王锡彤被选为拔贡，次年赴京科考，注直隶州州判。时值戊戌维新运动高涨，王锡彤关心时局变化，深受维新思想熏陶。当时，他受李敏修嘱托，购置大批书籍，运回卫辉，为经正书舍的创建奠定了基础。

1900 年，"义和团运动"爆发，王锡彤应河北道岑春荣之邀，和李敏修一起到武陟筹议团防。"义和团运动"被镇压，王锡彤告别私塾，受聘

---

① 王锡彤：《抑斋自述》，河南人民出版社 2001 年版，第 229 页。
② 同上书，第 28、29 页。
③ 同上书，第 51 页。

武陟致用精舍，走上了创办新式教育之路，他也从乡村塾师变成了书院教师，从一个传统士子转型为新式学者。为传播新学，王锡彤与李敏修等汲县绅士倡导废科举、兴学堂，并于1902年创建了一所新型书院——经正书舍。1902年，王锡彤受聘于孟县溴西精舍，作为山长，他制订了立志、明礼、知学、有恒四条学规，"诸生其由此进而求之，自知向学之方"①，他不仅向学生讲授经书，还讲授近代工矿业、纺织业等科学知识，他说，此"为余后半世改入商业之兆"②。1905年，王锡彤回到汲县，与李敏修创建卫辉商立初等小学堂，这是卫辉新式实业学堂的开端。王锡彤还把自己的私塾改建成女子学堂，招收女童入校学习。他曾自述了毁家兴学的历程："吾乡之立学堂，余与李敏修之力为多。然邑僻民愚，骤难通晓。且拳乱后教堂立乡，人以教堂、学堂并为一辞。于是以学为洋学，办学人为奉洋教。余与李敏修乃为乡人捃责，体无完肤。一日竟集无赖数百人，叫噪于门。幸邻舍相助，有奔告者，有为闭门者，有出劝者。既不得逞于我家，迁怒李敏修家，肆蹂躏焉。"③ 可见在乡里推行新学的艰难。王锡彤积极倡导新学，教育家人们接受新教育，从事新职业。弟弟王锡龄任职汲县高等小学堂的堂长，还亲自担任科学教习，传授科学新知，长子王泽敷肄业于保定师范学堂，次子王泽放是公派赴日留学生。王锡彤还积极参与地方政事，和李敏修一道募捐救灾、筹建车马局、创办筹防局、开办新式学堂等，刷新了卫辉府的吏治和民风。"郡立之中学、县立之高等小学、经正书舍改立之师范学堂、省会所立之公学，余与敏修无所不预。"④

甲午战争后，西方列强掀起了瓜分中国的狂潮。王锡彤忧心忧民，他抨击清政府的腐败无能："盖日本之海战完全模仿西人，中国之海军不免涂饰耳目，此精神不如也。日本之购船制炮，自明治天皇以致海陆军将士，均知为御侮雪耻，发扬国家之光荣。中国则大臣疑之，台谏忌之，士民谤之。故间谍一入而西苑开，颐和园修，移海防经费为宫廷营缮之需。亲王不敢谏，大臣不敢违，日本人在旁拍手笑煞矣。"⑤ 他还指出："甲午

---

① 王锡彤：《抑斋自述》，河南人民出版社2001年版，第100页。
② 同上书，第96页。
③ 同上书，第15页。
④ 同上书，第225页。
⑤ 同上书，第45页。

战败，朝野有志之士群焉耻之。当国家危乱时，士君子愤激击搏，不暇顾忌。识者虽危其身，然未尝不钦其忠也。清则不然，满京城上下充满求官待缺之人。"① 他还从军事的角度分析了清朝制度的弊端："清自道咸以来，用兵之事绝类儿戏。大抵东方调将、西方调兵，兵不知将为何人，将不知兵为某部。军人如百结之衣，元帅如传舍之客。"② "国家有事，始议招兵，比获苟安，又骤去之。结健儿之怨，伤武夫之心，随时皆酿祸之端矣。"③ "自海疆多事以来，中国兵丁怵于外人之船舰利炮，望风逃遁几成惯例。"④ 他痛斥李鸿章的卖国行径："我君可欺，而我民不可欺！"⑤ 他教导学生："首先立志救国，其次明礼知学和持之以恒。"⑥ 在天津，同行者邀他到英法租界地紫竹林同游，他说："以为外人割据我土地，行使其治权，我辈不羞而犹歆羡其宇乎？"⑦ 他目睹了西方列强在中国建工厂、开矿山、兴铁路、办银行，立志实业救国。

1905 年，他应禹州知州曹广权之邀，受聘禹州三峰实业学堂，担任山长，还兼任三峰矿务公司经理。"余之在禹也，教育其名，矿物其实。"⑧ 他把精力集中在矿务上，首先是据理力争矿权，从外国人手中收回东峰、西峰的利权，将东峰、西峰、中峰合三为一。其次，他大力整顿矿务，购买机器，采用先进技术取代土法开采，使煤矿渐有起色，并有盈利。

1906 年，洛潼铁路修建，比利时、日本等见有利可图，便竞相插手，北洋政府暗中把筑路权交由日本，遭到河南人民的坚决反对，王锡彤力主自办，排斥日本，王锡彤以"路存国存，路亡国亡"⑨ 相号召，发起了各界人士挽回路权的斗争。为了捍卫路权，他与李敏修创立河南铁路研究会，筹划河南全省路政，还出任洛潼铁路公司驻汴总协理。他亲赴北京，

① 王锡彤：《抑斋自述》，河南人民出版社 2001 年版，第 58 页。
② 同上书，第 43 页。
③ 同上书，第 51 页。
④ 同上书，第 43 页。
⑤ 《卫辉市志》，生活·读书·新知三联书店 1993 年版，第 661 页。
⑥ 同上。
⑦ 王锡彤：《抑斋自述》，河南人民出版社 2001 年版，第 56 页。
⑧ 同上书，第 117 页。
⑨ 同上书，第 134 页。

购买机器，赴开封铁路公所议定章程，赴禹州、滑县募集资金，克服了重重困难，使洛潼铁路早日竣工通车。北洋政府被迫取消日本的铁路包修权，洛潼铁路收归国有，交由陇海铁路总公司管理，日本企图借修路向中国内地扩张的美梦破灭。

为掠夺河南矿产资源，英国人成立福公司，在光绪年间，两个云南人与之立约，开采怀庆煤矿，矿区甚至扩张到卫辉、彰德。为抵制英国福公司的扩张，王锡彤一方面与王青选创建凭心公司，捍卫煤权，一方面联合河南士绅与之抗争。王锡彤被河南士绅推选为领袖，他组织地方精英在开封商议成立矿务研究会，与福公司交涉豫北矿权案。1909 年，豫北矿权案移交北京，王锡彤被推选为代表，进京到外务部交涉。期间，有一宋姓天津人在怀庆开矿，股本充足，特地邀请王锡彤担任矿务总理，王锡彤遍询之，不见有宋某开矿之事，他怀疑是福公司在背后捣鬼。"然不知何所取于此迂腐也，或以保矿会颇有声色，河南巡抚又奏派余在福公司交涉代表之列，因而贿买余乎？然而拙矣。"① 王锡彤对河南矿权的捍卫，体现了他实业救国的热忱和才干。

1908 年 10 月，袁世凯被摄政王载沣逼退出京，暂住卫辉马市街。1909 年 1 月 4 日，在鹿邑人王肖庭引荐下，王锡彤偕李敏修面见袁世凯。王锡彤对袁世凯甚为倾慕，他说："袁公方五十一岁，须发尽白，俨然六七十岁人，知其忧国者深矣。惟两目炯炯，精光射人，英雄气概自不能掩。"② 袁世凯对王锡彤也非常欣赏，他对王锡彤说："罢官归田，他无留恋，惟实业救国，抱此宗旨久矣。……君幸为我谋之，我知君胜此任也。"③ 王锡彤征求母亲意见，母亲说："袁公天下豪杰，汝平日所倾佩者。今既见招，奈何不往？"④ 袁世凯举荐王锡彤加入周学熙资本集团，跻身集团董监会，成为袁世凯的亲信幕僚。从此，王锡彤告别了学界，致力于官场和实业，为近代民族工业的发展殚精竭虑，劳苦奔波。

王锡彤是袁世凯北洋实业谱系中的核心成员，地位仅次于周学熙。周学熙资本集团是当时中国规模最大、影响最巨的资本集团，它的骨干企业

① 王锡彤：《抑斋自述》，河南人民出版社 2001 年版，第 151 页。
② 同上书，第 144 页。
③ 同上书，第 147—148 页。
④ 同上书，第 147 页。

有启新洋灰公司、华新纺织公司和滦州矿务公司。王锡彤协理周学熙创办实业，并主持京师自来水公司、天津启新洋灰公司、天津华新纺织公司三大企业的日常经营，还担任兴华资本团主任董事、华新公司唐山厂专务董事、棉业公会董事、卫辉纱厂董事，他还是开滦煤矿股东。20世纪初，王锡彤从经营水泥、煤炭开始，转向了轻纺织工业和金融保险业，逐步形成了一个包括水泥、煤炭、纺织、机器制造、自来水、玻璃制造、金融保险等多行业的综合性资本集团，王锡彤是近代中国名副其实的杰出实业家。徐文霨在《浮生梦影序》中称赞王锡彤：“既兴矿业，棉业、瓷业、电业亦雾霈云涌。大河以北，东海之滨，遂以制造土宜与欧美抗颜。行世之谈者往往以子贡货值为先生美。”① 王锡彤也自豪地说：“始由钧台陷入商行，犹冒为人师。至推举北京自来水公司协理、天津启新公司协理，始正商名，然步步趑趄非自立者也。至华新纱厂成，予之责遂重。津厂冒险最大，卫厂出力最多，唐厂则本职也。精神智慧为之耗竭，究之坐而言者，仍不能起而行。观此数年行事，足征吾之浪漫。”②

王锡彤具有远见卓识的头脑和经国治邦的才干，是袁世凯的股肱之臣，但他不慕权力、不谋官职，他与袁世凯约定，以“白衣赞襄左右，决不厕官职，且使天下后世知袁大总统幕中尚有不慕官爵之人，亦药笼中一味也。”③ 徐文霨在《浮生梦影序》中指出：“项城袁大总统退居河南时，特相引重。项城再出，民国肇建，先生与有力焉。”④ 1911 年 10 月 10 日，革命党人在武昌举行起义，11 月 1 日，清廷被迫起用袁世凯任内阁总理大臣，组织责任内阁，并南下镇压革命，王锡彤偕同袁世凯南下湖北。临行前，袁世凯问计王锡彤，王锡彤建议：“凡事留有余地步。”⑤ 11 月 3 日，清廷颁布《宪法信条》，实行君主立宪。袁世凯被任命为内阁总理大臣后，有人问王锡彤立宪能否致天下太平，他以“战争方始”相对，并分析说：“朝廷之所以号召天下震慑群庶者，威信而已。今朝廷失信之

①　王锡彤：《抑斋自述》，河南人民出版社 2001 年版，第 2 页。
②　同上书，第 252 页。
③　同上书，第 191 页。
④　同上书，第 2 页。
⑤　同上书，第 173 页。

事已更仆难数，此诏一出，更示天下以弱。现任兵官尚可迫胁，何人不可迫胁乎？威严尽失，靡有涯已。"① 武昌起义得到了全国的积极响应，仅一个月之内，先后有 14 个省市成立了革命军政府，宣布独立，王锡彤与河南士绅们商议，请愿共和而不独立，得到河南士绅的支持。

1912 年 2 月 12 日，清帝退位，2 月 15 日，袁世凯当选临时大总统，开始了北洋军阀的统治。王锡彤在调停南北关系方面做了大量工作。王锡彤与革命党人张继交往甚厚，他曾邀张继作长夜之谈，表达以中国危亡不可阅墙启衅的主张，张继慨然道："此意吾早知之。当革命初起，革命党人人欢迎，非欢迎，畏之也。世局渐定，则觉革命党为害，此殆公例不可逃。"② 王锡彤很钦佩张继的高士风范："余亦布衣，窃愿助君。今当革命党与中央启衅之际，一失调则革命党之公例立见，曷如及其未作，预为之防乎？"张继接受了王锡彤的建议，表示同心协力促成南北和议。但是，袁世凯坚持要打压革命党，而革命党也决不退让，三日后，张继无奈电告王锡彤事不可为，王锡彤"亦自此噤口，听其孽乳，卒酿江皖之祸"③。为缓和南北关系，增进双方交往，王锡彤还积极向袁世凯荐举革命党人，如景耀月、张继、李捷三、夏述唐、张忠夫、刘基炎、于右任等，王锡彤成了南北沟通的桥梁："当是时，大总统信任之专，可谓言无不听，计无不从。"④

清帝退位后，王锡彤力主复汉，袁世凯却图谋帝制，两人出现了严重的分歧。1913 年，袁世凯试图废除《中华民国临时约法》，王锡彤就力谏阻止，筹安会倒行逆施，极力推动复辟帝制，王锡彤认为这将不利于袁世凯，便想乘间密陈，以报知己。正当他准备谏言阻止帝制时，袁世凯把他安排到参政院任参议员，被排挤出了核心圈，王锡彤只好离京赴津，致力于实业的经营与管理。他说："宁终其身于商贾，免蹈身败名裂之祸。"⑤ 虽然王锡彤离开了政坛，但仍心系时事。1914 年 1 月，袁世凯解散国会，王锡彤说："此为政府失人心之始。"⑥ 第一次世界大战爆发后，日本出兵

① 王锡彤：《抑斋自述》，河南人民出版社 2001 年版，第 174 页。
② 同上书，第 228 页。
③ 同上。
④ 同上书，第 227 页。
⑤ 同上书，第 182 页。
⑥ 同上书，第 197 页。

青岛，驱逐德国势力，中国政府宣布中立，他在日记中写道："一种稚弱可怜之状宣露于中外，此真吾辈所当引为国耻者也。"① 袁世凯借助筹安会加紧复辟帝制活动，王锡彤在日记中写道："夫以余受大总统知遇不为不深，当此大祸临头，群儿踞此公于炉火之上，我不出一言以救之，殊呼负负。"② 李敏修劝他慎言，免遭"乱党"之祸。袁述之问他："人言子反对帝制，为忘恩负义。"王锡彤说："忘恩负义，确确有人，我意当以筹安会人当之。"③ 他说："夫余之反对帝制，敢指天日，谓天下莫如我爱袁公者。耿耿此心，期不负知己而已。"④ 1915 年 12 月 11 日，参政院通过帝制议案，袁世凯说："余向以舍身救国，今诸君又逼我做皇帝，是舍家救国矣。从古至今，几见有皇帝子孙有好结果者。"⑤ 袁世凯称帝后，反袁声浪四起，王锡彤敬而远之，以"民国闲人"自居，寓居天津，"少见要人，免生闲气"⑥。1916 年 3 月 22 日，众叛亲离的袁世凯撤销帝制。病重之际，袁世凯托孤于王锡彤。王锡彤在日记中写道："因询病状，云食偶不慎而已，并无大苦。案头置一单，所有存钱、股票等共约二百万元。因指谓余曰：'余之家产尽在于斯。请告以君所管公司之状况。'呜呼，孰知此一谒见，遂为终身之别耶。然此老一生宦囊，连股票统计实只二百万元之谱，余皆知者。或自知病情不佳，故呼余嘱托以为子女计耶。"⑦ 临终之托，可见两人之情谊。

王锡彤是近代史上的一位著名实业家，他创建了许多具有标志性意义的近代化大公司，他也是一位名副其实的儒商。在他的一生中，有两次转型，40 岁时，他从一名学究转身而为商贾；60 岁时，他从一名商贾又转身而为文士。1925 年，在他 60 岁时陆续辞去了在北洋实业集团的职务，寓居天津，杜门谢客。"比以年高，杜门却扫，斗室中书史外无他物。"⑧ 退出实业界后，他购买了《二十四史》《资治通鉴》等大量书籍，每天阅

① 王锡彤：《抑斋自述》，河南人民出版社 2001 年版，第 202 页。
② 同上书，第 212 页。
③ 同上。
④ 同上书，第 213 页。
⑤ 同上书，第 215 页。
⑥ 同上书，第 233 页。
⑦ 同上书，第 234 页。
⑧ 同上书，第 2 页。

读，孜孜不倦，在《抑斋自述·药饵余生》中最常见的词是"阅毕""接阅""参看""书肆购得"，在《抑斋自述·病中岁月》中最常见的词是"看""谈"，晚年的他忍受着病痛，仍不废阅读、写作。他博览群书，潜心研究中外史籍，著书立说，为后世留下了 2000 多万字的文史著述，这是一笔宝贵的精神财富，王锡彤实现了他人生中由商贾豪杰向饱学文士的华丽转身。王锡彤虽在兴办实业上成就斐然，但他更愿以文士自居，他曾说："生既无益于时，死何必留名于后。顾有所窃窃然虑者，鄙人幼尝读书，薄负乡曲之誉。遭逢乱世，间与当代大人先生游，摇唇鼓舌，颇预时议。老而习贾，幸不颠坠。他日儿孙以私爱其亲之故，或乞铭志于文学士。而文学士各以其意中之经济家、实业家藻绘无盐，刻画膜母，而鄙人之真形实状，或遂汩没于此绮丽文字中，亦一憾也。"①

王锡彤著述颇多，约有 2000 万字，代表作有《清鉴》《抑斋自述》《抑斋诗文集》等。《抑斋自述》由王锡彤日记整理而成，是一部自叙年谱著作，它按时间顺序分为 7 个部分，有《浮生梦影》《河朔前尘》《燕豫萍踪》《民国闲人》《工商实历》《药饵余生》《病中岁月》。它以时间为序，逐年记述了王锡彤一生的经历、见闻和言行，内容充实，记事详明，具有很高的史料价值。他的儿子王泽敉指出："先严自清光绪十五年从武陟王少白先生游书写日记，迄至民国二十有七年六月四日绝笔，未尝一日间断。浩瀚哉！七十余年间，一身一家经历，一乡、一省、一国时局、人事之递嬗，以至思虑所及，上下千古国家、民族、学术纲纪之盛衰，随其时日纪之、载之，反复推论而详考之，以寄其民胞、物与之怀，宁只为一人史略已耶！"②

二　京师自来水公司的创建

近代自来水的使用是从西方引进的，早在 1879 年大连就已修建了自来水管道，随后，沿海沿江城市如上海、青岛、天津、广州、武昌、汕头等也相继兴建了自来水设施，自来水水质优良，使用便利。作为首都，北京使用自来水的时间较晚，在清末民初才成立了京师自来水公司，从根本

---

① 王锡彤：《抑斋自述》，河南人民出版社 2001 年版，第 4 页。
② 同上书，第 482 页。

上解决了京师的用水问题。在京师自来水公司的创建和发展过程中，袁世凯和王锡彤发挥了关键的作用。袁世凯是公司创建的倡导者和推动者，王锡彤是公司经营的主持者。在政局动荡不安的旧中国，王锡彤殚精竭虑、攻坚克难、惨淡经营，引领公司蹒跚前行。

　　作为都城，北京是清王朝的首善之区，但缺水现象严重，水资源不足严重制约着京师的发展。据统计，北京的年均降水量仅为 626 毫米，而且季节分配不均，大多集中于夏季，而且降水的年际变化也很明显，丰年降水可达 1406 毫米，枯年降水仅为 242 毫米，相差近 6 倍。以前，北京主要使用地下水，受钻井技术的限制，水井较浅，井水混浊，因硝酸盐含量高，所以味道咸苦，不适宜饮用，宫廷用水都取自玉泉山泉水。据载，到 1885 年，在内外城 12 个地区，除私人庭院水井外共有 1245 眼公共水井，其中只有少数井水水质良好，称为"甜井"，但井水价格较贵。《燕京杂记》记载："京师之水最不适口，苦固不可饮，即甜者亦非佳品，卖者又昂其价。"[1] 人们只好把甜水和苦水掺拌饮用，京城百姓强烈渴望使用质优价廉的饮用水。袁世凯顺应民意，积极倡议兴办自来水公司。"自来水之源起，本袁公在军机时所创。当日慈禧太后以京中屡有火灾，疑革命党所为，问防火有何善政，袁公以自来水对，即责成袁公主办，袁公饬周辑之筹之，订机购地，正在举行而慈禧崩、袁公去位，幸以列入筹备宪政内得不废。"[2] 在袁世凯的推动下，1908 年 4 月，京师自来水公司开始筹建，周学熙任总理，王锡彤任协理，公司下设 10 个分局。公司多方筹集资金、购置器材、勘测水源、铺设管线，仅用时 22 个月便建成了水厂，1910 年 2 月 10 日正式向城内供水。

　　京师自来水公司属于官督商办，自开办伊始就遇到了重重困难。一是公司运营资金不到 300 万，费用明显不足；二是内城满族人认为自来水是洋水，不敢饮用。王锡彤便在京城的报刊上分别用文言文和白话文发布广告，宣传自来水的科学知识，取得了很好的效果，人们逐渐了解并接受了这个新生事物，市民们踊跃购水，用水量猛增。但是，自来水公司的兴起打破了旧有的用水格局，导致"水阀"们的不满。以前，民众饮水都由

---

① 参见郑永福《王锡彤与京师自来水公司》，载于《中州今古》2002 年第 4 期。
② 王锡彤：《抑斋自述》，河南大学出版社 2001 年版，第 154 页。

山东人垄断经营的井屋供给，这些把持京城水井的"水阀"，结党居奇，欺压百姓，稍不如意，便断绝用水，市民们人人切齿，但无可奈何。京师自来水厂供水后，抢走了"水阀"们的生意，他们便群起而攻之，肆意阻挠自来水公司的正常经营。王锡彤一方面请求政府保护，弹压"水阀"，另一方面收容失业水夫，为居民配送饮水。

进入民国后，京师自来水公司改制为北京自来水股份有限公司，归北洋政府农商部主管，王锡彤仍然任职协理。随着城市规模的扩大，人口增多，北京城对自来水的需求量激增，救火和清道洒水的用水量也越来越大，但公司的生产能力并没有提高，用水与供水矛盾突出。王锡彤多次呈文农商部，希望政府资助。但是，军阀混战，政局动荡，政府财力也很拮据，对此有心无力，公司的经营非常困难。1912 年 4 月 7 日，自来水公司召开股东大会，有人建议交由洋商代办，王锡彤坚决反对，他经过认真核算，向股东大会提出建议，以 7000 元包归自办，裁撤冗员，减少薪俸，总协理和董事都不拿薪，如此一年内可收支平衡。周学熙问他："公养家何赖？且长安居大不易，应酬甚广，无薪水何以应之？"王锡彤说："余任此义务协理，不赁寓所，有饭可吃、有人可用、有电话可使，岂不便利许多？"① 股东大会接受了他的建议。公司裁员后，人多兼职，事皆节搏，每月经常性经费开支由原来的 1 万元减少到 5000 多元，比以前节省了 4000 多元，在当年，自来水公司就实现了扭亏为盈，到 1915 年，公司还盈利 2 万多元，股东们也分到了红利，有人说这是总协理把自己的薪水分给了股东。王锡彤对此还不满足，他认为："熟筹商业关键之要，不外开源、节流两端，对于开源。年来对于开源，则不惜工资扩展销路，对于节流，则款无巨细较及锱铢。"② 为了扩大生产规模，王锡彤积极引进资金，经多方努力，他成功地争取到了天津银号加盟，扭转了公司经营资本短缺的局面。王锡彤还未雨绸缪，从每年的盈利金中抽取一定资金设立公积金，扩大生产规模。

1916 年 6 月，袁世凯去世，民国政局动荡，军阀混战，烽火连绵，军阀们都觊觎自来水公司的利益，不择手段对公司肆意搜刮，严重影响了

①　王锡彤：《抑斋自述》，河南大学出版社 2001 年版，第 4 页。
②　参见郑永福《王锡彤与京师自来水公司》，载于《中州今古》2002 年第 4 期。

公司的正常运营。1924 年 4 月，直奉两军在孙河镇激战，奉军两个连的士兵包围了孙河水厂，枪炮交加，严重破坏了水厂的机器设备。奉军进入水厂搜查，公然劫掠财物，此后奉军士兵每天都进厂骚扰，由于战乱，水厂附近的 400 多村民都来厂避难，公司为他们提供了基本的生活所需。

京师自来水公司的售水方法有安表和包月两种。包月的漏洞很明显，用水户按月付费，用水无限制，浪费现象严重，而且一家安装了水龙头，邻近几家都来使用，还不用付费。为了堵住这个漏洞，1920 年 9 月，王锡彤召集会议，决定取消包月，用水户都要安装水表，以量计价。北京市民邓熔向市政公所投诉，众议院议员也致函内务总长，投诉自来水公司盘剥市民，王锡彤据理力争。但在各方的施压下，自来水公司只好让步，用水户都应安装水表，按量计价，水表由公司赠送，并免费安装。历经重重坎坷，王锡彤不禁慨叹："营业之难殆不可为！"[①]

在军阀混战的环境中，在举步维艰的条件下，王锡彤克服艰难险阻，惨淡经营着自来水公司。年近花甲的王锡彤萌生退意，1921 年他向公司提出辞职，股东和董事们极力挽留，直到 1927 年，在他的再三坚持下，才辞去了协理的职务。在京师自来水公司的发展过程中，王锡彤是一位举足轻重的人物，他是公司的主要创办人，也是公司的主要经营者，从 1908 年公司筹建，到 1927 年退隐，他率领着自来水公司走过了近 20 年的风雨历程，在工作中，王锡彤兢兢业业，尽职尽责，取得了显著的成就，获得了人们的称赞。

三 天津启新洋灰公司的创建

中国水泥工业的历史可以追溯到洋务运动，当时水泥大部分来自国外，所以人们称水泥为"洋灰"。近代城市的快速发展，对水泥的需求量猛增，大量进口水泥又造成了白银外流，也不利于民族工业的发展。1887 年，在李鸿章的支持下，开平矿务局总办唐廷枢创办了唐山细绵土厂，由于缺乏管理经验，再加上生产成本很高，该厂开办仅 4 年即告停产，产权落入外国人之手。1906 年，袁世凯决定收回唐山细绵土厂的产权，并将它改名为天津启新洋灰公司。公司自开办以后，发展迅速，生产规模不断

---

① 王锡彤：《抑斋自述》，河南人民出版社 2001 年版，第 299 页。

扩大，产品质量广受赞誉，国内所有重大的建筑工程几乎全都采用启新洋灰，在 1919 年全国水泥总销量中，启新洋灰所占比例达到 92.2%，几乎垄断了整个国内市场。

在天津启新洋灰公司的创办及其发展过程中，其推动者是袁世凯，总经理是周学熙，主持者是王锡彤。1909 年 8 月，王锡彤入驻天津启新公司，协助总协理周学熙主持公司的日常经营。1911 年，启新洋灰公司的经营体制由官商合办转变为商办，王锡彤被推举为负责人，主持公司账目的清理，顺利完成了公司的转型。1912 年，王锡彤被推举为公司总协理，在周学熙出任财政总长期间，他代行公司总经理职权。在进入启新集团后，王锡彤苦心经营，领导启新公司取得了辉煌的成就，启新公司是水泥工业的翘楚，民族工业的典范。

在当时，中国水泥产业只有启新公司和湖北大冶水泥公司两家。湖北大冶水泥公司创办于 1907 年，一度垄断了南方各省的水泥市场。公司曾向日本三菱公司借款白银 72 万两，由于经营不善，濒于破产。三菱公司图谋霸占大冶公司，便乘人之危，在 1912 年向大冶公司提出一次性偿还所有债务，否则将公司管理权交给三菱公司。迫于日方压力，湖北省政府查封了大冶水泥公司的所有财产。为保护民族工业，抵制日本势力扩张，防止大冶公司落入日本人之手，王锡彤召开启新公司的董事会，来商讨对策。董事会认为，启新厂的洋灰生产成本低，市场竞争力强，即使把启新洋灰运到汉口销售，也完全可以同大冶厂竞争，所以公司董事们不同意接收。王锡彤力排众议，认为大冶厂地理位置优越、交通便利、物流畅通，三菱公司接收后，一定会成为启新公司的劲敌，如果启新接手，可以控制南方市场，由此启新就占据了整个国内市场。最后，董事会一致同意接收大冶公司。王锡彤还提出了对策，由启新公司发行内部债券，只允许本公司的股东来购买，不让公司利权外流。1914 年，王锡彤创立华丰兴业社，代办湖北水厂由启新公司发行 200 万元债票，以厂业担保，向保商银行借贷 140 万元，获得了大冶厂的经营权，并把大冶水泥公司改名为"华记湖北水泥公司"。通过兼并，启新公司牢牢控制了国内的水泥市场，有力地抵制了外国资本在中国水泥市场的扩张，保护了民族工业的发展。

第一次世界大战后，外国水泥再次涌入中国市场，尤其是日本企业生产的水泥质好、量多，距离中国最近，交通运输便利，所以，日本水泥大规模倾销中国，挤占了国内水泥市场，严重威胁了民族工业的发展。王锡彤对日本水泥的威胁早有认识，日本企业财大气粗，不惜采用大幅降价的倾销策略，任何一家国内企业都难以与之抗衡，王锡彤提出以联营抵制外商。他认为，国内厂商不联合，则彼此竞销，大家均受损失，各自为谋难以统筹抵制外商之法。上海华商水泥公司在外商水泥的扩张下经营困难，无力与外国资本相抗衡，1925年，在王锡彤的筹划下，启新公司与华商水泥公司订立联营协定，采取统一行动，共同商定价格策略，有力地抵制了外国水泥的倾销，稳定了国内水泥市场，保护了民族工业的权益，王锡彤被誉为"中国水泥王"。

袁世凯去世后，政局动荡，军阀们都把启新看成财源，横征暴敛，失去信心的股东们不愿对公司投资，致使股款难以筹集，时任财政总长的曹汝霖借口公司股款筹集困难，计划把启新公司由商办改为官营，并派人前往启新公司办理移交手续。启新公司的股东们非常恐慌，周学熙请王锡彤筹划对策。王锡彤带头认股3万元，并从恒丰公司借款40万元，很快筹齐了启新厂的股款。经过多方疏通，财政部也收回成命，启新公司才得以继续良性发展。

王锡彤非常重视管理创新，他对启新公司进行了两次大的扩充改造，新创建了三个分厂，每个分厂各设立管理一人，负责工厂的日常运营。在销售环节上，以前是在各地建立代销店，向散户销售，对于大客户则由公司直接联系。随着业务的不断扩大和市场竞争的加剧，王锡彤在全国成立四个总批发部，分别设在天津、汉口、上海、沈阳，负责各自区域的营销，建立了一个覆盖全国的产品销售网络，扩大了国内水泥的占有市场。王锡彤重视生产技术的改进，他引进外国先进技术，在水泥配制、水泥灌装上进行设备更新，他还亲自参与产品的研发，主持研制水泥预制件，他和工匠一起奋战几个月，成功研发了水泥与钢筋的混合使用方法。

王锡彤具有强烈的实业救国思想，他曾领导了反对英国福公司的斗争，捍卫矿权，领导了反对日本图谋洛潼铁路的斗争，捍卫路权，进入启新公司后，他把创办实业与爱国救国相结合，筹划公司的经营和发展。启新公司兼并大冶水泥厂，抵制了外国资本的扩张，维护了民族工业的利益。与上海华商公司的合作，双方联营共制外货，联合定价反制倾销，保护了民族工业，大长了国产水泥的志气。为了增强抵御外国资本扩张的能力，维护国内市场的稳定，王锡彤利用与北洋集团的特殊关系，为启新公司争取了许多优惠待遇。在设厂上，启新公司获得了在华北、东北及扬子江流域优先设厂的特权；在交通运输上，启新公司垄断了京汉、京张、汴洛、道清、沪宁、正太等铁路局的购用权，后来又扩展到全国，启新水泥的运价只按六七折收费；在原料采购上，启新公司需要的煤炭由开滦煤矿随时供给，价格不得超过开平市价；在赋税上，启新公司免于重征。启新公司为获得这些优惠待遇付出了一些代价，但它促进了启新公司的发展，抵制了外国资本的扩张，保护了民族工业的利益。

王锡彤具有浓重的民本思想，在企业经营中，他维护职工利益，将职工利益与企业效益挂钩，使企业和职工双受益。王锡彤是由儒士转型为商人的，具有典型的儒商气质。他深受儒家义利之辨的影响，在经营公司的过程中，非常关注职工利益。公司职工的工资待遇较为优越，工人的工资总额占到公司总产值的 7%—8%，职工还可以成为公司的同人，根据公司盈利情况领取同人花红，公司还设立有同人储蓄慰问金，为每一位同人增发月薪的 1/10，作为慰劳金按月储存，由同人支取使用。1923 年，王锡彤又改革奖金制度，设普通奖金、特别奖金和优异奖金，大部分职工都可以享有。公司职工享有较高的福利待遇，如带薪休假制度、廉租宿舍制度等。注重企业与职工的互利共赢，这是王锡彤民本思想的体现，也是他经营企业的成功经验。

四　卫辉华新纱厂的创建

第一次世界大战期间，欧美列强忙于战争，放松了对中国市场的控制，出口到中国的棉纱、棉织品急剧减少，中国的民族纺织业有了巨大的市场空间和利润空间，在国内棉纱市场中，民族纺织业所占份额由 30% 猛增到 70%。但是，棉纺织业的兴盛仅局限在长江流域，北方地区风气未开，手工作坊式的生产水平很难满足庞大市场的需求，这样，华新纺织公司应运而生。

1915 年 3 月，周学熙出任财政总长，开始着手整顿全国棉纺织业。1916 年 9 月 22 日，周学熙联合王锡彤、杨味云、孙多森等人，以兴华资本团为后盾，发起成立了华新纺织股份有限公司，公司总部设在天津，资本总额为 1000 万元。由于北洋政局动荡不安，处于筹办之中的华新纺织公司阻力重重，王锡彤面谒段祺瑞，会晤徐世昌，克服了诸多困难，使公司的筹办顺利展开。华新公司成立后，相继在天津、青岛建立了分厂，并筹划河南分厂的创建。在确定河南建厂的地点时，股东们意见不一，王锡彤力主把纺织厂设在卫辉。1919 年 6 月，他到卫辉为纱厂选址，沿着卫河两岸详细考察，发现演武厅一带官地极为适宜建厂，更坚定了在卫辉建厂的信心。

1919 年 8 月 24 日，王锡彤在兴华资本团董事会上，据理力争，他介绍了卫辉设厂的优越条件，指出卫辉地理位置优越，是豫北的政治、经济、交通、文化中心，铁路有平汉铁路、道清铁路在此交汇，水路有卫河航运直达津沽，卫辉南北通达，东西相连，可直通石家庄、天津、济南、郑州、武汉各大商埠，物流便利，而且，卫辉地广农勤，盛产棉花，生产原料充足，演武厅一带地势相宜，距河不远，用水便利，切近城关，生活方便，地处旷野，地价不贵。董事会接受了王锡彤的建议，决定华新公司第四分厂设在卫辉，股本定为 80 万元，纱锭 1.2 万枚。卫辉距天津较远，人们都不了解，不愿意贸然投资，股本募集遇到了很大困难。王锡彤深知创办纱厂对桑梓有益，便慨然认购 2000 股 10 万元，周学熙、徐世光认购 4.2 万元，在他们的带动下，其他股东纷纷认购，最终促成了卫辉纱厂的创建。

1919 年 9 月 3 日，华新公司董事会推举徐世光为卫辉纱厂专务董事，王锡彤为唐山纱厂专务董事，负责筹股和建厂事宜。在与外商谈判的过程中，王锡彤注重调查研究。公司聘请的外国专家建议在卫河西岸建厂，王锡彤再次到卫辉进行实地考察，发现卫河西岸地势低洼，易遭水灾，不适宜建厂，经多方考察商议，最后按照王锡彤的建议，选定在演武厅建厂，同年 10 月，卫辉纱厂完成了 183.89 亩厂址的购买手续。

在与英商凯卫伦谈判购买纱机合同的过程中，王锡彤坚定维护中方利益，他字斟句酌，仔细研读中英文资料，尽量压低价格，并要求英方在合同中加入"愆期议罚"的条款，凯卫伦拒绝接受，双方谈判陷入僵局，几近破裂，后来由于王锡彤的极力坚持，凯卫伦也急于出售纱机，英方才被迫接受了这一条款。当时，欧战尚未结束，纱机难以运输，凯卫伦以此提出解除合同，王锡彤坚决反对。后来，英镑大幅升值，王锡彤按照合同约定，与凯卫伦谈判赔款事宜，尽量降低华新公司因英镑升值而遭受的损失。

1920年4月2日，卫辉华新纱厂召开成立大会，1921年初，建厂的各项工程基本竣工，同时开始面对社会招工，1922年3月23日，第一批纱车试车，7月，正式开机生产，产品商标为"绿竹"牌。1923年3月，第二批纱锭投产，棉纱品种增加了3支，以"红杏""双鹿""双星"为商标。此时，纺织工人达到2400人，工人分"华"字、"新"字两班，日夜轮班工作。卫辉纱厂的棉纱行销全省各地，到1936年，纱厂发展到股本200万元、纱锭2.34万枚、年产棉纱1.8万包和棉布1.8万匹。卫辉纱厂是王锡彤兴建的一座现代化纺纱厂，促进了新乡地区的经济发展，实现了他造福桑梓的夙愿。

在战乱频仍的近代中国，民族工业的发展举步维艰，卫辉华新纱厂也是如此。在《王筱汀日记》中，仅"惨淡经营"一词就出现了20次之多。1925年，第二次直奉战争爆发，受此影响，纱厂设立在石家庄、邢台、邯郸、彰德、郑州、许昌、灵宝、高邑等地专管买花售纱的栈庄全线凋敝。1926年春，豫东南发生战事，鄂鲁军会攻国民革命军，攻克开封、原阳，鄂军进驻新乡、卫辉，受战事影响，许多外地工人因路阻迟迟不能到厂上班，仅有一半机器开工。1927年8月26日，新乡驻军在汲县火车站与彰德白枪会发生冲突，当地驻军前来报复，致使卫厂近300名工人死于非命，这就是有名的"白枪会事件"。同年10月，驻卫辉的国民革命军奉命北进，直鲁联军乘虚攻占卫辉，11月1日，国民革命军包围卫辉，直到1928年2月2日直鲁联军投降，双方对峙达94天，史称"百日围城"。围城期间，厂区内外炮声不断，枪弹横飞，工厂元气大伤。1938年2月17日，卫辉被日军占领，4月21日，日本东洋纺织株式会社接收卫辉纱厂，1944年6月，日军以献铁为名，强行拆除并运走了3/4的生产设备，工厂元气大伤。1945年9月，国民党第一战区接收卫辉纱厂，1947年经营权归还资方，因设备不配套，经营萧条。解放前夕，工厂董事会南逃，将大批物资拆卸运到郑州，使工厂蒙受重大损失。1948年11月7日，汲县解放，历经沧桑的卫辉华新纱厂终于迎来了新生，华新纱厂从一个单纺厂发展成为一个拥有4600多名职工的大型现代化棉纺织企业，1958年更名为河南省华新棉纺织厂。

第十五章　王晏卿与同和裕

一　生平

王晏卿（1886—1984），字静澜，祖居新乡县络丝潭村，后迁入姜庄。他一生从事工商业活动，是近代著名爱国实业家，新乡近代工商业、金融业发展的奠基人，被誉为中原金融巨子、新乡工业之父。

王晏卿出生于一个商人家庭，10 岁时进入私塾学习，是光绪年间监生。1902 年，16 岁的他到同和银楼做学徒，每天和商贩打交道，对经商非常感兴趣，他立志要做巨商，以"鸢飞月窟地，鱼跃海中天"相激励。次年，他又到道生长商号当学徒，人称"长腿伙计"。道生长由郭庆云于 1889 年创办，从业人员达 255 人，是当时新乡最大的商号，除办理汇兑、存款、放款外，还经营粮食、土杂山货。学徒期间，王晏卿机灵勤快，用心学习，在走南闯北中熟悉了屯粮放账、银号经营的业务，也获得了丰富的商业信息。

1911 年，王晏卿离开道生长，着手筹备创建自己的银号。1912 年，他与赵安侯、姜含清、杨永祥等人筹措银洋 1.2 万元，在新乡顺河沿街创建了一个银号，取名同和裕，王晏卿任经理。1927 年，他赴日本考察工商业，领略了近代先进的工业文明，回国后开始大力兴办工商业。从金融业起家的同和裕在王晏卿的经营下，实力不断壮大，到 20 世纪 30 年代，同和裕以新乡为中心，北至平津，南到沪宁，东至新浦，西到西安，共有银号和办事处 43 家，从最初的 1.2 万元本金起家，发展到存款 1000 余万元、股金 61.76 万元、公积金 50 余万元，还兴办有工商企业 57 家、银行 5 家、学校 3 所、电话交换处 2 个以及医院等，从业人员 3000 多人，涉及造纸、印刷、机械、电力、蛋品、建筑、食品、纺织、榨油、化工、粮棉、杂货、布店、五金店等行业，著名的企业有天津环海贸易公司、安阳电灯公司、开封百货店、新乡水电公司等，王晏卿因此被称为"新乡工业之父"。

但是好景不长，由于民国政府对钱庄的打压和官僚资本对同和裕的排挤，1933 年 10 月，开封的同和裕出现挤兑风潮，并迅速波及各地。王晏卿冒尽风险，四处呼救，最终未能成功。1934 年 4 月 2 日，河南省政府主席刘峙下令，将王晏卿羁押于开封县看守所。孔祥熙曾派人到狱中私访，希望王晏卿帮助自己管理金融业，王晏卿婉言谢绝。同年 10 月，经同乡郭仲隗斡旋，王晏卿被转押至新乡县监狱，后被判处无期徒刑。1937 年 10 月 4 日，经新乡县司法处民事裁定，同和裕宣布破产。1938 年 2 月，日本侵略军攻占新乡前夕，国民党要员弃城逃走，王晏卿得以脱狱。

王晏卿在经营同和裕期间，十分热心社会公益事业。1926 年，他和郭泉林捐资在姜庄后街创办了静泉小学，即今姜庄小学。1930 年，同和裕出资 12 万元置地建楼，将静泉小学扩建成了中小学，分 3 个年级，在校生 120 多人，教职工 11 人，学校实行免费教育，这是新乡市第一所实施现代化教育的中学。1945 年，王晏卿在西安筹款 5000 元资助静泉学校。1951 年 11 月 5 日，静泉学校由新乡市人民政府接管，改建为新乡市第三中学。王晏卿重视职业教育，1928 年，创办新乡商科职业学校，学制两年，到 1934 年共有毕业生 108 名，毕业生多在银号内服务。1931 年又创办新乡会计职工学校，培养会计职业的专门人才。同年，同和裕出资 1.9 万元，在新乡中山马路（今民主路）创办鄘南医院，从天津聘请医师，购置医疗设备，医院设有儿科、妇科、内科、外科，既为同和裕职工看病，也为社会群众门诊，这是新乡第一所自办的西医院。同年，同和裕还创办了电话局，并正式对外营业。1933 年，同和裕在新乡街道安装了路灯。每逢灾年，同和裕就及时向流浪者提供食品，还捐款成立了救济院，资助创建河朔图书馆，创办开封幼儿园，还创办了新乡第一个具有各种科学读物的图书馆。

王晏卿不仅是金融巨子，还是爱国赤子。抗日战争时期，日本人曾逼他担任伪政府的财政科长，他坚辞不就。不久，他来到汉口经商，在义兴洋行任经理。1943 年，他通过义兴洋行营救遇险的共产党干部，冒险掩护抗日志士王锡璋、蔡康志。1944 年，他亲赴豫鄂边区与抗日边区政府做生意，供给海盐、纸张、布匹等物资，支持抗战。抗战胜利后，王晏卿赴西安经商，和郭仲隗一起创办联益公司，经营棉花。1949 年 9 月，王晏卿回到新乡。中华人民共和国成立后，王晏卿先后加入中国国民党革命委员会、中国民主建国会，曾任中原纺织公司经理、平原省房地产公司经理、维新机械厂经理、新乡市工商联主任委员、河南省工商业联合会副主任委员，还当选为第一届新乡市政协副主席、平原省人民政府委员、河南省第五届政协委员。1984 年 2 月 24 日，王晏卿在新乡逝世，享年 98 岁。王晏卿的座右铭是"得志当为天下雨，为人即为己，为公即为私"，他以此激励自己，并为之奋斗了一生。

二 同和裕的兴衰

同和裕创办于 1912 年，它以 1.2 万元起家，经过 20 年的发展，到 20世纪 30 年代，已经形成了一个以总管理处为核心的全国性金融集团。它在全国开设有 43 家联号和办事处，还在各地开办有 55 家工商企业和店铺，还创办有自己的医院、学校和电话局，并于 1931 年接办大中银行，成为华北地区最大的银号，在河南金融界，它与信昌银号、省农工银行呈三足鼎立之势，在全国金融界也占有重要地位。

新乡地处中原，向为豫北重镇，交通便利，经济发达。新乡"左河济，右孟门，太行崎其北，黄河经其南，而内带卫河之流，搏五陵之险，蛮夷连络，舟车辐辏，为河北要地"①。起源于百泉的卫河是华北平原上重要的航运通道，卫河航运开始于东汉末年的引漳入邺，隋唐时期，卫河作为大运河永济渠的主航道而贯通南北；元明清时期，卫河是重要的漕运航道，沿河两岸店铺林立，商贾云集。作为卫河的首起码头，"新乡为水陆通衢，久称繁盛，各省仕商，游处其间者，恒不乏人"②。当时在新乡县城北关和大北街已形成了商业区。1904 年 3 月道清铁路建成通车，1905 年京汉铁路通车，新乡成为两条铁路的交汇地。"京汉贯穿乎南北，道清横亘于东西，皆以此为中心点，四望平衍之区，巍然重镇，异日之商埠繁兴，固势所必至。"③ 铁路连接四方，卫河直通天津，作为水陆交通

---

① 赵开元、畅俊蒐：《新乡县志》，成文出版社 1976 年版，第 239 页。
② 韩邦孚、田芸生：《新乡县续志》，成文出版社 1976 年版，第 747 页。
③ 同上书，第 47 页。

枢纽的新乡成为周围各县及晋东南的商品集散地和交易中心。"晋东南的煤、铁,博爱的烟,沁阳的怀药,焦作的煤,荥阳的草编,原阳的大豆、花生、麻类、红花,西南乡的小麦,东南乡的棉花、红枣、辣椒等均在此装车装船运往各地;北来的海味、食盐、煤油、布匹,南来的文具、纸张、颜料、丝绸、食糖均在此集散,粮食、花行、油坊、磨坊、客栈比比皆是,农副产品、土产日杂、棉布棉纱、百货文具、食品医药、饮食服务行行俱全,新乡已成为豫北的商业贸易中心。"① 商业的发达加速了货币的流通,促进了金融业的发展。据《新乡县志》记载,在清末,新乡县城有 50 多家商号,拥有资金达 47.9 万元,其中有 38 家商号经营存放款业务,设里子号。里子号就是以商业为主兼营存放款的商号,它主营土杂山货等商业业务,兼营货币存款、放款、兑换等金融业务,新乡城内经营"里字号"的有道生长、静慎长、瑞盛长、祥盛魁、福裕、天顺长、福茂成、德长魁、同合成、日升恒、义隆长、复生玉、玉太成、大荣玉等。王晏卿主持创建的同和裕银号,不同于里子号,它主营存款、放款、汇兑业务,兼营工商业。

同和裕成立之初,在业务上避开与同行竞争,主要经营兑换铜钱业务。1912 年,为庆祝民国成立,豫泉官钱局发行了一大批铜圆,与铜钱并行,人们以为铜钱要作废,便纷纷去兑换铜圆,有的甚至赔钱也要兑换。同和裕乘机组织人力到临近各县收购铜钱,不到一年就获利 1 万多元。以前里字号钱庄在业务上都是高利贷,同和裕则低息放款、高息存款,存款月息 4 厘,放款月息 1.5 分,对于大客户的大宗款项还会更低,和里子号相比,它就拥有了较强的竞争优势,很快在新乡金融界站稳了脚跟。

1913 年,王晏卿到天津寻找商机,得知草帽辫畅销国外,草帽辫本小利大,新乡附近的南乐、清丰等地是草帽辫的产区。于是,王晏卿雇佣工人常住南乐、清丰,专门负责收购草帽辫,然后汇集到滑县道口,再经卫河发往天津出口。在经营草帽辫业务中,同和裕获得了可观的利润,再加上收兑铜钱的利润和存放款业务收入,仅一年时间,它的资本就由 1.2 万元增加到 3.7 万元。

---

① 新乡市地方史志编纂委员会:《新乡市志》(中),生活·读书·新知三联书店 1994 年版,第 378 页。

清末民初，新乡打蛋业较为发达，利润丰厚。和其他里子号不同，同和裕在向蛋厂提供大量低息贷款的同时，还提供周到的服务，如派专人驻厂服务，协助蛋厂赴天津采购机器，这样不仅加快了投产进度，也密切了与企业之间的联系。为规避风险，同和裕十分重视搜集市场信息。成立于1913年的裕丰蛋厂实力雄厚，为增加设备以扩大生产，甘愿高息借贷，益立成、德盛魁、祥盛魁等银庄都争先恐后地给裕丰蛋厂贷款，而同和裕则派人到天津了解蛋业的经营情况，蛋业经过技术革新已经采用飞黄机生产蛋白粉和蛋黄粉，外商不再收购液体蛋黄、蛋白，同和裕认为裕丰蛋厂前景不佳，便不再向裕丰蛋厂贷款。一年之后，裕丰蛋厂因产品失去销路而一蹶不振，许多钱庄受连累而垮台。同和裕乘势而起，支持蛋业更新设备，协助蛋厂赴天津采购机器，安装投产，它包揽了蛋厂的汇兑、存款业务，独占了蛋业金融市场，到1920年，同和裕已经取得了新乡金融界的垄断地位。当时新乡商业资本总计48万元，在总投资中，同和裕一家就占到了一半，主要用于工业生产方面的投资、贷款。

1915年，王晏卿邀请苗耀东、陈鼎臣两位新乡商人加盟同和裕，他们带来了2.2万元的资金，成为大股东，壮大了同和裕的实力，加快了发展的步伐。同和裕走出新乡，先后在道口、开封、汉口、郑州、上海、天津开设了6个联号。这6个联号各有自己侧重的业务，天津、上海、汉口是当时中国的三大金融中心和商业中心，三地联号的业务主要是买卖汇票，开封号和道口号主要经营存放款和汇兑，郑州号主要是中转站，同和裕初步建立了自己的全国性汇兑网络。

随着联号的开办，同和裕于1916年在新乡成立了总管理处，作为最高管理机构，王晏卿任总经理，负责全面工作，赵安侯、苗耀东、陈鼎臣任副总经理。总管理处设置较为简单，除总经理、副总经理外，只设会计和文书。会计负责处理各地银号报上来的账目，文书负责处理总部的日常事务，向总经理转呈各部门的请示，向各部门传达总经理的指示，安排总经理的活动，并对重大决策提出建议。总管理处的成立，促进了同和裕的快速发展。

20世纪20年代，为建立更广泛的金融网络，同和裕在各地广开联号，设立办事处。在豫北，1926年，开办了彰德、封丘、汲县、焦作、博爱联号和辉县办事处。在豫南，1920年开办周口联号；1922年，开办驻马店联号；1929 年，开办信阳联号。沿陇海铁路，向东创办了归德办事处，向西创办了洛阳办事处、陕州办事处。在山东，1929 年，开办了济南联号。在安徽，创办了蚌埠联号和颍州、正阳关、亳州、宿州办事处。在江苏，创办了徐州、新浦联号。在山西解州（今运城）、河北顺德（今邢台）、辽宁大连以及北京都建立了联号。同和裕资本从 1912 年的1.2 万元增加到 1930 年的 63 万元，公积金 50 万元。

进入 30 年代，同和裕继续增开联号，扩充金融网络。1930 年在许昌建立办事处，在山东建立青岛联号、烟台联号和临清办事处，1931 年在安庆建立联号，1932 年建立西安联号、南阳联号、潢川联号、漯河联号、石家庄联号，1933 年开办潍县（今潍坊市）联号、芜湖联号、南京联号。同和裕还新建了新乡火车站办事处、汉口办事处和徐州办事处，还把洛阳、正阳关、许昌、归德、宿州等地的办事处升格为联号。到 1933 年，同和裕创办的联号和办事处达到 43 个，店员有 850 余人。

同和裕是传统意义上的银号，它不同于银行，它承接的只是汇兑业务，虽然也经营存取款业务，但是它没有发行货币权，王晏卿一直致力于把同和裕转型为银行，接办大中银行是同和裕转型的重大举措。大中银行成立于 1919 年 3 月，总行设在重庆，它拥有纸币发行权，设有北京分行、成都分行等 10 余家分行。北洋政府倒台后，大中银行日趋萧条，为渡过危机，它便以出售纸币发行权为条件，寻找合作伙伴，而同和裕面临的最大问题是没有货币发行权和银行资质，很难在金融界与银行竞争，大中银行便主动与同和裕洽谈合作，双方各有所需，一拍即合。1931 年，同和裕出资 36 万元正式接管大中银行，王晏卿任总经理。1933 年 9 月，济南和开封的大中银行分行开始营业。接办大中银行，使同和裕拥有了银行的资质和发行纸币的权利。

同和裕在经营金融业务的同时，还大力兴办工商业。从最初的收售草帽辫再到后来成立的贸易公司，同和裕创办的商业店铺达到 34 家，分布在河南、山东、河北、陕西、天津等地。从经营范围来看，它涉及建材、五金、煤炭、土杂、百货、粮食、布料、中药、文具等，经营的企业有23 家，其中打蛋业 6 家、纺织 3 家、榨油 3 家、发电 2 家、机械制造 1家、火柴制造 1 家、食品加工 1 家、造纸 1 家、印刷 1 家、制胰 1 家、制砖 1 家等。其中，在新乡就建有同和裕总号、同和裕管理处、同和裕货物柜、同和裕火柴部、同和裕杂货铺、同和裕蛋厂、修文印刷所、万顺机械厂、新华织工厂、贫民工厂、机制绒厂、鸿兴粮行、亨源荣百货商店、北同记煤厂、水电公司等 19 家，可见同和裕经营门类之多、规模之大。同和裕还和美、英、法、德、日等国商人联系，开展出口贸易。《新乡市志》记载："1929 年，同和裕银号创办万顺机器制造厂，为新乡最早的机器制造业。主要产品有卷扬机、飞黄机、织布机、轧面条机、轧花机、榨油机、造纸机、印刷机和暖气炉等，其中卷扬机和飞黄机销路最好，卷扬机不仅供应焦作、观音堂等煤矿使用，而且还远销省外。"① 万顺机械厂是河南近代民族工业的典范。1933 年，同和裕在公安街（今民主路）建成一座发电能力为 145 千瓦的小型发电厂，年发电量 27 万度，主要供城关照明和工厂用电，这是新乡近代电力工业的开端。

　　同和裕在建立之初就面临着同银行和其他钱庄的激烈竞争，王晏卿利用一切有利条件，采取灵活的经营策略，依靠军政界的支持，在竞争中不断发展壮大。到了 30 年代，民国政府大力扶植银行业，限制和打压钱庄，中国银行、交通银行、中央银行、上海银行、金城银行随之大举进入河南，设立了 16 个分行和办事处，从根本上改变了河南金融市场的格局。不过，由于信用一般，各家银行的业务发展较为缓慢，同和裕仍然主导着河南的金融业。1932 年，同和裕创办潢川联号，夺走了河南农工银行的很多客户，与中国银行、交通银行、金城银行在郑州棉花交易市场上发生了多次冲突。1933 年，同和裕以开封为中心，向河南银行界发起全面挑战，大获全胜，因此，官僚资本视其为眼中钉，便联合起来打压排挤同和裕。"三十年代大银行进入汴垣时，同和裕已羽毛丰满。银行深知，要把银号已经占领的市场夺过来，光凭业务活动是远远不够的，于是寻隙挤垮以济其穷。这种结局，在旧中国是无法避免的，官僚资本绝不会容忍土银号长期在开封称王称霸。"② 1933 年的开封金融风潮正是源于此。

　　开封金融风潮是从信昌银号刮起的。信昌银号成立于 1920 年，与同和裕银号、河南省农工银行并称为河南地方三大金融机构。到了 30 年代，信

---

　　① 新乡市地方史志编纂委员会：《新乡市志》（中），生活·读书·新知三联书店 1994 年版，第 2 页。

　　② 慕陶：《订正》，载《新乡文史资料》1991 年第 5 辑。

昌银号经营不善，出现亏空，导致了 1933 年 10 月初的挤兑风潮，信昌银号无力应对，只好关闭开封总号和郑州分号。信昌银号挤兑风潮引起了极大的社会恐慌，很快波及了同和裕。10 月 12 日，开封同和裕的储户们纷纷前去提款。10 月 14 日出版的《银行周报》记载："同和裕银号在汴开设有年，信用极佳。自信昌倒闭后，市面甚为恐慌。该号存户咸具戒心，即于十二日纷纷前往提取存款。"① 同和裕积极应对，从各地调款支援开封号。但是，这场提款风潮很快席卷全国各地，在北京、济南、新乡等地的同和裕银号都发生了挤兑风潮，取款者多，存款者无，同和裕在各地的联号自身难保，王晏卿再也无力筹款去救援开封了。河南省政府主席刘峙采取措施，一方面限制提款，另一方面组织银行借款救助。中国银行、交通银行、上海银行、金城银行、省农工银行组成的银行团，欲置同和裕于死地，联合向同和裕发起攻势，策划了三次大的挤兑风潮。银行团表面上同意各出资 5 万元贷款帮助同和裕渡过难关，在背后却设置陷阱，软硬兼施，分化同和裕领导层，并游说河南省政府、建设厅、财政厅、民政厅及各县政府，甚至还以南京政府行政院、财政部的名义向同和裕施压。起初，银行团对同和裕的不动产估价为 31.4 万元，便同意给同和裕借款 30 万元，限 6 个月还清本息，以焦作、新乡、道口等地 40 处同和裕名下的不动产为抵押。但是，30 万元的贷款没有一次到位，挤兑之风一直难以平息，最后，银行团干脆停止对同和裕的资金支持。王晏卿四处奔波，筹款应对。1934 年 3 月，王晏卿赴安徽、上海向刘镇华、杜月笙筹款 120 万元，准备复业，遭到银行团的反对。银行团力劝刘峙下令拘押王晏卿，并拍卖同和裕资产。4 月，刘峙下令将王晏卿羁押开封看守所。8 月 12 日，河南省政府同意拍卖同和裕不动产，以清偿贷款。拍卖时，银行团竟违背协议，单方将同和裕资产值由 31.4 万元降为 16 万元，同和裕不得不拍卖其他实业及不动产，致使同和裕彻底倒闭。1937 年 10 月 4 日，同和裕正式宣布破产。

同和裕的倒闭加剧了金融业的动荡。《银行周报》报道："汴垣金融自去岁信昌、同和裕两银号相继倒闭后，已成周转不灵现象。今年福利、正兴长、宏丰等号又先后关门，复于市民惴惴不自安。乃河南省立农工银

---

① 《汴金融界发生风潮》，载《银行周报》1933 年第 41 期。

行四日、五日又忽有挤兑发生。"① 同和裕的倒闭也造成了深刻的社会影响，"市辍于学，商辍于贾，贫困小家痛不欲生，社会受其影响，竟至险象环生"②。"查自同和裕银号倒闭，我债权人破产荡家，拖累无穷。"③ 仅新乡一地的失业人员就达3000多人。"开封的商界、教育界、工人及小本营业者生活受到严重影响的占全市40%以上。陇海沿线被同和裕牵连拖倒者达五千家。"④

同和裕作为一家具有全国性影响的民营金融集团，从创建到破产经历了25个春秋，它的兴盛和衰败具有鲜明的时代特征。20世纪20年代，中国的传统银号模式正在向现代金融体制转型，处于内陆的河南较为封闭，近代银行业相对落后，传统的银号、钱庄仍居于主导地位，所以，同和裕能快速崛起，迅猛发展。进入30年代后，河南政局相对稳定，商品化进程加速发展，在政府的强力推动下，国有银行成为金融市场的主导者，传统的银号已不适应历史的发展，必将被先进的近代化银行所取代，同和裕也曾尝试主动转型，通过接收大中银行将银号逐步转变为银行，但由于内部意见不一，加之经营策略失误，最终未能转型成功，同和裕在金融体制转型的挣扎中走到了终点。

同和裕退出了历史舞台，但在中国近代经济发展史上留下了浓墨重彩的一笔。同和裕在全国各地建立了43处联号和办事处，为民众提供了优质的服务和优惠的利率，刺激了当地金融业的竞争，活跃了当地的金融市场，方便了民众的生活。同时，同和裕向企业提供贷款，加快了企业设备的更新和规模的扩大，促进了工商业的发展。同和裕自身也开办有50多家工商企业，有的企业在近代河南经济发展史上还具有开创意义，如修文印刷厂是新乡第一家印刷厂，万顺机械厂是新乡第一家机器制造厂，同和裕造纸厂是河南省第一家机器造纸厂，它们在河南的工商界占有重要地位。同和裕也激发了新乡人的创业热情，在它的带动下新乡人创办的实

---

① 《豫省农工银行发生挤兑风潮》，载《银行周报》1934年第36期。

② 赵修良、董钰：《汴城提款风潮揭开了同和裕破产的序幕》，载《新华区文史资料》第6辑。

③ 《同和裕银号债权人公鉴》，载《中国时报》1936年5月5日。

④ 新乡市地方史志编纂委员会：《新乡市志》（下册），生活·读书·新知三联书店1994年版，第5页。

业、银号遍及豫陕各地。同和裕也促进了新乡社会公共事业的发展,它兴建了3所学校,开办了现代化医院,为新乡提供了自来水,在新乡最早点亮了路灯,创办了电话局,为新乡通信事业的现代化作出了贡献。同和裕培养了大批具有一技之长的技术人才,员工们在工作岗位上学到了技术、积累了经验,他们在同和裕倒闭后凭着一技之长,或自主创业,创办银号,或重新择业,成为企业骨干,同和裕创建的商科职业学校的毕业生有300多人,为新乡社会经济发展提供了专门人才,他们在各自岗位上发挥了积极作用。同和裕耗费巨资建造了一批营业大楼,所建楼房都采用当时最先进的建筑设计,在当时堪称一流建筑,位于开封北土街的同和裕银号大楼中西合璧,被河南省政府认定为省级文物保护单位,位于徐州大马路的同和裕银号大楼被徐州市政府认定为市级文物保护单位,在新乡,原新乡水电公司的水电房、原静泉中学的"念一楼"都被新乡市政府认定为文物保护单位。当然,同和裕的经营理念、成功经验和失败教训更是珍贵的历史遗产。

三 王晏卿的经营之道

作为企业家,王晏卿头脑清晰、思维灵活、目光敏锐、行动迅捷,善于因势而谋、应势而动、顺势而为。20世纪初,中国资本主义经济迅速发展,据统计,在1912—1920年期间,全国工业年均增长率达到13.8%,工商业的发展需要大量资金,王晏卿抓住有利时机,创建了同和裕银号,并很快崛起。20世纪二三十年代,河南政局动荡,尤其是中原大战导致河南生灵涂炭,经济衰败,严重影响了钱庄银号的业务开展,甚至在河南各地的中国银行、交通银行也大都关停歇业,而同和裕化危为机,利用军政要员的保护和支持,业务不断发展。中原大战结束后,河南政局稳定,经济复兴,出现了兴办实业的热潮,同和裕乘势兴办工商业。王晏卿具有敏锐的识察能力和积极的开拓精神,他在从商之初就立志要做大生意。在同和裕刚成立时,他慧眼识珠,抓住了兑换铜圆和收售草帽辫的商机,一举在新乡站稳脚跟;他经商灵活,改变了高利放款的传统,采取了高息存款、低息放款的策略,吸引了大批客户;他胸襟豁达,积极争取苗耀东、陈鼎臣入股同和裕,既减轻了竞争压力,又增强了自己实力;他视野开阔,积极向外开办联号,扩大同和裕的市场。郑州乔家门的一家蛋厂原系德国人开办，第一次世界大战爆发后，德国人因归国急需转让，王晏卿趁机入手，轻而易举地得到了这家蛋厂，凭借蛋厂已有的机械设备，顺利恢复了生产。寻找机会、把握机会是同和裕崛起的重要因素，体现了王晏卿的创业能力和开拓精神。

同和裕建立了一套自上而下的集权式的管理体制。总管理处是同和裕的最高权力机构，总管理处实行集权式管理，制定规章制度，决定重大事项，调配人事和资金，统一管辖各地的银号、办事处、企业、医院、学校等，各个基层单位在其经理的领导下开展工作，经理对总经理负责。"同和裕银号有健全的经营管理机构，各机构分工合理、制度严格、人员精干，形成了一个强有力的指挥系统。"① 企业只有建立一套健全严格的经营管理制度，才可能发展壮大。

王晏卿重视社会交往，积累人脉。对于军政界人士，多数钱庄银号敬而远之，但王晏卿认为，取得军政界的支持更有利于同和裕的发展。同和裕主动捐资纳税，甚至慷慨垫支巨款，结交到了冯玉祥、韩复榘、张钫、刘镇华等人。1930 年，军阀石友三进驻新乡，王晏卿主动和他交往，取得了石友三的信任，不仅从军队获得大批存款，还得到了军队的保护。同和裕结交军政要员，一方面，增加了业务量，军政要员将公款和私款都存入同和裕，仅 1929 年，石友三部在同和裕的存款就达 140 余万元，十一路军刘镇华存在同和裕的款项常达百万之多，军阀万选才在天津同和裕存款达 10 万元，据统计，到 1933 年 10 月，各地驻军中有 4 个军、3 个师、5 个旅把巨款交给同和裕储存，河南、山东、安徽部分县的财政款、税收款也存在同和裕。另一方面，同和裕还取得了军政势力的保护，冯玉祥曾下令："同和裕贡献大，免交赋税。"② 石友三下令所属部队不得骚扰同和裕，否则一律军法处置，他还出动军警协助同和裕到石家庄抓获携现金逃跑的学徒；同和裕向各地解送款项，在路过刘镇华辖区时，刘镇华热情款待、安排食宿、武装护送。为了更好地开展业务，同和裕还与各地的社会名流结交，如新乡的郭仲隗、石介侯、李炳玉、张海澄，开封的张鸿烈、吴文卓，安阳的李佛尘，上海的杜月笙等，这些人社会名望高，势力大，

---

① 政协新乡文史资料委员会：《新乡文史资料》1991 年第 5 辑，第 62 页。

② 同上书，第 23 页。

是同和裕发展的优质资源。如张海澄的兄长时任新乡县县长，同和裕聘请张海澄担任新乡水电公司经理，同和裕曾遭人敲诈，张海澄联系警察局查访，最终使同和裕免遭灾祸。开封的吴文卓曾留学日本早稻田大学，毕业后任教河南法政学校，为同和裕在天津的业务发展提供了很大帮助。同和裕倒闭后，王晏卿被羁押在开封监狱之中，经过郭仲隗的多方周旋，他被转押到新乡监狱，名为羁押，实为保护。

客户利益至上是同和裕秉持的经营理念。对大宗客户，注重建立稳定的联系，提供优质服务。对军政部门的业务，先由经理前去协商办法，再派伙计登门办理。对中小客户的业务，做到小利与人，方便与众，遇到还不起贷款的客户，允许延期，利息不加码，对学生、军人的异地汇款不收汇费。在工作时间上，同和裕天天营业，不限昼夜，随来随办，夜间急需也可取款。同和裕经营的企业也重视对客户利益的维护，万顺机械厂出售的产品，由工厂负责免费安装，技术员驻厂调试，工厂还负责培训用户的技术人员，产品出现质量问题，包修、包换、包退。

社会信誉对经商至关重要，同和裕在经营上信守承诺。同和裕明确规定，凡店规上有的、口头上承诺的、契约上写的，不讲情由，都要做到、做好。见票付款是银号钱庄在汇兑时的惯例，但由于时局动荡，交通不便，许多银号钱庄都难以正常经营，同和裕则信守承诺，存款到期就付，绝不拖延，即使连夜调款，也要保证给客户按时付款。如果汇期已到，内部传票未到，同和裕便先付钱款，后追传票。同和裕对产品质量要求非常高。王晏卿要求所属中药店坚决不做亏心药，严格按照要求选料、配料，按照流程去炮制。同和裕对违规员工的处理毫不留情，学徒张恒斋做槟榔丸，因生用山楂、神曲而被解雇。恒源荣百货店是同和裕创办的一家商店，顾客发现它出售的胶鞋有脱胶分层现象，即使鞋已被穿烂，照样可以退换。同和裕火柴厂自检出自己的产品存在质量问题，便主动通过发信函、贴布告的方式，告知客户前来办理退货，一次就退回了几百箱火柴。

同和裕在经营活动中极其重视市场信息的搜集，并从中发现商机。在同和裕初创时，王晏卿曾经从新乡出发，沿卫河北上，走遍了豫北各地及山东临清、德州等地的140多个城镇和村庄。"一年360天，总经理300

天都在火车上。"① 王晏卿常年在全国许多商埠重镇活动，每到一处都要拜访当地银钱业公会、商会及社会名流，了解当地市场信息，掌握同和裕在当地的经营状况。1920 年，王晏卿为了了解制蛋业的发展状况，前往天津，结识了包括英、美、日等外商在内的许多商人，掌握了第一手资料，摸清了蛋业发展的前景，果断停止贷款，避免了投资的盲目性。王晏卿瞄准海州即将铺设铁路的商机，当机立断开设了新浦联号。为了保证信息的有效性，更好地把握商机，同和裕还组建了一个完整高效的信息网络系统，上通下达。它以新乡总管理处为中心，以郑州、开封、济南、徐州、上海、汉口、天津等联号为信息分中心，以各地联号为信息联络点。各地联络点将信息上报信息分中心，各分中心汇总各地信息，上报新乡总管理处，以此形成了一个完善的信息网络。在信息传递上，各地联号负责收集当地信息，重要信息要在当天及时上报新乡总管理处，一般信息要在五天之内上报，新乡总管理处文牍室负责汇集、处理各地报来的信息，及时报至总管理处。同和裕还在内部编印有《商业简报》，向各联号、商店、工厂介绍各地的商业信息。同和裕还在陇海铁路、平汉铁路沿线设立接收点，特快邮件由专人跟车押运，在沿途分发信件和包裹，各地联号在站台守候收取。同和裕还利用自办的电话局，开通长途电话业务，随时保持信息畅通。

王晏卿经营同和裕，任人唯贤，人尽其才。同和裕摒弃当时钱庄任人唯亲的陋习，面向社会招录人才，1932 年招考员工，当时有 1000 多人报考，同和裕择优录用，这些人经过培训，很快成为企业骨干。同和裕严把进人关，对朋友推荐的人坚持当面考察，量才使用。在国民党新乡县党部任职的杨一峰，曾给同和裕举荐了有私交的十几个人，王晏卿慎重考察了每一个人，最后只录用了两个，一个还做了厨工。王晏卿的胞弟王平澜不懂经营管理，又没有技术，王晏卿将他拒之门外，后来在其父的施压下勉强任用，但是将他远派大连，不准他干预业务。王晏卿的三弟才干平平，父母欲为他在同和裕谋职，王晏卿宁可出资让三弟出国留学，也不安排职位。但是，一旦发现真才实学者，王晏卿便竭诚聘用。王文元能设计制蛋机械，王晏卿连夜面见，当场以高出两倍的薪水

---

① 徐有礼：《近代豫商列传》，河南人民出版社 2007 年版，第 51 页。

聘请王文元到新乡办厂。郭文渊曾在日本留学，回国后在青岛工作，王晏卿以优厚待遇聘任他为万顺机械厂的经理。张静岚是燕京大学的高才生，王晏卿发现他是个人才，便聘为总管理处文员。为培养商业人才，王晏卿创办了新乡商业职业学校，学生毕业后大都留在同和裕工作，很多人成为企业的骨干。

王晏卿在经营中坚持金融业与工商业并举，寓金融于实业，以实业顾金融，由经商积累的资金向金融业投资，以金融业的盈利向工商业扩展。同和裕刚创办时，用钱庄资金收购草帽辫，然后再用盈利资金去创办联号。同和裕向观音堂煤矿和六河沟煤矿提供贷款，再把利息用于创办自己的煤炭业。在当时的条件下，单纯的经营银号业存在极大的风险，一遇风潮就难免倒闭，血本无归，实业属于固定资产投资，即使一时经营困难，也不会血本无归。同和裕以兴办实业来保护金融业，这是明智之举。

当然，王晏卿在经营同和裕的过程中，也出现有重大失误。第一，同和裕在管理上权力过于集中，没有董事会，也没有监事会，所有事务都由四大经理商议，而决定权集中在王晏卿一人手中，这种集权体制具有很大的局限性。如接办大中银行，虽然同和裕拥有了银行资质和发行纸币权，但是它也造成了40多万元的重大经济损失，还造成了同和裕领导层的严重分歧，苗耀东、陈鼎臣坚决反对接办，最后无奈抽股出号，使同和裕的实力大减，在业务经营中，它没有处理好和各家银行的关系，招致了官办银行的忌恨，为后来的挤兑风潮埋下了祸根。第二，领导层在企业发展上没有达成共识。王晏卿主张把同和裕做大做强，在各地开办联号，创建一个完整的金融网络，把业务扩展到全国的重要城镇，在做强金融业的基础上创办实业、学校、医院，密切与军政界、工商界的联系，广积人脉，在用人上，重才轻情，任人唯贤，王晏卿的这些主张得到了赵安侯的支持，而苗耀东、陈鼎臣却极力反对，力主就地设摊，固守新乡，以银钱业为目标，主要搞存放款，少与外界交往，多用亲属。四大经理的分歧造成了同和裕的分裂，双方在开联号、办学校、设工厂等方面一直争论不休，最终在接办大中银行和创办新乡水电公司问题上矛盾激化，造成领导层的分裂。第三，同和裕在经营中重量轻质，过分追求速度和规模，忽视了效益和品质，这是粗放型的发展模式，不利于可持续发展。第四，同和裕的资金投向出现了重大失误。同和裕在 19 世纪 30 年代选择具体投资项目时有些盲目，接办大中银行，经营不善，结果损失了 40 多万元，投资 20 元万创办了新乡水电公司，建成发电后，营销不理想，售电量还不及发电量的一半，在电厂开始供电时恰逢开封提款风潮爆发，出现了"电灯明，同和裕穷"的极具讽刺意味的结局。同和裕过于重视固定资产的投资，把大量资金投向实业，影响了资金流动，当开封提款风潮爆发时，同和裕的资金有 100 多万元，其中固定资产就达到 42 万元，除去维持日常经营的开支费用，同和裕的流动资金显得相当紧张，当提款风潮一起，同和裕便走投无路、无力回天了。

第十六章　嵇文甫的学术思想

一　生平与著作

嵇文甫（1895—1963），原名嵇明，字文甫，卫辉城关人，曾任中南军政委员会委员、河南省副省长，他是著名的教育家，曾任河南大学校长，主持创建了郑州大学，是郑州大学的第一任校长；他还是我国著名的哲学家和史学家，是中国科学院哲学社会科学学部委员，为开拓中国哲学史及古代思想史学术领域的研究作出了重大贡献，被誉为河南学术界一面伟大的旗帜。

1895 年 12 月 17 日，嵇文甫出生于汲县城关西街一个小手工业者家庭，其父曾中武秀才。嵇文甫 6 岁入私塾，后又入卫辉李氏私立小学，1910 年，嵇文甫进入卫辉府官立学堂即卫辉中学（今卫辉一中）学习。卫辉中学是资产阶级革命思想在豫北地区传播的重要阵地，同盟会员暴质夫、刘粹轩、张宗周等在此任教，嵇文甫深受革命思想的熏陶，积极参加爱国革命活动，他又深受名儒李敏修的教诲，奠定了他的学术基础。1915—1918 年，嵇文甫在北京大学哲学系学习，同学有冯友兰、孙本文、陈钟凡等，陈独秀任文科学长。时值新文化运动蓬勃开展，他深受影响，不仅学到了知识，练就了学术研究的基本功，还陶冶了进步思想。1918 年从北大毕业后，从教于开封第一师范学校、开封女子师范学校。嵇文甫大力提倡白话文，向学生介绍《新青年》，宣传科学与民主思想。在五四运动中，他支持进步学生的活动，还亲身参加集会游行，在斗争中逐渐接受马克思主义理论，走上了革命道路。他与冯友兰一起创办《心声》杂志，介绍西方资产阶级民主思想和社会主义思潮。1922 年，他在《心声》上发表《做人问题》，以马克思主义基本原理研究中国社会问题，标志着他开始运用马克思主义理论来指导自己的教学和研究。1926 年冬，他加入中国共产党。不久，党组织委派他到莫斯科中山大学学习，系统地学习马克思主义理论。他在学习期间，主编了《中国通讯社》杂志。1928年3月，他因病回国，应邀到北京大学任教，并兼职于清华大学和北平师范大学，他讲授的课程有《先秦诸子思想》《宋代哲学》《十七世纪中国思想史概论》《清代思想史》《清代学术思想》等。他积极参加中国社会史问题大论战，发表《伟人领导群众呢？还是群众领导伟人》《评陶希圣的中国社会史著述》等文章，出版《先秦诸子政治社会述要》，用马克思主义理论来研究中国历史，在史学界引起较大反响。1931年，"九一八"事变爆发，全国掀起抗日爱国热潮，嵇文甫支持北京大学学生的抗日爱国活动。1933年8月，他被河南大学聘任为文史系主任，讲授了《中国社会经济史》《中国学术思想史》《中国教育史》《群经诸子选读》等课程。"一二·九"运动爆发后，开封学生积极响应，1935年12月21日，他在万名学生集会上公开发表抗日演说，高度赞扬学生的爱国运动，会后，游行学生占领火车站，使陇海铁路中断一周。"卢沟桥事变"后，嵇文甫全副身心投入到抗日救亡运动之中。1937年9月，嵇文甫与姚雪垠创办了《风雨》周刊，刊登中共中央和中共河南省委负责人的文章，及时报道八路军的抗战斗争，他还发表了《扫除一切阴霾》《恐日病的消除》《一切救亡力量配合起来》《抗战到底》《从鲁迅说起》等文章，抨击消极抗战行为，激励抗战热情。他还和林孟平一起主编《大时代》，宣传抗日救亡主张。为了系统宣传抗日救亡理论和游击战术，1938年春，他与范文澜一起创办了河南大学抗敌工作训练班，学员有200多人，他亲自教授《中国革命问题》，邀请中共鄂豫边区的马致远讲授《游击战术》。首期训练班结束后，他从中挑选70名青年，组成河南抗敌教育工作团，他亲自担任团长，范文澜任副团长。他们率领工作团沿平汉铁路南下，深入群众，宣传全民族抗战。随后，他随河南大学相继迁徙到鸡公山、镇平、嵩县潭头、陕西宝鸡。他宣传马克思主义，发展学校中的进步力量，在师生中享有很高的威信。1941年10月，在国民党的反共高潮中，嵇文甫被捕，关押在洛阳邙山监狱。河南大学师生立即发起了营救运动，经李敏修、张治中的多方活动，1942年3月获释。抗战胜利后，嵇文甫随河南大学重返开封。1947年3月，河南大学发起了反对国民党独裁统治的罢教、罢课斗争，嵇文甫给学生作了《真理的具体性》的报告，坚定支持师生的正义斗争，还在《中国时报》《前锋报》上发表十几篇文章，抨击国民党的专制独裁统治。6月2日，河南大学师生掀起了"反内战、反饥饿、反迫害"游行，即"六二"学潮，嵇文甫被国民党当局列入黑名单。1948年6月24日，他带领70多名师生奔赴豫西解放区，在襄城见到了刘伯承、陈毅、陈赓，在宝丰受到了邓小平的欢迎。当时，解放区急需培养大批革命干部，党中央决定在河南筹建中原大学，陈毅担任主任委员，嵇文甫担任副主任委员，负责具体筹建工作。1949年春，嵇文甫率领中原大学师生迁到省城开封。1949年5月，党中央决定恢复河南大学，任命吴芝圃为校长，嵇文甫为副校长。1950年10月，吴芝圃辞去校长职务，由嵇文甫任校长。1956年2月，中央决定创建郑州大学，嵇文甫任筹建委员会主任。同年8月，郑州大学被确定为教育部直属大学，并正式向全国招生，嵇文甫任校长。在任河南大学、郑州大学校长期间，嵇文甫还承担着繁重的政府工作和社会工作，他曾任职中南军政委员会委员、河南省副省长、河南省文教委员会主任委员，是全国人大代表、全国政协委员，是中科院社会科学部委员，还兼任河南省文史研究馆馆长、河南省历史研究所所长，他还主持创办并主编了《新史学通讯》，后更名为《史学月刊》，这是新中国出版的第一家史学刊物，他还兼任《历史教学》《历史研究》和《哲学研究》编委。他日理万机、兢兢业业、不辞劳苦，直到生命的最后一息。1963年10月9日，他在河南省政府会议上讲话时突发脑溢血，次日与世长辞。

嵇文甫出生于斯文昌盛的牧野大地，他师承名儒李敏修，熟谙程朱理学和陆王心学，尤钟情于船山之学。他曾说过自己在研学中，寝馈六经三史，瓣香一峰二山，其中的一峰二山是指明清之际理学家孙奇逢（别称夏峰）、王夫之（别称船山）和清代理学家全祖望（号榭山）。在学术上，嵇文甫深受王夫之的影响，在治学上则近于全祖望。嵇文甫研究领域广泛，尤精左派王学及船山学派。他有深厚的国学基础，又精通欧美学术，还掌握了马克思主义理论，嵇文甫是我国最早运用马克思主义理论来研究中国历史和哲学的学者之一，奠定了我国新史学的基础。

嵇文甫一生著述颇丰，发表论著共计300余篇（部）、200余万字，他的《左派王学》《船山哲学》《晚明思想史论》《十九世纪中国思想史概论》等学术论著，开拓了中国哲学史及古代思想史学术研究的领域，奠定了他在哲学、历史学研究上的地位，与冯友兰先生并称河南学术界的"南冯北嵇"。嵇文甫的主要著作收录在《嵇文甫文集》。

二　哲学思想

嵇文甫的哲学思想研究主要是先秦诸子研究和宋明理学研究，早在20世纪30年代初，他就运用阶级分析的方法来研究先秦诸子，对当时的学术研究产生了重要影响。

在先秦诸子研究中，嵇文甫出版有专著《先秦诸子政治社会思想述要》，他辩证地分析各个流派，客观地评价先秦诸子，形成了自己独到的见解。关于儒家，嵇文甫认为孔子不尚武力、不计实利、不信鬼神、注重人道，他是一个人文主义者，其理想社会是彰显仁、礼的人文社会，强调人的价值，这比起贵族神权思想和原始迷信是一大进步，但他所构建的人文社会的基础是等级制度，具有不平等性。他认为，孟子主张民为贵、君为轻，民心向背决定着国家的治乱兴亡，孟子有重民思想，但没有民权思想，更不是民权主义者。关于道家，嵇文甫认为它是小农社会的代表，道家学派不满现实，思想消极，把理想寄托在原始的村落社会中，这是反历史的，体现了贵族阶级的没落。关于墨家，嵇文甫认为它是身处社会底层的无产者的代表，他们有共同的信念、严密的组织、严明的纪律，墨家具有侠客之风，重承诺，轻生死，强调服从领袖，无畏牺牲，具有会党色彩，主张有力相营、有道相交、有财相分，具有原始共产主义的意味。关于名家，嵇文甫认为，当时，商业的发展和都市的繁荣，形成了市民阶层，名家就是市民阶层利益的代言人，它是市民哲学，名家善于对事物进行抽象分析，惠施代表相对主义，公孙龙代表绝对主义。关于农家，他认为它代表了农民阶级的利益，反对不劳而获，抨击盘剥压迫，憧憬平均社会，反映了小农经济基础上的平均主义思想。嵇文甫对先秦诸子思想的研究，充分显示其敏锐的见解、科学的方法、深刻的透视，同时也充分体现了他的学术思想。

在对宋明理学流派的研究中，嵇文甫以极强的洞察能力，将明清之际众多的理学家划分为五个派别，一是以顾泾阳、高景逸、孙夏峰、李二曲为代表的王学修正派；二是以陈桴亭、张扬园、陆稼书、王白田为代表的程朱派；三是以黄梨洲、顾亭林、王船山、颜习斋为代表的经世派；四是以王寅旭、梅定九、徐霞客、宋长庚为代表的自然研究派；五是以阎百诗、胡朏明为代表的考证派。嵇文甫认为，这五派各有所长，其共同点是舍虚而就实。对学术流派的划分，深化了对宋明理学的认识，也为后学者的研究理清了思路，开辟了捷径。

在对宋明理学的研究中，嵇文甫涉及了两宋的张载、朱熹、陆象山，明代的王阳明、李贽，清代的孙奇逢、傅山、黄宗羲、王夫之、颜元、毛西河等理学家，其中对王夫之的研究尤为重视。王夫之，世称船山先生，与黄宗羲、顾炎武并称明清之际三大杰出的思想家，他的学术思想涵盖了哲学、史学、文学等各个方面，博大精深，自成体系，既批判总结了中国传统学术，又推动了传统学术的推陈出新。在我国学术界，嵇文甫是第一个以马克思主义为指导来研究船山学的哲学家，这使他的船山学研究自成一家，为船山学的研究开辟了道路。嵇文甫很早就开始了对船山哲学的研究，在1936年就出版了专著《船山哲学》，后又出版了《王船山学术论丛》，他以马克思主义为指导，构建了船山哲学的思想体系。他在《天人性命论》《理势常变博约论》中探讨了王船山的性理学说，在《古今因革论》《朝代兴亡论》《华夷文野论》中探讨了王船山的历史哲学。嵇文甫认为，王夫之是唯物主义者，船山之学打破了天人感应、三统五德的迷信思想，也批判了道家的虚无玄幻论、佛家的万法唯心论和程朱的理先气后论，王船山的天人性命论是儒家人本主义的见解，他把天人合一、理势合一、常变合一的思想一以贯之于他的哲学体系中，并以此为基础来探讨古今因革、朝代兴亡、华夷文野。嵇文甫在《船山哲学》中指出："船山宗旨在激烈底排除佛老，辟陆王为其近于佛老，修正程朱亦因其有些地方还沾染佛老。只有横渠，无'丝毫沾染'，所以认为圣学正宗。"① 他又进一步分析说："他认定陆王是诞妄，无忌惮，避难就易，叛圣学而趋于佛老，所以拿出孟子辟邪说正人心的态度，猛烈攻击，这是明末'狂禅派'所引起的反动，有激而发，并不能算持平之论。至对于程朱，船山虽然依旧承认他们的正统地位，但是亦予以相当的修正。拿程朱比陆王，他反对陆王而拥护程朱；拿横渠比程朱，他却要舍程朱而尊横渠了。他把程朱和

---

① 《嵇文甫文集》上册，河南人民出版社1985年版，第537页。

横渠分辨甚精，而常站在横渠方面。"① "横渠之学，知礼成性，极深研几，通天人隐显于一致，和船山学风实在最为相近。"② 嵇文甫依据马克思主义原理指出："假如用辩证法的观点来看，程朱是'正'，陆王是'反'，清代诸大师是'合'。陆王'扬弃'程朱，清代诸大师又来个'否定之否定'，而'扬弃'陆王。船山在这个'合'的潮流中，极力反对陆王以扶持道学的正统，但正统派的道学到船山的手里，却另变一副新面貌，带上新时代的色彩了。"③ 嵇文甫认为，从朱学到王学，再到清初学者，恰巧是一个正、反、合的辩证发展，不但揭示出了王船山宗师横渠、修正程朱、反对陆王的学术内涵，还理清了宋明理学发展的脉络。学术界赞誉嵇文甫的论著《船山哲学》《王船山学术论丛》："依笔者所见，第一部对船山历史哲学进行了系统研究的著作，当推 1935 年出版的嵇文甫的《船山哲学》。"④ "嵇文甫先生所著的《船山哲学》也是一部功底深厚的力作，这也堪称发前人所未发的独到之解……《王船山学术论丛》乃嵇文甫先生研究船山学的心得结晶，而异峰突起于中国哲学发展史上的问题，亦堪称一家之一言。"⑤ 严寿澂也评道："中国大陆学者虽于船山思想的研究用力甚勤，新著不断，但是自嵇文甫《王船山学术论丛》以后，确有创辟者似未之见，大多是一再申说船山的'唯物辩证'思想而已。"⑥ 学者们充分肯定了嵇文甫在船山学研究领域中的开创性贡献和代表性地位。

三　史学思想

嵇文甫是我国近现代著名的史学家，早在 1924 年，他就发表了《做人问题》一文，从社会关系状况、经济基础变革的新视角去研究人的问题，这标志着他开始运用马克思主义理论去研究中国社会问题。在苏联留学期间，他系统学习了马克思主义的世界观和方法论，并运用马克思主义研究中国历史。1951 年 1 月，嵇文甫主持创办《新史学通讯》，后更名为

① 《嵇文甫文集》上册，河南人民出版社 1985 年版，第 531 页。
② 同上书，第 537 页。
③ 同上书，第 542 页。
④ 邓辉：《船山历史哲学思想研究综述》，载《船山学刊》2001 年第 1 期。
⑤ 刘春建：《王夫之学行系年》，中州古籍出版社 1989 年版，第 317—318 页。
⑥ 严寿澂：《近世中国学术思想抉隐》，上海人民出版社 2008 年版，第 66 页。

《史学月刊》，这是国内最早的宣传唯物史观的历史学专业刊物，是史学研究的重要平台。史学理论和方法论的倡导与运用，是嵇文甫史学思想的重要组成部分，他在《关于历史评价问题》《历史人物的评价问题》《辩证地看待历史人物》等文中，科学阐释了历史评价的基本原则、标准和方法，构建了史学评论的理论体系。

关于历史评价应遵循的原则，嵇文甫提出了人民性原则和进步性原则这两大基本原则。关于人民性原则，他指出："人民是历史的主体，一切历史评价都得看符合人民利益与否为标准。凡是属于人民方面，代表人民利益，为人民所欢迎的，都应该予以好的评价，而对于一切反人民的都予以坏的评价。这是很明白的道理。"① 关于进步性原则，他认为，进步性原则来自人民性，符合人民利益的就是进步的，他说："合乎历史发展规律，推动历史前进的，就叫做好；违反历史发展规律，阻碍历史前进的，就叫做坏。历史是广大人民的历史，推动历史前进就是广大人民的最高利益，而广大人民也正是历史发展的最大推动力。"② 嵇文甫运用进步性原则评了孔子，认为孔子是一个人文主义者，他的思想对中国历史影响深远，和当时的原始迷信和神权思想相比，孔子的儒学具有优越性和进步性，他的局限性在于把人心看作仁义道德的本源，这就陷入了唯心主义。他在《关于孔子的历史评价问题》一文中又进一步评说，孔子是贵族利益的代表，他拥护身份制度，鄙视生产劳动，这是他的局限性，他的进步性表现在他坚持以人性为原则来评判一切事物，这就摆脱了神权牢笼的禁锢，解放了人们的思想，他倡办私学，有教无类，冲破了贵族阶层对文化的垄断，普及了文化教育，他还认识到了人民群众的伟大力量，主张仁政，这些民主思想具有进步性。

关于历史人物的评价标准，嵇文甫提出了人民性、进步性、民族性的三大标准，他说："第一，对于人民有贡献的，有利的；第二，在一定历史阶段起进步作用的；第三，可以表现我们民族高贵品质的。合乎这三个条件都是好的，相反的都是坏的。"③ 依照这三大标准，他认为只要历史

---

① 《嵇文甫文集》下，河南人民出版社 1990 年版，第 114 页。
② 同上书，第 118 页。
③ 《嵇文甫文集》中，河南人民出版社 1990 年版，第 553 页。

人物对人民有贡献，都应该加以肯定，如蒙恬造笔、蔡伦造纸、秦始皇统一等。当然，历史人物评价要明确立场，划清界限。他以孟子为例指出，孟子痛斥独夫民贼，替人民呼吁，这具有强烈的人民性，但是，他把社会分为君子和野人、劳心者和劳力者，认为无君子莫治野人、无野人莫养君子，主张劳心者治人、劳力者治于人，孟子的思想是维护贵族利益的，属于典型的贵族性，所以，他不是人民思想家。如何评价历代王朝的功过，嵇文甫认为要看它是否推动了历史的前进，他举例说，秦朝的大一统、汉唐的拓土开疆，都促进了社会历史的发展，符合人民群众的愿望，这是历史功绩，值得肯定。相反，隋炀帝征高丽、唐明皇征云南，激化了民族矛盾，不得人心，是逆历史潮流而动，其结果必然失败。嵇文甫还以有代表性的历史人物为例进行评价，例如苏武牧羊 15 年，体现了忠贞坚毅的高尚品德，玄奘西行 17 年，促进了中印文化交流，体现了坚韧不拔的精神，都值得赞扬。

关于历史人物评价的方法，嵇文甫在《历史人物的评价问题》一文中指出，要防止"左"和右的两种倾向，提出了四种基本方法。第一，具体问题具体分析，要依据历史人物所处的历史条件去评定功过，不能脱离历史人物所处的历史环境。在教学中，他以张仲景为例指出，我们不能用现代解剖学来要求他，就像斥责黄巢、李自成不接受无产阶级领导一样，是非历史主义的。第二，要以全面的、整体的方法去评价历史人物，认识历史人物的复杂性和多面性。如关于秦始皇的历史功过，一方面，他的专制暴虐统治，置人民群众于水深火热之中，给民众带来了巨大灾难，这是应该否定的；另一方面，他建立了大一统的国家，由分裂走向了统一，推动了历史的发展，这是应该肯定的。第三，站稳阶级立场，反对客观主义，要以人民利益为准绳、以史实为依据，区分其善恶功过，进行恰当的评价。第四，重视历史对现代的启示，总结历史经验教训，应用于当前的实践，使历史恰当地为现实服务，要运用历史开展爱国主义教育、革命传统教育和自强不息教育。1953 年，嵇文甫发表《关于历史评价中的几个矛盾问题》，提出并探讨了六个具体问题，涉及众多历史现象的评价，由此可见，他研究的领域更为宽广，分析的方法更为娴熟，运用马克思主义理论的功力更为精当。

嵇文甫十分重视历史学科的科学化问题。他一再强调，要从事实出发，不要从概念出发。第一，要根据中国历史发展的特点，总结其客观存在的规律性，切忌教条化。第二，历史研究的灵魂是具体问题具体分析。他指出："要想从错综复杂的许多矛盾里面找出主要的东西，抓住主要的环节，要想既照顾了全面，又掌握了重点，既不犯绝对主义，又不犯相对主义，那就不能单凭几个笼统的概念，而必须进行具体的分析。"① 第三，阶级分析必须与历史主义原则相结合，要防止主观性、片面性、绝对化，做到辩证分析。在《关于历史评价问题》一文中，嵇文甫探讨了历史评价的基本原则和方法，如人民性和进步性、矛盾性和具体性、历史性和现实性等，还探讨了历史评价中的几个理论问题如动机与结果、个人与群众、偶然与必然、成功与失败等，全面阐述了他的史学理论学说。他适应新中国发展的需要，把握史学发展的方向，构建历史评价的科学体系，显示了他的远见卓识。嵇文甫国学基础雄厚，深谙国学真谛，他又掌握了马克思主义理论和方法，所以他能够灵活地运用科学理论来研究中国历史。在学术研究中，嵇文甫视野开阔，触类旁通，坚持史论结合，取得了卓越的学术成就。1958 年的"大跃进"运动中，"左"倾思潮也严重地冲击了史学界，嵇文甫坚持真理，仗义执言，坚定地捍卫马克思主义原则，为新中国史学的发展作出了巨大的贡献。

在史学研究上，嵇文甫开创了船山史学的研究领域，他运用唯物史观探讨了船山学的性质、理论贡献及其在中国思想史上的地位，这是他史学研究的重大成就。嵇文甫从四个方面分析了船山史观，第一，史学是经世之学，从历史经验教训中探求经世之大略。第二，王船山运用理势合一论和天人合一论，把人情和天理相结合，丰富了天理的内涵，形成了新的天理史观。第三，王船山看到了历史发展的必然性，它不会以人的意志为转移。第四，王船山注重历史的整体性和相关性，他把历史现象放到历史发展过程中来具体分析，充实了他的历史哲学内涵。他承认客观世界独立于人的意识之外，历史的偶然性显现出历史的必然性，王船山还从朝代兴亡论、古今因革论和华夷文野论三个方面论述了他的历史哲学观，嵇文甫也实事求是地指出了船山史学中的神秘性和狭隘的阶级性。他坚持科学理论，客观辩证地分析了王船山历史观的成就和局限，突破了传统观点，并

---

① 《嵇文甫文集》下册，河南人民出版社 1990 年版，第 132 页。

成一家之言，推动了宋明理学研究的发展，这是他运用马克思主义研究史学的重大成果。

四　教育思想

嵇文甫是我国著名的教育家，他毕生从事教育事业，从在家乡小学任教开始，到在郑州大学任上去世，始终坚守在教育教学第一线，曾任教于开封第一师范学校、北京大学、清华大学、河南大学和郑州大学等，在他身上体现出了一位现代教育家的气质和风范。

在近代历次学生爱国运动中，嵇文甫坚定支持学生的爱国行动，还亲身参与到学生运动中，与爱国学生同甘共苦。在他的影响下，一大批爱国青年才俊满怀激情投身于革命运动之中。在中华人民共和国成立以后，他一方面处理繁重的政务工作，一方面从未离开过大学讲坛，他不仅亲自讲授课程，还主持创办了河南省历史学会，指导河南史学界的学术研究和历史教学工作，他主持创办了《新史学通讯》（今《史学月刊》），打造了一个史学研究的平台，推动了河南省文化教育事业的发展。作为郑州大学的首任校长，他从经费筹集到校舍兴建，从学制改革到学科建设，从课程设置到学风建设，为学校的创办和建设殚精竭虑，呕心沥血，奠定了郑州大学发展的坚实基础。

在历史教学中，嵇文甫注重培养学生的正确的价值观，把爱国主义、民族情感教育放在突出的地位。1951 年，他发表了《历史教育与爱国思想》一文，着重阐述了历史教学中的爱国主义教育问题。首先，在历史教学中，要通过历史感来培养学生的爱国主义情操，浓烈的爱国情感离不开他对祖国历史的热爱。其次，肃清历史教育教学中的思想流毒，如封建愚昧的落后思想、恐帝恐日的消极思想等，教育学生要增强历史使命感，树立文化自信。再次，通过历史教学，可以激发学生的民族自豪感，增强历史使命感，要运用古今联系的方法，使学生了解祖国的发展历程，知之深、爱之切。最后，通过灾难史和抗争史的教学，突出爱国主义教育，使学生认识到多难兴邦的道理，激发建设祖国的爱国热情。嵇文甫认为，中国历史中包含有丰富的爱国主义教育题材，既有灿烂辉煌的悠久历史，也有自强不息、吃苦耐劳的精神，还有光荣的革命传统，这都能有效地培养学生的爱国情操。嵇文甫指出，在对学生进行爱国主义教育时，要把爱国主义与国际主义相结合，既不能成为虚无的历史主义者，也不能成为狂热的民族主义者。

嵇文甫注重历史教学理论水平的提高。1953 年，他发表了《提高教师水平问题》，阐述了在历史教学中如何坚持思想性的问题，他提出历史教师要认真学习《毛泽东选集》，领会毛泽东思想的精髓。他认为，毛泽东思想是中国化的马克思主义，是中国革命各个阶段的指导思想，毛泽东揭示了中国历史发展的规律，树立了历史研究的典范，他明确了阶级立场，提供了思想方法，历史教师要坚持以毛泽东思想为指导去从事历史研究和教学。

嵇文甫认为，言行一致、知行合一是教师必备的首要品德，他特别重视学习先哲大师们的道德品质修养。他在《春秋战国思想史话》中对孔子知其不可而为之、不知老之将至的自强不息的精神倍加称赞，他指出："不讲别的，单看他学而不厌、诲人不倦、发愤忘食、乐以忘忧、不知老之将至等等，这样全心全意献身于学术和教育事业的无限忠诚，多么使人敬慕啊！"[1] 他在研究宋明理学时，抛弃了陆王学派的玄妙和虚空思想，挖掘并彰显了陆王学说中的平实勇为精神。他非常赞赏陆象山的"朴实之学"，在《陆象山的"实学"》一文中，他高度评价了陆象山的反矫饰、反格套、反空论的思想，教导学生要脚踏实地。嵇文甫注重从圣贤先哲那里汲取营养，他钦佩像孙奇逢、王夫之、全祖望那样的戒空、务实、有作为的学者，他践履孙夏峰的刻苦、勤奋、实用，效行王夫之的博学、皎志、贞晦，师法全祖望的无书不通、渊博无涯。他乐于沉静，长于思考，无论是讲课、辅导，还是读书、讨论、研究，他都把思考放在第一位，他把自己的治学经验归纳为一个字即"思"，他教导学生说："你尽管好好思下去吧！思之，思之，鬼神通之。"[2]

嵇文甫具有严谨的治学态度和儒雅的学者风度。日常生活中，他待人和善，平易近人；学术研究中，他品评人物，是非分明。在教学中，他赞赏老子目及而道存的风范，称赞孔子勉强和毅力的品质，向学生讲述王阳明在逆境中的悟道和创立知行合一学说的经历，启迪和教育学生要坚守信

---

[1] 《嵇文甫文集》下册，河南人民出版社 1990 年版，第 188 页。
[2] 《嵇文甫文集》中册，河南人民出版社 1990 年版，第 316 页。

念，勤奋探索。他不嗜烟酒，不喜饮宴，乐于静思，对学生的疑惑，他尽力帮助，谆谆教导，颇有诲人不倦之风。他不爱交际，但经常参加学生的社团活动。他关心学生的学业进步，指导学生开展学术研究。他关心学生的生活，当学生遇到困难需要帮助时，他总是有求必应，从不让学生失望。他关心青年教师的进步，著名文学家任访秋在河南大学讲授《现代文学》课程，撰写《中国现代文学史》《子产》，多得益于嵇文甫的热情指导，历史学家赵俪生在学术上的进步，也凝聚着嵇文甫的心血。

在教学中，嵇文甫善于点拨。面对学生的疑难问题，他常常采用点拨的方法，拨疑求真，杂中求理。第一，抓住核心，洞察全貌，使学生获得知识，抓住核心，把握知识体系。第二，概括内容，点出主题，反复强调核心，帮助学生深刻理解。第三，分析综合，寓学于教，把教学方法和读书方法融为一体，早在20世纪30年代他就倡导辩证的分析综合法，还撰写了《漫谈读书法》《齐王食鸡的读书法》等文章，他指出，善读书者，切忌囫囵吞枣，不求甚解，要层分缕析，去粗存精；善读书者，要博观约取，博观以明其义，约取以辨其真；善读书者，要沉浸浓郁，含英咀华，深明其义，洞晓其理。

在教学中，嵇文甫注重言传身教。他不但以渊博的知识、深邃的学识、高超的教学方法向学生传授知识和技能，他还以自己的理想、品德、情趣、言行给学生树立了为人处事的典范。他既是"经师"，又是"人师"，既教书，又育人，他的学生可谓桃李满天下。

参考书目

《四库全书》,上海古籍出版社 1987 年版。

《二十四史》,中华书局 1999 年版。

赵尔巽:《清史稿》,中华书局 1976 年版。

司马光:《资治通鉴》,岳麓书社 1990 年版。

李昉:《太平御览》,上海古籍出版社 1960 年版。

陈戍国点校:《四书五经》,岳麓书社 2002 年版。

刘义庆:《世说新语》,内蒙古人民出版社 2009 年版。

黄宗羲:《宋元学案》,中华书局 1986 年版。

徐世昌:《清儒学案》,中华书局 2008 年版。

张岂之:《民国学案》,湖南教育出版社 2011 年版。

冯友兰:《中国哲学史》,华东师大出版社 2000 年版。

牟宗三:《中国哲学十九讲》,上海古籍出版社 2005 年版。

钱穆:《中国思想史》,九州出版社 2017 年版。

侯外庐:《中国思想通史》,人民出版社 1959 年版。

李泽厚:《中国古代思想史论》,生活·读书·新知三联书店 2008 年版。

任继愈:《中国哲学史》,人民出版社 1997 年版。

葛兆光:《中国思想史》,复旦大学出版社 2000 年版。

丁祯彦:《中国哲学名论导读》,华东师大出版社 2000 年版。

陈来:《古代思想文化的世界》,生活·读书·新知三联书店 2009 年版。

司马云杰:《中国精神通史》,华夏出版社 2016 年版。

萧克:《中华文化通志》,上海人民出版社 1998 年版。

陈年福:《中国学术编年》,华东师范大学出版社 2013 年版。

李申:《中国儒教史》,上海人民出版社 1999 年版。

赵吉惠:《中国儒学史》,中州古籍出版社 1991 年版。

任继愈:《中国道教史》,中国社会科学出版社 2001 年版。

詹石富:《道教文化十五讲》,北京大学出版社 2003 年版。

徐鸿修:《先秦史研究》,山东大学出版社 2002 年版。

徐复观:《两汉思想史》,华东师范大学出版社 1975 年版。

韩格平:《竹林七贤诗文全集译注》,吉林文史出版社 1997 年版。

罗宗强:《玄学与魏晋士人心态》,南开大学出版社 2003 年版。

姚瀛艇:《宋代文化史》,河南大学出版社 1999 年版。

侯外庐:《宋明理学史》,人民出版社 1997 年版。

张立文:《宋明理学研究》,人民出版社 2002 年版。

张显清:《孙奇逢集》,中州古籍出版社 2003 年版。

王锡彤:《抑斋自述》,河南大学出版社 2001 年版。

嵇文甫:《嵇文甫文集》,河南人民出版社 1990 年版。

邓本章:《中原文化大典》,中州古籍出版社 2008 年版。

程有为:《河南通史》,河南人民出版社 2005 年版。

申畅:《河南文化史》,中州古籍出版社 2002 年版。

新乡市地方史志编纂委员会:《新乡市志》,生活·读书·新知三联书店 1994 年版。

后　记

　　我是谁,我从哪里来,我到哪里去,这三个问题是先民们最早关注的问题,也是后人们努力探索的问题,它涉及了自然科学、社会科学、思维科学各个层面,承载着文化的传承与发展,有人称其为哲学的三大终极问题,无论东方还是西方,无论古代还是当代,思想家们都在孜孜以求这个问题的答案。思想家们对这个问题的探究,便产生了学术。

　　关于学术一词,从词源上看,学与术各具不同的含义。学的本义是觉悟,含有觉人即教和自觉即学的意义,后引申为学习、学校、学生、学者、学问、学识、学说、学派等。术的本义是道路,后引申为方法、手段、技艺、权术、道术、方术等。先秦典籍中已有学术一词,《礼记·乡饮酒义》:"古之学术道者,将以得身也,是故圣人务焉。"①《韩非子》:"世之学术者说人主。"②秦汉时多用"术学",汉唐时"术学"与"学术"并行,宋以后"学术"一词独行于世。严复在 1901 年所译著的《原富》按语中辨析了学和术:"盖学与术异,学者考自然之理,立必然之例。术者据既已知之理,求可成之功。学主知,术主行。"③梁启超在《学与术》一文中也指出:"学也者,观察事物而发明其真理者也;术也者,取所发明之真理而致诸用者也。……由此言之,学者术之体,术者学之用。二者如辅车相依而不可离,学而不足以应用于术者,无益之学也。术而不以科学上之真理为基础者,欺世误人之术也。"④关于学术的含义,《辞海》中"学术"条释:"学术指较为专门、有系统的学问。"⑤学

---

① 陈戍国:《四书五经》上册《礼记》,岳麓书社 2002 年版,第 668 页。

② (清)王先慎:《韩非子集解》卷 4《奸劫弑臣》,中华书局 1998 年版,第 104 页。

③ [英]亚当·斯密:《原富》,严复译,商务印书馆 1981 年版,第 348 页。

④ 梁启超:《饮冰室合集》第 3 册《饮冰室文集》之二十五下,中华书局 1989 年版,第 12 页。

⑤ 《辞海》,上海辞书出版社 2000 年版,第 1360 页。

者张立文先生认为:"学术在传统意义上是指学说和方法,在现代意义上一般是指人文社会科学领域内诸多知识系统和方法系统,以及自然科学领域中的科学学说和方法论。"①由此观之,学术的概念分学与术两个层面,学是知,即理论,术是行,即实践,学术是理论与实践的紧密结合,就是知行合一。关于学术的价值,嵇文甫先生指出:"学术的确是国家民族的精神命脉所系,任何时代,任何国家,一到了所谓'学绝道丧',所谓'上无礼,下无学',一到了大家都'不悦学',不尊重学术,不尊重学者,那就是必亡的征兆。"②学术文化发达的国家,必然是历史文化发达的国家,历史传统悠久的民族,必然是学术文化昌盛的民族,我们常说中国有悠久、辉煌的历史文化传统,主要是指中国学术文化的发达。

　　学术思想是思想家们的理性思维成果,具有系统性和独创性的特点。从先秦诸子的勃兴,到两汉经学的昌盛,从魏晋玄学的风靡,到隋唐三教的鼎立,从两宋理学的创建,到元明清理学的繁荣,再到近现代的思想多元化,牧野思想家在中国思想文化发展史上占有重要的地位。比干的忠谏思想,姜尚的韬略学,早期儒学的传播,毛遂的纵横学,陈平、周勃、张苍的黄老学,竹林七贤的玄学,刘知己的史学,邵雍、许衡、孙奇逢的理学,徐世昌的文治思想,李敏修的教育思想,王锡彤、王晏卿的实业思想,嵇文甫的哲学、史学思想等,牧野思想家皇皇巨著连篇累牍,理论成就隆如泰岳,他们所创造的牧野学术具有完整的思想体系、深邃的学说内涵、杰出的理论贡献、执着的躬行实践和浓郁的家国天下情怀的学术品格,这不仅丰富了中华传统文化,也促进了社会历史的发展。

　　学术探究的目的是求真、求新、求深,学术探究的过程是问道、求道、行道,学者们在学术探究过程中凝练出了学术精神。传统的学术精神体现在志向高远,坚持真理,坚定执着,安贫乐道,甘于寂寞,潜心求索,求真创新,审慎严谨,学以致用。基于学术思想的独创性品格,决定了思想家们不屑曲学阿世,摧眉折腰,附权媚俗,只能应世而生,异世而立,违千夫之诺诺,做一士之谔谔,这种先觉、违时、异世的独立性,使他们很难被当世所重,甚至还常常遭到世俗的排斥。一部学术史,就是历代学者为探究真理、坚守理想而

---

①　张立文:《中国学术的界说、演替和创新》,《中国人民大学学报》2004年第1期。

②　《嵇文甫文集》中册,河南人民出版社1990年版,第390页。

献身的历史。嵇文甫指出:"只要是一个真正的学者,总都是超然独立于势力纷华之外,而别有一种崇高伟大的境界,以自乐其天怀。视世之蝇营狗苟者如无物,他那种忠心于学术,献身于学术的精神,总是永远光明的。"①牧野学术家们恪守学术精神,不畏艰难险阻,求真知,践于道。"谏圣"比干忠谏爱国,舍生取义,不惜为践行救国之道贡献生命。"百家宗师"姜太公以老迈之躯辅佐周王,匡扶正义,除暴安良,他的韬略学构建了中国古代军事理论体系。面临着虎狼秦师对邯郸的围困,毛遂挺身而出,积极践行纵横之学,以三寸之舌促成了赵楚联盟,使长平之战后的赵国避免了战火的再次蹂躏。面对着西汉初年的经济凋敝、民众疾苦,陈平、周勃、张苍恪守黄老之学,轻徭薄赋,与民休息,缔造了文景之治。面对两汉经学的训诂化、僵滞化、谶纬化,竹林名士在纷乱的时局中,援道入儒,以玄学打破经学对人们思想的禁锢,开辟了儒道融合的学术道路。任职获嘉主簿19年的刘知几不甘沉沦,于寂寞中厚积薄发,他在《史通》中,针对官方史学的谄媚化、曲笔化,提出了直笔实录论和史家三长论,首开史学理论和史学批评,是一部具有划时代意义的史学名著。在宋明理学的发展过程中,牧野学人占有举足轻重的地位,隐居于百泉的"北宋五子"之一的邵雍在穷困中创立了百源之学,"朱子后一人"的元代理学宗师许衡在颠沛流离中创立了鲁斋之学,明末清初理学北斗孙奇逢始于豪杰、终于圣贤、老而弥笃,在耄耋之年创立了夏峰北学,他们在理学的创立、传承、发展中做出了突出的贡献。在国势衰微、列强侵略、民族危亡的近代中国,爱国情操、责任担当是一个学者最基本的政治操守,面对"中国向何处去"的时代课题,牧野思想家与时俱进,勇于担当,提出并践行了各自不同的救国之道。中原大地最后一位理学家李敏修高举经世致用的大旗,积极探索"教育救国"之路,"水泥大王"王锡彤立志实业救国,兴办民族工业,抵制外国资本的扩张,中原金融巨子王晏卿创办同和裕,开新乡近代工商业、金融业发展之先河,被誉为新乡工商业之父,他的经营理念、成功经验和失败教训都是珍贵的历史遗产。"文治总统"徐世昌偃武修文,消弭内乱,发展经济,抵御外侮,捍卫国家主权。嵇文甫精通国学和西学,开拓了中国哲学史及古代思想史学术研究的领域,是我国最早运用马克思主义理论研究中国历史和哲学的学者之一,奠定了我国新史学的

---

① 《嵇文甫文集》中册,河南人民出版社1990年版,第390页。

基础。牧野思想家以独立之精神、自由之思想,弘奖学术启文明,他们纯粹的初心、渊博的学识、浑厚的学力、精湛的学说、执着的品格、率真的个性、深远的影响,不仅创新了学术理论,缔造了学术价值,彰显了学术精神,也树立了坚守学术精神的榜样,泽被后世。历代牧野儿女读其文,亲其人,敬其学术,慕其品格,传其薪火,生生不息,牧野学术也与时俱进,发扬光大。

牧野学术文化虽形成于中原地区,但它的文化内涵和精神外延并不囿于牧野地区,它所涵盖的是中华民族五千年的文明史。在中国传统文化中,无论政教大经、社会现象,还是意识形态,都能在牧野学术中找寻到它的历史渊源,可以说,牧野学术是中国思想文化的一座宝库。牧野学者的探索精神、创新意识和辉煌成就深为后人所敬佩,每有泰山北斗、高山仰止、景行行之之感。文化承载历史,引领风尚,历史的沉思能够昭示前行的道路,规范世人行为,源远流长、底蕴丰厚的牧野学术文化,有着无尽的宝藏值得挖掘。传承和弘扬优秀民族文化,对于传承文化血脉、弘扬人文精神、提升民众文化素养、建设精神文明家园、实现民族复兴具有非常重要的意义,牧野后人理应弘扬精粹,与时俱进,再创历史辉煌。

学术的发展是一个贯通古今、从无间断的历程,每一个时代都有自己所面对的课题,所以,一代有一代的学术,一代有一代的学术家,一代有一代的学术成果,它既有继承性,也有创新性,学术的发展和进步就是人类社会的发展和进步。从学科角度看,学术史探讨的是学术发展的历史,通过对学术流派、学术家的分源别派,探讨学术发展的过程、趋势,揭示学术发展的规律,它既与哲学史、思想史、文化史和科学史相贯通,又具有自己的独立性。在这里,本书不讨论学术史,仅从学术的角度探讨牧野大地历史上所创造的学术文化成果,包括思想成果、史学成果、文学成果、教育成果、艺术成果、学术家的践行、学术价值及其历史影响等。

本书所讨论的区域,限于古称牧野的新乡地区。本书内容涉及范围,上限起自先秦,下限断止现代。本书所涉及的思想家,以牧野籍人士为主,也兼顾了出生、任职、活动或流寓牧野的名士,对于牧野籍贯尚有争议的思想家,姑且纳入本书。

探讨区域文化已成热点,但探讨区域学术文化却是难点,作者不揣简陋,试图以通史的体例、翔实的资料、客观的评述,对牧野学术加以探讨,追寻牧野学术文化发展的脉络,提炼牧野学术文化的精粹,为弘扬牧野优秀文化、建设文化高地、发展文化产生贡献绵薄之力。由于作者学力不及,难免挂一漏万,存在失误,敬请同仁斧正。

本书的编写,借鉴和吸纳了前贤今者在学术文化上的相关研究成果,这些丰硕的研究成果是本书的雄厚基础。本书的编写和出版,得到了新乡学院的大力支持,中华诗词学会常务理事、河南诗词学会副会长王国钦先生欣然为本书作序,中国社会科学出版社副总编郭沂纹编审、责任编辑安芳老师为本书的出版尽心耗力,应该说,这本书是集体智慧的结晶,在此,作者对他们的支持和关爱表示衷心的感谢!

作者
2018 年盛夏